KB153648

장르

역사·이론·연구·교육

Genre

An Introduction to History, Theory, Research, and Pedagogy

거시언어학 6

담화·텍스트·화용 연구

장르
역사·이론·연구·교육

아니스 바와시(Anis Bawarshi)·메리 요 레이프(Mary Jo Reiff) 지음
정희모·김성숙·김미란 외 옮김

경진출판

일러두기

1. 이 책은 『Genre: An Introduction to History, Theory, Research, and Pedagogy』(Anis Bawarshi·Mary Jo Reiff, Parlor Press and The WAC Clearinghouse, 2010)를 한국어로 완역한 것이다.

2. 주석을 달되, 원주와 역자 주석을 구분하기 위해 역자 주석은 '(옮긴이)'라고 표시하였다.

3. 고유 명사(인명, 국명, 지명 등)의 우리말 표기는 국립국어연구원의 외래어 표기 용례를 따랐으나, 관례로 굳어진 표현은 그대로 수용하였다.

4. 저자들이 참고한 자료에 다음과 같은 부호를 달아주었다. 논문은 「 」로, 저서는 『 』, 잡지와 신문은 ≪≫, 기사와 칼럼은 〈 〉, 인터넷 블로그는 ' '로 표시하였다.

5. 인명과 논문명 및 저서명은 각 장에서 처음 등장할 때 한 번씩 원어를 병기하였다. 그 외 영어 병기가 필요하다고 판단된 경우에는 처음 한 번만 원어를 병기하였다.

6. 영문 약자는 처음 등장하였을 때에만 원문과 영문 약자를 병기하였다. 이후에는 한글로 표기하고 필요에 따라 영문 약자를 병기하였다.

　(예) 제2언어로서의 영어 교육English as a Second Language: ESL

　　⇨ 제2언어로서의 영어 교육 또는 제2언어로서의 영어 교육ESL

옮긴이 서문

이 책은 아니스 바와시Anis Bawarshi와 메리 요 레이프Mary Jo Reiff의 장르 이론서 『Genre: An Introduction to History, Theory, Research, and Pedagogy』를 번역한 것이다. 이 책에는 장르 이론에 관한 역사적 개념과 다양한 관점들이 폭넓게 서술되어 있다. 이 책을 통해 기존의 장르 개념은 물론 새롭게 전개된 장르의 관점도 접할 수가 있다. 독자들 중 대다수는 장르 하면 서정, 서사, 극과 같이 문학의 전통적인 장르 분류법을 떠올릴 것이다. 학교 교육을 통해 이런 장르 개념을 학습해 왔기 때문이다. 그러나 최근 장르에 관한 생각은 이전과 많이 달라졌다. 단순히 문학 양식이나 담화 양식의 분류를 넘어 이제 인간 행위를 결정짓는 상징 체계이자 운용 체계라는 생각을 하게 된 것이다. 그래서 최근에는 문학 이론뿐만 아니라 언어학, 사회학, 작문학 등 많은 분야에서 장르에 대한 학술적인 관심을 기울이고 있다.

최근 서구의 학자들은 장르가 어떻게 인간의 사회적 삶에 관여하는지, 또 장르가 어떻게 사회적·문화적 이데올로기와 연관을 맺고 있는지에 관해 많은 연구를 하고 있다. 예를 들면 장르가 국가, 보험회사, 은행, 복지 조직, 병원 등에서 어떻게 체제와 조직을 유지하는 데 기여하는지에 대한 연구가 수행된 바 있다. 유명한 장르 연구자인 찰스 베이저만Charles Bazerman은 장르와 제도, 이데올로기 간의 복잡한 관계를 설명하기 위해 특허청, 그리고 발명가 집단과 그에 수반되는 법적 문서에 관한 연구를 수행하면서, "장르가 조직의 목표 달성을 위한 복잡한 사회적 장치의 체계"라는 결론을 내린 바 있다(「장르 체계와 사회적 의지의 입법화」). 국가나 사회 조직은 체제와 이데올로기를 유지하기 위해 복잡한 장르 체계를 사용한다. 우리가 법적 문서를 보면서 가지는 당혹감과 두려움은 장르가 어떻게 인간 사회의 체제에 관여하고 있는가를 느끼게 해주는 장면이다.

사실 우리는 장르가 규정한 함의 속에서 일상의 삶을 살아간다. 계약서나 진술서, 결혼 청첩장, 부고장 등과 같은 일상생활의 양식은 이미 구성원 공동체를 통해 형성된 장르 체계의 한 단면이다. 우리의 삶 자체가 장르적 규정과 밀접하게 맞닿아 있는 것이다. 이런 장르는 우리에게 그 자체로서 어떤 상황적 인식의 힘을 발휘하도록 한다. 예컨대 우리가 책을 읽으면서 "벽난로 위의 시계가 12시를 가리켰다. 의자에 앉아 있는 소녀 너머 창밖으로 젊은 남자가 나타났다"란 구절을 보았다고 하자. 우리는 이 책이 탐정소설인지 애정소설인지에 따라 그 구절의 해석을 달리할 수 있다. 독자들은 장르에 따라 성급한 판단을 하는 경우가 많다. 예를 들면 탐정소설을 읽고 있는 독자라면 끔찍한 범죄 행위를 예상할 것이다. 또 애정소설을 읽고 있는 독자라면 좀 엉뚱한 상상을 할 수도 있을 것이다. 이처럼 장르는 어떤 생각과 행동을 하기 전 우리가 특정한 방향으로 행위와 가치, 재현을 구현해 내도록 우리를 제약한다. 이는 이 책의 저자들이 말하듯이 "텍스트를 해석하고 생산하는 데 있어 장르가 가진 힘"이라고 말할 수 있을 것이다.

장르가 인간 삶에 대해 어떤 구성적인 힘을 가진다는 인식은 역사적 흐름 속에 있는 장르의 힘을 다시 보게 만들었다. 우리가 알다시피 최근까지 장르는 주로 문학에 한정되었고, 닫힌 개념으로 해석되었다. 예를 들어 주네트Genette가 언급했듯이 서정, 서사, 극이라는 세 장르 분류는 오랜 시간 문학의 경계를 설정하는 데 사용되어 왔고 지금도 그런 현상에는 변함이 없다. 노드롭 프라이Northrop Frye는 희극, 로망스, 비극, 아이러니/풍자라는 네 가지 원형적 미토스mythos를 만들었으며, 이런 장르 분류는 문학 텍스트 간의 관계를 설정하고 성격을 규명하는 데 사용되었다. 문학적 장르 개념은 텍스트를 체계적이고 보편적인 규칙 체계로 한정지으려고 한다. 그래서 주네트는 지나치게 매혹적인 문학의 분류법들이 다양한 문학의 분류를 불가능하게 하고, 장르 이론을 발전시키는 데 장애가 되어 왔다고 언급했다. 장르를 지나치게 보편적인 양식 분류로 한정할 때 실제 인간 삶에 장르가 미치는 양상을 파악하기는 어렵게 된다.

장르 개념이 언어학, 교육학, 작문학 등에서 가끔씩 언급되었지만 본격적으로 연구 대상이 된 것은 1984년 밀러Miller의 유명한 논문 「사회적 행위로서의 장르」 덕분이다. 밀러는 장르를 "반복된 사회적 상황에서 전형화된 수사적 행위"라고 규정지었다. 장르를 사회적 행위가 반복될 때 전형화되어 나타나는 수사적 반응이라고 본 것이다. 결혼식에서 주례의 축사가 반복하면서 전형화된 주례사 양식이 만들어진다. 주례사는 반복된 상황에 대한 전형화된 수사적 반응이라 말할 수 있다. 영화에 대한 독자 반응의 글이 반복되면서 영화 평론이 만들어진다.

장르 이론에 관한 밀러의 공로는 장르 연구 방향을 형식적 환원주의로부터 수사적 사회학으로 돌린 것이라 할 수 있다. 밀러는 장르를 형식의 유사성이나 수사적 상황의 유사성으로 분류하는 것은 장르에 담긴 사회적 복잡성을 단순하게 만드는 조악한 형식주의라고 비판하고, 장르를 패턴으로 보는 것이 그러한 사례라고 말하고 있다. 밀러의 업적은 장르를 사회적 행위와 연관시킨 점이다. 장르가 양식으로서 기능을 하는 것은 인간 행위의 반복된 상황이 있기 때문이며, 또한 장르가 사회적 동기와 필요성, 목적 등과 결합되어 있기 때문이다. 그래서 밀러는 장르를 인간 행위, 상황 맥락, 사회적 동기 등과 연관시켰으며, 궁극적으로 사회문화적 이데올로기와 결합시켰다. 장르는 이제 사회적 해석의 영역으로 이동한 것이다. 결국 밀러의 연구는 장르를 분류, 형식, 규칙의 세계에서 관계, 기능, 해석의 영역으로 옮겨가게 만들었다.

장르를 사회적 기능의 관계로 해석한 연구들은 이후 여러 학자들에게 발견된다. 예컨대 이 책에서도 언급하고 있지만 유명한 장르 연구자 베이저만은 「편지 그리고 장르 분화의 사회적 토대」라는 논문에서 편지가 서식, 청구서, 보고서와 같은 비즈니스 장르에서 과학 논문, 특허증, 주주 보고서에 이르기까지 영향력 있는 업무 텍스트를 생겨나게 만든 선행 장르라고 주장하였다. 페럴만Perelman이나 제이미슨Jamieson은 중세 유럽에서 편지가 어떻게 공적 장르의 기능을 수행했으며, 이것이 어떻게 다양한 장르로 분화하는지를 연구했다. 장르에 관한 연구는 이런 역사적인 기능에만 머무는 것은 아니다. 캠벨Campbell과 제이미슨은 대통령의 취임 연설, 연두 교서 발표, 거부권 메시지, 퇴임 연설, 전쟁 담화문, 탄핵문 및 사과문과 같은 대통령 연설 장르에 관해 연구하였다. 이를 통해 공적 장르가 어떻게 상황 맥락과 개인 선택, 제도적 안정성, 진보적 변화 사이를 중재하고 있는지를 탐구했다. 최근에는 대학이 어떻게 다양한 장르(문서)를 통해 교수와 직원, 학생들을 매개하고 통제하는지, 또 병원이 어떻게 장르(문서)를 통해 복잡한 진료 체계와 통제 체제를 유지하는지 연구한다. 이제 장르 분석은 언어 분석, 제도 분석, 권력 분석, 이데올로기 분석과 결합되어 개인과 사회를 결합시키는 인문학적 연구의 한 분야로 발전하고 있다.

이 책의 주요 부분도 그렇지만 장르 이론의 핵심적인 부분은 역시 교육과 관련된 측면이다. 장르 이론은 언어 교육, 작문 교육과 많은 관련을 맺고 있다. 이 책에서도 상당 부분을 언어 교육과 작문 교육 부분에서의 장르 연구에 할당하고 있다. 현대 작문 이론을 요약한 캐네디Kennedy는 장르 이론이 서로 상이한 맥락에 따라 두 흐름으로 상이하게 발전했다고 설명한 바 있다. 두 흐름은 우리가 잘 알듯이 할리데이 이론에 기반을 둔 시드니학파의 장르 이론과 앞서 설명한 밀러의 이론에 기반을 둔 북미수사학파의 장르 이론이다. 이 두 흐름은 서로 다른 이론적 관점을 유지하면서 현대 장르 이론을 양분하고 있다.

시드니학파의 이론은 호주 시드니 대학교에 근무한 할리데이M. A. K. Halliday의 이론에 바탕을 둔 것으로 언어 구조가 사회적 맥락과 기능에 통합되어 있다는 점을 전제로 하고 있다. 언어 구조가 사회적 기능에 근거해 구성된 것이라면 우리는 사회적 기능에 맞게 언어 규범과 의사소통 방식을 학습하면 된다. 할리데이의 설명에 따르면 우리의 일상적 생활은 다양한 상황 맥락으로 이루어 있으며, 이런 상황 맥락은 빈번하게 상황 유형으로 반복되어 나타난다. 예를 들어 상점에서 물건 값을 흥정하는 손님들이나 입사 면접을 보는 취업 지망생들이나 날씨를 예보하는 기상 캐스터들은 언어적으로 상호작용하는 방식들을 전형적으로 발전시킨다. 이런 담화 유형들은 사회적 유형으로 관습화되며 언어적 구성도 이런 사회적 기능에 따라 유형화된다(아마도 이런 유형화가 없다면 우리는 사회생활을 하기가 힘들 것이다. 이런 점에서 보면 언어는 사회적이며, 상황적 구성력을 지닌다는 것을 알 수 있다). 혹시 이 글을 읽는 독자가 학생을 가르치는 교수자라면 자신의 강의가 담화적인 측면에서 얼마나 유형화되어 있는지 돌이켜 볼 수도 있을 것이다.

할리데이는 이런 상황 유형에 따라 의미 자질이 모인 것을 언어 사용역register이라고 불렀다. 그리고 언어 사용역의 하위 유형으로 언어 관습과 상호작용의 유형, 의사소통의 방식 등을 구분하여 두었다. 할리데이의 이론적 특성은 언어는 언어 사용의 실제 기능에 따라 구조화되며, 각 기능적 상황에 따라 의미적·어휘-문법적 유형들을 연결할 수 있다고 보았다는 점이다. 그래서 언어 사용의 각 기능에 따라 적절히 언어적 선택을 할 수 있도록 학생들을 훈련시킬 수 있다고 보았다. 특히 학습 부진아의 경우 담화 유형에 관한 언어 구조 학습을 통해 보다 나은 성과를 얻을 수 있을 것으로 생각했다.

호주에서 할리데이의 이론은 마틴Martin에 의해 더 발전되었다. 마틴은 할리데이의 언어 사용역이 장르와 밀접한 관련이 있다는 사실을 밝히고 이를 연구하였다. 사회적 맥락과 언어적 구조 사이에 밀접한 관련이 있으며, 이것이 구체적으로 실현되는 방식이 바로 장르라고 본 것이다. 마틴은 학생들에게 장르를 명시적으로 교육시킴으로써 학생들이 원하는 상황에서 효과적으로 텍스트를 생산할 수 있을 것으로 생각하였다. 장르에 대한 체계 기능적 접근법은 1980년대 초 호주의 초등학교와 중등학교에서 이루어진 글쓰기 교육 연구에서 시작되었으며, 1990년대 초에는 뉴사우스웨일즈 교육부의 빈곤 지역 학교 프로그램과 관련된 연구를 거쳐 논의가 확대되었다. 그러나 시드니학파의 이론은 상황 맥락에 맞는 언어 구조에 집착함으로써 이후에는 더 이상의 발전을 이룬 것 같지는 않다.

이에 반해 북미수사학파의 장르 이론은 매우 다양한 방향으로 발전해 가고 있다. 하지만 그 중심에 있는 것은 특수 목적 영어 장르 이론과 수사학적 장르 이론이다. 특수 목적 영어 장르 연구는 학문 영어와 연구 영어 장르를 연구한 존 스웨일스John Swales의 저작에 기인한 바가 크다. 특수 목적 영어 장르 연구는 장르를 의사소통 도구로 규정하고 장르를 구성하는 담화 공동체의 특성, 의사소통 목적 등을 연구했으며, 학생들을 위한 명시적인 장르 교육도 인정하였다. 외국에서 유학 온 대학생들을 대상으로 영어권의 학술 공동체에 진입할 수 있도록 장르의 언어 구조적인 특성과 담화 특성들을 학습시키는 데 주안점을 두었다.

이에 반해 수사학적 장르 연구는 앞서 말한 밀러의 연구를 바탕으로 장르 연구를 수사학과 사회학의 한 영역으로 인식하였다. 특수 목적 영어의 장르 연구자들이 장르를 학술 담화 공동체에 통용될 의사소통의 도구로 생각한 데 반해 수사학적 장르 연구자들은 특정한 맥락에서 인간 삶과 소통 방식이 텍스트에 의해 중재되는 사회학적 개념으로 장르를 해석하였다. 다시 말해 수사적인 장르 연구자들은 장르를 상황에 따라 어떤 행동 방식이 구성되는지를 알려주는 문화적인 상징 장치로 이해하고 이를 해명하는 데 많은 노력을 기울였던 것이다. 예를 들어 베이저만은 과학 분야의 실험 논문이 어떻게 시작되어 어떻게 진화했는지를 분석했다. 과학 분야의 실험 논문은 런던왕립학회의 보고서 서한에서 시작되어 진화했는데 이로부터 실험 논문의 구조, 내용, 양식을 발전시킬 과학 공동체가 형성되었다. 이런 공동체는 실험 논문의 생성과 수용을 둘러싼 역할과 가치관, 행위, 지식의 지향성 등을 구성해 간다. 결국 장르가 인간 행동을 조정하고 사회관계를 형성하며, 사회 질서를 구성하는 힘을 가지게 되는 것이다. 과학사의 발전은 실험 보고서, 연구 논문, 연구 저널과 같은 과학 장르의 발전과 연결되어 있다.

이 번역본은 이런 장르 이론의 흐름을 매우 잘 정리하여 보여주고 있다. 장르 이론의 영향 관계를 크게 세 부분으로 나누어 첫째는 문학적 전통 안에서 장르 연구, 둘째는 언어학적 전통 안에서 장르 연구, 셋째는 수사학과 사회학적 전통 안에서의 장르 연구를 나누어서 검토한 후 학술 영역에서의 장르 연구와 업무 영역에서의 장르 연구에 관해 폭넓은 연구 성과를 소개하고 있다. 아울러 직업 분야의 장르 연구도 함께 소개하고 있는데, 경제 분야, 법률 분야, 비즈니스 분야의 다양한 문서들을 검토하고 있다. 마지막으로 이 책의 장점 중 하나인데, 새로운 미디어나 전자 맥락에서의 장르 연구도 함께 다루고 있다. 한 마디로 이 책은 장르에 관한 최근 연구들을 모두 개괄하여 소개하고 있다고 말할 수 있다. 장르 연구가 아직 본격화되지 않은 국내 연구자들에게 많은 도움이 될 수 있을 것으로 보인다.

저자인 바와시와 레이프는 각각 미국 대학의 영문과 교수로서 글쓰기 교육을 담당하고 있는 학자들이다. 원래 이 책은 1학년 글쓰기, 전공 글쓰기, 대학원 글쓰기 프로그램 담당자, 작문 연구자들을 위해 기획된 것이지만 필자가 밝히고 있듯이 수사학, 응용 언어학, 문화 연구자, 교육학, 사회학 등 관련 영역의 학자들도 볼 수 있도록 구성되어 있다. 대체로 장르 이론의 경향과 장르 연구의 역사를 간략하게 서술하고 있기 때문에 장르 연구 입문자들에게 매우 좋은 정보를 제공해 주고 있다. 특히 이 책에는 장르 이론에 관한 다양한 저술물들이 폭넓게 소개되고 있어 장르를 새롭게 공부하는 독자라면 많은 도움을 받을 것으로 생각한다.

이 책은 2013년 연세대학교 글쓰기 이론 세미나에서 장르에 관한 학습을 하면서 읽게 되었다. 이 과정에서 여러 책과 논문을 읽었지만 장르 이론 전체를 조망하고 있는 책은 드물었다. 그런데 이 책은 장르 이론의 역사와 전공별로 다른 장르 이론의 특성, 장르 연구 성과의 실례 등을 폭넓게 다루고 있었다. 그래서 초보자가 장르 학습을 하기에 매우 유용할 것으로 판단하였다. 초보 학습자들은 이 책에서 다루고 있는 개별 연구자의 연구 사례 중 관심 있는 분야를 선택하여 그에 맞는 세부적인 연구 저술들을 찾아 볼 수가 있다. 장르에 관한 흥미로운 사례 연구가 많아 관심 있는 독자들에게 많은 도움이 될 수 있을 것으로 생각된다.

이 책은 총 11장으로 되어 있어 처음에는 세미나 구성원들이 각자 한 장씩 맡아서 번역하여 발표하였다. 이후 각자 발표한 원고를 수정했고, 그것이 이 번역서의 밑바탕이 되었다(세미나 구성원들이 맡은 부분은 다음과 같다. 1장 박정하, 2장 이윤빈, 3장 유혜령, 4장 정희모,

5장 전성우, 6장 김성숙, 7장 강지은·김기란, 8장 한래희, 9장 이세라, 10장 오현지, 11장 김미란). 그리고 이 초고 원고를 가지고 정희모, 김성숙, 김미란이 마무리 작업을 하였다. 세 사람은 마무리 작업으로 1년 가까운 기간 동안 원본과 번역 원고를 대조하여 수정하고 용어를 맞추었으며 부록을 번역하였다. 매우 힘들고 어려운 과정이었지만 많은 공부가 된 기간이기도 했다. 혹시 잘못된 번역이나 용어 사용이 있다면 책임은 세 사람, 그 중에서도 대표 번역자인 정희모에게 있음을 밝힌다.

이 책이 출간되기까지 도서출판 경진 양정섭 대표의 도움을 많이 받았다. 약속된 발간 기간이 지났음에도 기다려 주었을 뿐만 아니라 여러 번의 교정 과정에서도 묵묵히 인내하며 많은 도움을 주었다. 번역자를 대표하여 이 자리에서 고마움을 전한다. 아무런 보답 없이 마무리 작업에 동참해 준 김성숙, 김미란 교수에게도 감사하다는 말을 하고 싶다. 끝으로 이 책을 통해 앞으로 장르 연구를 하는 많은 학자들이 나오기를 기대한다. 장르에 관한 연구가 인문·사회 분야로 확장되고 있는 지금 한국에서도 괄목할 만한 연구 성과가 나올 수 있으면 더 바랄 바가 없겠다.

2015. 11. 15.
번역자들을 대표하여
정 희 모 올림

편집자 서문

　장르를 연구하면 할수록 장르에 대해 더 많은 사실이 드러나며, 장르를 더 많은 영역과 연관 짓게 된다. 아마 그것은 장르가 의미 구성망의 중심에 자리하고 있기 때문일 것이다. 인간적 행위를 추구하는 과정에서 유형화와 발화가 만나는 지점이 바로 장르이다. 우리는 효과적으로 의사소통하기 위해 우리가 어떤 상황에 놓여 있으며, 어떤 대상이 화제가 되고 있으며, 어떤 것을 성취하길 원하는지 알아야 한다. 우리를 둘러싼 환경이 점차 복잡하고 다양해지고 있기 때문에, 또 언어가 창의적인 잠재력을 가지고 있고 인간 행동이 보다 세밀해지고 있다는 점을 고려해 볼 때, 우리는 지금 우리가 어디에 있으며, 어떤 상호작용 속에 있는지 알아야 할 필요가 있다. 특히 다른 사람들 역시 각자의 관점에서 의사소통 상황을 이해하기 위해 애쓰고 있다는 사실을 두고 볼 때 더욱 우리의 위치를 확인해야 할 필요성이 있다. 장르를 사회적으로 공유하게 되면 우리는 소통해야 할 사람들과 더 쉽게 함께 할 수 있으며, 공통의 실천적 목적을 이루기에 충분할 정도로 가까워질 수 있다.

　의사소통과 사회적 협의, 인간의 의미 구성 중 많은 측면들이 장르 인식을 통해 통합된다. 장르는 사고의 연쇄, 자기표현 방식, 저자와 독자의 관계, 특정 내용과 조직, 인식론과 존재론, 정서와 즐거움, 언어 활동과 사회적 성취 등과 관련되어 있다. 사회적 역할, 계급, 제도적 권한도 장르에 의해 생성, 수용, 지배되는 권리와 책임

속에 결합되어 있다. 장르는 특정 방식의 의사소통을 관례화시키며, 이 관례들은 조직과 제도, 활동 체계들을 결합시킨다. 장르는 행위의 맥락과 목적을 규정함으로써 인지적인 관심에 집중하도록 하고, 사유의 역동성을 끌어내어 특정한 의사소통적 관계를 찾도록 한다. 그리고 이를 통해 특정한 사유 방식을 수행하고 발전시킬 수 있도록 한다. 그래서 나는 아이들이 어른으로 성장할 때 유형화와 장르가 뇌 조직에 영향을 준다는 점을 뇌 연구자가 밝혀낸다 하더라도 놀라지 않을 것이다.

장르를 통해 우리는 일상적 의사소통의 복잡한 규칙성과 상황적 발화의 개별성을 함께 인지할 수 있다. 활발한 장르 유형과 이에 대해 다양하게 변화하는 개별적 반응들을 알게 되면 지나치게 단순화된 글쓰기 교육 모형에 대한 해독제를 얻을 수 있다. 학교에서는 학습 과정과 학습 평가를 위해 형식의 정확성을 강조하지만 장르를 살펴보면 형식이란 정확성이나 충족 여부의 문제가 아님을 알 수가 있다. 장르를 통해 우리는 형식의 진정한 목적과 유연한 특성을 이해할 수가 있게 된다. 또 이와 함께 장르를 적절히 이해하게 되면 의사소통 행위와 사회 상황이 읽고 쓰는 행위의 형식과 동기에 근거를 제공해 준다는 점을 알게 된다. 장르를 이해하게 되면 우리는 경제, 정치, 문화 등에서 사용되는 다양한 글쓰기와 접할 기회를 갖게 된다. 장르와 언어적 도구들을 다양한 상황에 사용하는 기술을 알게 되면, 우리 학생들은 언어 활동에 폭넓게 참여할 수 있는 기회, 목적에 맞게 이를 개선할 수 있는 기회를 갖게 될 것이다.

장르 개념이 풍부하게 이해되기만 하면, 세계 곳곳에서 장르를 이해하고 가르치는 많은 접근법이 개발될 것임은 분명하다. 이 책은 이 모든 접근법을 가능하게 해 줄 풍부하고 사려 깊은 입문 역할을 할 것이며, 각각의 접근법에 대한 심도 깊은 연구는 물론, 접근법들 사이의 관계를 이해할 수 있게 하는 수단을 제공해 줄 것이다. 나는 저자들의 노고에 깊이 감사드리며, 여러분들이 글쓰기 교수자로서나 아니면 학생으로서 장르의 의미를 탐구할 때 이런 책이 얼마나 유용한지 깨닫게 될 것이라고 확신한다.

찰스 베이저만Charles Bazerman

감사의 글

　이 책을 출간하면서 우리는 활력 넘치는 연구 집단인 〈수사학적 장르 연구회〉 학자들의 도움을 많이 받았으며, 이들 중 다수가 이 책의 저자로 참여하고 있다. 특히 우리는 원고를 검토해 주고 전문적인 조언을 해준 이 시리즈의 편집자이자 저명한 장르 연구자인 찰스 베이저만에게 감사한다. 그가 꼼꼼하게 읽고, 깊은 통찰이 담긴 조언을 해 주었기 때문에 이 책이 훨씬 더 좋아질 수 있었다. 그의 조언 덕택에 우리는 원고를 더 알차게 수정할 수 있었고 장르에 대한 세계 각국의 다양한 관점들을 통합할 수 있었다.

　우리의 친구이며 동료 교수이자 멘토인 에이미 데빗Amy Devitt에게도 특별한 감사의 마음을 전한다. 1994년 캔사스 대학교에서 그가 개최했던 장르 이론 세미나가 장르에 대한 우리의 관심을 고취시켰으며, 우리와의 협동 작업(장르 관련 학회 발표, 논문, 교재)에서 보여 준 열정 덕택에 우리는 장르에 대해 많은 점을 배우고 이해를 넓힐 수 있었다.

　덧붙여 우리는 운 좋게도 정말 뛰어난 대학원 학생들과 함께 연구할 수 있었다. 그들은 수년에 걸쳐 우리가 장르를 심도 깊게 탐구하고 이해하는 데 공헌했는데 특히 2008년 봄 학기 워싱턴 대학교에서 개설되었던 장르 이론 세미나(『영어English』, 564)에 참여했던 학생들에게 감사한다. 또한 우리는 테네시 대학교과 워싱턴 대학교의 연구 팀에게도 빚을 지고 있다. 그들과의 협력 작업이 없었다면 대규모로 이루어진 장르 학습에 대한 연구 집단 간 경험적 연구는 불가능했을 것이다. 이 점에서 빌 도이레Bill Doyle, 케서린 캐브랄Cathryn Cabral, 세르지오 카시야스Sergio Casillas, 라첼 골드버그Rachel Goldberg, 제니퍼 할핀 Jennifer Halpin, 메간 켈리Megan Kelly, 멜라니 킬Melanie Kill, 샤논 몬도Shannon Mondor, 안젤라 로운사빌레Angela Rounsaville에게 감사한다.

또한 원고를 꼼꼼하게 읽으면서 능숙하게 편집해 준 레베카 롱스타Rebecca Longstar와 이 프로젝트 내내 조언을 해 주고 이 책을 훌륭하게 편집하고 제작해 준 데이비드 블랙스리David Blakesley에게도 감사를 드리고 싶다. 용어 해설과 참고문헌 정리에 도움을 준 멜라니 킬Melanie Kill에게도 특별히 감사드린다.

또한 우리는 테네시 대학교와 워싱턴 대학교의 동료 교수이자 학과장인 척 맬란드Chuck Maland와 게리 핸드웍Gary Handwerk에게서 받은 공식적인 지원에 대해서도 감사한다. 우리 연구의 재정은 문리과 대학의 연구 전시, 공연, 출판 비용 사무실 기금the Office of Research Exhibit, Performance, and Publication Expenses Fund과 테네시-녹스빌 대학의 존스 호지스 영어 기금John C. Hodges Better English Fund에 상당 부분 의존하였다. 이에 대해 감사한다.

우리는 이 연구가 완성될 때까지 인내해 주고 격려해 준 가족들에게 특히 감사한다. 메리 요Mary Jo는 단Dan에게, 아니스Anis는 아미Amy 와 달리아Daliah 그리고 아덴Aden에게 특별히 감사한다.

끝으로, 가장 중요한 것인데, 우리는 서로에게 감사한다. 우리는 둘 다 글쓰기 프로그램 운영자로 근무하면서 대규모 프로그램을 관리하는 동안 이 프로젝트를 완료하였다. 이 프로젝트에 시간과 노력을 투자하는 것이 쉽지 않았음에도 불구하고 자신만의 일이었다면 발휘하지 못했을 집중력과 지적 에너지를 이 공동 작업에 투자하면서 일을 지속해 왔다. 함께 했던 이런 지적 열망과 웃음과 즐거움 덕분에 우리는 서로 영감을 받아 포기하지 않고 일을 계속 할 수 있었다.

목차

2부 다중 맥락의 장르 연구

3부 글쓰기 교육을 위한 장르 접근

1장 서론 및 개관

지난 30년 동안 여러 학문 영역과 다양한 맥락에서 활동하는 연구자들이 장르에 대한 우리의 사고 방식을 혁명적으로 변화시켰다. 그들은 장르가 글의 유형을 분류한 것에 불과하다는 생각에 도전했고 그 대안으로 장르가 특정 유형의 글과 특정 유형의 사회적 행위를 연결시켜 준다는 견해를 제시했다. 이에 따라 반복되는 상황을 인지하고, 그 결과 특정 상황 안에서 의미 있게 행위함으로써 그 상황을 재생산하도록 하는 방식을 장르로 정의하는 사람들이 더 많아졌다. 장르는 반복되는 상황 속에서 상호작용하는 수사학적 방식이 정형화된 것이라는 생각(밀러Miller, 「사회적 행위로서의 장르」)은 글쓰기 연구와 교육에 큰 충격을 주었다. 다양한 지역(북미, 호주, 브라질, 프랑스, 스위스), 다양한 학문 영역(응용 언어학, TESOL, 수사학, 작문 연구, 과학기술 의사소통, 비판적 담화 분석, 사회학, 교육학, 문학 이론), 그리고 다양한 학년 수준과 맥락(초등, 중등, 대학 글쓰기 및 전문 직업적 글쓰기와 공적 글쓰기)에서 활동하는 연구자들이 장르의 분석적이고 교육학적인 성격을 탐구하여 장르가 문식성 획득에서 유의미한 변수임을 밝혔다. 글쓰기 연구와 교육에 대한 장르 접근법이 어떤 의미가 있는지, 그리고 이런 접근법은 어떻게 해야 가장 잘 실행될 수 있는지를 살펴보기 위해서 이 책은 장르에 대한 우리의 이해를 규정해 왔던 다양한 전통을 검토하고 있으며, 이 전통들이 장르 연구 및 교수법에 대한 작업에 어떤 영향을 미쳤는지도 탐색하고 있다.

지난 30년 동안 풍부하게 연구가 이루어졌음에도 불구하고, 장르를 글의 유형이나 인위적인 분류 체계로 보는 대중적 시각과 경쟁하면서 장르라는 용어 자체는 여전히 혼란이 가득 찬 상태에서 빠져 나오지 못하고 있다. 이런 혼란은 부분적으로 다음과 같은 질문과 관련이 있다. 장르는 단지 경험, 사건, 행위를 분류할 따름인가? (그러므로 장르를 의미를 위한 표지나 용기로 생각해야 하는가?) 아니면 장르는 그 장르가 대변하는 것을 반영하고, 형성하도록 도와주고, 심지어 생성하는가? (그러므로 장르가 의미 형성에서 결정적인 역할을 하는가?) 흥미롭게도 장르에 대한 이 두 대립된 견해는 불어에서 온 단어인 **장르**genre라는 말의 어원에 반영되어 있다. 먼저 장르라는 말은 관련어인 gender(성별)라는 말을 통해 추적해 볼 수 있는데, gener는 라틴어 *genus*에서 왔으며 사물의 종류나 집합을 가리키는 말이다. 또 장르라는 말은 라틴어 *gener*와 관련되는데 이 말은 무엇인가를 만들어낸다는 뜻이다. 장르라는 말이 역사적으로 정의되고 사용되어 왔던 방식은 이런 어원을 반영한다. 다양한 시대, 다양한 영역의 연구에서 장르는 우선 분류 도구로, 즉 글이나 여타 문화적 대상들을 종류별로 분류하여 조직화하는 방식으로 주로 정의되고 사용되어 왔다. 그러나 비교적 최근에는 다양한 연구 영역에서 장르를 글의 종류를 분류하는 도구로 사용하기보다 텍스트나 의미, 사회적 행위를 형성하는 요소로서 강력하고, 이념적으로 능동적이며, 역사적으로 변화하는 것으로 정의하게 되었다. 이런 관점에서 보면 장르는 문화적 지식의 한 형식으로 이해할 수가 있다. 장르를 통해 우리는 다양한 상황을 어떻게 이해하고 그 상황 안에서 어떻게 전형적으로 행위할지에 대해 개념적 틀을 제공받게 된다. 이런 견해에 따르면 장르는 텍스트와 사회적 행위의 유형을 분류할 뿐 아니라 동시에 상호간의 복잡하고 역동적인 관계를 맺으면서 텍스트와 사회적 행위를 생산해 낸다.

장르에 대해 이렇게 역동적인 관점을 갖게 되면, 장르의 형식적 특성에만 국한하여 장르를 연구하고 교육하는 일을 넘어설 필요성이 생긴다. 이 관점에 설 때 우리는 장르의 형식적 특성이 자의적으로 존재하는 것이 아니라는 사실을 알게 된다. 그래서 장르의 형식적 특성에만 집중하는 대신, 장르의 형식적 특성이 어떻게 장르의 사회적 목적과 관련되는지, 또한 장르가 사회적 목적과의 관계 속에서 어떻게 존재하는지, 또 그것이 인지되는 방식과 어떻게 관련되는지 알아야 할 필요성이 생긴다. 그래서 특정 장르의 형식적 특징이 어떻게 그리고 왜 지금의 모습으로 존재하게 되었는지, 그리고 그 특징이 어떻게 그리고 왜 특정한 사회적 행위/관계만을 가능하게 하는지를 이해해야 한다. 요약하자면 이 관점에 서면, 장르 인식은 형식적 특징에 대한 인식만을 포함하는 것이 아니다. 장르가 어떤 목적, 누구의 목적에 봉사하는지, 개인의 의도를 장르의 사회적 기대 및 동기와 어떻게 조화시켜야 하는지, 장르를 언제, 왜, 어디서 사용해야 하는지, 장르가 어떤 저자/독자 관계를 유지시키는지, 그리고 어떻게 다양한 장르들이 사회적 삶과 조화를 이루면서 서로 관계를 맺는지 등에 대한 지식도 장르 지식에 포함하게 되는 것이다.

장르에 대한 인식을 심화시키고 이렇게 획득된 장르 인식을 활성화시키는 방법은 다양한 장르 접근법에 따라 변화해 왔다. 물론 그런 방법이 다양한 전통과 지적 자원, 또 다양한 교육적 요청과 조건의 영향을 받아 왔던 것도 사실이다. 책에서 1부는 다양한 연구 영역을 파생시킨 접근법들을 시대 순으로 자세히 살펴볼 것이다. 1부는 문학 이론에서 출발하여 체계 기능 언어학(보통 '시드니학파'의 장르 이론이라 불리는 입장), 역사/코퍼스corpus 언어학, 특수 목적 영어교육ESP, 수사학적 장르 연구(보통 '북미수사학파'의 장르 이론이라 불리는 입장), 프랑스와 스위스의 교육학 전통, 이 모든 것을 종합하고자한 브라질학파 순으로 살펴본다. 앞으로 우리가 서술할 내용 중 특히 중요한 점은 다음과 같다. 시드니학파의 장르 이론은 12학년에 대한 국가 교육과정에 대응해서 등장했고, 특수 목적 영어 교육에서의 장르 접근법은 영어가 모국어가 아닌 대학원생들의 요구에 부응해서 등장했다. 그리고 브라질학파는 2003년 이래 이루어진 브라질 교육부의 국가 교육과정 할당제 및 장르 연구 국제학술대회SIGET에서 비롯되었다. 수사학적 장르 연구의 접근법은 수사학 이론과 사회학의 영향을 받았으며 영어를 모국어로 하는 대학 수준 학생을 대상으로 하였다. 이런 다양한 접근법은 분명한 입장 차이가 있음에도 불구하고 한 가지 생각에는 확실히 동의하고 있다. 장르에는 세계 속에서 인식하고 행위하는 사회적 방식이 반영되어 있으며, 그렇기 때문에 텍스트가 다양한 맥락에서 어떻게 기능하는지(이 책 2부의 주제), 그리고 학생들이 다양한 맥락에서 의미 있게 행위하도록 어떻게 가르칠지(3부의 주제)에 대해 가치 있는 연구 수단을 제공해 준다는 생각이다.

　장르 연구와 교육에 대한 관심은 다학문적이고 국제적인 관점에 의해 지평이 넓어졌고 풍부해졌다. 제4회 장르 연구 국제학술대회에서 발표된 24개의 논문을 묶어 최근에 출판된 『변화하는 세계와 장르』 서문에서 찰스 베이저만Charles Bazerman, 아데어 보니니Adair Bonini, 데보라 피게이레두Débora Figueiredo는 아르헨티나, 호주, 브라질, 캐나다, 칠레, 핀란드, 프랑스, 포르투갈, 영국, 미국을 대표하는 필자들이 참여했음을 들어 장르 연구가 전 세계적으로 퍼져 있음을 지적했다. 그들이 서술한 것처럼 장르 개념은 문식성 교수자로 하여금 특히 글로벌화된 세계 및 정보화된 경제의 요구에 부응하도록 하는 데 유용하다. 장르는 "글쓰기를 집중적이고 목적 지향적이며 고도로 전문화된 작업으로 정교하게 다듬어" 주기 때문에, 장르에 기초할 경우 우리는 학문 영역, 전문 직업 영역 및 일상생활에서 점점 더 긴요해지고 있는 전문화된 의사소통 능력을 학생들이 갖출 수 있도록 더 잘 교육할 수 있을 것이다. 동시에 장르에 기초할 경우 우리는 세계 전역의 더 많은 학생들에게, 호주와 브라질의 사례에서 볼 수 있는 것처럼 "심화 교육의 이점에 접근할 수 있는 길"을 제공할 수 있을 것이다. 베이저만, 보니니, 피게이레두는 다음과 같이 웅변조로 결론을 맺고 있다.

세계가 의사소통과 지식에 의해 하나로 결합되어 복잡한 협력 관계를 이루어 나가게 되면서, 장르에 대한 요구가 점점 증가하고 있다. 장르는 의미와 지식을 공유하면서 우리의 행위를 조정하고, 우리의 제도들을 유지시키는 데 큰 역할을 한다. 세계가 새로운 기술과 매체, 그리고 새로운 사회적·경제적 제도에 의해 변하고 있으며, 이러한 사실은 장르 변형에 대한 요구를 빠르게 창출해 내고 있다. 점점 더 다양한 수준의 조정과 상호 이해를 필요로 하는 세계 속에서 장르를 효과적으로 만들어내는 것은 이제 전 지구적 복지의 문제가 되었다. 지금 세계는 모든 시민에게 더 높은 수준의 말과 글을 사용하여 지적인 참여를 해 줄 것을 요구하고 있다. 이러한 세계 속에서 모든 사람의 의사소통 능력을 발전시켜서 힘과 조정 능력을 가지도록 장르를 활용할 능력을 길러 주는 것은 이제 사회적 잠재력과 정의의 문제가 되었다.

미국에서, 그리고 수사학과 작문 연구 내에서 장르 개념은 글쓰기 연구와 교육에 중요하고 흥미로운 영향을 주기 시작했다. 지난 몇 년 동안 장르 이론을 검토하고 적용하는 논문집과 저서가 주류 작문 독자를 겨냥하면서 다수 출판되었다. 다수의 작문 학술지들이 장르 이론에 대한 학문적 성과를 출판했다. 주요 학술대회에서 장르를 주제로 하는 회의가 늘고 있으며 학술대회에 참여하는 청중의 수도 점점 증가하고 있다. 그리고 최근에는 장르를 기본 개념으로 채택한 작문 교재도 상당수 출간되고 있다(우리는 10장과 11장에서 이 교재 중 일부에 대해 논의할 것이다). 정말로 우리가 수사학과 작문 연구에서 '장르로의 전환'이라고 불러도 될 만한 현상을 목격하고 있다고 말해도 전혀 과장은 아닐 것이다. '장르로의 전환'이란 작문 연구 영역에서 다루어지는 다양한 문제들에 대한 인식의 전환을 말한다. 이 전환에는 다양한 수준과 다양한 맥락의 학생들에게 글쓰기를 이데올로기적 행위이자 사회적 참여의 한 형식으로서 교육하는 일뿐만 아니라, 글쓰기 전반과 메타 인지metacognition, 전이 가능성transferability에 대해 새롭게 연구하는 일도 포함된다. 리처드 풀커슨Richard Fulkerson은 2005년에 『대학 작문과 의사소통College Communication and Composition』에 실린 논문 「새로운 세기의 작문Composition at the Turn of Century」에서 작문과 수사학 영역에서 이루어지는 장르 연구를 설명하기 위해서는 다양한 장르 전통 및 장르를 응용한 접근들을 모두 서술해야 한다고 언급했다.

중등학교의 독자를 겨냥하는 최근의 책들은 미국의 글쓰기 교육에서 장르의 영향력이 커지고 있음을 입증해 준다. 데보라 딘Deborah Dean은 『장르 이론: 가르치기, 쓰기 그리고 존재하기Genre Theory: Teaching, Writing, and Being』에서 고등학교 글쓰기 교사들에게 장르 연구를 소개하면서, 중등교육 수업에 장르 접근법을 도입하면 학생들이 글쓰기를 상황적인 것으로 보게 되며 읽기와 쓰기, 생산물과 과정을 연관 짓게 된다고 주장했다. 헤더 라티머Heather Lattimer의 저서(『장르로 생각하기Thinking Through Genre』)와 토니 로마노Tony Romano의 저서(『장르 혼합하기, 문체 바꾸기Blending Genre, Altering Style』)를 토대로 한 캐시 플라이셔Cathy Fleischer와 사라 앤드류-본Sarah Andrew-Vaughan의 『익숙한 영역을 벗어나 글쓰기: 익숙하지 않은 장르와 사귀는 법Writing Outside Your Comfort Zone: Helping Students Navigate Unfamiliar Genre』에서는 장르에 기초한 교육과정을 제시하여 학생들이 다양한 글쓰기 과제에 대응하여 익숙하지 않은 장르들을 선택, 분석, 작성하게 하고 있다. 이 교수법에 따르면 학생들은 장르의 영역 내에서 다양한 목적으로 글을 쓸 수 있는 분석적이고 전달 가능한 기술을 습득할 수 있게 된다. 이러한 장르 기반 교육과정은 국립 영어 교수자 협의회NCTE가 발간한 2008년 정책 연구 보고서인 「오늘의 글쓰기Writing Now」에도 반영되어 있다. 이 연구 보고서는 장르를 글쓰기 교육의 핵심 요소로 보고 "글쓰기 교육은 … 장르에 대한 깊이 있는 연구에서 많은 것을 얻을 수 있다"(「오늘의 글쓰기」, 17)라고 말하고 있다.

정책 보고서 「오늘의 글쓰기」에서는 장르를 정형화된 글쓰기로 보는 신화를 인정하지 않고, 이를 떨쳐 버리려고 하고 있다. 이는 바라라 리틀 리우Babara Little Liu의 논문 「양식으로서 최신 컴퓨터 유행어보다 더한 것: 작문에서 장르 이론이 갖는 의미More than the Latest P.C. Buzzword for Mode : What Genre Theory Means to Composition」에서 영향을 받은 관심사이기도 하다. 리우Liu는 글쓰기 프로그램 운영자 협의회WPA가 발표한 「1학년 작문을 위한 WPA의 결과 보고서」에서 장르란 용어가 핵심 역할을 하고 있음에도 불구하고("다양한 장르로 글쓰기", "구조와 단락 쓰기에서부터 문투와 제작기법에 이르기까지 장르 규약에 대한 지식 발전시키기", "장르가 읽기와 쓰기를 구성하는 방식 이해하기"), 장르 개념은 제대로 정의되지 않고 잘 이해되지 않은 채 쓰이고 있다고 지적했다. 그래서 리우는 이 보고서가 최근 저작들에서 나오는 새로운 통찰의 장르 개념을 소개하지 않은 채 수사학과 작문의 주류 담론에서 사용되는 장르를 재도입하고 있기 때문에 "장르에 기반을 둔 접근이 결과 중심 접근으로 후퇴해 버렸다고 비판했다. 즉, 리우는 글쓰기 과정이 글쓰기와 저자가 복잡한 세계 속에서 어떻게 작동하고 있는지를 능동적으로 이해하는 과정이 아니라, 이상적인 글을 점점 더 정확히 복제하는 일련의 과정이 될" 위험이 있다고 경고했다. 이 문제에 덧붙여 리우는 "비전문적인 작문 교수자를 위한 장르 이론 입문"이 필요하다고 주장했다.

이 책은 1학년 글쓰기 프로그램, TESOL 프로그램, L2 대학원 글쓰기 프로그램, 전공별 글쓰기/범교과적 글쓰기 프로그램 등 다양한 제도적 맥락에 있는 글쓰기 교수자 및 글쓰기 프로그램 운영자를 위해 장르에 관한 다양한 이론을 제공하는 것이 목적이다. 또한 이 책은 수사학과 작문 영역은 물론이고 수사학적 비평, 응용 언어학, 담화 분석, 문화 연구, 교육학, 사회학 등의 관련 영역에서, 입문자든 경력자든 상관없이 글쓰기 연구와 교육을 위해 장르를 연구하고 적용하려는 데에 관심을 가진 학자들을 대상으로 한다.

책에 대한 개관

다음 장부터 우리는 장르 적용의 다양성과 반복성을 설명하기 위해 서로 다른 주요 전통들을 추적하면서 장르에 대한 이론, 연구, 교수법을 개괄적으로 살펴볼 것이다. 우리는 장르를 역사적으로 개관할 것이고, 지난 30년에 걸쳐 장르를 새롭게 규정하는 데 기여했던 주요 쟁점과 이론들을 살펴볼 것이며, 새로운 개념 규정이 글쓰기 연구와 교육에 준 의미를 정리하고 설명할 것이다. 아울러 장르 연구에서 현재의 연구 및 발전 방향을 검토하고, 장르 연구를 이끌고 있는 다양한 방법론의 사례를 제시할 것이다. 나아가 다양한 수준과 여러 학문 영역에서 글쓰기를 가르치기 위해 장르를 활용할 경우 얻을 수 있는 가능성과 함축성에 대해 탐구할 것이다. 요약하자면 우리는 장르를 역사적·이론적·교수법적 차원에서 검토할 것이다. 이를 통해 새로 입문했거나, 혹은 경력이 많은 교수자는 물론이고 장르의 학술적·교수법적 가능성을 규정하고 탐구하는 일에 관심을 가진 연구자들에게 도움을 주고자 하는 것이 우리의 바람이다.

1부(2장에서 6장)에서 우리는 현재의 장르 인식에 이르기까지 그 적용 방식에 영향을 준 다양한 전통을 검토한다. 2장에서는 문학 전통 안에서의 장르 연구를 추적한다. 이를 통해 장르를 미적인 대상으로만 보거나 아니면 예술 정신에 부과된 것으로 보는, 장르에 대해 널리 퍼져 있는 태도에 문학적 전통이 어떻게 기여했는지 살펴볼 것이다. 또한 최근의 문학적·문화 연구적 접근이 언어학 전통 및 사회 수사학 전통과 결합하여 장르 연구의 영역을 어떻게 확장시키고 있는지도 살펴볼 것이다.

3장과 4장에서는 언어학 전통 안에서의 장르 연구를 검토한다. 이 전통의 연구는 장르의 교수법적 함축을 처음으로 밝힌 바 있다. 3장은 체계 기능 언어학과 역사 언어학, 코퍼스 언어학에 주목하여 호주의 장르 연구자들이 어떻게 장르를 구조 기능 언어학과 연관시켰고, 어떻게 초등 및 중등 교육의 문식성 교육에 적용했는지를 설명할 것이다. 우리는 이런 접근이 과정 기반 글쓰기 교육을 어떻게 반박했는지 검토하고 이런 접근에 대한 비판도 소개하려 한다. 또한 역사 언어학과 코퍼스 언어학에서 장르가 왜 중요한 변수가 되고 있는지도 살펴볼 예정이다.

4장은 장르 연구를 언어학 전통 안에서 계속 탐구하면서 장르 분석에서 이루어진 풍부한 연구 전통과 특수 목적 영어 교육에 초점을 맞춘다. 또한 장르 분석 방법을 발전시켜서 담화 공동체와 의사소통의 목적을 설명한 존 스웨일스John Swales의 영향력 있는 작업을 살펴볼 것이다. 나아가 지난 20년간 언어학과 수사적 전통을 바탕 삼아 대학원 수준 비모국어 영어 화자의 전문화된 문식성에 주목할 필요가 제기되었는데 4장에서는 이런 발달 과정도 추적할 것이다.

5장은 장르 연구를 수사학과 사회학 전통 안에서 검토한다. 이 장에서는 장르 연구의 초점을 의사소통 행위에서 장르가 수행하는 사회적 행위로 이동시킬 때 수사학과 사회학의 전통이 어떤 역할을 했는지 살펴보도록 한다. 우리는 의사소통적 장르 접근법과 사회학적 장르 접근법을 구분할 것이다. 그리고 캐롤린 밀러Carolyn Miller의 획기적인 업적인 '사회적 행위로서의 장르'가 수사학적 비평과 사회 현상학 연구를 통해 어떤 영향을 받았는지를 추적해 본다. 밀러의 이 업적은 장르 연구와 장르 교육에 새로운 가능성을 열어 주었다. 5장의 말미에는 프랑스와 스위스의 교수법 전통을 개괄하고 이 전통이 언어학 및 사회 수사학 전통과 함께 브라질 장르 연구에서 어떻게 융합되었는지를 살펴볼 것이다.

6장은 수사학적 장르 연구 분야에서 연구자들이 지난 25년 동안 장르가 사회적이고 수사학적인 행위라는 생각을 어떻게 확장시켰는지 살펴볼 것이다. 장르 집합genre sets과 장르 체계, 업테이크uptake,[1]

---

1) (옮긴이) 오스틴(J. L. Austin)의 발화 행위 이론에서 비롯된 개념이다. 특정한 조건 하에서 (예를 들면 누군가를 시켜 방을 시원하게 하려는 의도로 "여긴 참 덥군" 하고 말하는) 언표 내적 행위가 어떻게 (이어서 누군가 창문을 여는) 매개 행동을 초래하는가를 설명하기 위해 고안되었다. 앤 프리드먼(Anne Freadman)은, 장르에도 처한 조건에 따라 일정하게 업테이크되는 행동에 의해 규정되는 속성이 있다면서 업테이크 개념을 장르 이론에 적용시켰다. 우리가 장르를 이해하는 것은 이런 내면화된 업테이크 과정과 연관되어 있다. 즉 어떤 상황에서 어떤 장르를 어떻게 취하느냐에 관한 지식은 어떻게, 언제, 무엇을 수행시키는가에 관한 지식과 일치하는데, 이는 업테이크의 결과에 따른 것이다. 아울러 이런 수행의 결과로 고착된 장르 인식 및 장르 사용 방식도 업테이크에 해당한다. 결론적으로 업테이크는 우리가 일상적으로 장르에 관해 받아들이는 무의식적 인식 전반을 포괄하고 있다. 이 책에서는 한국어로 적절한 번역이 어려워 원문 발음 그대로 '업테이크'로 적었다(Freadman, A. (2002), "Uptake", In R. M. Coe, L. Lingard & T. Teslenko (Eds.), *The Rhetoric and Ideology of Genre: Strategies for Stability and Change*, Cresskill, NJ: Hampton Press, pp. 39~53. http://genreacrossborders.org/gxb-glossary/uptake 참조).

메타 장르, 분산 인지distributed cognition, 장르 시공간성, 활동 체계 등을 포함하여 장르 연구에서 발전된 핵심 개념들을 정의하고 설명할 것이다. 1부 전체를 통하여 보면, 장르 연구와 관련된 다양한 전통 및 지적 자산들이 장르가 연구 및 교육 분야에서 어떠한 용도로 사용되는지 분명히 규정할 수 있게 할 것이다.

2부(7장에서 9장)에서는 다양한 맥락(학계, 직장, 공공 영역)에서 또 여러 나라에서 다양한 목적을 위해, 다각적인 방법을 활용하여 진행되었던 경험적인 장르 연구를 광범위하게 다룬다. 2부에서는 관심 연구 분야, 연구 계획의 종류, 방법론, 결과물, 추후 연구 분야 등에서 나타나는 경향을 소개하며, 이를 위해 다양한 조사 연구들을 망라해서 다룬다. 7장은 장르를 습득하여 발전시키는 과정에 대한 연구에 초점을 맞추어 학문적 맥락에서의 장르 연구를 추적한다. 이 연구들은 명시적 장르 교육의 효용성에 대한 논쟁을 불러일으킨 바 있다. 7장은 유년기 쓰기 능력의 발전 및 장르에 관한 연구, 중등 교육 및 대학 수준에서의 장르 교육과 학습에 대한 연구, 장르와 고급 문식성에 대한 연구, 장르 습득에 문화가 미치는 영향력에 대한 연구, 역사적이고 국제적인 연구 등을 포함한다.

8장은 직장과 전문 영역에서의 장르 연구에 주목한다. 이 장에서는 과학 논문, 경제 교과서, 법 장르, 비즈니스 의사소통에 대한 역사적 연구와 브라질에서 이루어진 국제적 연구를 다룬다. 또한 8장에서는 은행이나 사회 복지 단체, 보험회사와 같은 전문 직업 맥락에서 장르가 사회적 활동, 권력 관계, 정체성과 어떻게 관련될 수 있는지를 검토한다.

9장에서는 공적 및 전자 맥락에서의 장르 연구, 그리고 새로운 미디어에서의 장르 연구를 검토함으로써 장르 연구의 향후 방향을 전망해본다. 9장은 또한 국제적이고 역사적인 연구(예를 들면 편지와 땅문서)도 살펴보고 블로그나 웹 사이트, 문자 메시지 같은 새로운 장르도 검토한다.

　3부(10장과 11장)에서는 장르에 대한 교수법적 접근을 살펴본다. 10장에서는 1부와 2부에서 소개했던 다양한 장르 전통과 조사 연구들을 언급하면서, 장르 연구자들이 글쓰기 교육을 지원하기 위해 장르를 활용했던 갖가지 방식을 검토한다. 이 과정에서 국제적 관점과 미국의 관점도 언급하면서 명시적 장르 교육에 대한 논쟁을 설명하고, 논쟁에 영향을 미친 전통과 수업 여건(중등, 학부, 대학원 그리고 영어를 모국어로 하는 학생과 그렇지 않은 학생) 하에서 이러한 논쟁을 다시 살펴볼 것이다.

　11장에서는 수사학적 장르 연구에 기반을 둔 교수법적 접근을 살펴보면서, 다음과 같은 문제에 주목한다. 다양한 글쓰기 상황에 대응할 수 있는 장르 인식을 1학년 작문 강좌에서 어떻게 가르칠 수 있는가? 어떻게 장르에 대한 비판적 인식을 가르칠 수 있는가? 어떻게 가르치면 학생들을 비판에서 대안 장르의 산출로 나아가게 할 수 있는가? 끝으로 공적 맥락이건, 전문 직업 맥락이건, 학문적 맥락이건 간에 어떻게 하면 적절한 맥락 안에 장르를 위치 지을 수 있는가?

　이 모든 장 전체를 관통하는 중요한 목표는 장르 접근법이 글쓰기 연구와 교육을 위해 무엇을 제시할 수 있는지에 대해 큰 그림을 보여주는 것이다. 그 결과 독자가 다양한 장르 접근법을 더 잘 이해하게 되어 장르를 연구와 교육의 도구로 잘 이용할 수 있게 되기를 바라는 마음이다.

1부 장르 이론의 역사적 검토

2장 문학 전통의 장르 연구

이 장을 포함한 1부에서는 장르 개념이 다양한 학문 분야에서 역사적으로 어떻게 정의되고 사용되어 왔으며, 지금은 어떻게 정의되고 사용되고 있는지 검토할 것이다. 검토 대상은 문학 이론, 체계기능 언어학(장르 연구에서는 '시드니학파'라고도 불린다), 역사/코퍼스 언어학, 특수 목적 영어, 수사학적 장르 연구(장르 연구에서는 '북미학파'라고도 불린다)이다. 검토의 목적은 이처럼 다양한 학문 분야에서 역동적으로 상호 관련을 맺어 온 연구사가 어떻게 장르에 대한 현재의 이해 또는 통합적 이해(예를 들어, 브라질학파의 통합적 논의를 소개한 5장을 보라)에 기여해 왔는지, 또한 그것이 글쓰기 교육 및 글쓰기 프로그램 개발에 던지는 함의가 무엇인지를 확인하기 위해서이다. 물론 이 책의 몇 장만으로 장르 이론이 중요한 역할을 한 모든 학문 분야의 복잡한 연구사를 충분히 포착하기는 어려울 것이다. 예컨대 브라이언 팔트리지Brian Paltridge가 민속학 및 언어인류학 분야에서 장르 개념이 수행한 중요 기능을 설명한 것이나, 릭 알트만Rick Altman과 스티브 닐Steve Neale이 영화학 분야에서 장르 개념을 탐색한 사례는 이 책에서 깊이 다루지는 않는다. 대신 이 장 이후부터는 글쓰기 연구 및 교육에 중요한 영향을 준 학문 분야에서 장르를 이해하고, 장르 논의를 통합하고, 장르 개념을 사용해 온 다양한 방식을 설명할 것이다. 문학, 언어학, 수사학·사회학적 장르 이론 전통에 대한 고찰이 그것이다. 이런 이론적 전통을 이해함으로써 우리는 장르에 대한 다양한 접근법의 지형을 파악하고, 그 접근법들이 갖는 분석적·교육적 가능성(이에 대해서는 이 책의 2부와 3부에서 자세히 다룰 것이다)을 확인할 수 있을 것이다.

우리가 검토할 이론적 전통은 교육 및 분석과 관련된 광범위한 논의의 궤적들을 보여 준다. 여기에는 먼저 텍스트와 관련된 논의의 궤적들, 즉 분류, 설명, 그리고/또는 교육을 목적으로 장르의 형식적 특성을 검토한 연구사가 포함된다. 다음으로, 맥락과 관련된 논의의 궤적들, 즉 장르가 어떻게 형성되고, 장르 사용자들을 특정한 사회적·역사적 사건에 어떻게 참여하게 했는지를 살핀 연구사가 포함된다. 여기서는 장르가 어떻게 사회적·언어적 사건을 매개하여 사회적 활동과 관계를 재생산하는지, 장르가 보다 광범위한 사회적 구조와 관련됨으로써 어떻게 우리로 하여금 비교문화적 분석cross-cultural analysis을 하게 하는지, 그리고 장르가 어떻게 저항과 변화의 형식으로 사용될 수 있는지에 대한 문제들을 다룬다. 또한 이 다양한 논의의 궤적—장르에 대한 분류적이고 기술적인 접근법에서 설명적 접근법과 실용적 접근법, 그리고 장르를 이데올로기와 권력power의 문제와 관련짓는 비판적 접근법의 논의까지—들은 이 장에서 우리가 검토할 장르에 대한 문학적 접근법의 검토에서도 발견할 수 있다.

우리가 1부에서 살필 여러 관점들 중에서, 장르에 대한 문학적 접근법은 글쓰기 교육 및 글쓰기 프로그램 개발과 직접적인 관련성이 가장 적다. 그러나 이 접근법이 제공하는 분석적인 관점들, 장르와 창조성에 대한 관점을 포함하여(Devitt, 『장르 글쓰기Writing Genres』, 163~190을 보라), 장르에 대한 널리 확산된 믿음을 만들어낸 접근법들은 문학에서의 장르 이해 방식이 언어학적·수사학적 장르 연구에서 의미 있는 것이 되도록 했다. 이 장에서 우리는 먼저, 장르에 대한 전통적인 문학적 접근법들이 어떻게 장르에 대한 양극단의 태도를 문화적으로 확산시켰는지 살필 것이다. 이때 양극단의 태도란 장르를 전적으로 미학적 대상으로 간주하는 태도와 장르를 예술 정신에 대한 하나의 제약으로 간주하는 태도를 말한다. 다음으로, 우리는 보다 최근의 문학적 접근법들을 살필 텐데, 여기에는 장르에 대한 기존의 양극단적인 태도에 도전하고, 장르 행위에 관한 더욱 광범위한 지평을 제공한 언어학적·사회-수사학적 장르 연구가 포함된다. 우리가 문학적 장르 연구의 다섯 가지 주요 궤적으로 설명할 접근법들은 신고전주의적 접근법Neoclassical approaches, 구조주의적 접근법Structuralist approaches, 또는 문학-역사적Literary-historical 접근법, 낭만주의적·후기 낭만주의적 접근법Romantic and Post-romantic approaches, 독자 반응 이론 접근법Reader Response approaches, 문화 연구 접근법Cultural studies approaches이다. 이 접근법들의 궤적을 살핌으로써 우리는 문학 이론이 장르를 정의하고 사용해 온 다양한 방식 및 그것이 글쓰기 연구와 교육에 던지는 함의를 이해할 수 있을 것이다.

신고전주의적 장르 접근법

『환상문학The Fantastic』과 「장르의 기원The Origin of Genres」에서, 츠베탕 토도로프Tzvetan Todorov는 장르에 대한 '이론적' 접근법과 '역사적' 접근법을 구분했다. 이 두 접근법은 우리가 앞으로 살펴볼 첫 번째와 두 번째 접근법인 '신고전주의적 접근법'과 '구조주의적 접근법'에 각각 대응한다. 이 중 이론적 접근법은 장르를 정의하려는 비평가들이 텍스트를 분류할 때 사용하는 추상적이고 분석적인 범주들에 의존한다(『환상문학』, 134). 이 범주들은 '이론적'이다. 왜냐하면 실제적인 사례와 텍스트에서 도출된 범주라기보다는 선험적으로 존재해 온 범주가 텍스트를 분류하려는 목적에서 연역적으로 적용된 것이기 때문이다. 토도로프는 이러한 이론적 접근법을 보여 주는 사례로 노드롭 프라이Northrop Frye의 유명한 저서인 『비평의 해부Anatomy of Criticism』를 들었다. 이 책은 문학 텍스트를 원형적 주제와 이미지에 의거하여 분류한다. 반면에, 역사적 접근법은 장르를 '문학적 실재에 대한 고찰'의 결과로 인식하는데, 그것은 이 접근법이 장르를 귀납적으로 규정한다는 것을 의미한다. 즉, 비평가는 특정한 문학적 맥락 안에서 역사적으로 존재하는 텍스트들에 나타난 구조적 패턴에 의거하여 장르의 범주를 규정하는 것이다(『환상문학』, 13~14). (토도로프의 장르 연구 방법은 이러한 방식으로 역사적인 것이 될 수 있었다.) 토도로프는 이론적 또는 '추상적 분석'의 유용성을 부정하지는 않았다. 그러한 분석 방법은 그가 장르의 '유형types'이라고 부른 것들을 분류하는 데 유용하다고 생각했기 때문이다. 하지만 그는 '장르'라는 명칭은 "역사적으로 그렇게 인지되어 온 텍스트들의 부류"만을 지칭해야 한다고 믿었다(「장르의 기원」, 198).

우리가 신고전주의적 장르 접근법이라고 부르는 것은 문학 텍스트를 분류하기 위해 이론적이고 초역사적trans-historical인 범주(또는 분류법)를 사용한다. 선험적으로 존재하는 거시 범주macro-categories를 적용하여, 문학 텍스트 간의 주제 및 형식상의 관계에 따라 그 종류를 규정하고 분류하는 것이다. 토도로프는 신고전주의적 장르 접근법이 문학 텍스트 간의 관계를 범주화하고 설명하기 위해 이러한 범주에 의존할 뿐, 장르가 실제적인 사용 맥락 안에서 어떻게 출현하고 점차 범주화되는지 검토하는 데는 큰 관심을 보이지 않는다고 비평한 바 있다.

제라르 주네트Gérard Genette는 신고전주의적 문학 분류법이 어떻게 그들의 분류 근거를 서정lyric·서사epic·극dramatic이라는 유명한 세 가지 장르 분류에 두어 왔는지에 대해 설명한 바 있다. 이 분류는 흔히 아리스토텔레스에 의해 이루어진 것이라고 오해되곤 하지만, 실제로는 낭만주의 및 후기 낭만주의 시학의 산물이다(Genette, 6~12). 주네트에 따르면, "(문학 전통 내에서) 장르 이론의 역사는 이러한 매력적인 패턴들, 즉 문학 영역의 불규칙적인 실재를 보여 주거나 또는 변형시키는 패턴들에 의해 기술된다". 이 세 가지 분류는 전통적으로 문학 지형의 경계를 설정하는 데 사용되어 왔다. 즉, 소설·중편소설novella·서사시epic(이상 서사 장르), 비극·희극·시민극bourgeois drama (이상 극 장르), 송가ode·찬가hymn·풍자시epigram(이상 서정 장르) 그것이다. 하나의 분류법으로서, 이 고전적인 세 가지 분류는 장르의 변화를 설명하는 데도 사용되어 왔다. 예컨대 주네트는 이 세 분류가 어떻게 생물학적이고 사회적인 진화를 반영하면서 자연스럽게 진화하는지에 대한 어니스트 보베Ernest Bovet의 이론을 인용하면서 다음과 같이 썼다. "이 세 가지 '주요 장르들'은 보베에게, 위고Hugo나 독일 낭만주의 작가들에게와 마찬가지로, 단순한 형식이 아니었다. …… 그보다는, '삶과 세계를 이미지화하는 세 가지의 기본적인 방식'을 의미했다. 이 장르들은 진화의 각기 다른 세 단계를 보여 주며, 계통발생적phylogenetic인 것과 마찬가지로 개체발생적ontogenetic이다. ……" 그러므로 역사적 시대 안에서, 각기 다른 시기가 진화의 각기 다른 단계를 반영하게 된다. 예컨대 '서사적 세계epic world', '서정적 인식lyric consciousness', '극적 환경dramatic milieu'과 같은 표현이 특정 시기의 특성을 대표하게 되는 것이다(Genette, 62). 또한 세 가지 분류가 공간적 존재나 시간적 관점과 관련하여 논의될 때도 있다.

예를 들면, 서정은 주관적인 것으로, 극은 객관적인 것으로, 서사는 주관-객관적인 것으로 규정되곤 한다(Genette, 38). 그래서 각 장르의 형성에 대해 우리는 각기 다른 존재 개념을 갖게 된다. 즉, 각 장르가 특정한 문학적 활동이 발생하는 각기 다른 공간적 국면과 결부된다고 인지하는 것이다.

서정, 극, 서사라는 세 가지 장르 분류를 통해 예증한 바와 같이, 신고전주의적 장르 접근법은 문학 텍스트를 분류하고 설명하기 위해 보편타당성에 근거한 체계적이고 포괄적인 규칙을 추구한다는 특성이 있다(Frow, 52). 그래서 우리는 노드롭 프라이의 유명한 작업을 신고전주의적 장르 접근법의 범주 안에 포함시킬 수 있다. 프라이가 문학 텍스트 간 관계를 설명하기 위해 원형에 대한 초역사적 체계를 사용했다는 점에서 말이다. 예컨대 『비평의 해부』에서 프라이는 네 가지 원형적 미토스mythos를 규정했다. 희극, 로맨스, 비극, 아이러니/풍자가 그것이다. 이 내러티브들은 계절의 순환과 관련을 맺는다. 겨울은 아이러니/풍자와, 봄은 희극과, 여름은 로맨스와, 가을은 비극과 각기 짝을 이룬다. 이때 각 내러티브는 원형적 플롯 안에서 전개되고(예컨대 희극에서 한 유형의 사회로부터 다른 유형의 사회로 변화하는 플롯), 각 플롯은 원형적 국면 안에서 전개된다(예컨대 비극에서 완전무결함이 비극적인 결함으로 변화함으로써 극심한 충격과 공포를 야기하는 국면). 또한 국면들은 원형적 캐릭터 및 특성과 관계를 맺는다(예컨대 로맨스의 원정 플롯은 원형적 캐릭터로서 젊은 영웅, 늙은 마법사, 예언자, 괴물, 요정 등을 포함하며, 원형적 이미지로서 물, 다산, 숲이 우거진 풍경, 계곡, 개울, 우호적인 동행 등을 포함한다). 신고전주의적 접근법에 대해 프라이는 다음과 같이 설명했다. "신고전주의적 장르 비평의 목적은 장르의 전통이나 문학 텍스트의 상호 관계를 단순히 분류하는 데 있지 않고, 명확히 밝히는 데 있다. 그럼으로써 신고전주의적 장르 비평이 맥락1)이 제공되지 않았다면 우리가 미처 인지하지 못했을 수많은 문학적 관계들(예컨대 장르 및 문학 텍스트의 상호 관계들)을 명백하게 드러내고자 한다."

이처럼 신고전주의적 분류법은 문학 텍스트 간 관계를 설정하고자 했다. 한편, 이러한 신고전주의적 접근법에 대한 주된 비판은 이 접근법이 장르를 사회역사적 맥락에서 출현하고 변화하는 것으로 보지 않고 장르의 관념적 특성을 보편화하려 한다는 데 맞추어졌다. 글쓰기 교육에 미친 영향의 측면에서 신고전주의적 장르 접근법의 태도는 지금도 널리 교육되고 있는 '묘사', '서술', '설득', '설명'과 같은 글쓰기 양식을 유통시킴으로써 탈맥락적인 분류법에 권위를 부여하도록 도왔다. 이러한 인위적 양식은 텍스트의 형식을 내용에서 분리하고, 모든 글쓰기(및 관련된 인지 과정)에 보편적으로 적용될 수 있는 범주의 방식으로 분류되고 설명될 수 있다고 가정한다. 동시에 장르에 대한 이러한 추상적 관점은 글쓰기 교사들과 학생들이 장르를 역동적이고 맥락화된 활동_{situated actions}으로 다루는 데—이는 최근의 문학, 언어학, 수사적 장르 연구 분야에서 장르를 다루는 방식이다—제약을 가한다.

구조주의적 장르 접근법

토도로프는 프라이의 원형-기반 분류법이 역사적이기보다는 이론적인 데 그친다고 비판했다. 그렇지만, 프라이의 작업은 문학 텍스트가 낱낱의 독립체로서만 기능하지 않고 문학적 세계 속에서 어떻게 서로 체계적이고 상호텍스트적인 관계를 맺으며 존재하는지

---

1) (옮긴이) 여기서 지칭하는 '맥락'은 '장르 및 문학 텍스트의 상호 관계를 밝히기 위해 사용되는 원형에 대한 초역사적 체계들'을 의미한다.

를 설명해 주었다. 『비평의 해부』를 통해 프라이가 제안한 접근법은 문학 비평이 이데올로기나 개인적 취향 또는 가치 판단에 근거해서는 안 된다는 사실을 전제로 한 것이었다. 즉, 프라이는 문학 비평이 문학 텍스트에 대한 체계적인 연구가 되어야 하며, 문학 텍스트를 더욱 광범위한 전체의 일부로서 규정해야 한다고 말했다. 그리고 이를 설명할 수 있는 일종의 '조정 원리'를 추구하는 데 집중해야 한다고 주장했다. 또한 그는 문학 텍스트에 내재해 있고 문학 텍스트를 상호 구별하는 것을 가능하게 하는 원형적 패턴들(의식들, 신화들)을 추적하는 과정에서, 하나의 복잡하고 상호텍스트적인 문학적 세계, 즉 그 안에서 문학 텍스트가 기능하고 규정되는 세계를 묘사했다. 그 세계 안에서 모든 문학 텍스트는 몇 가지 한정된 원형들에 의존하고, 각 장르에 부합하는 원형들 내에서 기능한다. 이러한 관점에서 볼 때 프라이의 작업은 장르에 대한 또 다른 접근법 안에서 일부분 기능하는 것으로 파악될 수도 있다. 이때 또 다른 접근법이란 구조주의적 접근법을 말한다.

구조주의적(또는 문학-역사학적) 접근법은 장르를 하나의 문학적 실재 안에서 문학 텍스트와 활동들을 조직하며, 어느 정도까지는 이를 형성하는 것으로서 규정한다. 『장르의 은유: 장르 이론에서 유추의 역할Meraphors of Genre: The Role of Analogies in Genre Theory』에서 데이비드 피시로브David Fishelov는 문학적 실재와 장르 이론 사이의 관계를 탐색했다. 그는 문학자들이 "장르는 사회적 제도다"라는 은유를 사용하여, 문학 장르가 텍스트의 구조나 텍스트 간의 관계를 조정하고 변화시키는 방식을 설명해 왔다고 서술했다. 예를 들어, 피시로브는 다음과 같이 설명했다. "교수는 교육 제도의 구조와 기능에 따라 특정 패턴의 행위를 준수하고, 다른 역할 담당자(예컨대 학생)와 상호작용할 것이라고 기대된다. …… 마찬가지로, 희극의 인물은 희극이라는 문학적 '제도'의 구조적 원리에 따라 특정 행위를 하고 다른 인물과 상호작용할 것으로 기대된다." 요컨대 장르는 문학 제도라고 할 수 있다. 문학 제도로서 장르는 문학 텍스트 내의 인물과 문학 텍스트를 생산하고 해석하는 필자와 독자 모두에게 특정한 문학적 행위를 할 수 있게 하며, 또한 그 행위를 의미 있게 만든다. 그러므로 구조주의적 접근법은 장르가 문학 텍스트 및 맥락을 토도로프가 '문학적 실재'라고 부른 것 안에서 어떻게 구조화하는지 검토하는 접근법이라고 할 수 있다(『환상문학』, 13~14).

신고전주의적 장르 접근법은(서사·서정·극과 같은) 초역사적 범주를 사용하여 문학 텍스트 및 텍스트 간의 관계를 추상적인 수준에서 규명하고 분류했다. 이와 대조적으로, 구조주의적 장르 접근법은 사회·역사적으로 국지적인 장르들이 어떻게 특정한 문학적 행위, 동일시, 재현을 이루어내는가라는 문제에 더 큰 관심을 갖는다. 프레드릭 제임슨Fredric Jameson에 따르면, "장르란 본질적으로 문학 제도이거나 또는 특정 대중과 필자 간의 사회적 계약이다. 장르의 기능은 특정한 문화적 인공물의 적합한 용도가 무엇인지 밝혀주는 것이다". 제임슨과 마찬가지로, 조너선 컬러Jonathan Culler 또한 시나 소설을 쓰는 행위에 대해 이렇게 설명한 바 있다. "(시나 소설을 쓰는 행위는) 바로 장르라는 그 존재가 있기 때문에 가능하다. 장르가 있어 필자는 그에 맞서 글을 쓸 수 있고, 장르 관습이 있어 필자는 관습의 파괴를 시도할 수 있다. 그러나 만약 장르라는 맥락이 존재하지 않는다면 필자의 행위는 존재할 수 없고, 관습을 파괴하려는 시도조차 할 수 없다." 이러한 장르 맥락은 개념적인 만큼이나 담론적이다. 그것이 특정한 방식으로 형식적·텍스트적 관습을 규제할 뿐만 아니라, 필자로 하여금 문학적 실재를 특정한 방식으로 조직하고 경험하게 한다는 점에서 그러하다. 예를 들어 하인즈 슐라퍼Heinz Schlaffer는 '예술 세계의 총체성과 개별성이 창조'된 방식에 대한 발터 벤야민Walter Benjamin의 견해를 설명하면서 다음과 같이 썼다.

"장르 이론에 대한 벤야민의 결정적인 공헌은 그가 장르를 응축된 세계의 이미지로 사유했다는 데 있다. …… 관념을 통해 조직화됨으로써, 장르는 실제 세계의 무한함 및 불확정성과 대조되는 외형을 갖게 된다."(Beebee, 259에서 인용) 요컨대 문학 장르는 '실제 세계의 무한함과 불확정성'을 구속하는 방식으로 특정한 문학적·역사적 의미와 가치를 창출한다.

장르가 문학적 의미와 가치를 조직하는 하나의 구체적인 방법은 특정한 시공간적 배치를 형성함으로써 그 안에서 텍스트가 담화적으로 기능할 수 있게 하는 것이다. 이를 캐태 함부르거Käte Hamburger 는 다음과 같이 설명했다. 장르는 특정한 시간지향성을 규정한다. 그래서 예컨대 문법적 차원에서 보면, "소설에서의 과거 시제는 우리가 통상적으로 알고 있는 과거 시제를 의미하는 것이 아니라, 오히려 현재의 상황을 의미한다. 즉, 우리가 '존은 방으로 걸어 들어갔다'는 문장을 읽을 때 우리는 다른 유형의 글에서 과거 시제 문장을 만났을 때 그러는 것처럼, 그 행위가 우리 세계보다 앞서 일어난 행위를 묘사한 것이라고 가정하지 않는다".

또한 장르는 문학적 행위, 동일시, 재현에 대한 우리의 인식을 구성하기도 한다. 예를 들어, 헤더 듀브로우Heather Dubrow는 독자들에게 다음과 같은 단락을 숙고하며 읽어 보기를 권했다(Dubrow, 103에서 인용).

벽난로 위의 시계는 10시 30분을 가리켰지만, 누군가는 그 시계가 맞지 않는다고 말했다. 죽은 여자가 앞방 침대에 널브러져 있는 동안 조용한 그림자가 그 집을 미끄러지듯 빠져나갔다. 들리는 소리라고는 시계의 똑딱 소리와 어린아이가 울부짖는 소리뿐이었다.

듀브로우는 우리가 이 한 조각의 담화와 그것이 재현하는 사건을 이해하는 방식을 고찰한다면, 문학적 사건을 조직하는 데 있어서 장르의 중요성을 알 수 있다고 주장했다. 예를 들어, 이 단락이 『마플도로프에서 일어난 살인사건Murder at Marplethorpe』이라는 소설의 일부라면, 독자는 자신이 읽고 있는 소설이 탐정소설 장르에 속한다는 사실을 인지함에 따라 사건의 이해 과정에서 특정한 결정들을 내릴 수 있다. 즉, 시계의 부정확성이나 죽은 여자가 앞방 침대에 널브러져 있다는 사실은 탐정소설의 맥락에서는 사건을 이해하는 의미 있는 단서가 된다. 또한 집을 빠져나가는 그림자는 독자로 하여금 특정 장르를 매개하여 원인/결과의 관계를 인지하게 함으로써 그림자와 죽은 여자가 용의자/희생자의 관계에 있다고 가정하게 하며, 그리하여 그림자를 용의자로 규정하게 한다. 그러나 만약 듀브로우가 새롭게 가정한 것처럼 이 소설의 제목이 『마플도로프에서의 일어난 살인사건』이 아니라 『데이비드 마플도로프의 일생The Personal History of David Marplethorpe』이라면, 우리가 동일한 담화를 이해하는 방식은 변화한다. 즉, 이 소설을 성장소설Bildungsroman(인생소설)로 읽을 때 우리는 시체라든지 시계의 부정확성에 대해 탐정소설을 읽을 때만큼의 중요성을 두지 않게 된다. 또한 용의자를 찾기 위한 노력도 기울이지 않을 것이다. 듀브로우에 따르면, 우리가 성장소설로 이 담화를 읽을 때는 우는 어린아이가 더 큰 중요성을 갖게 되며, 그 아이는 우리가 알고 싶은 데이비드 마플도로프의 삶과 관련될 것으로 생각될 수 있다. 요컨대 담화를 구성하는 요인들은 장르의 구조 안에서 상호 관련성을 가지며 특정한 행위, 동일시, 재현을 구현하는 것이다.

이처럼 구조주의적 접근법은 장르의 관념적 특성을 국지화하면서, 미적 세계를 조직하는 데 있어서 장르의 역할을 부각시켰다. 그럼으로써 텍스트를 해석하고 생산하는 데 있어 장르가 가진 힘을 알려주었다. 그러나 우리가 이 장의 후반부 및 언어학적·수사학적 장르 전통을 다룬 이 책의 다른 장에서 논의하려는 것처럼, 구조주의적 장르 접근법은 문학적 실재를 구조화하는 문학적 인공물로서의 장르에만 집중했다. 그래서 어떻게 모든 장르들이—단지 문학적 장르만이 아니라—사회적 관습과 실재들을 조직하고 생성하도록 돕는지 살피는 일은 간과했다. 장르가 사회적 관습과 실재의 조직 및 생성을 돕는다는 것은 글쓰기 교육에서 중요하게 여겨지는 사실이다.

낭만주의적·후기 낭만주의적 장르 접근법

구조주의적 접근법은 장르가 문학적 세계 안에서 텍스트 상의 행위와 관계들을 구조화한다고 말한다. 반면, 낭만주의적·후기 낭만주의적 장르 접근법은 장르의 구성적 힘을 인정하지 않는다. 대신에 이들 접근법은 장르 관습을 규제적인 분류법이자 텍스트의 에너지에 대한 제약으로 인지하고, 그것을 넘어섬으로써 텍스트가 그 자체의 지위를 얻어야 한다고 주장한다(Frow, 26). "현대 작가가 되는 것과 특정한 장르적 속성에 귀속되는 글을 쓰는 것은 그 자체로 모순이다"(Rosmarin, 7)라고 주장하는, 이러한 장르에 대한 거부는 18세기 후반의 독일 낭만주의와 프리드리히 슈레겔Freidrich Schlegel의 작업에서 그 기원을 찾을 수 있다. 슈레겔은 낭만주의 시를 이상적인 사례로 들면서 문학 텍스트의 독자성singularity을 주장했다. "오직 낭만주의 시만이 무한히 자유롭다. …… 낭만주의 시라는 장르는 하나의 장르 이상의 의미를 지닌 유일한 것이다. 낭만주의 시는 어느 정도까지는 시라는 예술 그 자체라고 말할 수 있다. 즉, 어떤 의미에서 모든 시는 낭만주의 시이거나 또는 낭만주의 시가 되어야 한다."(Threadgold, 112에서 인용) 또한 슈레겔보다 1세기 뒤에, 베네데토 크로체Benedetto Croce는 장르에 따라 예술 작품을 분류하는 것은 논리의 산물이 아니라 직관의 산물인 예술 작품의 본질에 위배된다고 주장했다. 그는 장르가 논리적인 개념이며, 그렇기 때문에 불확정적이며 분류에 저항하는 문학 작품에는 적용될 수 없다고 주장했다. 한편, 모리스 블랑쇼Maurice Blanchot는 『미래의 책Le Livre à venir』에서, 아마도 장르에 대한 가장 유명한 추방 선언문이 될 다음과 같은 구절을 썼다.

> 오직 책만이 중요하다. 장르에서 멀리 떨어진, 분류 기준의 바깥에 위치한 책 그 자체만이. …… 책은 장르에 따라 배열되기를 거부하고, 그것이 위치할 자리와 형식을 고정시키고자 하는 기준의 힘을 부정한다. 한 권의 책은 하나의 장르에 귀속되지 않는다. 즉, 모든 책은 문학 그 자체에서만 발생한다. 문학이 애초에 가지고 있는 본질인 비밀들과 방식들만이 한 권의 책에게 실재성reality을 허락한다. (Perloff, 3에서 인용)

블랑쇼의 이 글에서, 문학은 장르의 능력—분류하고 설명하거나 또는 텍스트를 구조화하는—바깥 혹은 너머에 존재하는 하나의 초월적 영역으로 묘사된다.

자크 데리다Jacques Derrida는 블랑쇼가 텍스트의 자율성 및 텍스트와 문학의 관계에 대해 쓴 글에서 명백한 모순을 포착한 사람이다. 「장르의 법」에서 데리다는 다음과 같이 블랑쇼의 말을 인정했다. "'장르'라는 단어가 발음되자마자, 그 단어가 들리자마자, 사람들은 그에 대해 생각하려고 하고, 이윽고 경계가 설정된다. 그리고 경계가 설정되면, 규범과 금지가 그 뒤를 따른다." 그러나 그는 종종 인용되는 다음의 가설을 통해 블랑쇼에게 응답한다. "모든 텍스트는 하나 또는 여러 장르에 참여하며, 장르 없는 텍스트란 존재하지 않는다. 즉, 언제나 하나의 장르 또는 장르들이 존재한다. 그러나 텍스트가 장르에 참여하는 것이 텍스트가 장르에 귀속되는 것을 의미하지는 않는다. 풍부하고 넘치는, 또는 자유롭고 불확실하며 분류할 수 없는 생산성 때문이 아니라, 참여 그 자체의 특성 때문이다." 이처럼 데리다는 불확정성이 문학 텍스트와 장르 사이의 복잡한 관계에서 발생하는 것이라고 말함으로써 블랑쇼가 말한 텍스트의 불완전성 개념을 받아들였다. 텍스트는 분류학적 관계에 의해 한 장르에 속하게 되는 것이 아니라, 텍스트는 한 장르에 스스로 참여하는 것이다. 더 정확히 말하자면, 텍스트는 동시에 여러 장르에 참여할 수 있다. '참여'란 데리다에게 핵심적인 개념이다. 이 개념은 복제나 재생산보다는 수행에 가까운 의미를 갖는다. 모든 텍스트적 수행은 그것이 참여하는 장르(들)를 반복하고, 혼합하고, 확대하고, 또한 잠재적으로 재구성한다. 이처럼 데리다에게 장르란 텍스트를 분류 또는 설명하거나 혹은 텍스트를 구조화하는 선험적 범주가 아니라, 텍스트적 수행을 통해 끊임없이 재구성되는 어떤 것이었다(Threadgold, 115). 실로, 데리다에게 텍스트가 그 자체의 수행에 대해(자기 의식적으로, 자기반영적으로) '재발언'할 수 있는 능력을 갖는 것은 그것이 문학 텍스트임을 나타내는 주요 표지 중 하나였다. "모든 텍스트, 모든 언어 행위에서 나타날 수 있는 이러한 재발언은 우리가 예술, 시, 또는 문학이라고 부르는 것을 구성하기 위해 전적으로 필요하다." 요컨대 장르란 텍스트적 수행이 일어날 수 있게 하는 전제 조건인 것이다.

낭만주의적·후기 낭만주의적 장르 접근법을 거부하고, 텍스트와 장르 간의 관계에 대한 역동적인 이해를 도모한 데리다의 이론은 궁극적으로는 여전히 장르를 문학에 대한 일종의 부과물로 이해한다(Beebee, 8). 문학 텍스트가 반드시 그것을 부여잡고, 혼합하고, 그에 대항하여 수행해야 하는 부과물로 생각하는 것이다. 바로 이러한 이유에서, 존 프로우John Frow는 데리다가 "장르를 일종의 규범적 분류 또는 텍스트 에너지에 대한 제약으로 이해하는 데 대한 후기 낭만주의적 저항에 …… 참여한다"고 주장한 바 있다. 결국 중요한 것은 문학 텍스트가 그것이 수행하는 장르(들)를 넘어서게 하는, 문학 텍스트의 독자성이다. 한편, 장르에 대한 이러한 저항은 글쓰기 교육 분야에서 '제약이냐 선택이냐', '관습이냐 창조성이냐'에 대한 논쟁을 불러오기도 했다. 이 같은 이항 대립이 학생 필자와 교사에게 잘못된 선택 항목들을 제공했던 것이다. 즉, 학생의 "진정한" 목소리와 관점이 장르 관습의 "제약하는" 힘과 긴장 관계에 있는 것처럼 여겨져 왔다. 그러나 에이미 데빗Amy Devitt이 주장했고, 우리가 3부에서 논의하려는 것처럼 장르는 교사들과 학생들에게 제약과 선택을 바라보는 방법을, 그리고 관습과 창조성을 상호 연결시키는 방법을 제공한다(Devitt, 「수사적 장르 이론과 문학적 장르 이론을 통합하기Integrating Rhetorical and Literacy Theories of Genre」, 『장르 글쓰기』 6장을 보라).

독자 반응 이론의 장르 접근법

독자 반응 이론의 장르 접근법은 텍스트와 장르 사이의 복잡한 관계를 드러낸다는 점에서 데리다의 이론과 동궤에 있다. 그러나 데리다가 문학 텍스트를 장르의 수행으로 이해한 반면, 독자 반응 이론의 접근법은 장르를 독자의 수행으로, 특히 텍스트에 대한 문학 비평가의 수행으로 이해한다. 아데나 로즈마린Adena Rosmarin은 『장르의 힘The Power of Genre』에서 이렇게 설명했다. "장르란 비평가의 자기 발견적 도구이며, 그가 독자를 설득하기 위해 선택하거나 규정하는 방식이다. 장르를 사용하여, 비평가는 독자로 하여금 문학 텍스트를 이제까지 존재해 온 불가해하고 '문학적인' 충만함 안에서 볼 수 있게 하며, 그 텍스트를 그와 유사한—혹은 보다 정확히 말하면 유사하게 설명될 수 있는—텍스트들과 관련지어 이해할 수 있게 한다." 이 접근법에서, 장르는 비평가가 텍스트에 대해 만들어내는 하나의 논증이 된다. 물론 이러한 논증이 텍스트를 달라지게 만드는 것은 아니다. 이 논증은 텍스트에 대한 국지적이고 때로는 일시적인 설명이며, 이미 존재하는 장르에 대한 수많은 설명 또는 수행 중 하나가 된다.

로즈마린이 설명한 것처럼, "장르를 명백하게 하나의 설명적인 도구로 사용하는 비평가는 어떤 문학 텍스트가 특정 장르의 용어로 작성되어야 한다든가 또는 작성될 것이라는 식으로 주장해서는 안 되며, 또한 그렇게 주장할 필요도 없다. 그러나 지금 이 순간, 그는 자신이 상정한 독자를 위해, 특정 문학 텍스트의 가치를 특정 장르의 용어들을 사용하여 가장 잘 규명할 수 있다". 그러므로 동일한 텍스트는 그 본질이 훼손되지 않은 채로, 각기 다른 장르에 의해 설명될 수 있다. 그래서 로즈마린은 비평가가 다음과 같이 말할 수 있다고 썼다. "우리로 하여금 '안드리아 델 사르토Andrea del Sarto'(Robert Browning의 시)가 어떻게 보이는지를, 우리가 그것을 하나의 극적 독백 장르로 읽음으로써 탐험할 수 있게 하라……." 이러한 접근법은 장르의 구성적 능력을 인정한다. 비록 이때의 장르가 문학적 생산이 아닌 문학적 소비와 관련된 하나의 해석적 도구라고 할지라도 그러하다.

이와 유사하게, 허시E. D. Hirsch는 장르를 하나의 해석적 틀로 볼 것을 주장했다. 그는 독자가 "이미 습득한 장르 속성에 대한 개념"이 "그가 이후에 이해하는 모든 것들을 구성"하며, 그 개념은 도전받거나 변화될 때까지 유지된다고 말했다(Hirsch, 74). 요컨대 장르는 텍스트에 대한 독자의 관습화된 예측 또는 추측으로 기능한다는 것이다. 이러한 접근법을 존 프로우는 다음과 같이 요약했다. "장르란 텍스트가 가진 속성이 아니라, 읽기의 한 기능이다. 장르는 우리가 텍스트에 적용하는 하나의 범주다. 그래서 환경이 바뀌면 텍스트에 대한 우리의 적용도 바뀔 수 있다." 이러한 접근법은 장르에 대한 더욱 역동적인 관점을 제공함으로써 우리가 다음 절에서 살필 문화 연구의 접근법이 시작될 수 있게 한다. 또한 읽기 이론가 프랭크 스미스Frank Smith가 '상세화'라고 부른 것의 견지에서 읽기 교육을 할 수 있는 하나의 방법을 제공하기도 한다. 그러나 다른 한편, 독자 반응 이론의 접근법은 장르를 '독자의 수행'이라는 심리적 개념으로 만들고, 하나의 해석적 도구로 취급했다. 그럼으로써 장르가 갖는 사회적 측면 및 해당 측면이 텍스트 해석 및 생산에서 담당하는 역할을 간과했다.

문화 연구의 장르 접근법

장르에 대한 전통적인 문학적 접근법들은 문화적으로 널리 퍼져 있는, 장르에 대한 양극단의 태도를 형성하는 데 공헌해 왔다. 장르를 전적으로 미학적인 대상으로 취급하거나, 아니면 장르를 예술 정신에 대한 하나의 제약으로 취급하는 태도가 그것이다. 우리가 지금 검토할 접근법은 이러한 양극단의 태도에 도전하고, 장르 행위를 위한 보다 광범위한 지평을 제공하는 관점이다. 즉, 문화 연구의 장르 접근법은 장르 및 문학 텍스트와 사회-문화 간의 역동적인 관계를 검토하고자 한다. 특히, 사회적 행위와 장르들이 어떻게 역동적이고, 진행 중이며, 문화적으로 규정되었거나 규정되는 방식으로 생성, 조직, 표준화되며 문학적 재생산을 돕는지 살피고자 한다.

예컨대 문화 연구의 접근법은 독자 반응 이론의 장르 접근법에 대한 반작용으로, 독자와 비평가가 할 수 있는 적절한 선택으로서, 어떤 장르가 어떻게 이용될 수 있는지의 문제에 관심을 기울였다. 그런데 허시와 로즈마린의 사례를 돌이켜 보면, 그들은 독자와 비평가가 텍스트에 장르를 적용할 때 작동하는 사회적으로 규제된 방식이 무엇인지 설명하지 않았다. 그들은 장르가 독자들이 단순히 선택하는 해석적 틀이라고 주장했을 뿐이다. 그러나 사실상 어떤 텍스트가 어떤 장르로 규정되는가의 문제에는 다양한 사회적 요인들이 결부되어 있다. 그래서 문화 연구의 접근법은 장르 관습이 어떻게 독자와 특정 텍스트를 "공유된 그리고 공유 가능한 방식으로 연결하며, 또한 어떻게 그 연결을 지속적 구조로 만드는지"(Frow, 102), 그래서 독자와 비평가가 하나의 해석적 틀로서 장르를 '선택하는' 행위가 어떻게 그(녀)가 가진 특정한 사회적 관습에 대한 지식에 의해 인도되는지의 문제에 관심을 둔다. 릭 알트만Rick Altman은 영화 산업에서의 장르에 대해 논하면서 다음과 같이 주장한 바 있다. "우리는 장르가 존재하는 데 필요한 일련의 기관들에 의해 장르가 시작되고, 안정화되고, 보호되는 범위를 충분히 인지할 수 있다." 이 기관들에는 문학 기관뿐만 아니라 학교, 출판사, 광고 기획사 등 다양한 사회 기관, 즉 존 프로우가 '읽기 체제reading regimes'라고 불렀던 기관도 포함된다. 프로우에 따르면, "우리는 읽기 체제의 구조에 대해 학습함으로써 '사용 규칙과 관련 규칙'에 대한 지식을 획득할 수 있고, 이를 통해 다양한 장르 맥락에 적절히 반응할 수 있다". 이때 '사용 규칙과 관련 규칙'에 대한 지식이란 독자들이 문학 텍스트를 규명하고, 선택하고, 가치를 부여하고, 경험하는 방식을 형성한다. 또한 이것은 (장르를 포함한) 사회적 관습을 통해 획득된다. 그래서 구조주의적 접근법에서 제안한 방식보다 단순하게 문학 장르와 사회 기관을 연결한다.

문화 연구의 장르 접근법에서 우리가 중요하게 살펴야 할 국면은 이 접근법이 문학 텍스트와 역사적으로 맥락화된 사회적 관습 및 구조 사이의 역동적 관계를 검토하기 위해 장르를 규정하고 사용하는 방식이다. 토도로프는 다음과 같이 말했다. "다른 모든 제도처럼, 장르는 그것이 속한 사회를 구성하는 특성들을 드러낸다." 그리고

"사회는 그것의 이데올로기에 가장 근접하며 그에 부합하는 (발화) 활동을 선택하고 체계화한다. 그래서 우리는 한 사회에서 특정 장르가 존재하거나 부재하는 양상을 통해 해당 사회의 이데올로기가 무엇인지 알 수 있다". 예를 들어, 『서사와 제국: 버질에서 밀턴까지, 정치학과 장르 형식Epic and Empire: Politics and Generic Form from Virgil to Milton』에서 데이비드 퀸트David Quint는 어떻게 하나의 장르로서의 서사가 인간의 역사를 내러티브화함으로써 "제국의 이데올로기"를 "문자화하고 전송했는지" 설명했다. 퀸트에 의하면, "승자는 그가 가진 선조적 목적론linear teleology과 함께 서사에 속한다. 반면, 패자는 정처 없거나 회귀적인 방랑과 함께 로망스에 속한다. 달리 말하면, 승자는 역사를 그의 힘에 의해 이루어지는 하나의 일관되고 목표 지향적인 이야기로 경험한다. 반면, 패자의 경험은 그가 자신의 목표를 구현할 힘을 가지고 있지 못한 하나의 우연에 그친다". 이처럼 서사는 서구 역사를 통해 "내러티브라는 관념 그 자체"를 구현한다. 그리고 서사는 마침내 더 광범위한 문학사의 일부로 '보편화'되고 체계화되는 방식으로 내러티브와 동일시된다. 따라서 서사는 신고전주의적 범주가 단순히 문학 텍스트의 종류를 분류하는 데 사용된 것과 달리, 역사적인 지속성을 지닌 것으로 판명된 내러티브의 관점을 반영하고 그것을 유지하는 데 참여한다. 한편, 문학 장르만이 이데올로기와 역동적으로 연결되어 있는 것은 아니다. 피터 히치콕 Peter Hitchcock이 주장하였듯이, 장르를 분류하고자 하는 욕구는 그 자체로 역사적이고 사회-문화적인 욕구이며, 이 욕구는 식민주의 및 국가주의와 연동되어 있다. 히치콕은 "문학을 분류하려는 야망은 특정한 자아의 역사 및 사회와 불가분의 관계에 있다"라고 주장했다. 예를 들어, 1960년대와 1970년대 소설 장르를 체계화하려는 욕구는 일종의 보수적인 제스처라고 할 수 있다. 즉, 식민지에서 벗어난 국가들이 그들의 자율성과 독자성을 주장하는 과정에서 소설의 다양한 하위 장르들이 발생하고 대중화되는 현상을 직면함에 따라 나타난 보수적인 제스처라는 것이다(Hitchcock, 309~310). 그래서 히치콕은 "특정한 장르가 발생하고 사라지는 조건을 탐구할 만큼 충분히 **장르를 진지하게 다룰 수 있는** 분석 양식 …… 본질적으로 역사적인 장르의 법칙을 허용하는 분석 양식"(Hitchcock, 311, 강조는 인용자)이 필요하다고 보았다. 장르의 발생 및 변형은 이데올로기적이고 강력한 방식으로 사회적 발생 및 변형과 연관되어 있다. 따라서 '장르를 충분히 진지하게' 다루는 것은, 문화 연구의 접근법에 의하면 다음 두 가지 활동을 모두 포함한다. 장르가 어떻게 사회적 관습의 정당화를 반영하며 또한 그 정당화에 참여하는지에 대한 검토, 그리고 장르의 구분이 권력, 가치, 그리고 문화의 위계 구조를 어떻게 유지하는지에 대한 지각이 그것이다.

이미 암시한 것처럼, 문화 연구의 장르 접근법은 어떻게 모든 장르들이 텍스트와 사회적 활동을 반영하고 형성하는지를 드러냄으로써 문학 장르와 비문학 장르 사이의 전통적인 경계를 뒤얽히게 만든다. 존 프로우가 주장한 것처럼, "장르 이론은 다양한 종류의 글쓰기, 말하기, 그리기, 영화 제작하기에 의해 의미와 진리의 다양한 구조가 생산되는 방식에 대한 이론이다." 한편, 미하일 바흐친 Mikhail Bakhtin은 장르들 사이의 복잡한 관계, 즉 문학 장르와 일상 장르, 문어 장르와 구어 장르 사이의 관계를 설명하는 데 있어 특히 중요한 인물이다. 우리는 6장에서 수사학적 장르 접근법을 검토하면서 발화 장르speech genre에 관한 바흐친의 이론을 다시 살펴볼 것이다. 여기서는 바흐친의 이론에서 장르 관계를 설명하는 두 축인 수평적 관계와 수직적 관계 개념을 검토해 본다. 먼저, 수평적 관계는 하나의 장르가 의사소통 영역 안에서 또 다른 장르에 대한 반응으로 기능하는 것으로서, 장르의 대화적 성격을 보여 준다. 예를 들어, 논문 게재 요청에 대한 반응으로 논문 제안서가 나타나고, 그 반응으로 다시 수락 또는 반려의 평가서가 발생되는 관계이다. 다음으로, 수직적 관계는 바흐친이 1차 장르와 2차 장르라고 부른 것과 관련된다(「문제Problem」, 61~62). 바흐친은 1차 장르가 "매개되지 않은 즉각적 발화"의 형식, 즉 "실제 현실 또는 타인의 실제 발화와 직접적인 관계"를 갖는 발화 형식을 취한다고 말했다. 1차 장르의 사례로는 일상적 대화에서 타인의 말에 대한 대답, 사적인 편지 등이 있다. 한편, 2차 장르(바흐친은 이 장르의 사례로 '소설, 희곡, 모든 종류의 과학 보고서, 주요 논평 장르들'을 들었다)는 더 복잡하다. "2차 장르가 형성되는 과정에서, 2차 장르는 다양하고 단순한 1차 장르들을 흡수한다. 1차 장르들은 더욱 복잡한 2차 장르 안에 삽입되면서 특정한 기능을 갖도록 변한다." 예컨대 우리가 실제 현실에서 "여보세요"라고 응답하며 전화를 받을 때 우리는 1차 장르를 사용하는 것이다. 그러나 만약 이 응답 및 뒤따르는 전화 대화가 녹음되어 법정에서의 증인 심문의 일부로 삽입된다면, 이 경우 이 1차 장르는 증인 심문이라는 2차 장르의 일부로 재맥락화되고 변화되었다고 할 수 있다.

2차 장르가 1차 장르(또한 다른 2차 장르까지도)를 흡수하고 그 성격을 변화시키는 수직적 관계는 문학 장르와 일상 장르가 상호작용함으로써 사회적 관습과 활동을 형성하고 변화시키는 방식을 살필 수 있게 한다. 우선, 그 관계는 2차 장르인 문학 장르가 순종의 장르라기보다는 다양한 일상 장르들, 즉 전화 대화, 납세 신고, 계약, 기도 등과 같은 장르들로 구성된 장르임을 보여 준다. 그래서 바흐친에게 소설은 이종어heteroglossia 장르의 명백한 사례. 소설은 다양한 장르들을 자신의 상징 세계 안으로 재맥락화하여 흡수한다. 바흐친에 따르면 "이들 각 장르는 실재의 다양한 국면들을 흡수하는 그 자체의 고유한 언어적·의미적 형식을 소유하고 있다. 그리고 소설은 실재를 언어화하기 위해 그 장르들의 기능과 형식을 활용한다"(『대화『dialogic』, 320~321). 그렇게 함으로써, 소설은 실재 안에서 실재를 재흡수할 수 있다. 또한 소설이 흡수한 다양한 장르들에 의해 드러나는 실재들은 소설의 고유한 실재 안에서 재맥락화된다. 요컨대 소설은 다양한 장르의 실재를 그 자체의 고유한 실재를 구성하기 위해 사용한다. 이러한 장르 변형의 과정은 두 방향으로 진행된다. 한편으로, 문학 장르가 다른 장르들을 흡수할 때, 그 장르들은 변형되어 더 이상 토마스 비비Thomas Beebee가 문화적 '사용 가치'라고 불렀던 것을 그 자체적으로는 갖지 않게 된다. 즉, 문학 장르가 법률 장르를 흡수한 경우를 예로 들면, 그 법률 장르는 누군가를 감옥에 보내게 할 수 있는 문화적 중요성을 가진 법적 문서로는 더 이상 기능하지 않는다는 의미이다. 또한 다른 한편으로, 문학 장르는 다른 장르들의 문화적 사용 가치를 변형함으로써 일상에서 법적 또는 공적 장르들이 사용되는 방식에 대한 대안적 관점을 제공할 수 있다. 즉, 소설과 같은 문학 장르는 그것이 재맥락화한 장르들에 나타난 실재를 '해체'하거나 불안정하게 만드는 잠재력을 가지고 있다. 그래서 비비는 다음과 같이 설명했다. "장르의 사용 가치에 대한 내 이론적 관점에서 볼 때 소설의 목적은 다양한 장르들이 상호 비평할 수 있는 담론 공간을 제공하는 데 있다." 이처럼 문학 장르는 일상 장르들 및 그 장르들의 사용 가치 사이의 관계를 변형 및 변화시킴으로써 해당 장르의 문화적 이데올로기를 드러낸다.

비비에게 있어서 "무엇보다 장르는 텍스트를 창조하거나 읽기 위한 전제 조건이다". 장르가 텍스트 및 그 사용자에게 이데올로기적 맥락을 제공하며, 또한 문화적 가치를 획득하게 하기 때문이다. "장르는 우리가 그것을 추상적이고 수동적인 의미에서 이해하게 하는 것이 아니라, 실용적이고 능동적인 의미에서 사용하게 한다." 장르가 문화를 운반하고, 설명하고, 재생산하는 것으로서 자신의 사용 가치를 획득하는 것은 이러한 사회적이고 수사학적인, 즉 이데올로기적인 경제 안에서이다. 결국, 장르는 텍스트에 사회적인 사용 가치를 부여함으로써 텍스트를 이데올로기적인 것으로 만든다. 이데올로기적·담론적 과정에 따라 장르는 담론의 경계를 (비비가 말한) '장르의 사용 가능성' 안으로 제한하게 된다. 필립 가르디Philippe Gardy는 이 변형을 '날 것의 정보' 또는 담화의 '자체적 사실'(명시적 정보)이 '이데올로기적 정보'(함축된 의미)로 구현되는 '실현 작용movement of actualization'으로 설명했다(Beebee, 278에서 인용). 따라서 장르는 보편적 담화를 변형하여 사회적으로 의미 있는 텍스트로 변형시킴으로써 담화를 '실현하는 실행자'라고 할 수 있다. 그리고 이 실현 작업은 보편적 담화에 푸코가 있음 또는 존재의 양식a mode of being or existence 이라고 부른 것을 부여함으로써 이루어진다. 비비는 다음과 같이 결론짓는다. "텍스트와 '실재real' 사이의 관계는 사실상 그것을 장르적으로 위치시키고자 하는 우리의 의지에 의해 수립된다. 그리고 그 의지는 텍스트에 나타난 날 것의 정보를 이데올로기적으로 적합하게 변형시키고자 하는 의지이기도 하다." 장르는 장르 내적·외적 측면 모두에서 관계의 체계를 구축한다. 그리고 그 체계 안에서 텍스트는 상호 식별 가능하고, 의미를 부여 받고, 유용성을 갖는다.

바흐친과 비비는 문학 장르의 위치를 바라보는 하나의 관점, 즉 구조주의적 접근법에서 이야기하듯이 장르가 하나의 문학적 세계 안에 위치해 있을 뿐 아니라, 장르가 다른 장르들과 관계를 형성하며 일종의 문화적 체계 안에도 위치해 있다고 보는 관점을 제공했다. 토도로프는 장르의 체계를 "하나의 사회가 가능한 모든 담론의 체계 가운데서 선택한 것"(『장르』, 10)으로 규정했다. 이 장르 체계에는 문학 장르뿐 아니라 법적·공적·정치적·학문적 장르를 포함한 다양한 일상 장르, 그리고 이 장르들의 복잡한 관계가 포함된다. 또한 이 체계는 역동적이고 상호 관련된 방식으로 한 사회의 구조, 관습, 사건, 그리고 담화를 생성하고 조직한다. 하나의 결론으로서, 토도로프는 "우리는 이제 문학만이 아니라 다른 수많은 종류의 담화에도 동등하게 관심을 가질 수 있는 근거를 갖게 되었다"(『장르』, 12)고 단언했다. 장르 및 그 기능과 상황의 다양성에 대한 우리의 이해는 에이미 데빗이 주장했듯이, 장르에 대한 문학적 접근법과 수사학적 접근법을 통합할 수 있게 한다. 문학 교과는 독자의 역할을 강조하고, 작문 교과는 필자의 역할을 강조하지만, 양자는 모두 '독자, 필자, 텍스트, 맥락과 결부된 것으로서의 장르'에 대한 이해를 공유할 수 있다. 즉, "모든 필자와 독자는 고유한 존재임과 동시에 스스로를 사회적 역할로 밀어 넣는 존재라는 것, 장르는 기대에 부응할 것과 기대로부터 변화할 것을 모두 요구받는다는 것, 장르는 언제나 불안정하고, 언제나 다양하며, 언제나 생성적인 존재라는 것"(「통합하기Integrating」, 715)이라는 이해를 함께 나눌 수 있다. 이어지는 네 장에서, 우리는 체계 기능 언어학, 역사/코퍼스 언어학, 특수 목적 영어, 수사적 이론과 사회학, 그리고 수사학적 장르 이론 영역의 학자들이 어떻게 이 다양한 종류의 담론에 관심을 가져왔으며, 그들의 연구와 글쓰기 교육을 연결해 왔는지 검토할 것이다.

3장 언어학과 장르

: 체계 기능 언어학과 코퍼스 언어학

최근 수사학과 작문 연구Rhetoric and Composition studies[1] 분야에서 취하는 장르 접근법은 일부분은 문학 이론의 연구에서 끌어온 것이지만, 실제는 언어학, 수사학, 그리고 사회학적 전통에서 가져온 것이 훨씬 더 많다. 이 장과 다음 장에서는 언어학적 전통, 즉 체계 기능 언어학, 코퍼스 언어학, 그리고 특수 목적 영어 교육 안에서 장르 이론을 고찰할 것이다. 그러고 나서 5~6장에서는 수사학과 사회학적 전통에서의 장르 이론에 초점을 두고 논의할 것이다. 수사학적 장르 연구RGS는 수사학과 작문 연구와 가장 가깝게 연결되어 왔고 또 수사학과 작문 연구 안에서 이루어진 장르에 대한 연구와 교육에 가장 직접적인 영향을 미쳐 왔기 때문이다.

---

[1] (옮긴이) Rhetoric and Composition studies라는 말은 composition and rhetoric, rhetoric and composition, college composition, writing studies, 또는 간단히 composition 등과 거의 같은 의미로 사용된다. 이는 글쓰기에 대한 연구와 지도에 관련된 전문적인 학술 분야를 가리키며, 특히 미국 대학의 글쓰기 교육에서 많이 사용한다.

장르와 체계 기능 언어학

장르에 대한 체계 기능적 접근법은 최근 25년간에 걸쳐 장르를 이해하고 텍스트 분석과 언어 교육에 적용하는 방법을 찾는 데 많은 기여를 해 왔다. 체계 기능 언어학은 많은 부분 시드니 대학교에 있는 마이클 할리데이Michael Halliday의 연구(Halliday; Halliday & Hasan)에서 영향을 받았다. 그리고 특별히 J. R. 마틴J. R. Martin, 프란시스 크리스티Frances Christie, 빌 코프Bill Cope와 매리 칼란치스Mary Kalantzis, 군터 크레스Gunther Kress, 브라이언 팔트리지Brian Paltridge, 존 로더리 Joan Rothery, 에이자 벤톨라Eija Ventola, 그리고 이 외 학자들의 연구에 적용되었다. 체계 기능 언어학은 언어 구조가 사회적 기능과 맥락에 통합적으로 관련된다는 전제에서 연구된다. 언어란 한 문화 안에서 사회적 목적에 기여하는 방식으로 조직된다. 따라서 '기능적'이라는 말은 언어가 특정한 맥락에서 작용하는 것을 일컫는다. '체계적'이라는 것은 그러한 맥락에서 목적을 수행하는 데 사용될 수 있는 언어의 구조나 구성을 가리킨다. 그래서 이 말은 언어 사용자들이 의미를 **실현하기** 위해 언제든지 이용할 수 있는 '선택의 체계'를 말한다(Christie, 「장르 이론Genre Theory」, 759; 강조는 필자). '실현'이라는 개념은 특히 체계 기능 언어학에서 중요한데, 그것은 언어가 구체적인 언어적 상호작용으로서 사회적 목적과 맥락을 실현하는 역동적인 방법을 기술하는 동시에, 사회적 목적과 맥락이 구체적인 사회적 행위와 의미로서의 언어를 실현하기 때문이다.

수많은 체계 기능 언어학 연구들은 할리데이의 『사회 기호로서의 언어Language as Social Semiotic』에까지 거슬러 올라갈 수 있다. 여기에서 할리데이는 한 문화를 구성하고 있는 '의미의 네트워크', 즉 그가 '사회적 기호'라고 부르는 것이 주로 담화―의미 체계 안에서 어떻게 언어화되고 담화―의미 체계에 의해서 어떻게 유지되는지를 기술하고 있다. 이 담화-의미 체계는 문화의 '잠재적 의미'를 표상한다. 이로써 할리데이가 논의한 바와 같이, 언어는 할리데이의 용어인 '상황 맥락' 안에서 개개인들이 사회화되고 의미 있는 행위를 수행하는 방식에 작용하기 때문에 '사회화의 한 형식'이라고 말할 수 있다.

할리데이의 설명에 의하면, 상황 맥락은 따로 떼어지지 않는 유일한 것이 아니라, 빈번하게 '상황 유형'으로 반복되어 나타나는 것이다. 따라서 "발화 내용을 통해 사람과 행위와 사태에서 의미를 얻는 시나리오"를 구성하는, 유형화된 기호론적·의미론적 관계의 집합이라 할 수 있다. 상황 유형의 사례로는 "어떤 운동 경기에서 초보자를 지도하는 선수들"이나 "잠들 시간에 아이에게 이야기책을 읽어 주는 어머니", "전화로 물건을 주문하는 고객들"이 있다. 상황 맥락은 상황 유형으로 반복적으로 나타나기 때문에, 이러한 상황 유형에 참여하고 있는 사람들은 그 안에서 언어적으로 상호작용하는 것을 전형화된 방식으로 발전시킨다. 이러한 상황 유형이 시간의 흐름에 따라 관습화될 때, 그들은 "화자가 전형적으로 만들어 갈 의미적 배열 형태를 구체화하기 시작한다".

할리데이는 "상황 유형에 따라 의미 자질들이 모인 것"을 언어 사용역register[2])이라고 칭했다. 하나의 상황 유형을 특정한 의미 유형과 어휘-문법적 유형에 연결함으로써, 언어 사용역은 언어가 실제로 발생하는 영역field, 담화 참여자들이 다른 사람과 관계 맺는 방식tenor, 담화에 나타나는 언어의 경향mode을 설명한다. 예를 들어, '담

---

2) (옮긴이) 이 책에서는 화법용어사전(http://www.geulmal.com/webdic02.htm)을 참고하여 register를 언어 사용역, field를 담화 영역, tenor를 담화 방법, mode를 담화 경향으로 번역한다. 한편, 할리데이(Halliday, 1964)는 언어 사용자(user)와 관련된 변이형을 '방언'으로, 언어 사용(use)과 관련된 변이형을 '언어 사용역'으로 구분하였으며, 후자의 경우 담화 영역(field), 담화 방법(tenor), 담화 경향(mode) 등으로 세분한 바 있다. 담화 경향이란 화자와 청자의 관계에 따라 언어의 변이가 발생하는 것을 가리키는 말이다.

화 영역field'은 의사소통 참여자, 언어 관습, 그리고 이에 연관된 환경을 포함하는 하나의 특정한 상황에서의 활동 체계를 일컫는다. '담화 방법tenor'이란 담화 안에서 의사소통 참여자 또는 그들 상호작용 간의 사회적 관계를 일컫으며, '담화 경향mode'이란 참여자들이 자신들의 행위와 관계를 수행하기 위해 사용하는 의사소통의 채널 또는 주파수(면대면, 이메일, 전화 등)를 말한다(Halliday, 33). 언어학자들은 '과학적 사용역'을 규명할 때, 언어의 스타일뿐만 아니라 언어적 관습, 상호작용의 유형, 그리고 과학적 맥락과 관련되는 의사소통의 방식까지도 설명한다.

상황 맥락의 수준에서 발생하는 이 담화 영역, 담화 방법, 담화 경향은 할리데이가 언어의 세 가지 '메타 기능'으로 언급했던 것, 즉 언어 수준에서 발생하는 관념적 기능, 대인적 기능, 텍스트적 기능과 대응한다. '관념적 기능'은 행위(누가, 무엇을, 누구에게, 언제, 어디서 했는지)에 대한 언어적 표상을 말하며, 관념적 메타 기능은 담화 영역과 대응한다. '대인적 기능'은 언어 수준에서 참여자들 간의 상호작용을(질문을 하고, 진술을 하고, 또는 요구를 하는 것과 같은) 기술한

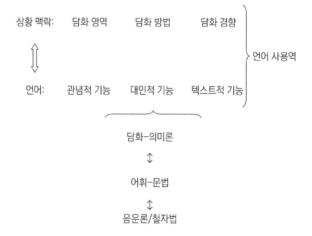

다. 대인적 기능은 담화 방법과 대응한다. '텍스트적 기능'은 텍스트 안 또는 텍스트 사이에 있는 정보의 흐름, 즉 텍스트가 어떻게 조직되고, 무엇이 명료하게 드러났으며, 배경 지식으로 무엇이 상정되어 있는지, 구 정보와 신 정보가 어떻게 관련되는지, 그리고 응집성과 응결성이 어떤 방식으로 획득되는지를 기술한다. 따라서 텍스트적 메타 기능은 담화 경향과 대응한다. 사용역의 수준에서 상황 맥락과 언어는 다음과 같이 서로 실현된다(Martin, 「분석Analysing」, 34~40).

상황 유형과 의미적/어휘-문법적 유형들을 연결함으로써 할리데이의 연구는, 흔히 '시드니학파'로 알려져 있는 장르에 대한 체계 기능적 접근을 위한 토대 역할을 해 왔고, 이러한 접근법은 학생들이 "언제든지 요구, 기능 또는 의미와 관련해서 적절한 언어적 선택을 훈련하는 것을 학습하도록 돕는 데 초점을 두었다(Christie, 「선택 행위로서의 장르Genres as Choice」, 24). 장르에 대한 체계 기능적 접근법은 호주 교육 언어학 분야의 펀드를 지원받았음에도 불구하고, 일정 부분은 '수행을 통한 학습'을 강조하는 학생 중심, 과정 중심 문식성 교수의 효과에 대한 관심에 대응하여 발생했다. 과정 중심 접근법을 비판적으로 보는 학자들의 논의에 의하면, 과정 중심 접근법은 실제로 문식성을 획득하는 사회적 과정을 중립화하고 개별화하는 방식으로 이루어지기 때문에 텍스트가 요구되고 기능하는 맥락을 간과한다는 것이다. 즉, 과정적 접근법은 학생들이 상이한 상황 맥락마다 그 안에서 기능하는 체계적이고 유형화된 텍스트의 선택에 접근하지 못하게 한다. 학생들이 스스로 표현하고 발견하도록 고무하는 학생 중심 접근을 통해서 이들에게 권한을 주기는커녕 오히려 반대로 소외된 학생들이 학술적이고 문화적인 텍스트에 접근하지 못하게 함으로써 사회적 불평등을 재생산한다. 코프와 칼란치스가 설명한 바와 같이, 과정 중심 접근법은 실상 "문화 구속적이다". 즉, 이 접근법은 학습자 중심의 소유권, 필자 목소리와 표현의 힘, 학생 통제와 쓰기 동기에 초점을 두고 있어, 아동 중심의 가정에서 자란 "중산층 아동들의 문화적 포부"를 반영하고 이들에게 특혜를 준다. 마찬가지로, "이렇게 몰입된 교육은 '본질적으로' 산업 사회에서 권력의 문식적 문화에 가장 가까운 목소리를 내는 학생들을 선호하게 된다". 간단히 말하자면, 과정적 접근법은 특정한 텍스트 구조와 거기에 숨겨진 사회적 기능을 유지하게 하여, 문화적 배경과 언어적 배경이 지배적 문화의 중심에서 벗어난 학생들을 훨씬 더 배제하도록 만든다. 체계 기능 언어학의 지지자들은, 문식성 교육에서 장르에 명시적인 초점을 둠으로써, 또한 텍스트 구조와 사회적 목적 사이의 관계를 드러냄으로써 모든 학생들이 좀 더 효과적이고 비판적으로 텍스트를 생산할 수 있도록 하여 이러한 불균형에 맞서도록 돕는다고 주장한다.

장르에 대한 체계 기능적 접근법은 1980년대 초 호주의 초등학교와 중등학교에서 학생들의 글쓰기를 검토하는 연구로 시작되었고, 1990년대 초에는 뉴사우스웨일즈 교육부의 빈곤 지역 학교 프로그램과 관련된 연구를 거쳐 확대되었다. 이 접근법은 마틴J. R. Martin의 연구에서 가장 광범위한 영향을 받았는데, 그는 장르를 "사회적 주체들이 기존의 문화 안에서 삶을 영위함으로써 나타나는 단계화된, 목적 지향적인 사회적 과정들"이라고 정의하였다(「분석」, 43). 마틴, 크리스티, 로더리의 논의를 좀 더 설명하자면, 장르가 "한 문화의 구성원들이 목적을 달성하기 위해 서로 상호작용하기 때문에" 사회적 과정으로 기능한다. 즉, 장르는 어떤 일을 완수하기 위해 진화해 왔으므로 목적 지향적이고, 대개 참여자가 자신의 목적을 달성하기 위해 한 단계 이상을 거치게 되므로 단계화된 것이다.

마틴은 언어 사용역과 관련하여 장르를 규정하였던 할리데이의 이론에 근거하여, 장르와 언어 사용역이 중요한 방식으로 상호 관련되고 실현된다는 것을 밝혔다. 마틴에 따르면, 언어 사용역은 상황 맥락의 수준에서 기능하는 반면, 장르는 문화 맥락의 수준에서 기능한다. 그 관련성은 다음과 같이 다이어그램으로 나타낼 수 있다.

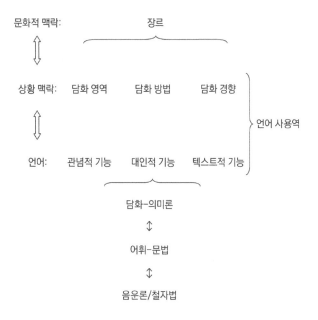

이 모형에서 보면, 장르는 문화를 상황에 연결하고, 언어 사용역은 상황을 언어에 연결한다. 또는 마틴이 언급한 바와 같이, "담화 영역, 담화 관계, 담화 양상을 총망라하는 언어 사용역은 언어를 맥락화하고, 이어서 장르에 의해 자신도 맥락화된다"(「분석」, 37).

마틴의 이 모형은 사회적 목적/동기가 텍스트 구조에 어떻게 연결되며 언어 사용역 안에서 상황화된 사회적 행위와 언어적 행위로 어떻게 실현되는지를 보여줌으로써 우리가 장르를 좀 더 명확히 이해하도록 한다. 실제로 이것은 체계 기능적 장르 분석에서 가장 흔한 궤도가 되어 왔다. 즉, 일반적 구조 요소에 표상된 것의 사회적 목적을 규명하는 것에서 시작하여(하산Hasan이 말한 잠재적인 장르 구조generic structure potential에 대한 분석을 포함하여. Eggins & Martin, 240) 담화 영역, 담화 방법, 담화 경향에 표상된 텍스트의 언어 사용역에 대한 분석, 언어의 메타적 기능에 대한 분석, 그리고 의미적·어휘-문법적·음운론적/철자법적 자질에 대한 좀 더 미시적인 분석에 이르는 궤도를 거친다.

호주의 장르 교육에서, 장르에 대한 마틴의 관점은 영향력 있는 문식성과 교육 연구 네트워크LERN, Literacy and Education Research Network 프로젝트의 일부로 활용되어 왔다. 이 프로젝트는 장르가 학교 문식성(의무 교육과정 이후 성인 이민자 대상의 제2언어로서의 영어 교육ESL 환경과 직장 환경까지 포함하는 문식성)에서 가장 중요하다는 사실을 규명하고, 그러한 장르를 가장 비판적이고 효과적으로 가르칠 수 있는 교육을 개발하기 위해 시작되었다(Cope & Kalantzis, 9). 그러한 교육은 원의 형태로 표현되는 '교수-학습 순환'으로 알려지게 되었다. 교수-학습 순환은 다양한 연구자들(예를 들어 Macken et al., Harmmond et al., Rothery & Feez & Joyce를 보라)에 의해 적용되었으며, 그 기본 요소로 세 단계를 포함하고 있다. 즉, 예시글 제시하기modeling, 협력하여 글쓰기joint negotiation of text, 그리고 독립적으로 글쓰기independent construction of text가 그것이다. 첫 단계에서 학생들은 주어진 장르를 대표하는 수많은 텍스트를 접한다. 이 단계를 거치면서 학생과 교사는 텍스트에서 문화와 상황 맥락을 장르 기능의 측면에서 규명하고, 그것들이 어떤 사회적 목적에 기여하는지, 그 장르의 구조 요소들은 어떤 방식으로 기능을 반영하는지, 그리고 그 장르의 언어 자질은 기능을 어떻게 수행하는지 알아본다. 이와 같이, 첫 단계는 맥락과 사회적 목적에 대한 토론에서 시작하여 언어 사용역과 언어에 대한 기술 및 분석으로 옮아간다. 두 번째 단계에서는 학생과 교사가 공동으로 참여하여 협상하고 해당 장르에 속한 텍스트를 구성해 본다. 최초의 연구를 하고, 내용 지식을 개발하고, 기록

하고 관찰하고 다이어그램을 그리고 나서, 공동으로 작업하여 해당 장르에 속한 글을 한 편 써 본다. 마지막 단계에서, 학생들은 내용 지식을 발전시키기 위해 연구를 하고, 텍스트의 초고를 쓰고, 교사와 동료들과 회의를 하고, 편집하고 평가하며 자신들의 글을 출판하는 과정을 통해 해당 장르의 글 한 편을 독립적으로 작성한다(Cope & Kalantzis, 10~11). 이 모형의 원 모양은 그것의 유연성을 반영하기 위한 것이다. 따라서 교사들은 학생들이 준비된 수준에 가장 적절한 단계에서 모형으로 진입할 수 있다(Paltridge, 『장르와 언어 학습 교실Genre and the language learning Classroom』, 30~31). 동시에 점점 더 장르들이 더해져 복잡해질 때, 학생들과 교사가 어떻게 계속해서 이 사이클을 순환시킬 수 있는지를 반영하는 것이기도 하다. 교수-학습 순환은 이렇게 해서 학생들이 장르의 구조적 자질과 언어 자질들을 볼 수 있도록 해 주고, 이러한 자질들이 사회적 기능에 어떻게 연결되는지를 볼 수 있게 해 준다.

교수-학습 순환과 거기에 기반을 두고 있는 장르에 대한 체계 기능 언어학적 관점은 교육과 이론의 측면에서 모두 비판을 면하지는 못했다. 교육적 측면에서, 크레스, 코프, 그리고 칼란치스와 같은 학자들은 학생들에게 텍스트를 '올바르게' 작성하는 방법을 가르치기 위해 일반 모델과 구조 분석을 사용하는 이런 접근법이 형식주의적 경향을 드러낸다고 우려했다(Cope & Kalatzis, 12). 크레스도 마틴 등의 장르에 대한 접근법 뒤에 있는 충동적인 분류에 대해 우려를 나타냈다. 장르란 일단 분류되고 나면 학생들에게는 마치 그것들이 원래 그렇게 분류되는 모델인 것처럼 인식된다는 것이다. 이 접근법은 모델 텍스트로 시작하여 그 안에 내포된 사회적 목적을 검토하기 때문에, 그 텍스트의 구조와 자질에서는 보이지 않지만 그 텍스트가 기능하는 방식과 이유에서 중요한 역할을 담당하는 자료적/사회적 관계와 맥락이 무시될 수도 있다(Cope & Kalatzis, 14). 교육적으로 볼 때, 이러한 장르 교수 접근법은 학생들이 모방하도록 "텍스트의 형식이 모델 텍스트의 모방 단계에서 대부분 비판의 여지가 없는 방식으로 주어지는" '선조적 주입식 교육Linear transmission pedagogy'을 촉진할 것이라고 비판자들은 걱정한다(Cope & Kalantzis, 15). 코프와 칼란치스는, "원으로 형상화한 것은 …… 기저의 교육과정이 선조적이라는 사실을 속이게 만든다. 이것은 주입식 교육의 환상일 뿐만 아니라, 장르를 곧이곧대로 취하여, 단지 그것들이 학생들에게 교육되어야 한다는 근거 하나로, 그 힘을 무비판적으로 받아들이는 것이다"라고 하였다. 그들은 이 접근법이 "교육의 문화적 동화주의자들의 모델"로 쉽사리 인도될 수 있다는 점을 두려워한다.

이러한 우려 때문에 피즈Feez와 조이스Joyce는 교수-학습 순환의 업데이트된 버전에서 '예시글 제시하기' 단계 앞에 '맥락 설정하기'라고 불리는 별도의 범주를 추가했다. 교수-학습 순환에서 '맥락 설정하기' 단계는 "학습자들이 목표 텍스트의 사회적 맥락에 대한 문화적·상황적 양상을 경험하고 탐구하도록 하기 위해" 문화기술지의 전략을 활용한다(Feez, 66). 이러한 전략에는 조사, 인터뷰, 견학, 역할극, 그리고 비교 문화 연구가 포함된다.

이론적 측면의 경우, 비판자들은 언어 사용역을 분석하기 위해 사회적 목적/텍스트 구조에서 언어적 분석으로 이동하는 체계 기능 언어학의 장르에 대한 관점과 그 절차에 대해 우려를 표명한다. 마틴은 장르가 이데올로기를 실현한다는 사실을 신경 써서 언급하였는데, 그는 이데올로기를 "장르보다 한 차원 더 높은 추상적인 수준에서 주체성을 지니도록 하는 언어 지향적인 체계"라고 정의하였다(「분석」, 40). 반면 크리스티와 마틴은 "경험의 사회적 구성 안에서" 장르의 역할을 인정하였지만(『장르와 제도Genres and Institutions』, 32), 비판자들이 언급한 바와 같이, 체계 기능 언어학 모형은 장르가 이데올로기와 사회적 목적을 실현할 뿐만 아니라 그것을 재생산하도록 돕는 방식을 고찰하지는 않는다. 즉, "장르라는 것을 곧이곧대로" 받아들이게 되면, 또 이러한 장르 관점을 사회적 목적까지도 주어진 대로 이해하게 되면, 그렇게 함으로써 특정한 사회적 목적과 그것의 달성을 통하여 제도적인 이익이 대부분 제공된다는 사실은 물론이고, 특정한 사회적 목적이 우선적으로 존재하는 이유조차도 간과하게 된다. 테리 트레드골드Terry Threadgold에 따르면, 독자와 필자, 텍스트 생산자와 수용자 사이에 허락하고/가능하고/제한하고/거절하는 관계와 마찬가지로 장르와 제도, 권력, 주체성의 구성 사이에 드러나는 관계 때문에 장르 이론이 의미가 있다는 것이다. 트레드골드의 비판의 핵심은, 체계 기능 언어학 장르 이론이 "거미줄처럼 복잡한 사회적·정치적·역사적 현실"은 간과한 채 장르를 텍스트 분석의 출발점으로 활용한다는 점이다. 그는 다음과 같이 상술하고 있다.

우리는, 제도와 제도화된 권력 관계와 지식이, 가능한 상황 유형 그리고 장르에 의해서 어떻게 구성되고 어떻게 다시 그것들을 제한하는지(또한 접근을 통제하는지)를 알아야만 한다. 우리는 왜 어떤 장르는 매우 가치 있는 것으로 간주되고 또 어떤 것은 하찮은 것으로 여겨지는지 그 이유를 알아야 한다. 우리는 이러한 가치화가 진행되는 역사를 이해해야 한다. 우리는 역사의 주어진 한 시점에서 어떤 장르는 의미 있는 방식이 될 수 있고, 어떤 장르는 왜 될 수 없는지를 알아야 한다. 우리는 이러한 요소들이 사회적 수행자를 위해 어떻게 정체성을 만들어 가고 왜 그렇게 하는지를 알아야 한다. 그리고 어떤 사회적 수행자들은 존재하는 상황적 제약과 일반적 제약에 저항할 수 있지만 또 어떤 것들은 그것을 따를 수밖에 없는 이유와 방식에 대해서 알아야만 한다.

동시에 트레드골드는 데리다의 뒤를 이어, 텍스트는 항상 장르로 수행될 수밖에 없기 때문에, 장르는 체계 기능 언어학의 접근이 상정하는 것보다 안정적이지 못하다는 사실도 언급하며, "그러므로 장르와 시스템은 고정적일 수 없고, 고정적인 가치를 가질 수도 없으며, 어휘-문법의 선택이 예측되는 정도가 끊임없이 변동하고 변화한다"라고 했다. 실제로 브라이언 팔트리지Brian Paltridge는 환경학 연구 논문을 분석한 글에서, 장르 규명은 구조 유형이나 언어 유형보다는 맥락적 단서와 상호적이고 개념적인 틀에 훨씬 더 많이 기대고 있음을 입증하였다(『장르, 개념틀과 글쓰기Genre, Frames and Writing』, 84~85).

이러한 연구 결과는 장르 교육을 위한 체계 기능 언어학 접근에 대해 문제를 제기했지만, 체계 기능 언어학의 장르 접근법 연구와 논쟁은, 장르가 사회적 동기/목적을 사회적 행위와 언어적 행위에 체계적으로 연결하는 방법을 설정하는 데에 중대한 역할을 해 왔다. 체계 기능 언어학 장르 연구자들은, 장르를 문식성 교수의 핵심적인 항목으로 논의함으로써, 학생들이 구체적인 맥락에서 의미를 실현하도록 언어 사용자들에게 주어진 선택 시스템에 접근하여 이를 좀 더 효과적으로 선택하는 데에 장르가 활용될 수 있는 방법을 논의해 왔다. 다음 절에서는 역사 언어학과 코퍼스 언어학의 학문이 장르 이론 연구에 어떻게 영향을 미쳐왔는지도 논의할 것이다.

장르와 역사/코퍼스 언어학

역사 언어학과 코퍼스 언어학에서 장르 연구는 아직까지 수사학적 장르 이론과 수사학과 작문 연구Rhetoric and Composition studies에 큰 영향을 주지는 못했지만(에이미 데빗의 연구처럼 두드러지는 예외가 있기는 하지만), 유형론의 본질과 언어 변화를 설명함으로써 장르에 대한 연구와 교육에 크게 기여했다. 이 절에서는 역사 언어학과 코퍼스 언어학에서 있었던 장르 범주의 분류에 관한 논쟁들을 살펴보고, 이러한 논쟁들이 수사학과 작문 연구 분야 안에서 장르와 담화 양식 사이에 있었던 혼란을 어떻게 명확히 정리할 수 있었는지를 고찰할 것이다. 이어서 장르에 대한 코퍼스 중심 연구가 장르 변화의 방식과 이유에 어떠한 통찰을 제공했는지 살펴본다.

한스-위르겐 딜러Hans-Jürgen Diller에 따르면, 역사 언어학이라는 분야는 그 연구 영역을 문장에서 텍스트로 확장하면서, 점차 텍스트 분류에 관심을 갖게 되었다. 텍스트 언어학에서 딜러는 분류의 두 가지 절차를 기술했다. 즉, 연역적인 텍스트 분류와 귀납적인 텍스트 분류가 그것인데, 어떤 점에서 보면 이 둘은 츠베탕 토도로프 Tzvetan Todorov가 장르 분류를 분석적(혹은 이론적) 접근 대 역사적(경험적) 접근으로 구분한 것과 매우 유사하다. 딜러가 로버트 롱에커 Robert Longacre(『담화 문법The Grammar of Discourse』)의 연구를 통해 표명한 바 있는 연역적 텍스트 분류 체계는 노드롭 프라이Northrop Frye가 문학 텍스트 사이의 관계를 분류하고 기술하기 위해서 보편적인 원형을 규명하고자 했던 방식과 유사한 방법으로 장르와 텍스트 분류를 위한 상위 범주를 만드는 것이다. 예컨대, 롱에커는 "자신의 관점에서 인간 언어의 기저에 있는 '개념적 범주'에서 기초하여, '개념적 구조' 또는 '심층 구조' 텍스트 유형에 대한 자신의 분류 체계를 설정했다"(Diller, 12)고 말했다. 롱에커의 네 가지 '개념적 텍스트 유형'(또는 모드)은 서사Narrative, 설명Expository, 수행Behavioral, 절차Procedural 인데, 이것들은 그가 장르라고 불렀던 표면적 텍스트 유형들을 서로 포괄하고 범주화하도록 한다(Diller, 12~13). 예를 들어, 서사 양식은 옛날 이야기, 소설, 짧은 이야기, 뉴스 보도와 같은 장르들을 하위에 두고, 절차 양식은 요리 레시피, 입문서 등을 포함한다. 수행 양식은 에세이와 과학 학술 논문을 포함하고 설명 양식은 설교, 격려문pep-talks(응원문), 연설문 등을 포괄한다(Diller, 13).

귀납적 텍스트 분류는 선험적인 범주에 기초하기보다는, 감지된 텍스트 패턴에 기초하여 텍스트 유형을 분류한다. 코퍼스 언어학에서 더글라스 바이버Douglas Biber의 작업은 귀납적 장르 분류 접근법에 가장 큰 영향을 미쳐 왔다. 거대한 규모의 전자 텍스트 데이터 베이스와 말뭉치를 사용하는 코퍼스 언어학은, 연구자들이 구어 텍스트와 문어 텍스트에서 언어 자질, 패턴, 변이들을 체계적으로 찾아낼 수 있도록 해 준다. 예컨대, 구어와 문어 간의 변이를 조사하기 위해 바이버는 텍스트에서 높은 빈도로 공기共起하는 언어 자질 그룹3)을 규명하는 것으로 시작한다. 그러고 나서 바이버는 23개 장르의 말뭉치를 통계적으로 분석한 것에 이러한 차원들을 적용하여, 각각의 장르마다 이러한 차원들이 여러 텍스트에 나타나는 정도를 고찰했다. 이러한 연구를 토대로 하여, 바이버는 장르에 나타나는 수많은 언어적 변이를 규명해 볼 수 있었으며, 아울러 자질들이 복합적으로 더 많이 나타나거나, 덜 나타나는 측면을 가지고 장르를 정의할 수 있다고 주장했다.4)

'더 많거나 더 적은'이라는 이 개념은 역사 언어학과 코퍼스 언어학에서 장르를 범주화하는 데에 중요한 역할을 했다. 일리너 로쉬Eleanor Rosch의 전형 이론에 기초한 이 개념은 인간의 범주화에 대해 (고전주의 관점에 대립하여) 심리학적인 관점을 취하는데, 이러한 분

---

3) '이는 서사/비서사(narrative /non-narrative), 공적/사적 문체(non-impersonal /impersonal style), 상황 의존적 /상술화된 지시(situation dependent /elaborated reference)'와 같이 바이버가 '차원'이라고 불렀던 것에 해당한다.

4) 장르 연구의 발생과 쇠퇴를 보여 준 바이버의 통사적 연구뿐만 아니라, 텍스트에 공유되는 다차원적 특성, 언어적 특성을 기반으로 한 그의 텍스트 클러스터 분석에 대해 좀 더 자세한 것을 알고 싶다면, 『사용역 변이의 차원들: 범언어적 작문(Dimensions of Register Variation: A Cross-Linguistic Composition)』, 『역동적인 담화: 담화 구조 기술을 위한 말뭉치 분석 활용하기(Discourse on the Move: Using Corpus Analysis to Describe Discourse Structure)』, 『사용역 안의 사회언어학적 관점(Sociolinguistic Perspectives in Register)』을 보라.

류 체계는 이분법을 근거로 장르를 가려내는 것이 아니라,[5] "더하거나 덜한, 더 좋거나 덜 좋은" 것에 근거하여 한 장르에 속하는 구성원들을 가려낸다(Diller, 21). 팔트리지가 설명한 바에 의하면, 전형 이론은 사람들이 사회-문화적 요인에 의해 자신의 마음속에서 조건화된 원형적 이미지에 따라 사물들을 범주화하는 방법을 기술한다. 반면 고전주의 이론은 한 범주의 구성원이라고 객관적으로 평가되는 대상들 안에 공유된 필수적인 자질들에 기초하여 범주를 기술한다(Paltridge, 『장르 개념틀과 글쓰기』, 53). 참새류 새들이 타조류 새들보다 '좀 더 새다운' 새가 되는 까닭이 바로 이 경우에 해당하는 유명한 사례이다. 비트겐슈타인의 가족 유사성 개념과 관련되는 전형이라는 개념 덕분에, 장르 연구에서는 텍스트 구조 유형과 언어 유형들이 해당 장르의 전형적 사례와 얼마나 가깝게 관련되는지를 기반으로 해서, 각 장르에 속하는 텍스트를 정의할 수 있다. 이렇게 해서, 어떤 텍스트는 그 장르의 전형에 더 가깝지만 다른 텍스트는 그 전형성의 주변부에 더 가깝게, 좀 더 정확히 말해서 혼합된 장르의 경우와 같이 다른 전형성의 경계에 더 가깝게 기능한다. 여기서 중요한 점은, 텍스트와 장르 간의 관계가 단순히 텍스트와 장르 모두에 내재하는 자질에 기초하는 것이라기보다는 '기억, 맥락과 개념틀frame' 간의 학습된 관계, 개념적인 관계에 더욱 강력하게 기초하고 있다는 점이다. 그래서 '전형'이라는 개념은 장르 틀을 선택하고 조직하고 해석하는 하나의 원칙으로 제공되고 있다(Paltridge, 『장르 개념틀과 글쓰기』, 62).

전형 이론은 장르 연구와 교수 활동에 중요한 함의를 지닌다. 체계

---

5) 여기서 이분법(양자택일)이라고 한 것은 전형 이론에서는 어떤 것이 그 범주에 '속한다/속하지 않는다'고 판단하는 것이 아니라 그것이 그 범주의 '가장 전형적인 예인지 아니면 비전형적인 예인지'의 정도에 따라 분류한다. 따라서 전형 이론에서 분류 범주 간의 경계는 흐릿한 것으로 간주된다.

기능 언어학 장르 이론에서 마틴은 유형학적인 장르 분류와 위상학적인 장르 분류를 구별하기 위해 전형 이론을 사용해 왔다. 즉, "유형학적인 장르 분류에서는, 한 텍스트가 특정 장르로 인정 받기 위해서 어떤 인과 관계의 비율이 요구되는지 규정해야만 한다. 반면 위상학적인 접근에서는 좀 더 전형적이거나 덜 전형적인 연속체 내의 한 지점에 장르를 위치시킬 수 있다"(「분석」, 15). 따라서 위상학적 접근 덕분에, 장르에 대한 체계 기능 언어학적 접근에서는 학생들에게 일련의 연속적인 과제를 부과하면서 점차로 전형적인 장르로 이동하는 교수-학습 순환 과정을 사용하여 장르를 가르칠 수 있다. 동시에 코퍼스 언어학 기반 장르 분석은 연구자와 교수자로 하여금 특수 목적 영어에서(다음 장에 기술할 내용과 같이) 상이한 여러 학술 장르와 직업 분야 장르의 가장 중요한 자질과 덜 중요한 자질을 규명하여 이러한 것들이 좀 더 현실성 있게 교육될 수 있도록 해준다.

마지막으로, 이러한 변화의 핵심에 장르를 놓음으로써, 장르에 대한 역사 언어학과 코퍼스 언어학적 접근이 언어 변화를 이해하는 방식에 어떻게 영향을 미쳐 왔는지에 대해 간단히 논의하면서 이 절을 마무리하고자 한다(Diller, 31).

예컨대, 토마스 코헨Thomas Kohnen은 영어에서 부사적으로 쓰이는 불완전 분사 구문에 대한 연구에서, 그러한 구성이 처음 나타난 후 그것이 다른 장르에 사용되면서 영어 전체에 어떻게 확산되었는지를 기술하고 있다. 부사적으로 쓰이는 불완전 분사 구문은 영국의 종교 문서에서 처음 나타났고 그 후 곧바로 설교를 통해 퍼져나갔다(Kohnen, 116). 여기서 말하고 있는 것은 부사적으로 쓰이는 불완전 분사 구문이 명망 있고 강력한 힘을 발휘하는 종교 장르에 처음으로 나타난 덕분에 특정한 지위를 획득하였고 그 후 언어 변화의 촉매제로 기능하여 왔다는 사실이다(Kohnen, 111). 딜러가 설명한 바와 같이, "신망이 두터운 장르에 존재하는 어떤 형식은, 다른 장르에

도 그것을 받아들이도록 유도하여 (문어적) 언어 전체에 그것이 확산되는 것을 가속화한다". 에이미 데빗Amy Devitt도 이와 마찬가지로 장르가 어떻게 해서 언어 변천에서 중요한 변수가 되는지를 입증했다(『장르 글쓰기Writing Genres』, 124). 데빗은 영국식 영어가 스코트랜드식 영어에 퍼져 나간 방식에 대한 연구에서, 영국식 영어가 스코틀랜드식 영어에 고르게 퍼져나간 것이 아니라, "여러 장르에서 상당히 다른 속도로" 퍼져 나갔다고 주장했다. 예컨대 영국식 영어는 종교 논문에서 가장 신속하게 확산되었고, 공문서에서 가장 천천히 확산되었다. 이것은 언어 변천사에서 장르들이 쟁론의 현장으로 이해될 수 있다는 것을 시사한다. 데빗의 설명에 의하면, 종교 논문은 영국 국교회(성공회)의 힘 때문에 좀 더 빨리 영국식 영어로 된 반면, 공문서는 "스코틀랜드가 최근까지도 정치 조직체 안에 가지고 있던 정치적 권력의 잔재를 표상하는 것"이기 때문에 좀 더 오래 버티었다는 것이다. 영국 추밀원이 많은 입법부 권력을 더 이상 가지고 있지는 않을지라도, 그 공문서는 스코틀랜드 고어를 사용함으로써 예전 스코틀랜드의 정체성을 여전히 반영할 수 있다. 이러한 연구들은 장르에 대한 연구와 교육을 풍부하게 함으로써 장르가 역사적으로 또 언어적으로 권력 관계를 중재하는 정도를 드러낸다. 다음 장에서는 담화 공동체, 의사소통적 목적, 그리고 장르 간의 상호작용을 강조함으로써, 특수 목적 영어가 장르 연구와 교육에 기여해 온 궤적을 고찰해 보겠다.

4장 언어학 전통의 장르 연구

: 특수 목적 영어[1]

이 장에서는 특수 목적 영어 분야의 장르 연구에 대한 개괄적인 사항을 소개할 예정이다. 특수 목적 영어 분야의 장르 연구는 언어학적 전통과 수사학적 전통을 아우르고 있다. 우리는 먼저 특수 목적 영어가 무엇인가를 규정하고, 다음으로 장르적 입장에서 특수 목적 영어와 체계 기능 언어학의 유사점과 차이점을 밝힐 것이다. 그렇게 한 후 우리는 응용적인 특수 목적 영어 방식의 장르 연구와 교수법이 언어학적 전통을 통해 발전되어 왔다는 사실을 설명할 것이다. 아울러 지난 20년 동안 이 분야에서 진행되었던 주요 비판적 연구들에 대해 검토해 볼 예정이다. 마지막으로 특수 목적 영어 장르 접근법이 수사학적 접근이나 사회학적 접근과 어떻게 관련되고 또 어떻게 다

---

1) (옮긴이) 영어교육과 관련하여 이 책에서 다루는 영역은 다음과 같다. ESP: 특수 목적 영어(English for Specific Purpose), LSP: 특수 목적 언어(Language for Specific Purpose), SFL: 체계 기능 언어학(Systemic Functional Linguistic), EAP: 학문 목적 영어(English for Academic Purpose), EOP: 직업 목적 영어(English for Occupational Purpose)

른지를 예견해 봄으로써 이 장을 마치고자 한다. 수사학적 접근이나 사회학적 접근은 이 책 5장과 6장에서 다루고 있다.

특수 목적 영어는 특수 목적 언어의 영역에 속해 있는데, 주로 영어의 여러 전문 분야들을 연구하고 가르치는 것에 중점을 둔다. 예컨대 특수 목적 영어에서 가장 많이 언급되는 분야가 바로 비모국어 화자에 대한 영어 교육이다. 또 고급 학술 영어advanced academic 나 전문 직업 영어professional setting도 이 분야에 속한다. 특수 목적 영어는 흔히 학문 목적 영어, 직업 목적 영어, 의학 목적 영어와 같은, 특수한 목적의 영어를 포함하는 보다 상위 용어로 사용되어 왔다. 특수 목적 영어가 1960년대 이후부터 존재했음에도 불구하고, 또 특수 목적 영어 연구자들이 1980년대에 연구와 교육 목적으로 장르 분석을 사용하고 있었음에도 불구하고, 이 분야에서 장르 분석을 이론화하고 방법론으로 발전시킨 것은 바로 존 스웨일스John Swales의 획기적인 저서 『장르 분석: 학술 분야와 연구 분야의 영어 Genre Analysis: English in Academic and Research Settings』이다. 사실상 특수 목적 영어와 장르 분석이 여러 측면에서 서로 밀접하게 된 것은 지난 20년 동안 장르 분석에 많은 연구를 했던 존 스웨일스의 저작과 연구에 기인하는 바가 크다.[2]

『장르 분석』을 보면, 스웨일스는 특수 목적 영어 장르 접근 방식의 두 가지 특징을 언급하는 것으로 책을 시작한다. 즉, 학문 영어 academic english와 연구 영어research english[3]에 집중하는 것과 응용적 목적으로 특수 목적 영어 분야를 장르 분석에 적용하는 것이다.

특수 목적 영어의 응용적 특성은 시초부터 그 분야의 성격을 결정짓는 매우 중요한 특성이었다. 스웨일스의 설명에 따르면, 특수

---

2) 이에 대해서는 벨처(Belcher)와 청(Cheng)의 문헌을 참고하라.
3) 이것은 직업적 영어를 포함하는 것으로 확장될 수도 있다.

목적 영어의 접근 방식은 특별한 언어 사용역에서 특정한 언어 자질의 빈도를 찾을 목적으로 "언어의 사용역들을 대상으로 한 언어적 자질에 대한 양적 연구"에까지 소급될 수 있다. 특히 이때 언어적 자질들은 주로 교육적 목적에 초점을 둔 것들이다(『장르 분석』, 2). 특수 목적 영어의 초기 연구들은 언어의 양적 연구에 바탕을 둔 코퍼스 언어학의 연구 성격과 유사하다. 사실 오늘날까지 코퍼스 언어학은 특수 목적 영어에 여전히 강한 영향을 끼치고 있다(Belcher, 168; Paltridge, 『장르와 언어 학습 교실Genre and the language learning Classroom』, 119~120). 스웨일스가 언급한 대로 특수 목적 영어 연구는 초기의 양적 연구에서 점차 좁아지고 깊어졌다. 즉, 연구의 초점이 '과학적', 혹은 '의학적'과 같은 넓은 언어 사용역의 영역에서부터 실제 장르 내에서 사용되는 변수(요인)와 같은 좁은 영역으로 옮겨 왔다(Swales, 『장르 분석』, 3). 동시에 언어 변수의 언어학적 특질이나, 의사소통적인 목적이나 효과를 묘사하는 데 있어 특수 목적 영어 분석에서는 더 깊은 연구가 수행되고 있다. 스웨일스는 이처럼 보다 깊고 다층화된 텍스트적 설명들이 "수사적 목적을 평가하는 것, 정보구조를 해명하는 것, 통사론적이나 어휘론적인 선택을 설명하는 것"에 대한 관심을 의미한다고 말한다. 특수 목적 영어 장르 접근에서는 언어학적 장르 연구와 수사학적 장르 연구가 이어지도록 돕는데, 이는 어디까지나 언어학적 효과를 기술하고 결정하는 범위 내에서 그러하다.

특수 목적 영어와 체계 기능 언어학: 유사점과 차이점

특수 목적 영어는 언어적 자질들에 대한 기술적인 분석에서부터 장르 분석으로 관심을 확장한 바 있다. 특수 목적 영어에서 다루는 의사소통적 기능은 코퍼스 언어학과 달라서 서로 구별할 수 있을 뿐만 아니라, 특수 목적 영어의 장르 분석과 체계 기능 언어학의 장르 분석 사이에도 유사점과 차이점을 찾아 볼 수가 있다. 특수 목적 영어와 체계 기능 언어학을 서로 비교하고 차이점을 찾는 데는 몇 가지 방법이 있다. 이 두 관점은 언어적 특징이 사회적 맥락에까지 연결되어 있다는 기본적인 시각을 공유한다. 그래서 이 두 관점은 학습 부진아들에게 언어의 사회적 기능이 장르로 구현된다는 것을 가시적으로 가르쳐야 한다는 책임을 함께 가지고 있다.

켄 하이랜드Ken Hyland에 따르자면 이런 '가시적 교수법'4)은 "목표 텍스트가 어떻게 구성되어 있는지 이해할 수 있도록 해 주며, 왜 그와 같은 방법으로 작성되었는지도 이해할 수 있도록 해 준다"(『장르와 제2언어 글쓰기Genre and Second Language Writing』, 11). 특수 목적 영어와 체계 기능 언어학 접근 방식은 모두 이와 같이 관련 장르에 관한 명시적 교육이 학습 부진아들에게 관련 장르에 접근할 수 있도록 해 준다는 점에 대해 동의한다. 하이랜드는 "그러므로, 핵심 장르에 대한 교육은 학습자들에게 전문적인 직업 공동체나 학술 공동체가 축적해 온 자산들에 접근할 수 있는 길을 제공해 줄 수 있다"라고 설명했다. 장르 교육은 명시적 교육을 통해 그런 힘 있는 장르를 가시적으로, 그리고 획득 가능한 것으로 만들 수 있다. 또 이를 통해 학습자들에게 직업 기회를 확장시켜 줄 수 있으며, 삶의 기회를 넓힐 수 있는 기회를 제공해 줄 수 있다(『장르 기반 교수법Genre-based Pedagogies』, 24).

특수 목적 영어와 체계 기능 언어학의 장르 접근은 분석적인 전략 측면과 교육적 헌신의 측면을 같이 공유한다. 반면에 미묘하지

---

4) (옮긴이) 베른스타인(Bernstein)의 '가시적 교수법(보이는 교수법)과 비가시적 교수법(보이지 않는 교수법)'과 관련 있는 내용이다. 가시적 교수법은 전통적인 지식 교육을 말하는 것으로, 지식의 전달과 학습 내용의 위계를 강조한다. 전달 절차가 엄격히 계열화되어 있고 내용 선정 준거가 명시적인 보수적이고 교사 주도적인 교수법을 의미한다.

만 중요한 차이도 있다. 우선 자신들이 적용하고자 하는 목표 청중이 분명히 다르다. 우리가 앞 장에서 보았던 대로 체계 기능 언어학의 장르 접근은 일반적으로 호주에서 학습 부진이 있는 학령기 아동들을 목표 청중으로 삼아 왔다. 이와 다르게 특수 목적 영어 장르는 상급 학생, 즉 대학원 학생을 목표 청중으로 삼았다. 다시 말해 영국이나 미국 대학에 유학 온 국제 학생들에게 초점을 두었다. 이들은 영어권에서 비모국어 화자들이며 언어학적으로 소수자에 해당한다. 목표 청중이 다르다는 것은 중요한 의미가 있다. 특수 목적 영어와 체계 기능 언어학이 목표 장르를 어떻게 인식하고 분석하는지에 대한 함축된 의미가 서로 다르다는 뜻이 되기 때문이다. 두 접근 방식은 정상적인 학술적 발전에서 암묵적으로 획득되는 장르(그렇지만 소수적 약자의 학생들에게는 적용되기 힘든 장르)를 명시적으로 학습한다는 점에서는 같다. 따라서 어떤 장르가 중요하고, 어떤 장르를 가르쳐야 할지가 매우 중요하다. 초등이나 중등학생들은 학술적이고 전문적인 장르를 쓸 기회가 거의 없다. 따라서 체계 기능 언어학 학자나 교사들은 앤 존스Ann Johns가 말한 '전-장르pre-genre', 즉 설명, 상술, 묘사에 관심을 두는 경향이 많다. 직업적, 전문적, 학술적 환경 속에 있는 상급 학생들과 작업을 하는 특수 목적 영어 학자나 교사들은 학술적 환경 안에서 공동체에 의해 규정된 장르, 즉 연구 논문, 문헌 비평, 연구 발표, 기금 제안서, 이력서, 학술 강연, 다양한 의약적 문서들, 법률 문서 등에 초점을 둔다.

특수 목적 영어와 체계 기능 언어학 사이에서 목표 청중과 중점 장르의 차이는 맥락을 이해하는 데 또 다른 차이를 만들어 낸다. 체계 기능 언어학 접근은 일반적으로 전-장르를 초점을 두기 때문에 맥락을 큰 범위에서 한정하여 규정하는 경우가 많다. 앞 장에서 살펴본 대로 체계 기능 언어학 장르 접근은 장르를 '문화 맥락'의 차원에 위치시킨다. 그러나 특수 목적 영어 접근에서는 장르를 보다 세밀하게 한정된 맥락 속에 위치시킨다.5) 이런 한정된 맥락 속에서는 장르의 의사소통적 목적이 더 세부적이고, 뚜렷한 원인을 가질 수 있다. 우리가 다음 차례로 논의할 예정이지만, 담화 공동체와 관련하여 장르를 한정하는 것은 특수 목적 영어 장르 접근에는 매우 중요한 의미가 있다. 특수 목적 영어 학자들로 하여금 맥락적이고 의사소통적이며, 수사학적인 목적에 집중하도록 허락해 주기 때문이다. 동시에 담화 공동체와 관련하여 장르를 한정하는 것은 특수 목적 영어의 교육적 목적을 체계 기능 언어학과 같이 정치적이고, 해방적인 동기로부터 벗어나 보다 실용적이고, 문화 적응으로 동기화된 교육으로 옮겨갈 수 있도록 해 주었다. 이와 같은 실용적이고 문화 적응의 교육은 비모국어 고급 화자들이 주어진 맥락에서 효과적으로 활동할 수 있도록 관련 장르의 지식을 얻는 데 도움을 주게 된다(Hyland, 『장르 기반 교수법』, 22).

담화 공동체, 의사소통적 목적, 장르

스웨일스는 장르 연구의 주요한 세 가지 개념, 즉 내적으로 서로 연관되어 있는 담화 공동체, 의사소통적 목적, 장르를 제안해 연구의 틀을 잡았다. 스웨일스는 담화 공동체를 "일상적 목적을 수행하기 위해 형성된 사회 수사학적인 네트워크"(『장르 분석』, 9)라고 정의했다. 이러한 일상적 목적은 의사소통적 목적의 근간이 되며, 장르는 담화 공동체 구성원들로 하여금 이러한 의사소통적 목적을 획득할 수 있도록 해 준다.

---

5) 이에 대해서는 스웨일스가 처음으로 담화 공동체(discourse communities)란 용어를 사용한 바 있다.

스웨일스는 그의 책 『장르 분석』에서 담화 공동체의 특성으로 여섯 가지를 제안했다.

첫째, "담화 공동체는 넓은 의미에서 대중들의 일상적 목적들을 담고 있다". 이런 일상적 목적은 명시적으로 표명되거나, 아니면 암묵적으로 받아지는 것들이다.

둘째, 보다 나은 목표에 도달하기 위해 담화 공동체는 구성원들 사이에 상호 의사소통을 위한 장치를 두어야만 한다. 예컨대 만날 수 있는 공간이나 전화 연결망, 신문 등이 그러한 것들이다.

셋째, 담화 공동체는 담화 공동체 내에서 일상적 삶에 참여하기 위해 이러한 장치를 사용하는 개인들로 구성된다.

넷째, "담화 공동체는 의사소통적 목적을 발전적으로 수행하기 위해, 하나 혹은 그보다 더 많은 장르를 이용하고 소유한다". 이러한 장르들은 구성원들에게 인식 가능한 것이 되어야 하고, 규정되어진 것이어야 한다.

다섯째, 이와 같은 장르의 소유와 함께 담화 공동체는 축약된 단어나 두문자어(단어의 첫머리로 규정한 것, 예를 들어 UN과 같은 것)와 같이, 서로 공유할 수 있고, 그 집단만의 특유화된 전문 용어들의 형식을 취할 수 있는, 그런 세부적인 어휘들을 가져야 한다.

마지막으로 담화 공동체 속에는 새로운 구성원들에게 의사소통적 목적과 그에 관한 지식을 잘 전달할 수 있는, 적절한 정도의 내용 및 담화 전문가들이 있어야 한다.

이와 같이 장르는 담화 공동체 구성원들이 자신들이 추구하는 목적을 얻을 수 있도록 돕는 역할을 할 뿐만 아니라, 새로운 구성원들이 담화 공동체의 공유된 목적을 접하고 획득할 수 있도록 도와주는 역할을 한다. 결국 이를 통해 장르는 특수 목적 영어 안에서 유용한 학습 도구로서의 가치를 지니게 된다.

스웨일스는 "장르는 의사소통적 목적을 공유하고 있는 구성원들,

그리고 그들로부터 비롯되는 다양한 부류의 의사소통적 사태로 구성된다"라고 했다. 이를 보면 스웨일스는 장르를 언어적이고 수사학적인 행위로 규정했음을 알 수 있다.

다시 말해 장르는 특정한 목적을 가지고 특정한 맥락과 특정한 순간에 무언가를 다른 사람에게 전달하고자 하는 언어적 행위인 것이다. 의사소통적 사태는 특별한 목적에 의해 일어나며, 매우 임의적이고 개별적인 것이라 할 수 있다. 장르는 의사소통적 목적의 반응으로 형성되는 의사소통적인 사태의 부류를 의미한다. 다시 말해 장르는 의사소통적 목적에 반응하기 위해 담화 공동체 구성원이 전형화한, 상대적으로 안정되어 있고 언어학적이고 수사학적으로 구성된 '사태'의 부류를 말하는 것이다.

스웨일스는 "장르의 예증이나 사례는 그것의 원형 범위 안에서 변화할 수 있다"라고 조심스럽게 말했다. 텍스트의 장르 구성물들은 이것, 아니면 저것 식의 양자택일적인 필수 자질에 의해 규정되는 것은 아니다. 오히려 그것은 앞 장에서도 논의했다시피 가족 유사성의 스펙트럼을 따라 이어져 있다고 보는 것이 옳다. 스웨일스가 말했듯이, 의사소통적 목적은 한 장르에서 특권을 가진 속성 속에서 정해지는 것이다. 한 장르의 기본적 원형들은 그것이 의사소통적 목적에 얼마나 부합하는가에 따라 결정된다. 그리고 이로부터 다른 자질들, 예컨대 형식, 구조, 독자 기대 등은 어떤 예시문이 특정한 장르의 기본형에 부합하는 정도를 식별하는 데 사용된다. 이처럼 장르는 담화의 도식적 구조를 결정하고, 내용과 스타일의 선택에 영향을 주거나 제한하게 되는데, 이것이 장르 밑에 깔린 이론적 원리라 할 수 있다. 요약하자면, 장르의 허용 범위, 즉 실질적·구조적·통사적·어휘적 선택의 허용 범위를 이론적 원리를 통해 알 수 있고, 하나의 텍스트가 이런 범위 안에 존재하는가는 장르 구성원들이 규정하게 된다.

장르의 이론적 원리나 도식적·통사론적·어휘적인 전통은 모두 담화 공동체가 지닌 공동 목표에 의해 규정되기 때문에, 담화 공동체의 구성원들이 어떻게 장르를 규정하는가 하는 점은 장르 분석가들이 장르의 기능과 구조를 이해하는 데 매우 중요하다. 이와 같은 이유로 특수 목적 영어 장르 분석은 체계 기능 언어학 분석보다 더 학술적인 전문 용어에 의존한다. 스웨일스가 말하기를, 이와 같은 명칭들은 어떻게, 왜 담화 공동체 구성원들이 장르를 사용하는지에 대한, 매우 가치 있는 문화기술지적인 정보를 제공해 준다.

그러나 우리가 이 장의 끝부분에서 다시 논의를 하게 되겠지만, 문화기술지적 접근이 특수 목적 영어 장르 분석에서 일정한 역할을 해 왔지만, 앞으로 해야 할 역할에 대해서는 더 논의를 해 보아야 할 필요가 있다. 아울러 여기에 문화기술지적 접근이 사용되어 온 목적에 관해서도 더 논의를 해야 할 것이다. 한 가지 알아야 할 사실은 앤 존스Ann Johns의 연구와 스웨일스의 대학 세우기(university building, 1998)에 관한 '텍스트그라피textographic'의 연구들에서 장르 분석과 문화기술지적 전략을 결합한 방법이 사용된 바가 있다는 것이다.

특수 목적 영어의 접근 방식과 장르 분석

의사소통의 목적은 장르를 생산하고, 이론적 근거를 제공해 주는 데 중요한 역할을 한다. 의사소통의 목적은 담화 공동체가 공유하는 목표에 의해 규정된다. 이런 이유로 의사소통의 목적은 자주 특수 목적 영어에서 장르 분석을 위한 출발점이 된다. 예를 들어, 장르 분석에 관한 전형적인 특수 목적 영어 접근 방식은 우선 담화 공동체 안에서 장르가 어떤 것인지 식별하고, 고안된 장르의 의사소통적 목적을 규정하는 것에서 시작된다.

다음에 할 일은 장르 조직(장르의 도식적 구조)을 탐색하는 것이다. 장르의 조직은 수사학적인 '진행move'에 의해 특징지어지는 경우가 많은데, 탐색은 이런 수사학적 움직임을 실현시켜 줄 텍스트적이고 언어학적인 자질들(스타일, 어조, 태, 문법, 구문론)을 살펴보는 것이다.

따라서 분석의 경로는 장르의 도식적 구조로부터 어휘-문법적인 자질들로 진행하게 된다. 물론 이런 분석을 하는 동안 내내 장르의 의사소통적 목적이 관여하고, 또 이를 규정하는 담화 공동체도 관여한다.

그런데 이런 과정은 고정되거나 일직선상의 흐름이 아니다. 그렇지만 일반적으로 말해, 이 과정은 맥락에서 텍스트로 흐르는 경향이 있다(Flowerdew, 91~92).

비제 바티아Vijay Bhatia는 『장르 분석하기: 직업 영역에서의 언어 Analysing Genre: Language in Professional Setting』에서 장르를 분석하는 7가지 단계에 대해 설명했다. 물론 이런 단계는 위에서 묘사한 분석 경로를 반영한 것이다. 그러나 특수 목적 영어 장르 연구자들 모두가 이런 단계를 밟는 것은 아닐 것이다. 또 항상 여기서 설명하는 순서대로 되는 것도 아닐 것이다. 그렇지만 이러한 단계는 특수 목적 영어 장르 연구자들이 학술적이고 직업적인 맥락에서 장르 분석을 수행하는 방식의 범위에 관한 통찰을 제공해 준다.

첫 번째 단계는 상황 맥락 속에 장르 텍스트를 위치시키는 것이다. 두 번째 단계는 그 장르에 대한 기존의 연구들을 자세히 조사하는 것이다. 장르가 규정되고 맥락화됨에 따라 세 번째 단계는 장르가 속한 담화 공동체에 대해 연구자가 이해하는 것을 세련되게 다듬는 일이다. 이 과정에는 장르를 사용하는 필자와 독자를 식별하고, 이들의 관계와 이들을 둘러싼 물질적 조건 및 장르의 사용목적 등을 함께 검토한다. 즉 장르가 표상하는 '현실'을 규정하는 것이다.

네 번째 단계는 연구자가 해당 장르의 코퍼스를 모으는 일이다.

다섯 번째 단계는 자연스러운 통찰을 얻기 위해 담화 공동체 구성원이 실제 장르를 사용하는 조건 속에서 장르가 발생하는 제도적인 맥락의 문화기술지적 조사를 수행하는 것이다. 여섯 번째 단계는 연구를 맥락에서 텍스트로 옮기는 것이다. 탐색할 언어학적 분석의 수준을 결정하는 것이다. 어휘 문법적인 특질(예를 들어 어조, 절, 통사적 요소, 스타일 분석에 관한 양적/통계적인 연구), 텍스트 패턴(특별한 장르에 사용되는 언어적 패턴, 가령 명사절이나 명사화 문장들이 각각 다른 장르에서 어떻게, 왜 사용되는지에 대한 것), 그리고 구조적인 해석(장르가 목적을 얻기 위해 사용하는 구조적인 '변용' 같은 것. 이를테면 스웨일스가 말했듯이 연구 논문의 서문에 나오는 세 단계 진행three-move, CARSCreating a Research Space와 같은 구조)과 같은 것이다.

마지막 단계로 연구 결과들을 검증하기 위해 연구 사이트에서 이와 관련된 논문들을 찾아보는 것이다.

특수 목적 영어 장르 접근에서 다섯 번째 단계(문화기술지적 수행)까지는 그것의 사용 빈도나 특수한 전문성의 정도를 통해 변할 수 있다. 장르 분석에 대한 바티아Bhatia의 방법론에는 특수 목적 영어 장르 접근에서 일반적으로 취하는 경로가 묘사되어 있다. 그것은 맥락에서 텍스트 분석으로 옮겨 가는 것이다. 텍스트 수준에서는 언어학적 분석의 다양한 수준들을 적용할 수 있다. 즉, 언어 문법적인 특징에서부터 언어적 패턴으로, 또 더 큰 구조적 패턴으로 옮겨 가는 것이다. 스웨일스의 『장르 분석』에서 연구 논문에 대한 유명한, 그리고 영향력 있는 분석이 이러한 언어학적·텍스트적·구조적 분석에 대한 좋은 예가 된다. 이를테면 연구 논문의 서론 분석에서 스웨일스는 처음 저자들이 서론에서 만드는 전형적인 '진행move'에 대해 식별한다. 스웨일스와 피크Feak는 의사소통적 목적을 획득하기 위해 계획된 하나의 의사소통적 행위를 '진행'이라고 정의했다.

자신이 다룰 전체 영역을 설정하고(진행 1),

다음으로 주요 대상 영역을 설정하며(진행 2),

대상을 장악하는 것(진행 3).

이러한 진행 단계 안에서 스웨일스는 학술 필자가 취할 수 있는 가능한 단계의 범위를 규정했다. 예를 들어 '중심 내용 주장하기', 그리고 '이전 연구의 항목들을 검토하기'는 진행 단계 1에 해당한다, 그리고 '반대–주장'이나 '연구 한계점 지적하기'는 진행 단계 2에 해당한다. 여기서부터 스웨일스는 텍스트 패턴과 어휘 문법적인 자질들을 분석하면서 보다 자세히 각각의 단계를 검토한다.

진행 1(연구 영역 설정하기) 안에서 3단계(선행 연구 검토하기)를 분석하면서 스웨일스는 인용의 패턴을 살펴보았다. 학술 필자가 인용문 안에 연구자의 이름을 적거나, 그렇지 않으면 문장의 끝이나 논문 말미에 삽입어구(괄호)를 넣어 연구자를 표시하는데 이를 조사하는 것이다. 그리고 텍스트 패턴에서 어휘 문법적인 자질로 옮겨가서, 스웨일스는 학술 필자들이 이전 연구를 소개하거나 결론을 서술하면서 사용하는 '보고 동사(show, establish, claim과 같은 동사)'의 빈도를 분석한다.

특수 목적 영어 안에서 장르 분석에 대한 이런 일반적인 접근과—예를 들어 목적을 확정하는 것에서부터 장르의 수사적 진행 단계를 분석하는 것과 이런 진행 단계가 텍스트적으로, 그리고 언어학적으로 어떻게 수행되는지를 분석하는 것—이로부터 파생되는 연구들은 전문 지식 분야 장르의 지식에 크게 기여해 왔다. 특히 학술 논문이나 학술 논문에 숨어 있는 하위 장르(초록, 투고문, 심사서 등) 연구에 더 많은 기여를 했다. 이러한 지식은 비모국어 대학원 수준의 유학생들이 학술적 담화 공동체에 접근하고 참여할 수 있도록 도와주었다.

특수 목적 영어 장르 연구의 현황

지난 20년의 기간 동안, 특수 목적 영어 장르 연구는 의사소통적 목적, 맥락, 그리고 장르의 상호텍스적인 역동성과 관련된 이슈들에 초점을 맞춰 왔다. 스웨일스의 『장르 분석』이 출판된 지 11년 후 잉에르 애스케이브Inger Askehave와 존John은 '의사소통적 목적'이란 개념에 대해 역동적이고 복잡한 인지와 맥락의 관점에서 반성을 했다. 이들은, "의사소통적 목적이 모든 분석가들에게 너무나 당연한 것으로 가정되고 있으며, 의사소통적 목적을 편리하지만 덜 숙고된 출발점으로 삼는 것"에 대해 우려를 표명했다. 이들은 "다양한 방식으로 연구에서 설정한 바 있는 …… 목적purposes, 목표goals, 혹은 공적인 결과public outcome가 우리가 애초 생각한 것보다 훨씬 더 애매한, 복합적인, 다층적인, 복잡한 것"이라는 것을 지적했다. 그리고 바티아와 같은 장르 연구자들이 이에 대해 어떻게 인식하고 있는지를 언급했다. 즉, "장르적 관습이 의도, 위치, 형식, 기능적 가치 등을 통해 허용 가능한 의견들을 제약해 왔다. 개인적인 의도를 성취하고자 하는 담화 공동체의 전문적인 구성원들이 이런 제약을 자주 개발했다"(Bhatia, 13)라고 말한다. 아울러 애스케이브Askehave와 스웨일스도 다음과 같이 말했다. "우리는 더 이상 의사소통적 목적의 단순한 리스트나 목록을 찾지는 않을 것이다. 그것은 매우 복잡한 다층적인 것이다. 비록 전문가 구성원들에 의해 공인된 것—특별히 비공개적인 상황에서—이라 할지라도, 어떤 기관에 의해 공적으로 인정될 수 없을 것 같은, 다수의 목적들이 그 안에 존재할 것이다."

애스케이브와 스웨일스는 의사소통적 목적의 복합성을 설명하고자 하는 노력으로 연구자들에게 "장르 목적에 대해 임의적인 규정을 먼저 시작할 필요가 있다"라고 제안했다. "그 후에 보다 집중적인 맥락 안의 텍스트 연구를 통해 장르 목적을 재설정해야 한다"라고 말하고 있다. 예를 들어, 최근 연구 장르에 대한 연구에서 스웨일스는 논문 심사를 위해 유머를 사용하는 것에 대해 조사했다. 그리고 유머의 사용이 논문 심사의 목적을 성취하게 만들어 줄 수 있다고 주장했다. 유머의 사용이 "장르의 바퀴를 부드럽게 해 줄 수 있으며, 참석자로 하여금 협동과 연대의 비공식적인 분위기를 보다 향상시켜 줄 수 있다"고 말한다(Swales, 『연구 장르Research Genre』, 170).

최근 써니 하이온Sunny Hyon은 의사소통적 목적의 복합적 기능성을 살펴보기 위해 대학의 연장-승진-정년 보고서Retention-Promotion-Tenure report를 조사한 바가 있다. 여기서 써니 현은 보고서 필자들이 어떻게 익살성과 독창성을 사용하는지를 분석했다. 써니 현은 이런 익살성과 독창성이 보고서의 공식적인 의사소통적 목적을 뒤집지는 못하지만, "보고서에 비공식적인 목적을 추가할 수는 있다"라고 설명했다.

마찬가지로 켄 하이랜드Ken Hyland는 최근 학술적 작가들이 다른 학술 공동체에서 자기 자신과 독자를 구축하기 위해 사용하는 전략에 대해 분석했다. 의문문, 독자 대명사reader pronoun, 지시어의 사용을 통해 그들이 어떻게 자신의 독자를 구축하는지, 또 작가들이 울타리 표현hedge, 사기를 높이는 표현boosters, 태도 표지attitude marker를 통해 텍스트 속에 어떻게 자신의 개성을 집어넣는지를 조사했다. 하이랜드의 연구는 개인적인 필자가 학술적 담화 공동체의 관습 속에서 창의적인 표현을 사용하거나 수사적인 목적에 맞게 사용할 수 있는, 가능한 옵션을 조작할 수 있다는 것을 보여 주고 있다(Johns et al., 『경계 뛰어넘기Crossing the Boundaries』, 238).

의사소통적 목적의 복합성을 인식하고, 장르 분석의 범위를 넓히기 위해 최근의 특수 목적 영어 접근 방식은 장르의 역동적이고 상호 활동적인 본질에 대하여 인정하는 분위기를 가지고 있다. 특수 목적 영어 장르 연구자들은 주요 장르의 배경으로 작동하는 숨어 있는 하위 장르뿐만 아니라 스웨일스가 말한 '장르 연쇄(하나의 장르가 다른 장르의 필수적인 선조가 되는 것)'에 대해서도 주의를 기울이기 시작했다(Swales, 『연구 장르』, 18). 이는 장르 능력에는 개별 장르에 대한 지식뿐만 아니라, 장르의 역동적인 목적을 달성하기 위해 장르가 어떻게 상호작용하는가에 관한 지식도 포함되기 때문이다.

브로나Bronia P. C. So는 특수 목적 영어 장르 교육과 관련하여 관계된 복잡한 양상의 의미들을 탐색하는 작업을 했다. 그는 이에 대해 다음과 같이 결론을 내렸다. "오늘날 학생들이 보다 넓은 범위의 장르를 다룰 수 있도록 장르 글쓰기의 상호텍스트성, 상호복합성에 대한 이해와 지식을 갖추는 것이 매우 중요하다는 사실도 알려주어야 한다. 또 수사학적인 맥락, 독자, 장르 관습 등은 구별되기도 하고, 겹쳐지기도 한다는 사실도 알려줄 필요가 있다."

특수 목적 영어 연구자들은 장르의 상호텍스트성을 조사하기 위해서는 문화기술지적 방법이 중요하다고 강조한다. 앤 존스Ann Johns는 교실 현장에서 장르 연구자가 복합적이고, 역동적인 체제로서 장르에 대해 아는 것과 학생들이 안정되고 고정된 형식으로 장르에 대해 배우는 것 사이에 차이가 있다고 말했다. 그는 이 차이를 메우기 위해 학생들의 지식을 장르 연구자나 장르 이론가만큼 촉진시켜야 한다고 말했다. 그의 책 『텍스트, 역할, 맥락: 학술적 문해력의 개발Text, Role, and Context: Developing Academic Literature』을 보면 그는 학습 현장에서 학생들이 다루는 장르가 학술 맥락에서 무슨 역할을 하는지, 글을 쓸 때 장르에서 강조하는 가치와 기대가 무엇인지 학생들이 알 수 있도록 우리 모두가 문화기술지 학자가 되어야 한다고 말했다.

존스는 「미숙한 학생의 장르 이론을 약화 및 강화시키기Destabilizing and Enriching Novice Students' Genre Theories」에서 학생들이 '교정 치료'의 특수 목적 영어 수업 맥락 속에서 스스로 어떤 장르 이론을 가지고 있는지에 관해 분석 작업을 했다. 그는 학생들에게 자신이 만날 수 있는 장르에 관해 어떤 생각을 하고 있는지 돌아볼 것을 요청했다. 또 학생들에게 새로운 학술적 장르를 만날 때마다 이를 통해 자신들이 가진 장르 종류와 장르 개념을 넓히라고 권유했다. 이처럼 학생들은 자전적-문화기술지적 접근 방식을 통해 과정, 상호텍스트성, 작품성 사이의 상호 작용에 관해 많은 지식을 얻을 수 있다. 또 연구 논문이나 5단락 에세이처럼 단일한 교육 장르의 텍스트 변화 양상에 대해서도 많은 것을 배울 수 있다.

브라이언 팔트리지Brian Paltridge는 최근 시드니 대학 글쓰기 강좌에서 제2언어 대학원생들이 문화기술지적 방법을 사용하는 양상에 대해 묘사한 적이 있다. 그곳에서 학생들은 글을 쓰면서 직접 교수들에게 자신들이 쓰고 있는 글에 관해 질문을 하곤 했다. 질문 내용은 교수가 왜 학생들로 하여금 특정한 장르의 글을 쓰게 하는지, 또 그 장르가 학술적 영역 안에서 무슨 목적을 띠고 있는지에 관한 것이었다. 이런 방법을 통해 학생들은 학술적 영역 안에서 장르에 대해 보다 깊은 이해를 할 수 있었다. 또 학생들은 자신들이 글을 쓰는 학술적 영역 안에서 경계boundaries와 가치, 그리고 기대에 관해 교수자와 협상을 할 수가 있게 되었다(John et al., 『경계 뛰어넘기』, 236).

특수 목적 장르 학습에서 이러한 문화기술지적 접근 방식은 장르의 사회적 본질에 대해 암시해 주고 있다. 장르는 담화 공동체와 같은 사회적 맥락에서 구체화되며, 또 역으로 장르가 사회적 맥락을 구체화하도록 돕기도 한다. 켄 하이랜드는 "개인이 관계를 발전시키고, 공동체를 만들며, 어떤 일을 성취하는 것은 결국 의사소통적 행위를 반복해서 사용하고, 또 관습적인 형식들을 반복해서 사용하기 때문에 그러하다"라고 말한다. 장르는 사회적 현실을 공고히 할 뿐만 아니라 사회적 현실을 구성하기도 하는 것이다(『경계 뛰어넘기』, 237). 스웨일스가 말했듯이 장르는 '생활 방식'과 '텍스트 방식'을 연결한다.

최근 장르에 대한 보다 역동적이고, 복잡한 이해 방식을 특수 목적 영어 교실 현장에 적용시키려는 이런 시도들이 있음에도 불구하고, 아직까지 다수의 학자들은 특수 목적 영어 장르 접근이 순응하는 교육, 규범을 강조하는 교육에 속하고, 또 장르 수행적인 측면보다 장르 자질이나 기능적인 측면에 더 종속된다고 비판하고 있다. 이러한 비판에 대응하여 몇몇 특수 목적 영어 학자들은 장르 연구와 장르 교육을 더 비판적으로 수행해야 한다고 요구했다.

특수 목적 영어와 장르에 대한 비판적 접근

사라 베네쉬Sarah Benesch는 비모국어 영어 학생들이 장르 관습에 관한 명시적 학습을 통해 학술적 담화 공동체에 접근하고자 할 때 발생할 수 있는 다양한 이데올로기적 문제에 관해 설명했던 특수 목적 영어 학자 중 한 사람이다. 베네쉬는 비모국어 학생을 대상으로 적응 교육을 실시할 때 그 속에 담긴 이데올로기적인 함축성을 무시하게 되면, 의도하지 않게 학문 목적 영어 교사들이 먼저 비모국어 화자들을 배제해 버리는 그런 권력의 학술 문화를 재생산할 수 있게 된다고 지적했다. 전통적인 특수 목적 영어의 적응 방식은 실제적으로 학술 문화에 비모국어 학생의 참여를 제한할 가능성이 있었다.

이에 관해 페니쿡Pennycook은 특수 목적 영어의 "저속한 실용주의"라고 말했는데, 이제 이에 대해 의문을 품는 사람이 단지 베네쉬만이 아니게 되었다. 피터 마스터Peter Master는 특수 목적 영어 분야가 자신들의 역할에 대해 보다 반성적이 되기를 요구했다. 피터 마스터는 국제적으로 영어가 확산되는 이 시점에서, 또 외국어 학습자가 학습 현장이나 학습 기관의 요구에 대응할 수 있도록 도와주어야 한다는 측면에서, 특수 목적 영어 교육이 자기 역할을 다하지 못한 점에 관해 반성을 해야 한다고 언급했다(Master, 724). 앨런 룩 Alan Luke은 '장르 모델genre model'에 대해 다음과 같이 '통렬한 비판'을 가한 바 있다. 즉, 텍스트 유형에 대한 직접적인 전이를 강조하면, 학술적인 언어 자료나 그 학술 분야의 여러 제도들에 대해 비판적으로 평가를 할 수가 없게 된다는 것이다. 이는 오히려 무비판적인 학습법으로 이끌 가능성이 많다.

이러한 비판들이 순응적인 접근 방식을 거부하라는 뜻은 아니다. 오히려 이들은 페니쿡이 말하는 대로 '비판적 실용주의'를 요구한다. 다시 말해 비모국어 화자들에게 권력과 기회의 장르에 보다 조심스럽게 접근하도록 해 주어야 한다는 것이다. '천박한'과 '비판적' 실용주의의 차이는 특수 목적 영어 연구자와 교수자들이 장르를 '명시적으로' 분석하고 교육시킨다고 말할 때, 그 '명시적'이 무엇을 뜻하는지에 달려 있다. 비판적인 실용주의에서 말하는 '명시적' 분석과 교육들은 장르 패턴과 특징들의 설명을 넘어서서 장르 수행에서 야기되는 이데올로기, 정체성, 권력 관계 등을 포함해야 한다는 뜻을 품고 있다.

브라이언 팔트리지는 장르에 있어 비판적 시각은 한 편으로 학생들에게 성공을 위해 필요한 학습 도구를 제공하면서, 또 다른 한 편으로 "담화, 언어 학습, 언어 사용, 사회 및 정치적 맥락 사이의 연관을 탐색할 가능성을 제공해 준다"라고 말한다. 그런 접근 방식은 담화 공동체 내에서 효과적인 참여를 위해서는 의사소통 목적에 따른 장르 관습보다 더 많은 것을 필요로 한다. 그것은 왜 장르와 목적이 존재하는지, 장르는 누구의 이익을 위해 봉사하는지, 장르는 누구의 이익을 배제하는지, 또 장르는 무엇을 가능하게 하고, 무엇을 감추는지 등등에 대한 판단을 요구한다. 이러한 장르에 대한 비판적 접근은 문화 적응의 교육학에서부터 대안 문화의 교육학으로 관점을 옮기도록 한다. 이를 통해 학생들은 대안적 목적을 표현하기 위해서, 그리고/혹은 그들 자신만의 문화적 시각을 표현하기 위해 장르 관습을 선택할 수가 있게 된다.

특수 목적 영어의 순응적 교육학에 관한 비판들은 특수 목적 영어가 지닌, 장르에 관한 내면적·함축적 시각과 깊은 연관이 있다. 예를 들어 크리스틴 카사네이브Christine Casanave는 특수 목적 영어 장르 접근이 '사회적으로 위치 지워진 하나의 상품적 시각'에 특권을 부여한다고 경고한 바 있다. 카이와 더들리-에반스Kay & Dudley-Evans 는 특수 목적 영어 접근이 관습화된 장르 식별 조항들을 가르치고 있는데, 이런 식별 조항들은 사실상 '텍스트에 관한 반응보다 훨씬 더 강요적일 수 있는' 것들이라고 보았다. 결론은 결국 특수 목적 영어의 장르 교육이 수행에 바탕을 둔 장르 획득을 지향하기보다 단지 하나의 기능(능숙함, competence)을 지향할 뿐이라는 것이다. 즉, 학생들은 장르의 구성적인 관습을 인식하고 재생할 수 있지만, 실제적인 의사소통 상황에서 이러한 장르 관습을 적용하거나 채택하기는 어렵다는 것이다.

안 청An Cheng은 「특수 목적 영어 장르 기반 쓰기 교육에서 학습과 학습자를 이해하기Understanding Learners and Learning in ESP Genre-based Writing Instruction」에서 장르에 관해 '의식하기(주목하기, noticing)'와 '수행하기 performing' 사이의 구별을 시도했다. 청Cheng은 특수 목적 영어 장르 접근이 너무 배타적으로 목표 장르 탐색에만 초점을 맞추고 있다고 비판했다. 그리고 보다 학습자와 맥락에 초점을 둔 연구가 필요하다고 주장했다. 장르 학습에 관한 연구는 학습자의 장르 학습을 탐색하고, 그들의 장르/수사학적 의식 발달을 탐색하는 것이다. 특수 목적 영어 장르 접근에서 학습자와 학습 자체를 경시하는 것은 장르를 사용하는 의미가 도대체 무엇인가란 중요한 의문을 불러일으켰다. 도대체 어느 정도까지 장르 기능(장르 관습에 대한 지식)이 장르 수행으로 전이될 수 있을까? 장르 수행에서 텍스트적인 장르 분석을 넘어서 그 밖의 내적·외적 텍스트 지식은 필요가 없을까? 아니면 장르 관습의 지식만으로 충분한 것인가? 만약 장르 지식 속에 장르 관습보다 더 많은 것이 포함된다면, 도대체 장르 지식 속에 들어 있는 것은 무엇일까? 장르 연구자와 장르 교사들은 그러한 지식을 어떻게 규정하고, 그런 지식에 어떻게 접근할 수 있을까? 이와 같은 의문들이 우리를 특수 목적 영어의 장르 접근과 수사학적 장르 연구의 장르 접근 사이에서 다양한 문제에 관해 논쟁할 수밖에 없도록 만들고 있다.

만약 수사학적 장르 연구의 학자라면 이와 같은 질문에 대응하는 방법이 특수 목적 영어 학자들과 다를 것이다. 수사학적 장르 연구 학자와 특수 목적 영어 학자들 사이에는 장르의 사회적 본성에 대해, 또 장르를 어느 정도까지 명시적으로 가르쳐야 하고, 가르칠 수 있는지에 대해 중요한 견해 차이가 있다. 두 연구 분야 모두 텍스트와 맥락의 역동적 관계에 대해서 인정을 하고 있다. 또 장르가 특정한 상황에 매여 있는 수사적이면서도 언어적인 행위라는 점에 대해서도 인정을 하고 있다. 그렇지만 수사학적 장르 연구는 장르를 담화 공동체와 같은 맥락에 위치한 것으로 이해할 뿐만 아니라, 맥락의 구성물(즉, 필자나 독자가 공동으로 구성하고 거주하는 상징 세계로서의 구성물)로 간주하고 있다. 즉, 수사학적 장르 연구에서 맥락은 다양한 장르 요소(의사소통적 목적, 담화 공동체의 구성원, 장르 구성체, 장르 조직, 장르 학술 용어, 장르 연쇄, 이면의 하위 장르)보다, 또 이와 관련된 가치 있는 배경 지식보다 더 중요하고 많은 것을 제공해 준다.

일반적으로 말해서, 특수 목적 영어 장르 학자들이 장르를 사회적 맥락 안에 위치한 의사소통적 도구로 이해하는 경향이 있는 데 반해, 수사학적 장르 연구자들은 장르를 사회학적인 개념으로 이해하는 경향이 있다. 수사학자들이 말한 사회학적 개념이란 특정한 맥락 속에서의 인간들의 상호작용, 존재 방식, 인지 방식들이 텍스트적이고도 사회적인 방식으로 구현된다는 것을 의미한다.

최근 특수 목적 영어 장르 연구는 장르의 사회적 본성에 대해 이전보다 더 많은 인식을 하고 있는 것 같다. 예를 들어 켄 하이랜드는 "장르가 사회적 현실 속에 존재할 뿐만 아니라 사회적 현실을 구성한다"라고 말하기도 했다. 그러나 그럼에도 불구하고, 여전히 특수 목적 영어 장르 분석은 장르의 사회적 맥락 배경보다 장르 관습(구조적이고 어휘 문법적인)을 설명하는 데 더 치중한다. 그래서 특수 목적 영어나 수사학적 장르 접근 모두 장르를 텍스트와 맥락에 관련된 것으로 인식하지만, 각 관점이 취한 분석적인 교육학적인 궤도와 이에 대한 강조의 방향은 사뭇 다르다. 특수 목적 영어 장르 연구에서 맥락은 텍스트와 의사소통적 목적을 이해하기 위해 사용되지만, 수사학적 장르 연구에서 텍스트는 맥락과 사회적 행동, 즉 특별히 텍스트가 맥락 속에 놓인 상징적 행동을 어떻게 매개하는가와 같은 문제를 연구하기 위해 사용된다.

특수 목적 영어와 수사적 장르 접근 방식 사이에는 의사소통적 목적을 중시하는가, 혹은 사회적 행동을 중시하는가에 대한 차이가 있다. 이런 차이가 서로 다른 분석 궤도를 만들어 낸다. 뿐만 아니라 서로 다른 교육 철학과 목표도 만들어 낸다. 예를 들어 수사적 장르 연구자들은 장르에 대한 명시적 교수가 충분한 자격을 가지는지에 대한 의문을 제기한다. 대신에 이들은 학생들이 자신들의 맥락에서 실제 실행하고, 분석하고, 만나게 되는 글쓰기 장르에 대해 보다 몰입하는, 그리고 문화기술지적인 교육에 찬성한다. 수사학적 장르 연구자들은 이러한 접근 방식이 학생들에게 여러 가지의 내적·외적 텍스트 지식을 얻도록 해 줄 수 있다고 주장한다. 이들이 말한 내적·외적 텍스트 지식은 장르 관습의 지식을 넘어서는 것이다. 그리고 장르 사용자들이 장르를 효과적으로 수행하기 위해서 반드시 가져야만 하는 것들이다. 스웨일스가 『장르 분석』을 출간할 무렵, 찰스 베이저만Charles Bazerman은 이러한 수사학적/사회학적 견해에 관해 자신의 생각을 말한 적이 있다. 그는 글쓰기 교육은 장르의 형식적인 측면을 넘어서야 한다고 말했다. 대신에 학생들은 "공동체의 목적과 그들의 근본 가정을 많이 이해하면 할수록, 수사적인 관습이 적절하고 효과적인지를 더 잘 평가할 수가 있다는 사실을 알아야 한다"라고 말했다. 메리 요 레이프Mary Jo Reiff도 이에 관해 최근에 다음과 같이 말한 바 있다. "장르 분석을 문화기술지적 연구의 초점으로 만드는 것은 …… 의사소통적 행동을 그들의 맥락에 묶는 일이다. 이로써 학생들에게 언어학적이고 수사학적인 행동의 패턴이 …… 불가피하게 사회적 행동의 패턴과 연결되어 있다는 사실을 설명해 줄 수 있게 된다."(John et al., 243)

물론, 장르 학습에서 명시적인, 그리고 보다 사회적인 접근 사이의 논쟁은 절대적이지 않다. 그리고 많은 장르 학자들과 교사들은 이런 경계를 뛰어 넘어 이 둘을 포함하는 혼성적인 모델을 사용하고 있기도 하다. 우리는 다음 두 장, 즉 10장과 11장에서 이 점에 대해 살펴볼 것이다.

그러나 다이언 벨처Diane Belcher는 "학습자들은 언어학적이고 문학적인 장벽에 직면하기 때문에 …… 특수 목적 영어 지지자들은 몰입 교육만으로는 충분하지 않다고 주장한다"고 설명했다. 크리스틴 타디Christine Tardy는 장르의 복합성(즉, 텍스트적인, 사회적인, 정치적인 글쓰기의 영역 사이에 복합적인 결합체로서)을 인정하면서도, 특수 목적 영어 장르 접근 방식의 학습 대상이 되는 비모국어 영어 화자들에게는 장르를 구분하고 분류하는 것이 반드시 필요하다고 충고했다. 타디의 말에 의하면, "예를 들어 나는 제2언어로서의 영어 교육ESL 고급반 학생들이 언어학적이면서 수사학적인 시각으로 장르를 분석하는 것, 그리고 언어적 자질과 수사학적 장면들을 결합하여 끝어오는 것이 힘들다는 것을 관찰한 바 있다. 그들은 그런 복합적인 분석을 할 수가 없었다. 동시에 그들은 장르의 복합성이 너무 추상적이어서 사용할 수 없는 것으로 여기고 있었다. 아마도 이런 학습자들에게는 보다 여과된, 분할된 장르가 필요할 것이다"(John et al., 239).

이런 교육적인 논쟁과 수사학적 쟁점들을 살펴보면, 우리는 특수목적 영어 장르 접근과 수사학적 장르 접근 사이의 경계가 분리되면서도 서로 겹칠 수 있는 것임을 알 수가 있다. 물론 장르 연구에 있어 언어학적 전통과 수사학적 전통 사이의 경계도 그러할 것이다. 이 책 5장에서 우리는 수사학적 장르 이론에 대해 살펴볼 것이다. 수사학적 장르 이론의 근원, 현재의 이론 경향과 접근 방식, 교육적인 가능성도 함께 알아볼 것이다. 6장에서는 이러한 이론들과 접근 방식들이 장르 학습과 장르 연구에 무엇을 제공해 주는지를 함께 검토할 것이다.

5장 수사학 및 사회학 전통의 장르 연구

4장 끝부분에서 우리는 특수 목적 영어를 포함한 언어학과 수사학에서의 장르 접근을 몇 가지 점에서 구별하였다. 이러한 구분은 의사소통을 강조하는 입장과 사회적 측면을 강조하는 입장 간의 차이에 따른 것이다. 또한 장르가 어느 정도까지 명시적으로 교육될 수 있고 교육되어야 하는가에 대한 입장의 차이와도 관련이 있다. 장르에 대한 언어학적 접근과 수사학적 접근은 모두, 그것이 체계 기능 언어학이든, 특수 목적 영어이든, 혹은 수사학적 장르 연구에서이든 간에, 장르가 상황과 밀접하게 연결되어 있다는 생각을 기본적으로 공유한다. "언어학과 수사학 모두 텍스트의 반복되는 특징에만 초점을 맞추는 전통적 장르 개념의 한계를 지적한다. 이 두 학문 영역에서 장르에 접근하는 연구자들은 장르를 사회적 차원에서 인식해야 한다고 주장한다. …… 그래서 아비바 프리드만Aviva Freedman은 수신자와 맥락, 계기가 중요하다"(「상호작용Interaction」, 104)고 설명한다. 두 접근법 모두 장르가 텍스트와 맥락에 결부된 것으로 인식하고 있는 점은 같지만, 프리드만 등이 밝혔듯이,[1] 각 접근법에서 강조하는 것과 교수 절차에는 차이가 있다. 이 차이점을 통해 각 전통이 장르의 역할을 어떻게 인식하고 있는가, 장르는 어떻게 연구될 수 있고, 또 장르는 어떻게 교육되고 습득되는가에 대한 각기 다른 입장의 중요한 함의를 알아볼 수 있다.

특수 목적 영어와 수사학적 장르 연구에서, 장르에 대한 기본 정의와 그러한 개념들이 형성되어 온 과정을 고찰함으로써, 이들 학문 분야의 강조점 및 연구 성과를 추적할 수 있다. 특수 목적 영어 연구 분야에서는 존 스웨일스John Swales의 정의에 따라 장르를 담화 공동체 구성원이 공유한 의사소통적 목적을 달성시키는 의사소통 사건communicative events으로 보고 있다. 장르는 그 자체로 **의사소통 행위의 형식**인 것이다. 한편 수사학적 장르 연구에서는 캐롤린 밀러 Carolyn Miller의 견해에 따라, 장르를 **사회적 행위의 형식**으로 정의해 왔다. 6장에서는 수사학적 장르 연구 분야에서의 장르 연구와, 장르를 사회적 **행위** 형식으로 여기는 교육의 실제, 이러한 교수법에 함축된 의미를 상세히 밝힐 것이다. 이에 앞서 5장에서는 특수 목적 영어와 수사학적 장르 연구에서 각기 강조하는 의사소통적·사회학적 함의를 명료화하기 위해 두 입장에서 장르에 대해 각각 어떻게 정의 내리고 있는지를 비교해 본다. 그리고 수사학적 장르 연구에서의 장르 정의를 수사학, 현상학, 사회학의 전통 안에서 자리매김해 볼 것이다. 마지막으로 브라질에서의 장르 연구와 프랑스와 스위스의 장르 교육 전통을 살펴 본다. 브라질의 장르 연구는 사회학, 수사학, 언어학 간의 상호 연결점을 드러내는 방식으로 이들 전통을 종합하였다.

---

[1] 하이온(Hyon)의 「세 개의 전통에서 바라본 장르(Genre in three traditions)」, 하이랜드 (Hyland)의 「장르 기반 교육학(Genre-based pedagogies)」, 팔트리지(Paltridge)의 『장르와 언어 학습 교실(Genre and the Language Learning Classroom)』 참조.

장르에 대한 의사소통적·사회학적 접근

특수 목적 영어 연구 분야에서 장르 분석은 일반적으로 무엇이 담화 공동체의 목표인가, 장르 특성을 어떻게 어휘-문법 구조로 구체화할 것인가를 검토하고, 공동체 구성원이 의사소통 목적을 성취하도록 돕는 것을 목적으로 한다. 그리고 담화 공동체가 공유하는 의사소통의 목적이, 장르를 만들어 내고 장르의 내적 구조를 형성한다고 여긴다. 의사소통의 목적은 특수 목적 영어에서 장르를 분석할 때 그 출발점으로 기능하곤 한다. 이후 특수 목적 영어의 장르 분석은 수사적 단계와 수사적 진행 분석으로 이어졌고, 그러한 수사적 단계와 진행에 사용되는 텍스트의 언어적 특징을 분석하는 데에까지 나아간다. 특수 목적 영어에서는 장르를 담화 공동체 구성원의 과업 수행을 돕는 의사소통 행위 형식으로 규정하기 때문에, 연구는 맥락에서 출발해 텍스트로 나아가는 경향이 있다. 그러한 연구 과정에서 연구자와 교수자는 장르에 대해 설명하고 가르침으로써, 특히 영어를 모국어로 사용하지 않는 외국인 대학원생이 다양한 학술 맥락에 더 효과적으로 접근하고 참여하도록 도울 수 있었다. 이렇게 특수 목적 영어 분야에서는 담화 공동체의 존재와 목표를 자명한 것으로 간주하는 언어학적 경향이 있어 왔고, 이것이 특수 목적 영어 분야에서 장르를 인식하고 분석하는 출발점이 되었다.

수사학적 장르 연구는 장르가 어떻게 언어를 가지고 수사적으로 적절한 상징 행위를 수행하게 하는가, 그 상징 행위는 어떻게 사회적 행위를 교환시키고, 어떻게 사회적 역할을 정립하며 또 어떻게 사회적 현실의 틀을 형성하는가에 더 초점을 맞춘다. 그리고 장르가 활용되면서 역동적으로 긴장을 유지하고 드러내는 방식, 사회 관습과 진실을 재생산하는 방식에도 관심을 두어 왔다. 수사학적 장르 연구에서 맥락은 의사소통의 목적, 담화 공동체 구성원, 장르 전문 용어,

장르 연쇄, 또 상위 장르를 구성하는 하위 장르occluded genres에 관해서 유용한 배경 지식을 제공한다. 수사학적 입장에서 맥락은 문화적 수단에 의해 장르와 연계되어 실시간으로 생성되는 상호 주체적 수행 행위로 간주된다(Bazerman, 「텍스트 수행Textual Performance」, 387). 그래서 수사학적 장르 연구에서 장르를 분석할 때는 장르가 어떻게 해당 맥락에 따른 실천과 상호작용, 상징계, '적합한 의미들'을 중재하는가에 대해 탐구하였다. 개인이 사회적 실천과 활동의 장을 경험하고 함께 구축하며 제정하는 과정에서 장르가 하는 역할을 분석해온 것이다. 반면에 특수 목적 영어의 장르 연구자들은 장르를 사회적 맥락에 부합한 의사소통 도구로 이해하였다. 하지만 수사학적 장르 연구자들은 특정한 맥락에서 앎과 존재와 상호작용이 텍스트나 사회적 방식에 의해 중재되는 사회학적 개념으로 장르를 해석하였다. 수사학적 장르 연구에서, 맥락 이해와 맥락 수행은 장르 분석의 출발점인 동시에 장르 분석의 목표이기도 하다.

자주 인용되곤 하는 찰스 베이저만Charles Bazerman의 장르 설명에도 실천적이고 사회적인 관점이 잘 드러난다.

> 장르는 그저 형식에 그치지 않는다. 장르는 삶의 형식이고 존재 방식이다. 사회적 행위의 틀frames이다. 의미가 구조화되는 장소이다. 장르는 사고를 틀 지우고 상호 소통의 매개로 작동한다. 장르는 명료하게 의사소통하기 위해 가는 낯익은 장소이며, 낯선 것을 탐구할 때 의지하는 이정표이다. (「장르의 일생The Life of Genre」, 19)

이러한 관점에서 볼 때, 장르는 거처habitations인 동시에 관습habits이다. 즉, 수사적이고 사회적인 **행위**를 하는 낯익은 장소일 뿐만 아니라 수사적으로, 사회적으로 **행위하는** 전형적인 방식이다. 우리는 명사로서 장르에 거주하고 동사로서 장르를 수행한다. 캐서린 슈라이어

Catherine Schryer는 장르를 명사와 동사로 간주하는 바의 의미를 다음과 같이 설명한다. "담화 구조물 혹은 전략의 배치도로서, 장르는 우리가 계속해서 현실을 사회적으로 구성하기 위해 함께 움직이는 데 필요한, 유연한 지침이나 전략을 제시한다. 장르는 우리가 함께 서로 '즉석에서' 시시각각으로 어떤 방법을 협상할 때 지침을 제시하고, 발화가 예상 가능한 방식으로 끝날 것이라는 모종의 안정감을 제공한다. 렘케Lemke가 시사했듯이, 장르는 '궤도를 따르는 실재'로서, 시공간을 구조화하여 관리하는 조직적 구조이다."(Schryer, 「장르와 권력 Genre and Power」, 95) 또한 장르는 슈라이어가 설명하듯이 '완전히 이데올로기적'이다. 그리고 장르는 베이저만이 강조한 바와 같이, 완전히 사회인지적이기도 하다. 장르는 '의미를 형성'(Bazerman, 『경험의 구성 Constructing Experience』, 94)하는 '인지적 실천 항목'에 연계된 '인지 도구'(Bazerman, 「장르와 인지 발달Genre and Cognitive Development」, 290)이면서, "정신적으로 공감대가 형성된 공간으로 우리를 이끄는, 의미의 풍경"(Bazerman, 「텍스트 수행Textual Performance」, 385)이기도 하다.

수사학적 장르 연구에서 장르를 상황 인지 형식, 사회적 행위, 사회적 재생산 등으로 초점화할 수 있었던 것은 특수 목적 영어와 체계 기능 장르 연구에서 언어를 정밀하게 분석한 선행 연구가 어느 정도 축적된 덕분이다. 수사학적 장르 연구자들은 일반적으로 영어, 커뮤니케이션, 교육학, 기술적technical 의사소통, 언어학 등을 전공했다. 그뿐만 아니라 수사학적 장르 연구 자체가 다양한 학문 전통(수사학, 사회학, 현상학, 철학, 심리학(특히 사회·문화 심리학), 커뮤니케이션, 기호학, 기술적·직업적 의사소통, 학술적 글쓰기)에서 영향을 받기도 했다. 이외에도 많은 이론적 지향들이 수사학적 장르 연구에 영향을 미쳤다. 체계 기능 언어학과 특수 목적 영어는 교육적 필요에 의해 장르에 접근하기 시작하였으나, 수사학적 장르 연구는 이와 좀 다르다. 수사학적 장르 연구자들은 일찍부터 장르의 교수법적 가능성을 인지하고 범교과적 글쓰기와 학술적 글쓰기 관련 연구를 해 왔다.2) 하지만 수사학적 장르 연구 안에서 교수법 연구는 여전히 논쟁의 대상이다. 앞으로 살펴보겠지만, 수사학적 장르 연구 분야를 구축해 온, 장르에 대한 이론적, 역사적 연구와 문화기술지적 방법론에서는, 장르를 수사적으로나 사회적으로 역동적이지만, "현재에 맞게 안정 된"(Schryer, 「장르와 권력Genre and Power」) 것으로 이해한다. 장르는 이 데올로기적이고 수행적이며 상호텍스트적인 동시에, 사회인지적이 고 반응적이며, 상황을 구성하는 성격을 지녔다는 것이다. 이러한 방식의 장르 이해는 장르가 텍스트에서 언어적인 도구로만 전개되 거나 설명되거나 획득될 수 없음을 시사한다. 또 장르를 교육 목적 을 위해서 사용 맥락에서 분리하는 것도 반대한다. 장르를 배운다는 것은 "상호작용을 통해 창조된 세상"(Bazerman, 「텍스트 수행」, 386)과 사회관계 안에 거주하는 방식을 배우는 것이다. 특정 방식으로 상황 을 받아들이고 행동하고 인식하는 방법을 배우는 것이며, 개인을 특정한 목표와 가치관, 전제로 이끄는 것이다. 그래서 명시적인 장 르 교육이 효율적인가에 대해서 계속 회의적인 견해가 있어 왔다. 하지만 최근에 일부 연구자들은 장르 인지, 문화기술지학, 도제식 교육에 기초한 교수법을 시도하고 있다. 수사학적 장르 연구자들은 복합적이고 역동적인 사회인지 행위로서 장르를 바라보고, 현장 경 험을 존중하는 방식으로 장르를 가르치는 것에 대해 지속적으로 탐 구한다. 최근 브라질 장르 연구자들의 저작은 다양한 교수법적 접근 의 통합을 위해 몇 가지 가능성을 시사하고 있다.

---

2) Elaine Maimon의 「지도 그리기와 장르(Maps and Genre)」, Bazerman의 『지적인 작가 (The Informed Writer)』와 『지적인 독자(The Informed Reader)』, Amy Devitt의 「개괄 (Generalizing)」 참조.

수사학적 비평과 장르

"오래된 수사학과 새로운 수사학 간의 차이를 한 단어로 표현한다면, 구舊수사학의 핵심어는 '설득'인 반면, 신新수사학의 핵심어는 '동일시'이다." 설득이 작위적인 계획성을 강조한 개념이라면, '동일시'는 '무의식적인' 요소를 일부 포함하는 호소를 말한다(「신-구 수사학Rhetoric-old and new」, 203). 이는 1951년에 케네스 버크Kenneth Burke가 한 말이다. 설득에서부터 동일시에 이르는 이러한 변화는 수사학을 탐구하고 가르치는 것이 무엇을 의미하는지, 즉 수사학에 대한 이해에 커다란 영향을 끼쳤다.

버크에 따르면 수사학은 상징 행위의 형식이다. 수사학이란 "상징에 반응하는 존재들의 협력을 유도하는 상징 수단으로 언어를 사용"(『계기의 수사학Rhetoric of Motives』, 43)하는 것이다. 수사학은 인간이 사회 현실 안에서 기능하고 사회 현실을 구성하게 한다. 즉, 수사학은 언어라는 상징을 사용해 동일시를 확립하고 협력을 이끌어 낸다. 하지만 수사학은 예측하기 어려울 만큼 역동적이기도 하다. 언어 사용자가 자신의 정체성, 즉 자신을 어떻게 규정하는지, 자신의 정체성에 저항하여 타자는 어떻게 또 다른 정체성을 만들어 내는지, 그리고 어떻게 자신의 소속을 규정하고 바꾸는지와 관련해 경쟁과 협력의 상황이 생기기 때문이다. 데이비드 플레밍David Fleming은 이러한 수사학의 지위를 존재의 조건이라는 인류학 용어로 설명한다. 세상에 존재하면서 무언가를 알고 조직하고 상호작용하는 방식이 바로 수사학이라는 것이다. 상징 행위로서의 수사학이라는 개념은 수사학이 수행하는 과업에 대한 이해를 확대시키는 한편, 과학의 수사학, 경제의 수사학처럼 한때는 수사학의 이해 범위 밖이라고 생각되던 분야를 수사학 안으로 끌어들이면서 수사학의 연구 분야를 확장시켰다. 이렇듯 수사학의 외연이 확장되면서 장르는 수사적

이면서 사회적인, 복합적인 행위의 형식으로 인식되었다.

수사학적 장르 연구에서 신수사학은, 반복되는 상황에서 전형화된 수사적 방식으로 작동하는 장르가 어떻게 사회적 동일시와 협력을 구축하는 상징 수단으로 기능하는가를 고찰하였다. 캐롤린 밀러는 1984년에 그녀의 역작 「사회적 행위로서의 장르Genre as Social action」에서 수사적인 전형화와 사회적인 전형화에 주목하였다. 그리고 상징 행위로서의 수사학이라는 신수사학 개념과, 수사학적 비평, 사회학을 연관 지었다. 사회적으로 공감대를 형성한, 유사성의 **전형화** typification 개념은 장르를 사회적 행위로 여길 때 생기는 핵심 개념이다.

에드윈 블랙Edwin Black과 로이드 비처Lloyd Bitzer의 1960년대 연구 이후로 수사학적 비평에서는 장르를 근본적으로 상황 유형과 연관지어 왔다. 블랙은, 전통에 입각한 신아리스토텔레스주의 수사학 비평이 단일한 수사적 사건과 전략에만 초점을 맞추고 있다고 비판하였다. 캠벨Campbell과 제이미슨Jamieson은 신아리스토텔레스주의 수사학이 "전통을 따르지 않았고 아마 따를 수도 없었을 것이며, 또 유사하거나 반복되는 형태를 인식하지 않았거나 못했기" 때문에 단일 사건 및 전략에만 초점을 맞추었을 것이라 설명한다. 블랙은 전통과 반복에 주목하면서, 어떤 수사적 형식과 전략이 시간이 지남에 따라 왜, 어떻게 관습이 되어 영향력을 행사하는지에 관심을 두었다. 이러한 학풍 안에서 수사학 연구자들은 관습화된 수사적 형식과 전략이 어떻게 특정 상황의 인식과 행동 방식을 유사하게 만드는지를 지속적으로 탐구하였다. 그리하여 블랙은 다음과 같은 전제를 기초로 수사학적 비평에 대한 장르적인 관점을 제기하였다. "수사 행위자rhetor가 스스로를 규정할 수 있는 상황의 수는 한정되어 있다", "행위자가 주어진 상황 유형 안에서 수사적으로 응답할 수 있고, 응답하려고 하는 방식도 한정되어 있다", "평론가들은 역사 속에서 통시적으로 반복되어 온 상황 유형으로부터 해당 상황에 동원할 수 있는 수사적 반응 관련 정보를 제공 받는다".

에드윈 블랙과 비슷한 시기에, 로이드 비처도 상황과 관습을 연관 짓는 수사학 이론을 전개하기 시작하였다. 비처는 「수사적 상황 The Rhetorical Situation」에서 수사적 상황이 수사적 행위의 배경일 뿐만 아니라 수사적 행위의 전제 조건이라고 설명한다. 모든 담화가 맥락 안에서 발생하지만, 수사적 담화는 다른 담화와 달리 알아차릴 수 있는 수사적 상황에서 비롯되고 그러한 상황에 반응하게 하는 특징이 있다. 똑같은 발화가 어떤 상황에서는 수사적이지만 다른 상황에서는 그렇지 않은데 그 차이는 발화가 수사적 상황에서 일어나는가 그렇지 않은가에 달려 있다. 비처의 주장은, 수사적 담화가 고유의 가치나 형식적인 특징, 개인의 설득 의지에 의해서가 아니라 오히려 그 담화가 존재하기를 요구하는 상황의 본성에 의해 수사적 담화로서의 지위를 획득한다는 것이다. 수사적 상황이 수사적 담화를 야기한다고 보는 입장이다.

비처는 수사적 상황을 "실제적이거나 잠재적인 상황적 요구를 나타내는 개인, 사건, 사물, 관계의 복합체"라고 정의한다. 해당 상황에 도입된 담론이 그 상황적 요구를 질적으로 변경시킬 만큼 우리 결정이나 행동에 제약을 가할 수 있다면, 그 긴박함은 완전히 또는 부분적으로 사라질 것이다. 상황적 요구exigency는 위급함을 특별히 강조한 용어인데, 반응을 요구하는 필요나 의무, 자극이 있음을 의미한다. 비처는 수사적 상황에 대한 정의에서 상황적 요구가 수사적이려면, 즉 상황적 요구가 수사적 행위를 요구하기 위해서는 특정한 조건이 충족되어야 한다고 지적하였다. 첫째, 상황적 요구는 변할 수 있어야 한다. 그렇지 않으면 수사적 상황의 요구로 간주될 수 없다. 예를 들어, 지진은 상황적으로 긴박한 요구가 있는 사태이지만 수사修辭를 동원해서 변경시킬 수 있는 상황이 아니기 때문에 수사적 사태는 아니다. 하지만 지진 직후에 정부가 사회적 생산 기반을 재건하기 위해 긴급 자금을 모으고자 한다면 지진은 수사적 사태를 야기할 수 있다. 둘째, 수사적 사태는 물리적 도구 같은 비담화적 수단이 아닌 담화의 도움으로 변경될 수 있어야 한다. 위의 사례에서는 정부 대변인이 긴급 자금을 마련하기 위해 연설하는 상황을 예로 들 수 있다. 마지막으로, 상황적 요구가 수사적인 것으로 간주되기 위해서는 상황적 요구를 조정하려는 담화에 근거해 행동을 바꿀 수 있는 개인들이 있어야 하고, 또 상황적 요구가 이런 개인들로 구성된 상황 속에서 발생해야 한다. 연방 정부 공무원들 앞에서 긴급 자금 지원과 관련해 협조를 요청하는 사례가 이에 해당한다.

앞으로 설명할 캐롤린 밀러는 사회적 행위로서의 장르 이론에서, 수사적 상황의 본질에 관한 비처의 전제와 견해를 달리 한다. 하지만 비처의 연구도 블랙의 연구와 함께 수사학적 장르 연구에 중요한 토대를 제공하였다. 한 예로, 비처는 수사적 상황이 수사적 행위를 촉발한다고 전제함으로써 "적절한 반응을 이끌어내는 상황의 힘"(Bitzer, 307)을 인지시켰다. 비처는 케네디 대통령 암살 상황의 예를 활용하여, 어떻게 수사적 반응의 범위가 청중의 기대에 의해서뿐만 아니라 상황 속성에 의해서도 제약을 받았는지 설명한다. 암살 보도 상황에서는 먼저 정보가, 다음에 설명이, 이어서 추도가 필요하며, 마지막에는 대중을 안심시켜야 한다. "상황 속성 덕분에 누구든 이어질 담화의 형식과 주제를 확실히 예견할 수 있었다." 특정한 시기에 특정 형태의 담화를 사용하여 특정한 방식으로 행동하려는 수사 행위자의 의도는 대부분 그들이 인지하는 상황 유형에 따라 결정된다.

또한 비처는 몇몇 상황이 반복되고, 반복되는 상황은 전형화된 반응을 야기한다는 점에 주목하였다. 이러한 관점은 수사학적 장르 연구에 상당한 영향을 미쳤다.

날마다, 해마다, 유사 상황과 유사 반응이 발생한다. 그렇게 해서 수사적 형식이 생겨나고 특별한 어휘, 문법, 양식style이 확립된다. 대통령 취임 연설이 불러일으키는 상황에서처럼 말이다. 상황은 다시 발생하고 상황과 상황에 대한 수사적 반응의 경험은 담화 형식을 수립한다. 담화 형식은 수립되는 동시에 그 스스로 힘을 가지게 된다. 그래서 전통은 그 자체로 여하한 새로운 반응을 구속하여 특정 형식 안으로 우리를 밀어 넣는 경향이 있다. (309; 강조는 필자)

여기에서 비처는 반복되는 상황이 어떻게 장르와 같은 수사적 형식을 만들어 내는지 설명한다. 그리고 나아가, 개인이 유사한 상황을 인지하고 반응하는 데 수사적 형식이 어떤 작용을 하는지도 설명한다. 이러한 연구는, 수사적 관습이 미래 청중의 기대를 주도한다는 블랙의 연구를 계승한 것이다. 즉, 사회적으로 통용되는 수사적 형식은 수사 행위자들이 일련의 반복 상황에 맞는 전형적 요구를 인지하고, 특정한 수사적 반응을 해야겠다고 결심하고 경험하는 방식에 영향을 미치게 된다. 실제로 밀러와 다른 수사학적 장르 연구자들이 나중에 자세히 밝힌 것처럼, 담화 형식과 그런 형식이 반응하는 상황은 양자 간의 선후 관계를 구분하기 어려운 방식으로 결합되어 있다.

칼린 코어스 캠벨Karlyn Kohrs Campbell과 캐슬린 홀 제이미슨Kathleen Hall Jamieson의 수사학적 비평 연구도 수사학적 장르 연구에 영향을 미쳤다. 캠벨과 제이미슨은 『형식과 장르: 수사적 행위의 틀Form and Genre: Shaping Rhetorical Action』에서 장르를 "상황의 요구를 지각하고 구체적인 양식으로 반응한 것"으로 정의하면서 블랙과 비처의 연구를 확장하였다. 캠벨과 제이미슨은 이론이나 선험적 범주가 아닌 상황의 요구가, 장르를 식별하고 규정하는 기초로 기능한다는 주장으로 논의를 시작한다.[3] 캠벨과 제이미슨은 장르에 대해 선험적인 범주가 아닌, 귀납에 가까운 방식으로 접근한다. 그래서 장르는 역사적 기반을 가진, 지각된 상황과의 역동적 관계 속에 등장하는 것으로 인식된다. 장르의 특성은, 반복 상황에 대한 반응으로 나타나는, 구체적인 양식 형태들의 '결합fusion'이나 '배열constellation'이라는 점에 있다. "장르는 내적 역동성으로 서로 결합된, 식별 가능한 형식으로 배열되어 있다." "이러한 형식은 **따로 떨어져** 다른 담화에 나타나기도 한다. 장르 내 수행의 특징은 제반 형식들이 나란히 배열되어 **같이** 반복된다는 점이다." 반복되는 상황 속에서 특정한 수사적 효과를 창출하는 것은 장르 안에 있는 "역동적인 형식의 배열"이다.

캠벨과 제이미슨에 따르면, 장르 구성 형식들의 정해진 배열 구도는, 의미와 행동을 전형적으로 배치하는 기능을 한다. 또한 이 배열의 규범은 개인이 상황의 요구에 맞춰 사용 가능한 형식들을 가져다가 결합시키는 방식을 현재 진행형으로 기록한 문화적 산물이기도 하다. 그리하여 장르 비평은 어떻게 "수사학이 적시適時에 통시적通時的으로 발전해 왔는지"를 수사학적으로 연구하게 되었다. 캠벨과 제이미슨은 다음과 같이 설명한다. "대체적인 유사성에 근거하여 수사적 산물을 분류하는 비평가는, 한 행동을 어떤 시간 속에 고립된 것으로 파악하지 않고 역사의 이면에 흐르는 동일성을 추적한다." 그러한 "반복은 인간 조건에 대한 통찰력을 제공한다". 장르를 전형화된 수사적 행위이자 문화적 산물로 보는 관점은 수사학적 장르 연구와 사회적 행위로서의 장르 연구에 중요한 기반을 제공하였다.

---

3) 문학 비평가 츠베탕 토도로프(Tzvetan Todorov)도 장르를 이론적 범주로 구분하는 것과 역사적 범주로 구분하는 것은 다르다는 데에 동의한다. 이론적인 구분은 선험적 범주에서 시작하여 연역적으로 진행되는 반면, 역사적인 구분은 역사적으로 실재했던 텍스트들에서 귀납적으로 시작된다. 문학 장르 연구에 대한 토도로프 등의 보다 자세한 논의는 2장을 참고하라.

사회 현상학과 전형화

캐롤린 밀러는 「사회적 행위로서의 장르」에서 장르를 "반복 상황에 대한 전형화된 수사적 행위"로 정의하면서, 사회학자 알프레드 슈츠Alfred Schutz의 연구를 인용하였다. 슈츠의 사회과학 철학과 **전형화** 개념은 현상학에 기초한 것으로, 밀러와 이후 수사학적 장르 연구자들이 장르를 사회적 행위로 여기는 데 크게 영향을 미쳤다.

현상학은 20세기 초 독일에서 에드문트 후설Edmund Husserl의 연구에서 비롯되었고 이후 마틴 하이데거Martin Heidegger가 발전시킨 철학의 한 전통이다. 일반적으로 현상학은 의식과 세계, 내재성과 외재성을 분리시키는 데카르트학파에 대한 도전에서 생겨났다. 현상학은, 의식이 자기충족적이고 내재적이고 고립된 것(Sokolowski, 216)이며, 개별적으로 발현하고 정신의 연합과 내성적 자각에 의해 형성된다는 관념을 거부한다. 소콜로우스키Sokolowski는 "현상학은 정신이 그 자신 안에 유폐된 것이 아니라, 공적이며 스스로 열린 곳으로 나와 행위하고 드러내는 것"이라 설명한다. 현상학은 어떻게 대상이 스스로를 우리에게 드러내는지 그리고 우리는 어떻게 이러한 드러냄을 경험하는지, 즉 세계 안의 대상이 우리의 의식에 어떻게 도달하여 유효하게 되는지를 설명하고자 한다.

의식과 경험에 대한 현상학의 외부 지향적 관점의 중심에는 **지향성** intentionality 개념이 있다. 지향성이란 "오늘 오후에 식료품을 사러 갈 작정이다"나 "저녁을 먹기 전에 갑판에서 맥주를 한잔할 작정이다"처럼 구체적인 행동이 아니다. "나는 식료품 구매 의지가 있다"나 "갑판 위 맥주 생각이 난다"와 같이, 의미를 형성하는 의식 작용을 가리킨다. 전자는 무엇을 할지에 대한 서술로 행동을 계획하는 지향성이지만, 후자는 의도에 현상학적으로 다가간 것으로, 여기서 지향성은 대상을 우리 의식에 와 닿게 만드는 객체 지향적 의식 행위이다

(Sokolowski, 34~35). 식료품을 사러 가려고 마음먹는 사람은 자신의 의식과 경험을, 주차장, 쇼핑 카트, 쇼핑 목록 작성, 진열대별 음식 범주, 쿠폰 사용, 계산대 앞 줄서기 등 식료품 구매라는 대상에 연결시킨다.4) 수사학적 장르 연구에서 현상학의 지향성 개념은 중요하다. 의도가 우리 의식에 대상을 가져오는 것과 동일한 방식으로, 장르는 우리 의식에 텍스트와 상황을 가져온다. 장르에는 우리 지향성에 필요한 정보가 있다.

지향성 개념과 밀접하게 연관되면서 수사학적 장르 연구에 영향을 준 현상학의 주요 개념은 **생활세계**life-world이다. 생활세계는 "일상 경험의 세계", "일상생활에서 매일 마주하는 세계"(Gurwitsch, 35)이다. 우리는 생활세계 안에서 삶을 영위하고 사회 활동을 수행하는데, 여기서는 공감대에 기초한 지향성이 당연시된다. 알프레드 슈츠는 현상학을 사회학 영역으로 끌어들여서 생활세계를 근본적으로 상호 주관적이고 사회적인 현상으로 설명한다. 인간의 경험과 활동은 생활세계 안에서 서로를 구성하고 조율하는 방식으로 학습되고 협상되고 분배된다는 것이다. "생활세계는 …… 나와 우리의 상호 행위를 제한할 뿐만 아니라 경연장이기도 하다. …… 그래서 생활세계는 행동을 통해서 우리가 조정하는 실재이지만, 다른 한편으로 우리 행동을 조정하는 실재이기도 하다."(Schutz & Luckmann, 6, 7) 이러한 생활세계 개념에 기초하여 베이저만은 장르 체계 개념을 세웠다. 최근 장르 관련 연구에서 생활세계 개념은 활동 체계 이론(Russell, 「다양한 맥락에서 글쓰기Writing in Multiple Contexts」)과 조화를 이루고 있다. 이에 대해서는 6장에서 논의할 것이다.

생활세계를 구성하고 경험하는 중심에 슈츠가 '지식 저장고stocks

---

4) 소콜로우스키가 설명하듯이, 의도는 단지 물리적 객체나 있음, 없음에 국한되지 않는다. 우리는 지각, 기억, 상상, 예측, 판단 등도 의도할 수 있다(Sokolowski, 191~192).

of knowledge'라 부르는 것이 있다. 지식 저장고는 대상 파악을 중재한다. 사물이 의식에 나타나는 방식, 즉 사물에 대한 인식은 지식 저장고를 통해 중재되는데, 여기에는 사회에서 비롯되고 확인된, 전형적 상황에 맞게 처신하고 행동하기 위한 규칙, 격언, 전략, 처방이 저장되어 있다(Gurwitsch, 49~50). 슈츠에 의하면, 생활세계에 대한 경험을 매개하는 지식 저장고에서 **전형화**의 역할은 중요하다. 전형화는 유사하다고 지각된 상황에서 추출된 지식이 저장된 것이고, "이전의 직접 경험으로부터 …… 추론되어 구성된 것"이다(Schutz & Luckmann, 74). 전형화는 근본적으로 상황과 관련이 있고, 주어진 상황에서 이전에 유효했던 것이 동일한 상황에서 다시 효과가 있을 것이라는 경험과 전제에 기초한다. 관습 지식habitual knowledge 범주에 속하는 전형화는 관례화되어서 사회적으로 통용되는 전략 범주이며, 유사 상황을 식별하고 적합하게 행동하기 위한 형식이다. 동기와 전형화는 맞물려 있다. 슈츠는 '하려는in order to' 동기가 전형적으로 어떻게 전개되는지 설명한다. 식료품 가게라는 특정 상황에서 식료품을 구매하는 특정 결과를 얻기 위하여, 나는 반드시, 틀림없이, 아마도, 식료품 목록을 작성할 것이다. 요약하자면, 우리는 이 세상에서 우리 스스로를, 우리 행동을, 다른 이들을 규정할 때, "전형화와 구조와 양식에 의존한다. 양식은 '누구라도' 전통에 따라 행동하게 하고 특정 상황에서 기대되는 행동을 하도록 만든다"(Natanson, 118).

우리가 마주치고 교섭하는 생활세계는 어떤 상황은 더 규칙적이고, 어떤 것은 덜 규칙적이지만 연속적으로 이어진다. 그래서 전형화는 생활세계의 인지 방식과 행동 방식을 결정할 때 중요한 역할을 한다(Schutz & Luckmann, 113). 전형화가 생활세계에 대한 주관적 경험을 특정한 구조로 배치하는 역할을 한다고 해서(Schutz & Luckmann, 92), 고정불변의 결정적인 작용을 하는 것은 아니다. 전형화는 고유하고 직접적인 체험과 '자전적으로 명료한 표현biographical articulation'에 종속되거나 또는 교섭해 가면서 우리의 전형화 과정을 조정한다. 슈츠가 설명한 것처럼 전형화는 즉각적인 경험들로 구성된 "살아있는 현실에 종속되어 배열되고 …… 활기를 부여한다"(Schutz & Luckmann, 77). 그래서 상황과 대면한 우리는 구체적이고 자전적인 경험을 바탕으로, 식별된 상황에 맞게 행동하도록 사회적으로 추출된, 상호 주관적 전형화들을 서로 접촉시켜서 상황을 규정한다. 이러한 접촉으로부터 새로운 전형화가 출현하기도 한다. "기존 지식 저장고가 도움이 되지 않는 상황에 대해서는 새로운 결정을 내려서 문제 상황을 시의적절하게 해결하고, 이러한 경험을 통해 새로운 전형이 생겨난다."(Schutz & Luckmann, 231) 수사학적 장르 연구에서는 현상학의 전형 생성 방식을 고찰함으로써 장르가 반복 상황에서 생겨나는 방식과, 사회적 행위가 규범화되는 방식의 상동성을 발견하였다.

밀러가 설명한 것처럼, 수사학적 장르 연구에서 슈츠가 기여한 바는, 상황 속에서 행동하기 위해서는 먼저 그 상황을 판단해야 함에 주목한 점이다(Schutz & Luckmann, 114). 밀러가 강조했듯이, 상황의 특징을 판단하는 능력은 사회적으로 유용한 전형화와 관련이 있다. 우리는 상황에 대한 직접적인 지각보다, 시의적절한 방식으로 상황을 전형화하는 능력을 기초로 상황을 판단한다. 상황의 요구를 식별하여 전형화하는 능력은 언제 왜 어떻게 행동해야 하는지에 대한 지각의 틀을 형성한다. 그래서 슈츠는 해석, 의미, 행동이 서로 연결되어 있다고 본다. 공감대에 기초한 전형화 과정에서 의미를 해석하고 그 맥락 안에서 행동을 수행하기 때문에, 특정 맥락 안의 행동이 다른 사람에게 의미 있고 중요해지는 것이다. 수사학적 장르 연구에서 밀러의 업적은 장르를 전형화로 인식한 것이다.

사회적 행위로서의 장르

장르 개념을 사회적 행위로 발전시키면서 캐롤린 밀러는, 수사학적 비평 분야의 버크, 블랙, 비처 그리고 캠벨과 제이미슨의 연구를 인용하였다. 그리고 슈츠의 사회 현상학적 연구를 받아 들여, 반복되는 상황에서 우리가 지각하고 행동하도록 돕는, 사회적으로 획득된, 상호 주관적인, 수사적 전형화로 장르를 설명하였다. 장르가 "반복되는 상황에 근거한 전형화된 수사적 행위"(「사회적 행위로서의 장르」, 31)라는 그녀의 정의는 유명하다. 밀러가 수사학적 장르 연구에 기여한 바는, 수사학적 비평의 범주로부터 반복되는 상황과 형식의 관련성을 끌어 왔고, 사회 현상학의 범주로부터 상황과 형식의 결합 방식을 모색해, 전형화된 행위의 측면에서 장르를 규정했다는 점이다. 밀러가 활동에 초점을 맞추고 그 활동이 "반복되는 상황에서 비롯된다"는 개념을 세운 것은 수사학적 장르 연구에 중요한 영향을 미쳤다. 특히 수사학적 장르 연구자들이 상황적 요구, 상황 맥락, 사회적 동기들과 관련하여 장르의 역동적인 관계를 이해하는 데 밀러의 관점이 영향을 미쳤다. 그리하여 우리가 상황 속에서 의미를 구성하고 해석하고 행동하는 데에 장르가 미치는 영향이 드러나게 된 것이다.

밀러는 「사회적 행위로서의 장르」에서 캠벨과 제이미슨의 편에서서, 이론적이고 연역적으로 장르에 접근하는 것에 반대하면서, 반복되는 상황에서 초래된 행위로서의 장르 개념을 옹호한다. '실천에서 연유된 지식'을 옹호하며 귀납적으로 접근하는 것이다. 밀러는 스스로 '문화기술지적 방법론ethnomethodological'이라 명명한 접근법을 제안하는데, 사용 환경에서 장르의 정체성을 찾고 사용 환경 안에 장르를 위치시키는 연구 방식이다.[5]

밀러가 문화기술지적 방법론으로 수사학적 장르 연구에 이바지한 또 다른 공헌은, 장르가 상황 구성에 참여하는 방식에 대한 연구의 물꼬를 튼 것이다. 앞에서 살펴보았듯이 비처는 수사적 상황을 정의하면서 그 존재론적 위상을 강조하였다. 수사적 상황은 수사적 담화와 수사 행위자에게 선험적으로 존재한다. 수사적 상황을 특징 짓는 긴박한 상황도 "긴박함을 특징으로 하는 불완전함, …… 결점, 장애물, 뭔가 일어나기를 바라고 다른 그 무엇보다 그래야만 하는 것"(Bitzer, 304)으로 정의되었듯이, 본성상 유물론적이고 선험적이다. 밀러에게 "장르 이론상 수사적 상황에서 특히 중요하게 여길 사항은 수사적 상황이 반복된다는 점이다. 하지만 비처가 이미 말했듯이, 수사적 상황의 반복적 속성을 이해하기 위해서는, 물질주의자들이 상황 이론에서 보이는 편향에 맞서야 한다". 그러나 비처 자신도 그 반복의 함의를 충분히 고려하지는 못하고 반복의 사회학적 관점만을 인정한 것으로 보인다. 논문의 끝 부분에서 비처는, 상황이 반복될 때 그런 상황에 대한 반응으로 나타나는 수사적 형식은 그 고유의 힘을 가지고, 개인이 상황을 인식하고 반응하는 방식을 틀 지운다고 설명하였다. 수사적 형식은 개인이 반복되는 상황을 지각하고 그에 반응하는 방식을 중재한다.

밀러는 알프레드 슈츠의 연구를 토대로, 상황과 반응이 중재되면서 구성되는 반복의 사회적 속성에 주목한다. 밀러의 주장대로, "상황은 …… '지각perception'이 아닌 '규정definition'의 산물이다"(강조는 필자). 우리가 어떤 상황을 보고 특정한 반응이 필요하다고 인식하는 것은 우리가 상황을 그렇게 정의 내리고 있기 때문이다. "행동하려

---

5) 밀러의 설명에 따르면, "이러한 접근은 '사실(de facto)' 장르의 중요성을 강조한다. 사실 장르란 일상 언어에서 이름을 딴 장르 유형을 가리킨다. 찬사, 사과, 개회사, 공공 행사의 진행 수사(修辭), 설교, … 추천서, 사용자 매뉴얼, 경과 보고서, 협박 편지 같이 상투적인 담화들은 잠재적으로 장르라 할 수 있다. 이러한 일상의 사실 장르를 중시한다고 해서 장르 연구가 하찮아지는 것은 아니다. 우리가 처한 상황과 우리가 몰두하는 수사를 중시할 뿐이다"(Miller, 27).

면, 아직 확정되지 않은 물질적 환경에 대해서 먼저 해석을 내려야 한다." 장르처럼 공감대를 형성한 전형화를 통해 상황에 대한 해석이 공유되고, 공유된 해석을 바탕으로 반복 상황이 분별되며 그리하여 상황에 의미와 가치가 부여되는 것이다. 행위는 해석을 토대로 복잡하게 얽혀 있다. 이처럼 장르를 수사적 행위로 정의하는 것은, 장르가 특정 행위를 가능케 하는 사회적 해석의 형식이라고 인정하는 것이다.

밀러는 수사적 상황을 사회적 구성물로 이해하는 것에서 출발해, 상황적 요구도 재개념화한다. 상황적 요구는 단독의 존재론적 사실로 실존하지 않는다. 그 고유의 특성에 의해 객관적으로 지각되는 것이 아니라는 것이다. 사회적으로 구성되는 상황적 요구는 그 구성되는 상황에 매여 있다. 우리가 상황을 어떻게 정의 내리고 행위하는가는 우리가 사태를 어떻게 인지하는가에 달려 있고 이러한 인지 과정은 사회적으로 학습되고 지속된다. 밀러의 설명대로, "상황적 요구에 대한 이해는 사회적 지식의 한 형식이다. 사물과 사건, 이해관계, 목적 등을 서로 연결하는 동시에 그것을 그것들답게 만드는 상호적인 해석이며 객관화된 사회적 요구이다". 우리가 특정한 반응이 필요한 상황적 요구를 지각하는 것은 그 상황을 그런 식으로 구성하도록 배워온 방식에 입각하고 있다.

상황적 요구를 구성하는 상호적인 과정은 개인의 삶에서 꽤 일찍 시작된다. 아니스Anis의 딸은 세 살 때 야외 콘서트에 가서 공주 의상을 입은 어린 소년을 유심히 보았다. 공주와 왕자 장신구에 마음을 빼앗긴 아이는 소년이 입고 있는 의상에 대해 소년과 몹시 이야기를 나누고 싶어했다. 이후 아이의 부모가 공주 의상을 한 소년이 얼마나 환상적이었는지 회고할 때, 아이는 오직 소녀만 공주 복장을 한다는 지식이 확고하여 그 소년이 소녀였다고 주장한다. 의도가 무엇이든 딸은 자기가 본 아이가 사실 소년이었다는 것을 인정하려고 하지 않았다. 사회적으로 학습된 성(性)에 대한 정의가 아이의, 사물, 개인, 사건에 대한 해석이나 지각에 이미 정보를 제공하기 시작했음을 알 수 있다. 이 아이에게는 이미 사회적으로 학습되고 공유되는 전형화가 형성되기 시작하였다. 극단적인 사례일 수도 있지만, 상황적 요구를 인지하고 이해하고 그에 반응하는 능력의 정도가, 상황의 요구와 상황의 의미, 상황 내 행동 방식을 결정하는 사회적 지식과 관련됨을 강조한 예이다. 대통령의 서거, 대규모 홍수, 아이의 출생 등 물질세계 내 상황일지라도, 상황의 긴박함과 중대함을 알아차리고 무엇을 해야 할지 판단하고 어떤 활동을 강제할 권위 주체를 파악하는 등의, 상황을 이해하는 방식은 사회적 지식에 속하며 상호적으로 구성된 전형화의 일부이다. 상황적 요구는 상황 자체에 내재한다는 점에서 객관적으로 실재한다고 할 수는 없다. 하지만 시간이 지나는 동안 상황적 요구들이 서로를 구성하여 해당 사태를 특정 상황에서 특정 방식으로 행동하게 만드는 관습으로, 심지어는 필수불가결한 사회적 요구로 만듦에 따라 상황적 요구는 '객관화'된다.

밀러가 주장하였듯이 장르는 반복되는 상황과 행위를 중재한다. 장르는 사회적으로 규정된 상황 유형(삶의 형태)과 인지 가능한 사회적 행동(담화 형태) 사이에서 작동한다. 장르가 어떻게 상황의 반복성을 인식시키고, 또 어떻게 전형적인 행동 전략을 동원하는지가 밀러의 관심사이다. 장르를 슈츠의 전형화 개념과 확고히 연결 지은 것은 찰스 베이저만이다. "전형적인 상황과 목표, 과업 등은 변별적인 텍스트 형식으로 구체화되며, 식별 가능한 환경이나 장르 안에서 전개된다. …… 장르에는 익숙한 수사적 상황에서 발생하는 익숙한 수사적 문제에 대해, 익숙한 해결책으로 기능하는 텍스트로서의 특징이 있다."(『경험의 구성』, 18) 장르는 우리가 상황을 특정 행위의 요구로서 공동으로 이해하고 정의하는 방식이기 때문에 밀러가 말하는 사회적 동기를 제공한다. "장르의 관점에서 볼 때 동기는 반복되는 상황에서 관습화된 사회적 목적이다." 장르가 반복적 상황과 사회적 목적을 결합하기 때문에, 장르 이용자는 반복되는 상황에 들어맞는 행위들을 규정할 수 있고 수행할 수도 있는 것이다. 에이미 데빗Amy Devitt의 설명대로, "장르는 반복되는 상황에 반응하면서 그 상황을 구성한다"(「개괄」, 577). 장르가 수행하는 행위 가운데 일부는 장르가 대응하는 상황을 재생산하는 데 기여하게 된다.

그래서 밀러는 장르를 반복되는 상황 속에서 실현되는 구체적인 형식 요소들의 결합인 동시에 그 생산을 돕는 사회적 행위라고 정의를 내린다. 장르는 반복되는 상황에서 특정 행동의 사회적 동기를 유지하고 장르 사용자에게는 전형화된 수행의 수사적 전략을 제공한다. 따라서 장르는 반복되는 상황에 필요한 행동의 전형적인 방식을 알려 줄 뿐만 아니라, 특정 문화가 상황과 행동 방식을 어떻게 정의하고 형성하는지를 알려 주는 문화적 가공물로 기능한다. 장르에 대한 이러한 해석에서 비롯되는 교육학적 함의와 추후 연구를 예견하며 밀러는 다음과 같이 결론을 내린다.

장르를 익힐 때 우리가 배우는 것은 형식적인 패턴이나 목적의 성취 수단만이 아니다. 우리가 얻게 될 목적이 무엇인지를 배우는 것이 사실 더 중요하다. 장르를 통해 우리는, 어떤 사람에 대해 다른 사람에게 칭찬하고 사과하고 추천하고, 제조업자를 대신하여 고객에게 정보를 제공하고, 목표 성취를 위한 절차에서 공적인 역할을 맡아 하는 법을 배운다. 무엇인가를 함께 수행할 때 어떤 성공과 실패의 잠재적 가능성이 있는지를 미리 파악하여 상황을 더 낫게 만드는 방법도 배운다. 반복적으로 발생하는 중요 장르에는 문화적 합리성이 실현되어 있다. 비평가에게 장르는 문화 양식의 색인으로 기능한다. 또 특정 발화자와 저자의 성취를 측정하는 도구로도 기능한다. 학생들에게 장르는 공동체 내 행위에 어떻게 참여할지를 알려 주는 열쇠가 된다.

　밀러는 장르의 원칙과 함의를 사회적 행위에서 찾았고 이러한 발견은 수사학적 장르 연구 분야에서 문화적인 패턴과 관습을 연구하는 기초가 되었다. 그리고 학생들이 사회적인 행위를 이해하고 사회적으로 행위할 때 어떻게 하면 장르를 가장 잘 이용할 수 있는지에 대해서도 연구하게 만들었다.

　다음 장에서 상세히 살펴보겠지만 수사학적 장르 연구자들은 지난 25년 동안, 사회적 행위로서의 장르라는, 밀러의 현상학적 접근을 계승하면서 확장시켜 왔다. 이 속에는 비고츠키Vygotsky의 활동이론, 사회인지 이론 등 장르 체계 개념이 포함되어 있다. 최근 데이비드 러셀David Russell은 장르에 대한 현상학적·사회학적 관점이 어떻게 "비고츠키의 [심리학적] 중재 행위 관점과 조화를 이룰 수 있는지"(「다양한 맥락에서 글쓰기」, 357)를 밝혔다. 이러한 관점은 장르와 활동 체계에 대한 수사학적 장르 연구자들의 최신 연구에 시사하는 바가 크다. 찰스 베이저만은 장르 연구를 시작하면서부터 줄곧 장르에 대한 사회·수사학적 접근과 사회·인지학적 연구 사이의 의미 관계를 설명하였다. 최근 베이저만은 '심리·사회학적 식별 현상'(「발화 행위, 장르, 활동 체계Speech Acts, Genres, and Activity Systems」, 317)이나 '인지 도구' 개념으로 장르를 설명하였다. 베이저만이 『경험의 구성』에서 설명한 대로, "전형화된 상황 및 의도, 목표, 행동 양식, 필자가 상황에 적용하는 텍스트 장르 등은 필자에게 심리적, 사회적으로 머물 거주 공간을 마련해 준다. 즉, 전형화는 필자에게 사물의 의미를 구성하는 상징 수단을 제공한다. 이러한 의미 형성 수단은 가능한 행동의 틀을 마련하고 판을 짜도록 돕는다". 장르에 기반을 둔 전형화는 공감대로써 인지의 판을 짜고 이 판 위에서 개인의 의미 형성 절차는 타인의 의미 형성 절차와 상호작용한다.

베이저만이 "사회적인 순간은 상호적으로 창조된다"(『경험의 구성』, 174)고 정의한 것에서도 인지의 사회적 근거를 엿볼 수 있다. 함께 사회적 순간을 창조하는 우리는, 우리가 어디에 있고 무엇을 할 수 있는가에 대한 생각을 주도하는 장르 형식 안에 거주한다(Bazerman, 94). 베이저만은 장르를 사회학적으로 해석하기 위해 **카이로스**kairos6) 라는 고전적인 수사학 개념에 기대어, 장르가 어떻게 결정적인 순간에 우리의 창조와 식별, 거주, 수행을 돕는지를 설명한다. 장르 학습은 "사회적인 순간의 범주와 순간들의 수사적 과업, 나아가 어떤 대응과 수행이 필요한가를 인식하게 한다". 또한 "서로 알아볼 수 있는, 공존하거나 예상되는 갈등의 순간에" 자신의 전형과 타인의 전형을 협상하는 방법도 배운다. 공유된 순간의 상호작용인 '계기적 조정kairotic coordination'을 통하여, "우리는 적기適期의 요소와 적절한 반응, 의사소통 장르를 배운다. 나아가 공개 토론에 어떻게 참여해야 하는지, 그러한 참여로써 목표를 어떻게 충족시킬지, 그러한 참여로 목표가 달성될 수 있을지 여부를 가려낸다". 카이로스를 재해석하면서 베이저만은 장르의 사회학적이고 심리학적인 함의를 자세히 설명한다. "우리는 장르로써 상상하고 그 결과로 사회 질서를 창조한다." 또한 우리는 장르로써 사회 질서 안에서 우리의 위치와 상호작용에 대해 인지적으로 성찰하고 예측하고 의미를 구성한다.

다음 장에서는 장르가 어떻게 공간적·시간적 관계를 상징적으로 조정하는가에 대해 논의할 것이다. 여기서 베이저만의 관찰에 주목해 보자(「사회 조직 글쓰기The Writing of Social Organization」, 223). 그는 장르가 다양한 상징적 환경으로부터 상황과 행위를 추출해 내고 상황과

---

6) (옮긴이) 크로노스(Chronos)는 가만히 있어도 흘러가는 자연적인 시간, 달력의 시간, 객관적인 시간, 즉 모든 사람에게 공평하게 주어진 시간 개념인 반면, 카이로스는 의식적이고 주관적인 시간, 순간의 선택이 인생을 좌우하는 기회의 시간이며 결단의 시간이다. 즉, 카이로스는 공평하게 주어진 크로노스에 특별한 의미가 부여된 시간인 셈이다.

행위를 재설정하는 방식에 관심을 가진다. 그리고 많은 문어 장르가 어떻게 "사회적 상황, 관계, 행위의 공개적인 재현"에서 비롯되었는지를 설명한다. 편지와 필사본이 적절한 예이다. 베이저만에 따르면 과학 분야의 실험 논문은 런던왕립학회에서 읽힌 보고서 서한에서 시작되었다(「사회 조직 글쓰기」, 『쓰기 지식 형성』, 228~229). 그러니까 실험 논문 장르는 보고 서한 목록 작성이라는, 왕립학회의 시의적절한 상호작용으로부터 진화한 것이다. 이 모임의 목적은 실험 논문의 필자와 독자가 거주할, 상징적 상호작용과 구성 형식을 정립하는 것이었다. "과학 공동체는 실험 논문의 구조, 내용, 양식을 출현시킴과 동시에, 실험 논문의 생성과 수용을 둘러싼 역할과 가치관, 행위, 지식의 지향성 등을 발전시켰다." 여기에서 다시 한 번 장르가 상징적으로 어떻게 사회 질서를 창조하고 사회적 행위를 조정하는지를 볼 수 있다.

프랑스와 스위스의 장르 전통 및 브라질의 장르 통합

브라질의 장르 연구는 앞서 세 장에 설명된 언어학, 수사학, 사회적/사회학적 전통을 통합해 왔으므로 교육적으로 더 특별하다. 물론 프랑스와 스위스의 장르 전통에 기대는 면도 가지고 있다. 브라질의 장르 연구에서는 이러한 전통들이 서로 어떻게 공존할 수 있는지, 장르가 언어학, 수사학, 사회학적으로 어떻게 기능하는지를 연구할, 분석적이고 이론적인 도구를 제공한다.

프랑스와 스위스의 장르 전통에서, 특히 대표적인 '사회적·담론적 상호작용주의socio-discursive interactionism'를 보면 바흐친, 비고츠키, 비트겐슈타인, 푸코, 하버마스와 같이 수사학적 장르 연구자에게 친숙한 이론가들이 많이 인용된다. 다음 장에서 살펴보겠지만 수사학적 장르 연구의 활동과 행위 개념이 비고츠키의 활동 이론과 아주 유사함에도 불구하고 사회적·담론적 상호작용주의는 북미의 수사학적 장르 연구에 직접적으로 큰 영향을 주지 못했다. 그러나 사회적·담론적 상호작용주의가 사회학, 언어학, 수사학 전통에 기초하고 있고 브라질의 장르 연구에 영향을 끼쳤다는 점만으로도, 사회적·담론적 상호작용주의는 사회적인 담화 맥락과 장르에 기반을 둔 활동 이론으로서 거론할 가치가 있다.

장 폴 브론카트Jean-Paul Bronckart, 조아킴 돌즈Joaquim Dolz, 베르나르 슈노블리Bernard Schneuwly 등 여러 학자들이(Bronckart, Bronckart et al., Dolz, Schneuwly 참조) 전개해 온 사회적·담론적 상호작용주의에서는 "언어가 사회적 행위의 주요 특징임을 감안할 때, 인간 행위는 사회적인 그리고 담화적인 차원에서 다루어져야 한다고 주장한다. 인간은 소통하기 위해, 상이한 장르의 텍스트들로 공고해진, 언어 활동language activities과 개별 행위individual actions를 접목시켜 상호작용하기 때문이다"(Baltar et al., 53). 사회적·담론적 상호작용주의에서 장르는 "사회 활동social activities의 소산물로 …… 사람들이 언어 행위를 자각하고 상이한 사회 활동에 참여하는 도구로"(Araújo, 46) 간주된다. 사회적·담론적 상호작용주의에서 실제 사용되는 언어와 장르를 전형화된 발화로 보는 것은 바흐친의 영향이다. 비고츠키는 **행동**acting, **활동**activity, **행위**action를 구별하는 데 영향을 주었다. '행동'은 "지시된, 즉 동기화된 개입의 형식", 어떤 동기로 촉발된 형식을 가리키고, '활동'은 특정 상황에 적합한 행동이라고 공감대가 형성된, 사회적으로 규정된 개념이다. '행위'는 '행동'을 개인적인 수준에서 해석한 것으로, 개별적인 행동을 지칭하는 개념이다(Baltar et al., 53).

따라서 개인의 **행위**는 사회적으로 정의된 **활동**들 안에서 위계화된다. 사회적으로 정의된 활동들은, 특정 맥락에서 특정 시간에 어떤 활동이 필요하다고 제정할 권한이 있는 특정 개인들의 행위를 연합시키는 동시에, 개개 행위에 식별 가능한 의미를 부여한다. 그러면서 한편으로는 사회적 동기를 제공하는 사회적으로 제정된 활동들과, 다른 한편으로는 우리가 처한 순간의 즉각적인 행위들, 그 사이에서 끊임없이 협상해야 한다(Baltar et al., 53~54). 이러한 체계 안에서 사회적·담론적 상호작용주의는 수행 주체에게 **동기를 부여한 목적** motivational plans(행동 이유)과 수행 주체가 **지향하는 목적**(행동 목적), **유용한 도구**(관습화된 전략, 익숙한 도구)에 관심을 가진다(Baltar et al., 54).

발타 등은, 사회적 행위가 사회적으로 제정된 활동과 개별적으로 실현되는 행동을 중재하는 데 관여한다고 본다. 또 같은 방식으로 언어 행위 역시, 활동으로 정의되는 사회적 차원의 맥락과, 발화나 텍스트, 담화를 생성하는 행동, 즉 물리적 화행 차원 사이에 관여한다고 생각한다. 즉, 발음과 텍스트, 담화를 **작동**시키는 언어 행위는, '행위의 발신자와 수신자에게 사회적으로 바람직한 특정 역할을 부여하는, 예정된 목적' 활동과 관련된 것으로 정의 내릴 수 있다(Baltar et al., 54). 사회적·담론적 상호작용주의에서 장르의 역할은 활동과 행위처럼, 언어의 사회적 차원과 화행적 차원을 중재하는 것이다.

사회적·담론적 상호작용주의는 장르 연구 분야에서 분석적인 교수 모형을 발전시켜 왔다. 이 모형을 분석해 보자면, "(a) 참여자들이 상호작용하는 시간과 공간, (b) 물리적 공간의 참여자, (c) 상호작용이 일어나는 사회적 장소, (d) 참여자의 사회적 역할, (e) 글쓰기 효과로 구성된다"(Araújo, 46). 교수법적으로 이 모형은, 언어 교수자에게 문법이 아닌 텍스트 층위의 쓰기 지도, 장르와 그 사용 맥락 내에서의 쓰기 지도 방안을 제시한다. 결론부에 이르러 돌즈, 노베라즈, 슈노블리는 '명시적 교수 학습 절차didactic sequence' 개념을 설명한다. "구어나 문어 장르를 체계적으로 조직한 일련의 학교 활동"을 통해 장르 습득을 촉진시킬 수 있다. 사회적·담론적 상호작용주의를 따르는 교수자는 학생의 글쓰기를, 인과적으로 발생되는 사회적 담화 행위로 규정하고, 사회적 활동으로서의 의미를 부여한다. 브라질의 전통에서 비롯된 이 교수법의 전개 과정에 대해서는 10장과 11장에서 논의를 계속할 것이다.

브라질의 장르 연구에서 프랑스와 스위스의 장르 교수법 전통, 유럽 철학, 체계 기능 언어학의 장르 연구, 특수 목적 영어와 수사학적 장르 연구 등 다양한 전통을 통합한 방식은 특별히 주목을 요한다(Araújo, Bazerman, Bonini, Figueiredo 참조). 브라질에서 1980년부터 2007년까지 이루어진 아라우Araújo의 장르 연구는 대부분 장르의 특징을 설명하는 데 초점을 맞추고 있지만, 이 연구의 20%는 장르 맥락 정보를 충분히 얻기 위해 문화기술지적 방법론의 행위 연구나 사례 연구 접근법을 활용하였다. 아라우의 연구에서는 장르 분석 이론으로 사회적·담론적 상호작용주의를 위주로 하였고, 장르의 구조나 어휘 문법적 측면을 설명할 때는 다른 관점들을 끌어들이기도 하였다. 브라질의 장르 연구가 보여 준 통합은, 수사학, 사회학의 장르 전통이 언어학 전통과 모순되지 않으며, 이러한 전통들이 서로 연결될 때 장르가 다양한 층위에서 어떻게 기능하고 교육될 수 있는지에 대해 더 잘 알 수 있음을 시사한다.

다음 장에서는 지난 25년 동안 수사학적 장르 연구에서 전개된 주요 성과를 고찰해 볼 것이다. 사회적·담론적 상호작용주의에서 다루었던 장르와 활동 체계 개념은 수사학적 장르 연구 안에서도 다루어졌다. 수사학적 장르 연구에서는, 장르가 의사소통 도구로만 그치지 않음을 강조한다. 장르는 사회적으로 획득된, 앎과 행동의 전형화된 방식이다. 장르는 사회적 동기를 구현하고 구성하며, 각자의 개인적 동기를 고려하여 사회적 동기와 협상하게 한다. 특정 상황과 역동적으로 연결되어 있는 장르는, 사회적 실제, 상호작용, 정체성이 서로 조화로이 수행되도록 돕는다. 이러한 사회·수사학적 맥락에서 장르를 연구하고 가르치려면, 장르가 생산하는 사회적 행위들과 그런 행위와 관련된 사회적 전형화에 대한 지식은 물론, 장르의 구조 및 어휘 문법 자질에 대한 지식도 필요하다. 장르 안에서 구체화되는 사회적 동기, 관계, 가치관, 전제 등 사회적 전형화에 대한 지식은 우리가 왜 언제 어떻게 행동할 것인지를 결정한다.

6장 수사학적 장르 연구

이번 장에서는 5장에서 논의한 수사학적 장르 연구의 효시인, 캐롤린 밀러Carolyn Miller의 「사회적 행위로서의 장르Genre as Social Action」가 출간된 이후, 사회적 행위로서의 장르가 수사학적 장르 연구 안에서 어떻게 이해되어 왔는가를 알아보고자 한다. 즉, 반복되는 상황에서 전형적으로 행동하는 방식으로서, 한 문화가 상황에 따라 어떤 행동 방식을 구성하는지를 알려주는 문화적 산물로서 장르가 무엇인지에 대해 알아 볼 것이다. 이 과정에서 업테이크uptake, 장르 체계genre systems, 장르 집합genre sets, 장르 시공성genre chronotope, 메타 장르meta-genre, 활동 체계activity system 같은 수사학적 장르 연구의 핵심 개념이 어떻게 복합적인 사회적 행위와 문화적 산물로서의 장르에 대한 이해를 풍부하게 해 왔는지 살펴 볼 것이다. 그리고 이러한 장르 연구와 장르 교수법의 변화에는 어떤 함의가 있는지, 이 책 2장과 3장의 내용을 보다 상세히 다룰 것이다.

상황 인지 형식으로서의 장르

캐롤 버켄코터Carol Berkenkotter와 토마스 혹킨Thomas Huckin은 「사회인지 관점으로 장르 다시 생각하기Rethinking Genre from a Sociocognitive Perspective」에서 대학의 전공 학문 맥락에서 장르가 수행한 사회인지적 성과를 검토한다. 이들은 지식과 장르가 공히 사회·역사적으로 형성된다는 점에서(베이저만의 『쓰기 지식의 형성Shaping Written Knowledge』과 『경험의 구성Constructing Experience』 참조), 장르가 공동체의 앎, 존재, 행동 방식을 역동적으로 구현하는 속성에 주목하였다. "장르란 적용될 여건에 따라 조작 가능한, 본질적으로 역동적인 수사 구조이다. 그러므로 장르에 관한 지식은 학습된, 상황 인지 능력이라 정의할 수 있다. 인용이 되거나 출판을 하거나 해당 분야에 영향력을 행사하려는 필자라면, 장르에 대해 알고 있는 바를 전략적으로 활용할 줄 알아야 한다."

이 논문에서는 수사학적 장르 연구에 긴요한 몇 가지 주장이 제기된다. 첫째, "장르는 반복되는 상황에 대응하면서 발전해 왔으며 경험에 의미와 일관성을 부여하고 지속시키는, 역동적인 수사 구조"라는 개념이다. 전공 학문 맥락에서 장르는 활동과 실천을 표준화한다. 구성원은 매우 익숙하고 예측 가능한 방식으로 활동과 실천에 참여한다. 또한 장르는 역동적이다. 교재나 구성원, 수업 기자재, 교수 목표나 가치관 등 찰스 베이저만이 의무 체계systems of accountability라 설명한(『형성Shaping』, 61), 장르의 적용 여건이 매번 달라지기 때문이다. 변하지 않으면 시대에 뒤떨어져 폐기된다. 베이저만은 1665년부터 1800년까지 실험 논문의 진화 과정을 추적하면서, 실험 장소와 방법, 출판 장소와 방식, 자연 관찰 방법이 변화하는 것과 연동하여, 결과·사례·연구 방법을 제시하는 구조와 조직 측면에서 실험 논문 장르가 어떻게 달라졌는지 설명한다(『형성』, 59~79). 버켄코터와 혹킨이 이야기하는 바와 같이, 변이야말로 반복 본연의 속성이고, 장르는 변이를 수용할 수 있어야 한다. 장르는 반복에서 비롯되는 변이와 변화의 역동성에 대응하는 것을 넘어, 피에르 부르디외Pierre Bourdieu가 '아비투스habitus'라고 명명한, 개개 사용자의 취향과 기질에도 대응해야 한다. 이것은 개인이 "세계에 대해 고유하게 형성한 지식"과 "사회적으로 공감대를 얻은 연역적 개념" 사이에 균형을 맞추면서 이루어진다. 버켄코터와 혹킨은 장르가 계속해서 효율적으로 기능하려면, "안정과 변화를 모두 수용해야 한다"라고 본다. 캐서린 슈라이어 Catherine Schryer는 장르의 이러한 역동성을 "현 시점에서 사회적, 이념적 행위를 하는 데 최적화되어 있거나 혹은 고착화되어 변화가 필요한 상태"라고 정의내린 바 있다(「실험실 대 병원The Lab vs. Clinic」, 108).

장르를 사회적 행위로 보는 관점을 발전시킨 버켄코터와 혹킨의 또 다른 공헌은 장르를 상황 인지 형식으로 파악한 점이다. 상황 인지로서의 장르 관점은 캐롤린 밀러가 상황적 요구exigence를 장르 지식의 한 형태로 이론화하면서 이미 제안한 바 있다. 찰스 베이저만도 장르 지식을, 공감대에 기초해 상황의 요구를 파악하는 순간과 연결시켰다(5장 참조). 앎과 행동은 서로 연계된 것이므로, 장르가 행위로 수행되기 위해서는 적합한 인지적 지식이 필요하다. 수사적·형식적 관습에 대한 장르 지식은 버켄코터와 혹킨이 설명한 절차적 지식과 필연적으로 연결된다. 즉, 언제 어떻게 특정 학습 수단을 사용할 것인가, 언제 어떻게 질문하고, 언제 어떻게 시험 문항을 출제할 것인가, 문제 상황은 어떻게 포착하고 협상할 것인가, 어디에서 어떻게 언제 각 전공 학문 맥락에 합당한 지식을 생성할 것인가 등의 절차적 지식은 모두 장르 지식에 해당한다. 이 장르 지식은 배경 지식과도 관계가 있다. 배경 지식이란 내용 지식은 물론, 수사적 시간 및 계기와 관련된 카이로스kairos 지식을 비롯해 장르 사용자들이 공유하고 있는 전제들이다. 그러므로 상황 인지 형식으로서의 장르는 그 사용자의 효율적 소통에 기여해야 할 뿐만 아니라, 사용자들로 하여금 해당 공동체의 '규범, 인식론, 이데올로기, 사회적 존재론'에 참여하고 재생산하게 해야 한다.

버켄코터와 혹킨은, 수사학적 장르 연구에 사회학의 전통을 지속적으로 끌어들였다. 이들은 장르가 어떻게 그 사용자들을 특정한 공동체로 규정하고, 공동체 재생산에 참여하도록 만드는가를 설명하기 위해, 사회학자 앤서니 기든스Anthony Giddens의 '구조의 이중성 duality of structure' 개념에 의존한다.1) 『사회의 구성: 구조화 이론 개관 The Constitution of Society: Outline of the Theory of Structuration』에서 기든스는 구조가 어떻게 수립되고, 동시에 어떻게 지속적으로 재생산되는가를 고찰한다. 그러나 구조가 선험적인 것이며 그래서 우리가 그 구조에 수동적으로 종속될 뿐이라는 관점에는 분명히 반대한다. 인간이 현실을 발생시키는 주체라고 보는 시각에도 반대한다. 인간은 사회적 실천을 통해서 바로 그 사회 구조를 재생산하고, 그 결과로 우리의 행위가 필요해지고 가능해지며, 분간되고 의미 있어지는 순환적인 현상이라는 것이다. 우리의 실천이 이런 실천들을 필연적으로 이끌어 내는 바로 그 구조를 재생산하게 된다. 버켄코터와 혹킨의 말대로, 장르는 이러한 구조화 과정에서 중요한 역할을 담당한다.

예를 들어 대학교 강의실은 건물의 위치에 따라 의미가 부여되는 물리적 공간이다. 하지만 강의실은 수사학 이론에 관한 대학원 세미나나 생물학 수업, 1학년 글쓰기 수업 등 서로 다른 목적으로도 사용된다. 처음에는 수강신청서 장르에 고지된 대로, 나중에는 강의계획

---

1) 캐롤린 밀러도 「수사적 공동체: 장르의 문화적 기반(Rhetorical Community: The Cultural Basis of Genre)」(『장르와 신수사학(Genre and the New Rhetoric)』, 1994) 장에서 기든스의 구조화 이론으로 돌아선다. 버켄코터와 혹킨에 앞서서, 예이츠와 올리코우스키도 1992년 「조직 의사소통 장르: 의사소통과 매체 연구에 대한 구조적 접근(Genres of Organizational Communication: A Structurational Approach to Studying Communication and Media)」에서 장르 구조화를 고찰하면서 기든스의 이론을 참조하였다.

서 장르에 게재된 수업의 목표와 운영 방침, 과제, 일정에 따라, 교실이라는 물리적 공간은 사회적으로 구획된 이데올로기 공간으로 바뀐다. 강의실은 학과 모임이나 직업 설명회, 콜로키움 등 수업 이외에도 쓰임이 많다. 이렇게 강의실을 특정 수업 공간으로 구성하는 과정에는 다양한 장르가 작용하고 또 협업한다. 기든스의 구조화 이론에 따르면, 장르는 특정 행동을 이행하고 관계를 맺는 데 필요한 수단과 자원을 제공한다. 예를 들어, 장르를 통해 학생들은 다양한 수업의 변이태 가운데 대학원 세미나라는 특정 수업을 감각적으로 인식해 낸다. 이처럼 장르는 수업의 경계를 한정할 뿐만 아니라 특유의 순환 구조를 가지도록 하여 수업을 재생산한다.

하지만 이렇게 사회적으로 구조를 재생산하는 과정이 위에서 설명한 것처럼 순탄하지만은 않다. 사회·역사적으로 분류된 어떤 활동 구조나 체계를 보더라도, 거기에는 행위를 재생산하는 데 영향을 미치는, 상충된 요구와 목표, 반대, 긴장, 권력 관계가 있다. 캐서린 슈라이어는 장르를 "현 시점에서 사회적으로 이념적 행위를 수행하는 데 최적화되어 있거나 혹은 고착화되어 변화가 필요한 상태"로 정의하였고, 이런 내용의 논문을 수의학 장르 학회지에 「실험실 대 병원: 장르 경합의 현장The Lab vs. Clinic: Sites of Competing Genres」이라는 제목으로 게재하였다. 이 논문에서 그녀는 장르가 어떻게 사회·역사적으로 고착화된, 연구자와 임상의학자 간의 위계 구조나 여타 학술 분야의 위계 구조를 반영하고 유지시키는지를 설명한다. 수의학과 학생의 가치관, 이들이 문제를 인식하고 풀어 가는 과정, 그 과정에서 견뎌내는 모호함의 정도, 이행해야 한다고 여기는 역할, 성취 결과에서 느끼는 기여도 등 수의학과 학생이 교육 받는 모든 방식에는 '이 직업의 기본 장르'가 관여한다. 특히 IMRDS[2](도입, 방법론, 결과,

---

2) (옮긴이) 학자들의 연구 논문에서 사용되는 IMRDS는 "도입(Introduction), 방법론

논의, 요약) 체계를 따르는 '실험 논문 장르'와 문제 중심의 수의학 진료 '기록 장르(Problem Oriented Veterinary Medical Record)' 사이의 골은 깊다. 슈라이어는 두 장르를 분석하여 각각의 장르가 시간과 활동의 재현 방식, 목적, 접근성, 인식론적 전제 등의 측면에서 사용자의 활동에 어떤 지향성을 부여하는지 그 차이를 밝혔다. 슈라이어는 두 장르의 차이가 전공 영역 간 지위나 권력과 관련이 있고, 어느 장르를 사용하느냐에 따라 수의학 내에서도 다른 위계를 부여 받는다고 주장한다. 대체로 IMRDS 장르 사용자의 지위가 더 높다. IMRDS 장르가 가진 전형적인 전략은 "자연계에 질서를 부여하고 통제하려는, 과학 일반의 이데올로기에 더 근접해 있고 이를 예시"하기 때문이다. IMRDS 장르의 결과물이 지배적인 과학의 관습을 더 세밀하게 반영하기 때문에, IMRDS 장르로 사회화된 연구자가 POVMR 장르로 사회화된 임상의학자보다 지위가 높다. 따라서 수의학 공동체를 구성하는 가치 체계와 위계 구조 안에서 두 장르는 감정가가 상이한 문화적 자산이다.

수의학계에서는 사회·역사적으로 이 두 장르의 이데올로기가 갈등하고 경쟁해 오면서 오늘날의 긴박한 권력 관계가 형성되었다. 슈라이어는 이 긴장이 해소되기 어려울 것으로 전망한다. 공동체 구성원 사이에 긴장을 완화시키고자 하는 공동의 의지가 있다 하더라도 실현되기까지는 시간이 많이 걸린다. 장르가 본성상 "자체 이데올로기를 완강하게 구현"하기 때문이기도 하지만 장르는 홀로 기능하는 것이 아니기 때문에 더더욱 그렇다. 이들 장르는 보다 더 강력하거나 덜 강력한 여타 장르와 연결되어 있다. 장르는 학생을

(Methods), 결과(Results), 논의(Discussion), 요약(Summary)"(IMRDS)으로 이루어지며 '보고' 형식이 특징이다. 의사들의 임상 실험 논문에서 사용되는 POVMR은 "Problem Oriented Veterinary Medical Record(POVMR)"의 약자로 '기록' 양식의 특징을 나타낸다 (최인자, 『국어교육의 문화론적 지평』, 소명출판, 2001, 58쪽 참조).

교육하고 라벨을 붙여 분류하는 절차들로 구성된, 복합적인 사회화 과정의 부분이고, 사회화 과정은 군소 장르를 초월하는 방식으로 장르와 연결되어 있다.

이와 같이 지속과 변화의 역동적인 개념으로 장르를 다차원적이고 복합적으로 이해하면서, 즉 상황 인지 형식의 작용으로, 이데올로기와 권력, 제반 사회적 행위 및 관계와 연결된 것으로, 공동체에 참여함으로써 공동체를 제정하고 재생산하는 순환 과정을 돕는 것 등으로 장르를 이해하게 되면서 수사학적 장르 연구자들은 장르가 어떻게 습득되는가에 관심을 가지게 되었다. 특수 목적 영어 교육이나 체계 기능 언어학 쪽에서 주장하는 것처럼 장르 지식이 명시적으로 교수될 수 있는지에 의문을 제기하기도 하였다. 버켄코터와 혹킨은 "장르 지식은 일종의 상황 인지 형식으로, 절차적 지식이나 사회적 지식과 …… 구분하기 어렵다"고 결론 내린다. 이러한 유형의 지식은 "해당 문화에 장기간 노출되어 도제식으로 문화화되는" 과정을 거쳐야 습득된다고 설명한다. 장르의 텍스트적 자질만 알아 가지고는, 수사학적 장르 연구 분야에서 중시하는 사회적 행위로서의 장르에 대해서 충분히 이해하기 어려울 것이다.[3] 프리드만(「사람

---

3) 에이미 데빗(Amy Devitt)은 장르를 가르칠 때 수사학적 장르 연구의 측면에서 접근한다는 것이 어떤 함의가 있는가를 고심한 학자 중 한 명이다. 데빗은 「장르 개괄: 옛날부터 오늘날 개념에 이르기까지(Generalizing about Genre: New Conceptions of an Old Concept)」에서, "텍스트를 설명하는 장르 교육이 아니라, 상황들 안에서 장르가 어떻게 작동하고 어떻게 텍스트 생성을 주도하는가를 이해시키는 장르 교육을 주창한다. 즉, 특정 장르를 구성하고 사용하고 있는 공동체에 대하여 학생이 배우려고 할 때 장르가 어떻게 도울 수 있는지"(Devitt, 581)를 설명한다. 이러한 과정을 통해 학생들이 상황과 그 상황들의 관계에 대해 한층 더 복합적으로 이해할 수 있게 된다는 것이다. 또한 장르를 중심으로 가르치면 학생 필자에게 "특수한 목표: 어떤 장르인가 … 필자는 장르를 어떻게 배우는가… 필자는 장르를 어떻게 사용하는가…"(Devitt, 581)를 이해시킬 수 있다. 이렇게 특수한 목표를 이해한 학생은 쓰기 전이나 수정 과정에서 한층 더 효과적으로 상황에 적합하게 결정을 내릴 수 있다(Devitt, 584). 마지막으로, 교수자가 장르를 중심으로 가르치면 학생이 여러 다른 상황에서 글을 쓸 때 겪는 어려움을 효과적으로 진단할 수 있다. 데빗이 설명하는 장르 기반 교수법은, 텍스트의 명시적 특징을 위주로 가르치는 입장에 반대하여, 텍스트가 어떻게, 왜 만들어지는가에 주의를 기울

Anyone」), 데빗(「상호텍스트성Intertextuality」), 베이저만(『구성Constructing』, 「시스템Systems」), 올리코우스키와 예이츠가 설명했듯이, 장르는 고립되어 있지 않고 여타 장르와 역동적으로 상호작용하기 때문에 문제는 좀 더 복잡하다. 장르를 사회적 행위로 이해하기 위해서는, 활동 체계 내, 활동 체계 사이의 복합적인 사회적 행위를 조정하는, 장르 사이의 배열 관계를 조망해 봐야 한다.

장르 간 업테이크 및 장르 관계

2장에서 우리는 문학 장르 연구에 미하일 바흐친이 기여한 바, 특히 장르 내의 그리고 장르 간의 복합적인 관계를 그가 어떻게 이해하고 있는지 살펴보았다. 바흐친은 맥락과 직결된, 단순 '1차' 장르를 수용해서 변형시킨, 소설과 같은 '2차' 장르가 얼마나 복합적인가를 설명한다. 2차 장르는 그 자체의 상징 체계 안에서 1차 장르들 사이에 새로운 관계망을 조직함으로써 맥락을 재편한다.[4] 이와 같이 "복합적인 장르에 편입된 1차 장르는 가공된 결과로 특별한 성질을 띠게 된다"(Bakhtin, 「문제Problem」, 62). 바흐친은 특정한 의사소통 체계 안에서 한 장르가 다른 장르에 응답하는 방식으로 두 장르가 대화하며 상호작용하는, 장르 간의 수평적인 관계 쌍에 대해서도 설명하였다. 예를 들어 논문을 쓰려면 먼저 연구계획서를 제출해야 하고, 또 논문을 쓰면 게재나 게재 불가의 답변을 받게 되는

이는 입장을 대변한다. 10장에서는 데빗의 후속 연구를 비롯하여, 데빗, 레이프(Reiff), 바와시(Bawarshi)의 공동 연구 등을 살펴보면서, 수사학적 장르 연구에서 장르 교육에 접근한 양상을 보다 상세히 다룰 것이다. 이 공동 연구는 장르 자각에 대한 교육을 촉구하였다.

4) Bazerman의 「사회 조직 글쓰기」 참조. 과학 논문 장르의 상징 체계 안에서 기존의 상호작용 맥락이 어떻게 재편되는지는 『쓰기 지식 형성』 참조.

것에서 이러한 사례를 확인할 수 있다. 그동안 수사학적 장르 연구 분야에서는 장르를 이렇게 상호텍스트적으로 이해하는 관점이 주를 이루었다.

바흐친은 장르를, 그 안에서 단어와 문장이 전형적으로 표현되고 관계 맺으며 의미화되고 범주화되는, '비교적 안정된 형태의 …… 발화'라고 정의한다. 장르 안에는 '전형적인 개념들이 특정 수신자'에게 접근하는 전형적인 방식이 있다. 어떤 발화와 마주 치면, 해당 장르가 제공하는 개념 틀로 그 발화의 길이와 구조와 결말에 대응되는 다음 발화를 예측한다. 즉, 장르는 해당 발화의 영향 범위를 정하여 독자가 의미를 해독하도록 돕는다. 인간이 복합적인 사회적 상호작용 형식을 구성하고 실행해 가는 동안 장르는 발화 간에 전형화된 관계망을 만들어 낸다. 전형화된 발화인 장르는 다른 장르와 대화하듯 연결되어 상호작용하면서 의미를 획득한다.[5]

앤 프리드만Anne Freadman은 자신의 두 주요 저작 「테니스 칠 사람? Anyone for Tennis?」과 「업테이크Uptake」에서, 장르가 제반 활동 체계 안에서 관계를 맺고 서로 연결되는 복합적인 방식을 설명하기 위해 '업테이크' 개념을 제안한다. 여기서 꼬리를 물고 이어지는 발화 방식은 테니스 게임 중 공이 넘나드는 게임에 비유된다. 공은 운동 중에, 즉 튕겨 나갔을 때에야 의미로 충만해지는 물리적 객체이다. 테니스에서 공이 튕겨나가는 것은, 바흐친 공식에서 발화가 문장으

---

5) 장르에 대한 바흐친의 대화적 관점의 핵심은, 「발화 장르 문제(The Problem of Speech Genres)」에 설명되어 있는 것처럼, 문장과 발화를 구분한 것이다. 바흐친은 문장(sentence)을 문법적으로 연결되어 있으며 의사소통 영역 밖에 단독으로 존재하는 '언어 단위'로 정의한다. 문장은 반응을 일으키지 않는 문법 단위인(Bakhtin, 74) 반면 발화(utterance)는 '의사소통 단위'(Bakhtin, 73)로서 본질적으로 반응을 전제하며 발화 주체의 변화에 구속된다. "발화는 타자의 발화에 앞서 시작되고, 타자의 반응적 발화에 이어 끝난다. 비록 발화가 침묵이더라도, 타자의 능동적 반응을 이해한 것이며, 최종 반응은 이러한 이해에 기초한 행동이다."(Bakhtin, 71) 바흐친은 발화가 대화 국면에서 타자의 발화와 연결되어 있음에 주목하였다. 발화가 전형화된 것으로 볼 수 있는 장르 역시 대화하듯이 다른 장르와 연결된다.

로 구현되는 것과 같은 작동이다. 테니스 선수는 공이 아니라 튕김a shot을 교환한다(「사람」, 43). 공을 되튕기는 운동은 특정한 게임 안에서만 유의미하다. "공을 튕기는 것은 형식적으로 게임 규칙에 따라 결정되지만, 실질적으로는 선수의 기량에 따라 결정된다. 하지만 맞받아침 자체는 튕겨온 공이 결정한다." 테니스 게임의 맥락 안이라야 튕겨 내는 행위가 유의미하다. 정해진 규칙에 따라 선이 그어진 경기장에서 기량을 갖춘 선수가 되받아내는 튕김이라야만 의미가 있다. 경기장에서 선 안에 떨어트린 공과 선 밖에 떨어트린 공은 의미가 다르다.

튕겨냄은 특정 게임 안에서 진행되기 때문에 유의미한 것이다. 프리드만에 따르면 게임은 특정한 '의식'을 거쳐 진행되므로 그 자체로 유의미하다. 동일한 규칙이 적용되었고 동일하게 되받아쳤다고 해도, 이웃 간 친목 경기와 윔블던 테니스 경기처럼 다른 의식 절차로 수행되었다면, 의미와 가치는 상이하다. 프리드만의 지적대로, 의식은 게임 '진행 규칙'을 제공한다. "의식이란 제반 게임의 위치를 지정하는 게임이다. 의식은 게임 규칙을 설정하고 참여자를 선수로 구성하며 특정한 시공간을 배정하는 규범이다. 의식은 한 회의 게임 규칙이 아니라 게임 일반에 적용되는 규범이다."(「사람」, 46~ 47) 윔블던을 예로 들어보자. 윔블던을 의식으로 만드는 것은, 딸기 아이스크림, 차와 스콘빵, 왕실 관람석, 오래된 중앙 경기장, 선수 순위, 복장, 상금 등 제의적 기호 체계이다. 전체 기호 체계는 의식이 무엇인지를 규정하고 게임과 튕김에 의미와 가치를 부여한다.

프리드만은 제반 의식 안에서 장르가 어떻게 의미화되고 서로 연결되는지를 설명하기 위해 테니스를 비유로 들었다. 장르는 '의식' 안에서 거행되는 '게임'이다. 의식 안에서 장르는 경기, 텍스트 교환, '튕김'의 규칙을 구성한다. 즉, 튕김을 지배하는 의식은 경기 규칙이고 장르도 텍스트 교환에 적용되는 경기 규칙이다. 텍스트는 실제로 교환이 일어난 결과이므로 특정 텍스트가 교환되는 양태를 제대로 이해하려면 먼저 장르를 이해해야 한다. 장르를 이해하려면 어떤 의식 안에서 해당 장르가 서로 어떻게 연결되어 있는지를 우선 이해해야 한다.

의식은 여러 장르를 포괄한다. 프리드만은 재판을 예로 든다. 재판은 배심원 선서, 재판관 구성, 개회 선언, 증인 소환, 교차 심문, 배심원 숙고, 배심원 평결 낭독 등 여러 장르가 이어지면서 구성된다. "각 순간마다 여러 텍스트가 필요하고 각 텍스트마다 여러 전략이 필요하지만 매 순간은 하나의 장르로 집약된다. …… 장르 규범을 이해한다는 것은 시공간이 적합한지 여부를 아는 것이고, 부적절한 시공간에서 규범을 벗어나는 것이 위험한 줄 아는 것이다. 규범을 능숙하게 사용하려면 적합한 수사법에 따라 전략적인 계획을 세우고 적절한 시기를 포착하기 위해 전략 목록을 활용하라." 의식 규범 안에서 다양한 장르는 서로 대등하게 인과적으로 작동한다. 특정 장르의 게임 규칙 안에서 매 텍스트는 발화자나 필자가 해당 장르의 전형적인 전략을 구현해 가는 동안 순차적으로 생성된다.[6] 이 전형적인 전략에는 시간과 기회에 대한 고려가 포함된다.

텍스트를 만들어 나가면서(게임 동작) 장르 간 협상을 도모하고 장르 전략(특정 경기 규칙)을 적용하는 능력은 프리드만의 업테이크 uptake 개념으로 설명된다. 발화 행위 이론에서 업테이크란 전통적으로, 특정 조건하에서 발화자가 청자에게 언어를 매개로 영향을 주어 일으키는 언표 내적 행동을 가리킨다. '여긴 덥군'이라는 발화는, 청자가 그 말을 듣고 창문을 여는 등의 행동을 하여 공간을 시원하

---

6) 여기서 프리드만이 전략과 술수의 특징으로 꼽은 것은, 데리다(Derrida)가 장르에 참여하지만 속하지는 않는 것으로 텍스트를 파악하는 견해와 유사하다. 텍스트 활동은 모두 반복, 혼합, 과장되고, 활동 대상이 되는 장르를 잠재적으로 재구성하는 것이라는 데리다의 이론은 2장에 상세히 설명되어 있다.

게 만들도록 시키려는 의도를 담고 있다. 프리드만은 자신의 저작에서 이러한 업테이크 개념을 장르 이론에 접목시킨다. 장르가 속해 있는 의식ceremonial이 연달아 수행되는 절차로써 장르를 정의하려는 시도이다. 프리드만이 예시한 대로, 논문을 쓰려면 먼저 연구 계획서를 작성해야 하고, 판결을 내리려면 일련의 인과적인 재판 절차가 수행되어야 한다. 교실을 예로 들어보자. 과제 지시문이 학생이 작성할 글의 제약 조건을 만들어 내는 것처럼 장르는 주로 교실 내 관계에서 작동한다. 하지만 일부 장르는 직간접적으로 교실 밖 장르와 관련을 맺으며 작동한다. 사무실에서 발행하는 성적증명서를 비롯해 출석부나 성적표는 교실 내 학생을 제반 장르 체계에 연결시킨다. 이력서나 추천서처럼 교실 경계를 넘어 학생을 경제적 관계로 이끄는 장르도 있다. 장르 안팎에서 형성된 관계는 개인이 권력과의 관계에서 자신의 정체성과 위계를 찾고 상호작용하며 의미 있는 인과적 행동을 수행할 조건을 유지해 주는데, 반대로 이런 관계에서 배제되는 개인이 생기기도 한다. 장르 사이의 구조적이고 일반화된 관계가 어떻게 복합적인 사회적 행위 양식을 조정하는가, 어떻게 왜 장르는 다름 아닌 바로 그 방식으로 형성되었는가, 장르가 수행된 결과 무엇이 생기고 또 생기지 않는가 등을 이해하는 데 업테이크 개념이 유용하다.

프리드만은 조심스럽게 장르는 인과가 아니라 선택에 의해 업테이크된다고 말한다. 업테이크는 "불러올 대상을 선택, 규정, 반영한다. …… 이것은 오랫동안 상호텍스트의 가지를 치면서 감추어 온, 업테이크에 각인된 기억 차원에서 이루어진다. 즉, 잇달아 업테이크될 대상은 일련의 가능성 안에서 선정된다"(「업테이크」, 48). 업테이크는 기억을 갖고 있다는 것이다. 관습화된 특정 맥락과 중요한 것을 알아보는 학습된 인지 작용 덕분에 무엇을 골라서 어떻게 할 것인가를 선택할 수 있다. 업테이크 지식이란 전략적으로 어떻게 다음 절차를 수행할 것인가, 언제 그 기대에 저항할 것인가를 포함하여, 무엇을 언제 어떻게 선택해야 하는지를 아는 것이다. 프리드만은 업테이크 지식을 '장르 경계'를 아는 지식이라 설명한다. 또 바와시는 지나치게 전형적이거나 덜 전형적인 장르 가운데 특정 맥락에 적합한 실현 방식을 지정하는 장르 지식을, 장르 '업테이크 프로파일uptake profile' 지식이라고 설명한다(「장르, 창발 혹은 간섭의 형식Genres as Forms of In[ter]vention」, 81). 업테이크 지식은 언제 왜 그 장르를 사용해야 하는지, 서로 연결된 여러 장르 가운데 어떻게 가장 적합한 장르를 선택하는지, 장르 업테이크 도면을 따라 가다가 어디쯤에서 특정 장르를 제시해야 할지, 비용은 얼마인지, 어째서 어떤 장르는 단지 암시적으로만 다른 장르를 인용하는데 또 어떤 장르는 잇달아 다른 장르를 명시적으로 인용하는 것인지 등에 대해 아는 것이다. 장르 업테이크 지식은 보통 암묵적으로 획득되는데, 이데올로기적으로 인과관계를 형성하고 개인의 기억에 깊이 각인된 채 영향을 미치며 상당히 오랫동안 지속된다. 이는 특정 장르에 대한 관습적이고 지배적인 대응 방식뿐만 아니라 우선 개입시켜야 하는 관련 장르 기억과도 상관이 있다. 또 해당 장르를 공유하는 사람들과 주로 쌓는 경험, 관계, 의식 참여자의 권위에 대한 기억과도 상관이 있다.

프리드만에 따르면, 의식, 장르, 업테이크가 서로 연결되어 있고, 또 "장르를 안다는 것은 …… 관련 체계 안에서 장르의 앞뒤가 어떻게 맞물리는지를 아는 것"(「사람」, 63)이므로, 사회적 행위로서의 장르를 제대로 이해하려면 업테이크를 고려해야 한다. 수사학적 장르 연구자들은 장르 교육의 교수법적 의의를 연구할 때 사회화 과정을 통해 습득되는, 관습적이고 초인지적인 업테이크 과정을 어떻게 가르칠 것인가를 생각한다. 프리드만은, 장르가 원래의 사용 맥락에서 발췌되어 교실 맥락에서 설명적으로 교수되거나, 전공 학문이나 공적인 맥락의 장르더라도 수업 맥락에서 모방된다면, 그 장르는 원래의 기표 환경semiotic environment과 더 이상 관계가 없다고 설명한다(「사람」, 48). 버켄코터, 혹킨과 마찬가지로, 프리드만도 도제식 장르 접근법을 제안한다. 도제식 장르 접근법은 활동 체계 안에서 그리고 활동 체계들 사이에서 한 장르의 맥락이 인식되는 방법이나 한 장르와 다른 장르 간의 관계를 인식하는 방법을 직접적으로 가르치는 교수법이다.

장르 집합과 장르 체계

지난 15년간, 수사학적 장르 연구자들은 서로 연결된 장르가 사회적 행위를 인과적으로 연쇄시키는 복합적인 방식을 설명하기 위해 몇 가지 유용한 개념어를 만들었다. 『장르 글쓰기Writing Genres』에서 에이미 데빗은 "장르 맥락: 한 사회나 문화 안에 존재하는 일련의 모든 장르", "장르 목록: 특수한 개별 장르가 아니라 한 집단의 최종 목적을 달성하기 위해 수행되는, 일련의 장르 집합"(장르 목록에 대한 추가적인 논의는 OrliKowski & Yates 참조), "장르 체계: 어떤 활동 체계에서 최상위 목적을 달성하기 위해 상호작용하는 일련의 장르", "장르 집합: 제한된 행위 범주를 규정하려고 활동이나 기능을 총체적으로 연합하는, 좀 느슨한 장르 조합" 등을 구분하였다. 이 4개 범주는 장르가 맺고 있는 상이한 관계 수준을 설명한다. 우발적, 중재적, 상관적이지만 필연적인 속성은 적은, 한 활동 체계 안의, 혹은 두 활동 체계 사이의 장르 관계를, 클레이 스피누치Clay Spinuzzi는 '장르 생태학genre ecology' 개념으로 설명한다(『장르의 궤적Tracing Genres』 참조). 이 가운데 사회적 행위들이 가장 특수하게 연합되고 결집된 것이 장르 체계와 장르 집합 개념이므로, 이 두 개념을 집중적으로 살펴보자. 장르 체계와 장르 집합에 대한 위의 정의는, 장르가 일정 기간 동안 서로 역동적으로 작용하면서 상이한 행위 맥락에 처한 개인이 특정 장르를 수행할 수 있게 했다고 보는 관점에서 출발한다. 연구자들은 장르 체계와 장르 집합에 대해 탐구하면서 맥락별로 사회적 역할과 관계, 역동적인 권력, 인지와 행위의 분포 양상, 바흐친의 '시공성chronotope' 개념과 같이 사회적으로 구성되는 시공간성에 대한 통찰을 얻게 되었다.

에이미 데빗은 세무 회계사 업무에 사용된 일련의 장르를 설명하면서 장르 집합 개념을 처음 도입하였다. 찰스 베이저만은 좀 더 큰 사회 체계 안에서 다수 집단이 조화를 이루며 업무를 수행하는, 장르 집합 안의 정해진 배열을 설명하기 위해, 장르 집합 개념을 장르 체계 개념으로 확장하였다(「시스템」;『경험의 구성』, 31~38쪽에 실린 장르 체계에 대한 Bazerman의 이전 논의도 참조할 것).[7] 베이저만은 미국 특허 신청서 관련 사례 연구에서, 특허 신청서를 제출하고 특허증서를 받기까지 이어지는 장르 체계, 즉 최종 특허증서는 물론 신청서, 답장, 제반 서식, 탄원서, 판례문 등을 추적하였다. 특허증서는 협력 기금 등 다른 장르 체계로 이어진다. 베이저만은 "우리가 실제로 가진 것은 장르망"이라고 설명한다. "복합적인 망 안에서 개개 참여자가 변별적인 동작을 하거나 변별적인 장르를 수행할 때, 특정 범주에 적절한 장르적 대응이 잇따른다"(「시스템」, 96~97). 특허 출원 관련 장르 체계는 복수의 장르로 구성된 장르 집합들을 지속적으로 포함시켜 가면서 성립되었다. 이 과정에서 해당 장르 체계 내 세부 장르에 대한 접근성이나 지식의 정도가 같지 않은, 상이한

---

7) 장르 체계 개념은 이전에도 Todorov(「Origin」), Fairclough(『Discourse and Social Change』)에 등장했었고, Latour와 Woolgar가 『Laboratory Life』(간단한 역사는 Berkenkotter, 「Genre Systems」 참조)에서 예상되었으며, 수사학적 장르 연구 분야에서는 베이저만이 처음으로 장르 체계 개념을 전형적 행동, 사회적 의도, 인과적 관계와 연결 지으며 발전시켰다.

수준의 숙련도와 권위를 가진 사용자 간의 상호작용도 포괄되었다. 이들 장르는 최적의 시기에 기대대로 업테이크되면서 서로 조화를 이루어 사용자가 매 시기 복합적으로 사회적 행위를 실행하도록, 이 경우 특허를 허가하거나 거부하도록 만든다.

여러 장르를 잘 배치해서 만든 장르 집합은, 어떤 장르 체계 안에서 특정 집단 내 개인이 특정 행동을 하는 데 도움을 준다. 앤서니 파레Anthony Paré는 진찰 소견서, 초기 진단서, 과정 진단 보고서, 진단 종료 양식, 이송 보고서 등 공공 의료 복지 종사자가 작성하는 장르 집합을 설명한 적이 있다(「사회 복지로 가는 방편으로서의 글쓰기Writing as a Way into Social Work」, 156). 베이저만도 교실에서 찾을 수 있는 다양한 장르 집합을 설명하였다. 교수자의 장르 집합에는 강의 계획서, 과제, 매 차시 수업 계획, 공지사항, 질의응답, 교사 피드백, 성적표 등이 포함된다. 학생의 장르 집합에는 필기, 공지사항, 교사에게 보내는 이메일, 에세이, 시험 답안 등이 포함된다(「발화 행위, 장르, 활동 체계Speech Acts, Genres, and Activity Systems」, 318). 교실 안 장르 집합 중에 학생 글에 대한 동료 첨삭과 교사 피드백 같이 유사한 장르는 묶을 수도 있다. 장르 집합들이 상호작용하여 장르 체계를 형성한 덕분에, 교사와 학생은 인과적으로 조화롭게 해당 과목의 과제를 조직하고 수행해 낼 수 있다.

이들 장르에 교사와 학생 모두가 대등하게 접근하는 것은 아니다. 장르 사용 권한이 동등하지 않기 때문에 권력 관계가 형성된다. 일례로 교사는 학생에게 보이지 않게 성적을 기록하는데, 교실 장면 뒤에는 늘 이 채점표가 작동한다. 나중에 살펴보겠지만, 자넷 길트로우Janet Giltrow는 이를 메타 장르라 설명한다. 채점표는 학생이 작성한 글 장르와 이어서 글 말미에 기록되는 교사의 피드백 장르를 중재한다. 과목별 과제는 과목의 장르 체계에 맞게 조직되고 수행되기 때문에, 교실 안에서 변별력 있는 사회적 행위가 순차적으로 진행되려면, 상호 의존적인 장르 집합들이 시의 적절하게 후행 활동을 소환할 만큼 긴밀하게 작용하고 있어야 한다. 파레가 공공 의료 복지 종사자를 예로 들어 설명하였듯이, "새로 공공 의료 업무를 맡은 신참자는 공공 의료 공동체의 장르 집합에 어떻게 참여해야 하는지, 장르 집합이 상위 제도 장르 체계에 어떻게 부합하고 어떤 영향을 받는지도 배워야 한다"(「글쓰기Writing」, 159).

교실의 장르 체계는 다른 장르 체계에 맞물려 기능한다. 온라인 등록, 수업 소개, 차시별 강의계획서, 수업료 납부 양식, 장학금 신청 양식 등 수업 등록 장르 체계는 이후 교사의 피드백 장르 체계와 연결된다. 만약 학생이 성적에 이의를 제기하고 싶어한다면 인접 장르 체계에 접근해야 한다. 학생은 먼저 교사에게, 최종적으로는 해당 교과 책임자에게 성적 이의 신청 이메일을 발송하고, 성적을 상향 조정하는 데 필요한 공식 서류를 제출한 다음, 책임자를 만나야 한다. 이의 신청이 받아들여진다면 담당자가 성적 정정 양식을 제출할 것이다. 장르 체계와 장르 집합은 물론 어떤 장르도 홀로 존재하지 않는다.

특허 관련 논문에서 베이저만이 밝힌 바와 같이, 장르 체계는 사회적 의도를 유지하고 제도화한다.

> 장르가 어떤 여건 안에서 일어날 행위의 목록을 정하고 나면, 개인이 하려고 하는 바도 그에 따라 구체화된다. 그러므로 장르는 개인이 자신의 에너지를 집중해야 할 사회적 의도의 범주를 보여 준다. …… 즉, 의도, 의도에 대한 인식, 타자와 함께 그 의도를 성취하는 것, 타자로 하여금 자신의 성취를 존중하게 하는 것 …… 사회적 사실의 영역 안에 존재하는 이 모든 것은 허가 받은 체계를 유지하고 제도화하는 의사소통 형식, 즉 장르에 의해 구성된다. (「시스템」, 82)

장르 체계와 장르 집합을 경험하면서 우리는 프리드만이 설명한 업테이크 기억에 익숙해진다. 이러한 경험은 장르 사이의 경계선에서 협상을 해야 할 때 우리 기대와 의도에 영향을 미치게 된다.

장르와 분산 인지

장르 체계와 장르 집합은 분산 인지 및 의도와 관련된 정보를 제공한다. 그리스 수사학의 카이로스처럼 계기화된 시간을 포착하는 방식으로, 활동 체계 안에 사회적으로 복합적인 행위들을 정위시킨다. 장르 체계가 단지 선후 행위만 연결하는 것은 아니다. 바흐친이 '시공성chronotope'이라 언급했던, 사회적 시간과 공간에서 서로 어떻게 관계를 맺고 역할을 분담하는지, 행위 주체의 범주를 어디까지 제한해야 하는지, 어떻게 지식을 얻고 배우고 구성하는지, 어떻게 가치관을 형성하고 경험하는지에 대한 절차도 장르 체계가 알려 준다(『대화적 상상Dialogic Imagination』, 84~258 참조). 아비바 프리드만Aviva Freedman과 그레이엄 스마트Graham Smart는 "특정 활동 체계 구성원 사이에 사고와 지식과 학습이 어떻게 분산되어 있는지, 또 문명의 산물 안에 사고, 지식, 학습이 어떻게 잠재되어 있는지"(「탐색하기Navigating」, 240)를 설명하기 위해, 장르 체계에다가 '분산 인지'(Salomon; Cole and Engeström) 이론을 적용하였다. 장르 체계와 집합은 구성원에게 "타자와의 연합과 제휴"(Salomon, xiii)를 고려하게 함으로써 활동 체계 간 인식을 중재하고 분산 배치한다. 파레는 공공 의료 복지 종사자의 예를 들어 분산 인지를 설명한다. "자신들의 장르 집합 사용법을 배움으로써, 즉 상담 중에 어떤 질문을 해야 하는지, 필요한 정보를 어디에서 얻는지, 교과서가 제시하는 범주별로 세계를 어떻게 조직하는지를 배움으로써, 복지사업학과 학생은 사회적으로 공유된 인식을 넓혀 간다"(「글쓰기」, 154). 버켄코터와 혹킨이 설명한 것처럼 장르가 상황 인지 형식이라면, 장르 체계와 장르 집합은 참여자들이 시간과 공간에 대한 분산 인지를 배우는 매개가 된다. 우리는 장르 체계와 장르 집합의 최적기, 즉 언제 어디서 왜 어떻게 누가 행동해야 하는가(Yates & Orlikowski, 「장르 체계Genre System」, 106)에 대한 감각으로 인지를 조직, 분산, 배치한다. 예이츠와 올리코우스키는, 사회적 상호작용에서 장르 체계가 어떻게 시간과 공간을 다루는지 크로노스와 카이로스의 관점으로 설명한다. 크로노스의 관점은 양적으로 개량할 수 있는 '객관적' 시간의 순서대로, 그리고 카이로스의 관점은 특정 상황의 적절성과 계기성에 따라 구성하는 방식을 말한다. 장르 체계에 참여하려면 전략적으로 언제 어떻게 어디에서 특정 장르를 다른 장르와 연계시켜야 하는지 알아야 한다. "장르 체계를 제정해 나가면서 크로노스와 카이로스의 역할을 익히면, 언제 어떤 소통 행동이 필요한지 분별해야 하는 행위자가 되었을 때 도움을 받을 수 있다." 어떤 장르의 수사적 관습을 알고 싶다면 특정 장르 체계와 장르 집합으로 얽힌, 해당 장르의 시공간성에 대해 먼저 알아야 한다.

바와시는 쓰기 수업을 예로 들어, 과제 지시문이 단순한 인과적 시간과 특정한 계기적 시간을 어떻게 조화시키는지 설명한다. 쓰기 지시문은 학생이 글을 쓸 때 인과적으로 수행해야 할 과제의 순서를 알려 주는데, 보통 제출 기한이 명시된다. 쓰기 과제를 적시에 부여한 교사의 권위에 의해 계기적 시간성도 형성된다. 과제 지시문과 글이라는 두 장르 간 계기적 상호작용에 참여한 학생은, 지시문이 궁극적으로 원하는 것이 무엇인지 파악해서, 과제 지시문의 의도가 잘 실현되도록 글을 써야 한다. 학생이 쓴 글에 복합적인 계기성이 명시적으로 드러나지는 않더라도, 학생은 과제 지시문에 드러난 단순 인과적 순서에 따라 과제를 수행하면서 그 안에 내포된 특수 계기적 복합 관계들을 협상해 내야 한다(『저자의 창안과 장르 Genre and the Invention of the Writer』, 133~141).

베이저만이 '계기적 조화kairotic coordination'라고 명명한, '변별적인 순간에 참여한 사람들이 공유하는 지향성'이 장르 체계 안에서 어떻게 형성되는가를 알아보려면, 어떤 장르 특유의 계기와 또 다른 장르 특유의 계기가 서로 맞물려 발생하는 양상을 살펴봐야 한다(『경험의 구성』, 110). 장르 체계는 시공간성에 대한 공감대를 바탕으로, 변별적인 순간에 적합한 행동과 상호작용이 서로 맞아 들어가도록 한다.

슈라이어는 "서로 협상하면서 시공간적으로 합당한 방법을 고안해 내는 데" 장르가 어떻게 전략적으로 사용되는지 설명한다(「장르와 권력Genre and Power」, 74). 바흐친의 시공간성 개념에 따르면, "장르는 시공간 관계에 대해 현 사회가 동의하는 믿음을 반영한다". 특히 슈라이어는 장르가 시공간 관계망에 장르 사용자를 배치할 때 나타나는 역동적인 권력에 주목한다. 수의학 장르에 관한 그녀의 선행 연구에서는, 커다란 장르 체계 안에서 임상의 POVMR와 연구자 IMRDS가 사용하는 장르 집합이 위계적 관계망 안에서 서로 어떻게 기능하는지, 해당 권력 관계 안에 장르 집합 사용자를 어떻게 위치시키는지를 보여 주었다. 데빗의 세무 회계사 관련 연구에서도, 상이한 세무 회계 장르 사이에, 그리고 각 세무 회계 장르 내에 제정된 이데올로기가 유발하는 갈등과 차이를 엿볼 수 있다(「상호텍스트성」, 84~85). 파레는 공공 의료 복지 종사자 관련 연구에서 병원 장르 체계 내에 분포된 여러 장르와 그 사용자의 상충된 가치관과 불평등 지위에 대해 역설한다. 공공 의료 복지 종사자는 의학이 지배적인 맥락에서 일하기 때문에, 일반 의사나 정신과 의사에 비해 제도적으로 지위가 낮으며, 이들이 사용하는 장르도 그 지위를 반영한다. 공공 의료 복지 사업 장르가 영성이 훌륭한 구성원의 요구에 부응하기 위해서만 존재하는 것은 아니다. 병원에서 상대적으로 더 중시되는, 객관성이나 실재성 같은 전략도 인지적으로 채택할 필요가 있다. "복지 사업 분야 신참자는 더 큰 장르 체계 내 권력과 지위의 층위에 따라 형성된, 공동체의 지식 형성 행위나 장르 집합 참여 방법을 배운다."(Paré, 「글쓰기」, 160)

어떤 장르 체계 내 인식은 평균적이거나 자의적으로 배치된 것이 아니다. 이데올로기에 의해 형성, 학습, 기억되는 업테이크 지식이 특정 장르 체계 안에서 다양한 장르들을 중재한다. 이 지식에 따라 우리는 특정 활동 체계 안에서 다른 장르와의 관계를 고려하여 한 특정 장르를 언제 왜 어디에서 어떻게 잇달아 수행할 것인지를 결정한다. 캐롤 버켄코터는 정신과 의사와 환자가 서로의 활동과 행위를 조응시키기 위해 일련의 업테이크 행동에 어떻게 몰두하는지를 예로 든다(「장르 체계」). 정신과 치료를 하는 동안 정신과 의사와 환자는 '환자 진술', '진료 기록', '사회성 심리 진단서' 등 다수의 장르에 참여한다. 정신과 의사는 환자의 진술을 한 장르에서 다음 장르로 이행시키는데, 이러한 장르 간 이행을 버켄코터는 '재맥락화 recontextualization'라고 명명한다.

"정신과 의사는 환자가 상담 중에 제공한 정보를 전문 용어로 번역"(「장르 체계」, 335)한다. 이처럼 한 장르에서 얻은 정보를 다른 장르로 옮겨 가는 재맥락화는 번역과 유사하다. 그러나 버켄코터는 상담 중에 환자에게 설명하는 데 사용한 장르와, 진료 기록이나 사회성 심리 진단서처럼 상담 후에 의사가 사용하는 언어 장르가 단순히 다른 것만은 아니라고 분석한다. 장르가 재맥락화되는 동안 환자의 진술은 변형되어 다른 상황에 놓인다. 베이저만은 이를 상이한 '사회적 사실'(「발화 행위Speech Acts」, 311)이라 칭했다. 환자 진술이나 의사 처방 같은 사회적 사실은 각기 상이한 이데올로기와 가치관으로 고무되고, 상이한 사회적 관계망을 갖추었으며, 진단서 발행을 최종 목표로 하는 장르 체계 안에서 서로 다른 사회적 행위를 유발한다. 버켄코터는 환자 진술에서 의사 진단에 이르는 과정이 정신과 치료 장르 체계의 지침을 따르며, 정신과 치료 장르 체계는 보험금 상환액 산정을 위해 보험회사가 처방전을 참조하는 과정과 같은 또 다른 장르 체계와 연결된다고 설명한다.

버켄코터의 분석에서 주목할 것은, 이 재맥락화 과정에 사용된, 정신병 환자에 대한 진단과 통계 매뉴얼을 담은 책『정신장애 진단통계 편람DSM-IV: Diagnostic and Statistical Manual of Mental Disorders』의 역할을 밝힌 것이다. 정신과 의사가 정신 병증을 정의하고 범주화하고 진단할 때는 『정신장애 진단통계 편람』을 참조한다. 이 책은 정신과 의사가 환자의 진술에서 어떻게 유의미한 정보를 알아내어 진단서에 재맥락화해야 하는지, 즉 정신과 진료 기록 장르를 채우고 이어서 '사회성 심리 진단서' 장르를 작성하는 데 필요한 업테이크 지식 정보를 제공한다.

메타 장르

자넷 길트로우Janet Giltow는 잇달아 업테이크될 것을 지시하고 안정시키는 기능을 하는 상위 장르를 '메타 장르meta-genre'라 명명하였다. 환자의 진술과 의사의 진료 기록을 매개하는 『정신장애 진단통계 편람』(Berkenkotter, 「장르 체계」, 339)이 바로 이 메타 장르에 해당한다. 길트로우는 메타 장르를 "장르를 둘러싼 대기atmospheres"(「메타 장르Meta-genre」, 195)라고 정의했다. 장르처럼 메타 장르도 '그 사용 맥락과 기호적으로 연결'되어 있지만, 메타 장르는 해당 장르 체계와 장르 집합 안에서 장르를 생산하고 협상시킬 때 공유되는 배경 지식과 지침을 제공한다는 점에서 다르다. 메타 장르는 장르를 생산하고 사용하는 방법을 알려 주는 지침서나 장르에 관한 장르로서 매뉴얼 양식을 띤다. 하지만 장르에 관한 공감대라는 담론 형태로도 출현한다. 길트로우는 대학의 학술적 글쓰기에서 공통적으로 다루는, '논증, 논리, 논거, 특수성, 구체성' 같은 용어를 메타 장르의 예로 제시한다. 글쓰기 프로그램 안내 실러부스도 학생에게 부과할 과제, 초고, 재고, 평가에 대한 공통 용어를 제시하므로 메타 장르에 해당한다.

어떤 공동체는 장르 체계를 조정하는 메타 장르에 대해 암묵적으로 동의하는 데 그치는 반면, 다른 공동체는 좀 더 세밀하고 명시적인 메타 장르를 두고 있다. 어느 경우라도 메타 장르는 잇달아 업테이크되어야 할 것을 알려 주고 안정시키며, 메타 장르 지식이 있는지 여부는 내부자와 외부자를 가르는 지표가 된다. 길트로우가 관찰한 바에 따르면,

메타 장르는 해당 담론 공동체로 진입하는 경계의 문턱에서 활약한다. 집단에 참여하려는 개인을 감독하고 통제하면서, 이 집단과 관련을 맺은 다른 곳 사람을 의심하거나 예상해 보면서, 차별화하고 진입시키고 제한하면서, 일련의 활동을 유도하면서, 장르가 통용되는 공동체와 장르 사이의 관계를 합리화하고 반복한다. 반복이 늘 직접적으로 이루어지는 것은 아니다. 종종 반복은 모호하며 어떤 기호에 의해 중재되기도 한다.

길트로우가 말했듯이, 메타 장르는 상당히 지속적이어서 어떤 장르 체계 내에서 장르를 변화시키려는 시도에 맞서기도 하고, 개인이 처한 맥락 이면에서 의식적으로나 무의식적으로 행사되면서, 개인이 다른 활동 체계의 장르를 끌어들이도록 영향을 미치기도 한다. 메타 장르는 장르와 업테이크 지식의 일부가 되면서 분산 인지를

형성하는 한편, 유의미하고 인과적인 행동을 제정하는 데 필요한 장르 체계와 장르 집합의 운영 방식을 알려 준다.

　다음 절에서는 이 장에서 논의하고 있는 상황 인지로서의 장르, 장르 체계와 장르 집합, 업테이크, 장르 시공성, 메타 장르 등 주요 개념을 그림으로 나타내고 활동 체계 내에서 서로 작용시켜 볼 것이다.

장르와 활동 체계

　이제까지 살펴 본 것처럼 장르 체계와 장르 집합, 메타 장르, 관습적인 업테이크 양상은 서로 간에 혹은 자기 안에서 서로 중재되고 상호작용한다. 그런데 이 모든 것은 맥락 안에서만 의미가 있다. 학자들은 이런 맥락을 의식(Freadman), 담론 공동체(Swales), 의사소통 영향권(Bakhtin), 실천 공동체(Lave and Wenger) 등으로 정의해 왔다. 이러한 설명에는 모두 장르가 상황에 적합한 분산 인지를 소환하고 사회적 정체성을 형성하며, 시공간적 관계를 조직하고 맥락 안에서 의미 있고 인과적인 행위들을 조화시킨다는 개념이 담겨 있다. 그러나 기든스의 구조화 이론에서 본 바와 같이, 맥락은 장르나 행위가 발생하는 틀이나 배경에 그치지 않는다. 오히려 맥락은 장르 및 여러 매개 도구를 사용하려고 맥락이 유발한 장르 체계와 역동적, 의존적, 상호 구성적 관계를 맺기 때문에, 우리는 해당 맥락 내 기능을 수행하면서 맥락을 만들어 가는 것이다. 데이비드 러셀David Russell은, 유리오 엥게스트롬Yrjo Engeström의 활동 체계 개념과 베이저만의 장르 체계 개념을 종합하여, 활동 체계 개념으로 장르와 장르 맥락 간에 발생하는 역동적이고 생태학적인 상호작용을 설명한다.

　엥게스트롬과 콜은 비고츠키의 활동 이론 체계에 기반을 두고 맥락을 해석한다. 여기서 맥락이란 활동들이 중재되고 상호작용하며 복합적으로 공유되고, 이따금 경쟁적이면서도 후행 활동의 동기가 되는 여건을 말한다. 엥게스트롬의 설명에 따르면, 활동 체계 내에서 주체나 수행자, 목표, 매개 도구는 서로 불가분의 관계로 기능한다(「발달 연구Developmental Studies」, 67). 여기서 맥락은 "강력한 수단인 글쓰기를 포함하여 공통의 도구로 함께 완수해 나가는, 현재 진행 중인 역동적 수행 과정"이다(Russell, 「장르 다시 생각하기」, 508~509). "활동 체계는 균질한 통일체가 아니다. 오히려 다양하며 가끔은 이질적인 요소, 목소리, 관점들로 구성되어 있다"고 엥게스트롬은 덧붙인다.

「학교와 사회 장르 다시 생각하기: 활동 이론 분석Rethinking Genre in School and Society: An Activity Theory Analysis」에서 러셀은 엥게스트롬과 콜, 엥게스트롬의 논의를 이으며, 활동 체계를 "목표 지향적이고 역사적으로 형성된 조건이 있으며, 변증법적으로 구조화되고 도구를 통해 중재되는, 인간 상호작용의 현재 진행형"이라고 정의한다. [그림 6.1]과 같이, 활동 체계는 특정 결과물 생산에 참여하는 '주체subjects'와 '매개 도구mediational means', '목표 대상objects/동기motives'의 상호작용으로 구성된다. 이 상호작용은 '규칙rules/규범norms', '공동체community', '역할 분담division of labor'에 의해 지탱된다. 여기서 **주체**란 혼자서나 혹은 집단을 이루어 특정 행동을 수행하는 개체를 가리키고, **매개 도구**는 주체가 자신의 일을 수행할 때, 재료나 기호로 '사용되는 도구'를 말한다. **목표 대상/동기**란 행동의 지향처, 즉 주체가 성과물을 얻기 위해 매개 도구를 적용할 표적이다. 러셀의 설명에 따르면, 목표 대상/동기는 '세포학의 세포, 문예 비평론의 문학 작품'처럼 "어떤 전공 학문 내 연구 대상"은 물론 '세포 분석, 문학 작품 분석'처럼 "그 행위의 전반적인 방향, 잠정적으로 공유된 목적과 동기"도 조직한다. 주체와 매개 도구, 목표 대상/동기 간 상호작용을 지원하고 관련 정보를

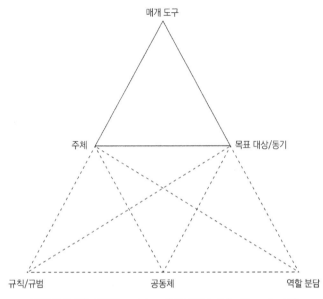

[그림 6.1] 활동 체계(Engeström, 「활동 이론(Activity Theory)」, 31)

제공하는 것은, 규칙/규범, 공동체, 역할 분담이다. 엥게스트룀의 설명에 따르면, **규칙/규범**이란 "특정 활동 체계 내 행위와 상호작용을 제약하는, 명시적이거나 암시적인 규제, 규범, 관습을 일컫는다". **공동체**는 "공통의 목표를 가지고 다른 공동체와 구별되기를 원하는 하위 집단들과 다수의 개인으로 구성되어 있다". 마지막으로 **역할 분담**이란 공동체 구성원 간 수평적 구분과 함께 권력과 지위의 수직적 구분을 포괄하는 개념이다"(『확장 학습Learning by Expanding』, 78).

예를 들어 1학년 글쓰기 수업이라는 활동 체계를 살펴보자. 여기서 주체는 교사와 학생이다. 그리고 목표 대상/동기는 수업 목표에 맞춰 단계적으로 생산되거나 개선되어 가는 텍스트와 쓰기 능력이된다. 매개 도구에는 책상, 의자, 칠판, 전자 기기 등이 설치된 물리적 교실 공간은 물론, 교실이라는 장르 체계를 정의하는 다양한 장르 집합이 있다. 예컨대 강의 계획서에 명시된 수업 목표 등 메타 장르로부터, 과제 지시문이나 다양한 장르의 학생 글, 동료 첨삭지, 교수자의 최종 논평, 학생과 교수자 간 협의, 교실 내 토론, 학생의 강의평가, 성적표 등 교수 학습 행동을 조정하고 적절한 상황 인지를 배치하는 데 관련된 장르가 모두 포함된다. 장르 체계는 사용자가 일련의 주목할 결과물을 만들어 내기 위해 행동하고 상호작용하는 방식을 중재함으로써 한시적으로 안정된 활동 체계를 유지한다. 학생/교사, 장르 체계, 목표 대상/동기 간 상호작용을 강조하는 것은 그것이 학교 문화의 규칙과 규범, 학교 공동체에 통용되는 상식, 교사와 학생 간에 구분되는 역할 분담의 위계와 관련이 있기 때문이다.

주체마다 동기가 다를 수 있고, 수행되는 노동의 계층적 분화가 상이한 권력 관계를 만들어내기도 하기 때문에, 러셀은 "활동 체계 내에 불일치, 저항, 갈등, 심각한 모순 등이 지속적으로 생산된다"고 본다. 교실 장르 체계를 예로 들어 논의했던 것처럼, 학생과 교사가 권력의 다양한 관계를 반영하는 장르나 장르 집합에 대등하게 접근하거나 관여하지 않는다. 이 활동 체계에서 가장 중요한 목표는 학생이 수업의 최종 결과물을 만들어 내는 능력을 갖추도록 하는 것이다. 하지만 교실 장르 체계 내 어떤 장르에서는 교사와의 갈등이 유발될 수도 있다. 학생의 글을 지도만 하면 되는 교사 장르도 있지만 반드시 평가를 해야 하는 장르도 있기 때문이다. 하지만 어떤 경우에도 장르 체계는 사용자들이 복합적이지만 조화로운 관계를 유지하도록 행동하게 만든다. 장르 체계는 활동 체계를 '작동'(Russell, 513)시킬 뿐만 아니라 유지하고 역동적으로 재창조한다(Russell, 512).

[그림 6.2]는 특정 장르 체계 안에서 주체가 목적을 달성하도록 상호작용하는, 다수의 장르 집합과 장르 체계를 보여주고 있다. 교실 내 활동 체계의 경우, 장르 집합은 미시적 수준의 활동을 작동시키고, 그 결과로 거시적 수준의 활동을 추동해낸다. 이처럼 장르 체

계 내, 장르 체계 간에도 업테이크가 일어난다. [그림 6.2]의 화살표는 장르 집합 내의 장르들 사이에서 그리고 상위의 장르 체계 안에 분포한 장르 집합들 사이에서 일어나는 업테이크 관계를 나타낸다.

동료 첨삭 장르 집합을 예로 들어 보자. 과제 지시문과 동료 첨삭 과제지는 학생이 쓰기 과제를 마치고 뒤이어 업테이크할 어떤 작업 사이를 중재한다. 동료 첨삭 장르 집합은 교사의 피드백 장르 집합과도 연결되어 있다. 교실의 활동 체계 내에서 메타 장르들은 장르 지식을 알려주고 업테이크될 활동을 유도한다.

[그림 6.2]가 보여 주는 것처럼 장르는 활동 체계 내 과업뿐만 아니라 활동 체계 간 과업도 조정한다. 교수자 피드백 장르를 예로 들어 보자. 장르 집합 안에서 교사가 학생의 글 말미에 덧붙이는 논평은 성적표 장르와 연결되고, 성적표 장르는 교실 내 활동 체계

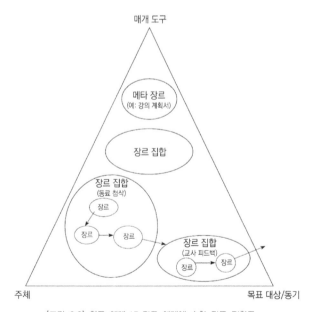

[그림 6.2] 활동 체계 내 장르 체계에 속한 장르 집합들

와, 교실 내 활동 체계는 대학 내 다른 활동 체계인 학적계와 연결되어 있다. 학적계는 학생의 성적에 근거해 성적증명서를 발부하거나 재정적으로 도움을 주고 전공 내 학문 영역이나 전공 간 서열을 결정하는 등 성적표 장르를 또 다른 장르 체계에 연루시킨다. 러셀이 상술한 것처럼, "교실 장르가 산출한 텍스트는 대학의 활동 체계 내 쓰기 장르들과 서로 연결되어 있다. 학생이 작성한 글은 보고서에 적힌 점수로 등급화되고 성적표에 기록된다. 교실의 쓰기 장르 체계는 성적표와 학위, 선발 수단이 될 다른 서류 양식 등으로 교실을 넘어 시공간적으로 더 넓고 깊게 더 권위적인 여타 관계망으로 확장된다". 이처럼 활동 체계와 장르들은 다른 활동 체계 및 장르 체계와 늘 연결되어 작동한다.

러셀의 「장르 다시 생각하기Rethinking Genre」에 예시된 것처럼 여러 활동 체계는 서로 뿌리 모양으로 연결되어 있다. 대학과 같은 큰 활동 체계 안에는 학과, 교실, 연구실 등 최종 목표 대상과 동기에 근접한 활동 체계가 있는가 하면, 다른 활동 체계들과 관련을 맺는 경계 부근에 위치한, 재정 지원 사무실이나 학적계, 체육학과 시설 같은 활동 체계도 있다. 활동 체계 간에 형성된 관계 덕분에 개인은 특정 시공간에 적합한 사회적 활동과 관계를 이행할 수 있다. 하지만 러셀은 "상호작용하는 활동 체계들 고유의 목표 대상/동기" 때문에 개인에게 갈등과 모순이 유발되기도 한다고 설명한다. 대학에서 전공 학문과 운동선수들 사이에 긴장이 발생하거나 사기업이 학술 연구 기금을 늘리는 것 등이 이러한 예에 해당한다. 최근 러셀은 "텍스트들이 상이한 맥락에 걸쳐 매개하는 방식을 이해하려면, 엥게스트롬 등이 복수 맥락성polycontextuality이라 명명한, 다수의 활동 체계 안에 분포한 제반 요소 간 관계를 이론화해야 한다"고 설명하였다(「다양한 맥락에서 글쓰기Writing in Multiple Context」, 358~359).

길트로우가 설명한 대로, 메타 장르가 수행하는 작업의 일부는

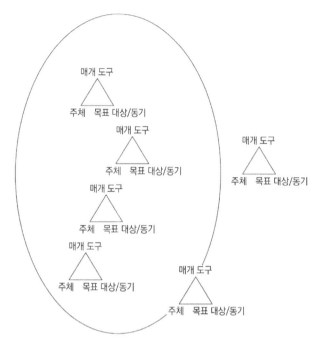

[그림 6.3] 다수의 활동 체계로 구성된 주요 활동 체계 일부는 외부의 활동 체계로
연결됨(Russell, 「장르 다시 생각하기」, 526).

활동 체계 사이의 경계에 있는데, 이 경계에서 발생하는 모순과 갈
등을 합리화할 수 있다면 활동 체계 내부나 활동 체계들 사이에서
개인이 경험하는 긴장은 진정될 것이다. 하지만 개인이 어떤 활동
체계에서 알게 된 것을 다른 활동 체계로 옮길 때에는 이 긴장이
저항과 변화를 낳기도 한다(Russell, 「장르 다시 생각하기」, 522).[8]

---

8) 파레는 「장르와 정체성(Genre and Identity)」에서, 이누이트 사회사업가들이 모국어 공
동체에서 사회사업 장르를 실행하며 경험했던, 문화적 긴장에 대해 설명한다. 이는 러
셀의 '이중 구속(double bind)'(「학교와 사회의 장르 다시 생각하기」, 519) 개념과 통한
다. "이누이트 노동자는 남부의 도시 지역에서 발전해 온 수사적 전략을 사용해야 한
다. 남부 도시 지역에는 노동자와 고용주 집단이 따로 떨어져 살기 때문에 면접 장소나
사무실, 법정이 아니면 서로 만날 일이 없다. 텍스트적인 실천을 북쪽화한다는 것은,

찰스 베이저만의 『편집자 언어The Language of Edition's Light』는 백열등 발명 과정에서 활동 체계들이 전개되어 나간 양상을 들어, 복합적인 프로젝트를 수행할 때 다수의 활동 체계가 결집하거나 상호작용하는 과정을 설명한다. 베이저만의 연구를 읽어 보면, 에디슨의 연구진은 사회적 필요와 여건을 만들어 내기 위해 다양한 활동 체계를 동원하였고, 그 결과로 백열등과 중앙 발전소를 현실화하였다. 백열등과 중앙 발전소를 기술적으로 실현하기에 앞서, 에디슨과 동료들은 신문과 같은 정보망을 동원하여 사회적으로 간접적인 여건을 형성해야 했다. 저널리즘의 변화와 신문 발행 부수 증가로 에디슨은 유명인사가 되었고, 그렇게 신뢰를 얻은 덕분에 그의 연구는 재정적 후원을 얻을 수 있었다. 저널리즘의 변화는 대중의 기대를 형성하는 데에도 기여했다. "에디슨이 대중 강연에서, 백열등 개발이 사회적 요구와 이상을 실현할 것이라 선언했을 때 관객의 호응은 최고조에 달했다." 베이저만은 금융 시장과 자본 투자, 특허 체계, 신문, 박람회와 전시회, 도시 정책 등 활동 체계들 간 상호 의존성이 백열등 발명과 보급을 현실화했다고 설명한다. 그러나 이 연구에서 더 중요한 것은 이들 영역을 동원시킨 주체의 존재가 드러났다는 점이다. 멘로 파크 노트북Menlo Park Notebook사는 법적인 공식기록과 특허권을 목록화하면서 에디슨 연구진의 실험 연구에 협조했고, 필요한 경우 주석을 달기도 했다. "이러한 방식으로 작업용

맥락 구성 요소는 물론, 비인격적이고, 직업 세계와 분리된 퍼소나, 남부에서 사회사업을 하는 고용주들의 뻔한 이야기, 범주, 살아가는 방식, 가치관, 신념, 도시 복지부서의 권력 관계 등 그 맥락을 창조하고 유지하는 문화도 함께 바꾸어 적는다는 것을 의미했다. 그 결과, 이누이트 노동자들은 한편으로는 문화 간 연결자의 지위를, 다른 한편으로는 식민지 권력의 대표 격인 전문 직업인의 역할을 강요 받는다."(Paré, 「장르와 정체성」, 63) 이누이트 사회사업가들은 이러한 이중 구속 상태로 일하면서 "대안적인 실천 방안을 모색해 왔다. 그 방안은 자신들 고유의 문화적, 수사적 전통 안에서 발전되어 온 것이다. 그러나 지배적인 장르에 저항하거나 전복시키기에는 그들의 능력으로 한계가 있었다".

문서는 실험실 너머 상이한 서류 체계와 소통하는 데 필요한 법적 기록으로 변환되었다."(Bazerman, 66) 공책에 처음 그린 그림도 "선전, 광고, 신문기사에 반복되었다". 공책과 같은 매개 도구가 상이한 활동 체계 안에 재맥락화되면 어떻게 상이한 목표 대상/동기로 기능하는지를 엿볼 수 있는 대목이다.

활동 체계 개념은 이론적인 분석 도구로서 수사학적 장르 연구에 기여해 왔다. 장르 연구자는 활동 체계 안에서 장르와 개인, 활동, 맥락 사이의 변증법적 관계를 설명하였다. 이 개념 덕분에 장르 체계 안팎의 복합적인 관계 지도도 '장르 생태학genre ecologies'으로 그려 낼 수 있었다. 장르 연구자는 활동 체계 개념 안에서 장르 체계, 장르 집합, 메타 장르, 업테이크 등 주요 개념의 연합 방식 및 작동 방식을 보여 주었다. 덕분에 개인이 다수의 경쟁적인 목표를 조정할 때 발생하는 장르 간 긴장 관계가 설명되었다. 그리고 특정 체계의 장르 행위가 장르들을 중재할 때 전개되는, 개인과 집단의 인지 과정도 확인되었다(Bazerman, 「장르와 인지 발달Genre and Cognitive Development」, 295). 활동 체계 개념은 장르 교수법에도 적잖은 자극을 주었고, 장르 연구자들이 활동의 다양한 차원을 연구하는 데에도 유연한 분석 도구로 쓰였다. 다양한 활동 체계로 구축된 상위의 활동 체계는 다른 여러 활동 체계와 연관되어 있으므로, 다양한 층위에서 활동을 연구하려는 장르 연구자는 자신의 분석틀을 설정할 때 주의해야 한다. 연구 중인 활동 체계 틀이 어디까지 포괄하든지 간에 활동 체계 개념은 연구자에게 특정 활동 체계와 그 소속 장르들 사이에서 그리고 인접 활동 체계 사이에서 무엇이 진행되고 있는지 그 상호의존성을 밝히도록 독려한다.

결론

장르를 정의한다는 것은 특정 활동 체계 안에 혹은 활동 체계 사이에 형성된, 장르 체계의 관계 안에 해당 장르를 위치시키는 것이다. 그렇기 때문에 장르는 자체의 형식적 요소들로만 정의되거나 교육될 수 없다. 수사학적 장르 연구의 성과를 가지고, 어떤 활동 체계 내에서 특정 기능을 수행하도록 장르를 가르치려고 할 때 생기는 교수법적 곤란함은 이러한 관계 양상이 복합적이라는 데에서 비롯된다. 과제를 이해한 학생은 단일 장르나 장르 집합 중에서 자신이 이해한 목표를 달성하기에 적합한 매개 도구를 선정하려 들 것이다. 또 자기가, 과업을 수행할 주체로서 능력을 갖추었는지도 고려할 것이다. 일부 학생은 목표 대상/동기를 제대로 인식해도 적절한 매개 도구에 접근하지 못하거나, 과제 수행에 필요한 목표 대상/동기를 이해하고 매개 도구를 사용할 수 있다 하더라도 스스로 정체성 면에서 과제를 수행할 자격이 없다고 느낄 수도 있다. 중요한 것은 목표와 최종 산물을 이해하는 방식이다. 목표와 최종 산물을 이해하는 방식은 우리가 무엇을 어떻게 사용해야 하는지, 즉 매개 도구의 선정에 관여한다. 수행 목표와 동기를 인식하는 방식은 각자가 느끼는 주체로서의 지위에 달려 있다.

『장르 지식 구축하기Building Genre Knowledge』에서 크리스틴 타디Christine Tardy는 전공 영역 내 장르를 배우는, 국제학과 대학원생 4명(석사 2명, 박사 2명)의 발달 과정을 보고하였다. 이 4명은 대학원생 대상 쓰기 수업을 듣는데, 수업에서는 학술 장르라는 매개 도구를 명시적으로 가르치지만, 학생들이 속한 특정 활동 체계 맥락의 목표 대상/동기는 고려하지 않았다. 이 사례 연구에서 타디는, 목표 대상/동기가 개인의 실제 상황에 맞게 구체적이지 않으면 장르 지식이 충분히 활성화되거나 학습되지 않는다는 사실을 발견하였다. 학회 연구 제안서나 논문 초록을 쓰도록 가르쳤지만 실제적인 목표나 최종 산물을 목표로 하지 않았으므로 매개 도구 형식과 관련된 지식이 별로 활용되지 않았다. 그리고 형식적인 장르 지식을 실제로 숙달하였어도 학생이 자기 능력에 대해 자신이 없으면, 즉 전공 학문 내 목표를 이루는 데 기여할 권위가 없다고 느끼면, 다른 지식이 충분히 발휘되지 않았다. 과제 수행 동기나 저자로서의 주체성이 없는 상태에서 매개 도구에 대한 메타 지식만 가지고는 과제를 완수할 수 없다. 개인의 주체성은 개인이 목표 대상/동기를 얼마나 잘 이해하고 중시하는가, 목표 대상/동기와 관련된 매개 도구를 얼마나 잘 다룰 수 있는가에 따라 결정된다. 우리가 각자의 매개 도구를 써서 꾸준히 자신의 목표 대상/동기들을 실현해 가는 동안, 주체성과 정체성은 장르 지식과 그 이행 과정에 늘 동반된다.

장르가 수사학적으로 또 사회학적으로 이해되면서, 장르는 대학과 직장 등 공적인 활동 체계를 연구하는 데 탁월한 분석 도구로 주목을 받게 되었다. 하지만 수사학적 장르 연구자들은 장르를 가르치는 교수법이라는 게 유의미한가에 대해서 여전히 의문을 가지고 있다. 분명히 장르는 개인이 어떤 일을 완료하기 위해 복합적인 관계망에 어떻게 참여해야 하는지, 신참자가 특정 활동 체계 안에서 자신을 어떻게 구성하고 효율적으로 참여하는가를 우리에게 알려준다. 하지만 우리가 전형화된 수사적 특징에만 매달리지 않고 장르의 복합성과 지위를 존중해 주면서 장르를 가르칠 수 있는가에 대해서는 여전히 의문이 남는다. 이것이 수사학적 장르 연구자가 계속 마주치게 되는 문제이다. 이 책 2부에서는 장르가 학문 분야와 직장, 그리고 공적인 매체 환경 및 새로운 매체 환경에서 어떻게 수용되고 사용되었는가를 다루면서, 장르 연구의 외연을 확장해 살펴볼 것이다. 이어서 3부에서는 글쓰기 교육에서 장르의 교육학적 가능성에 대해서 검토하고자 한다.

2부 다중 맥락의 장르 연구

7장 학술 맥락의 장르 연구

전 세계적으로 실험과 관찰을 통한 실증적인 장르 연구들이 1부에서 제기된 장르 관련 이론을 보완해 왔다. 장르가 실현되고 있는 맥락 안에서 체계적으로 장르를 관찰한 연구들은 장르가 서로 영향을 미치며 형성되어 가는 진행적 공간임을 학계에 납득시켰고, 역동적인 담론 행위로 장르를 재개념화하였다. 장르를 연구하는 목적은 사람들이 장르를 어떻게 배우고 습득하는지, 장르가 어떻게 진화하고 달라지는지, 특정한 사회·역사·문화 맥락 안에서 장르가 담론 행위로서 어떻게 기능하는지를 설명하기 위함이다. 공인된 장르에 대한 사례 연구는 물론, 실험 논문이 역사적으로 어떻게 진화해 왔는지를 살펴본 문헌 연구, 수의학 분야의 연구자를 관찰한 조사 보고 등이 구체적인 장르 연구에 해당한다. 이 장을 비롯해 2부에서는 구체적인 장르 관련 조사 연구들을 좀 더 살펴볼 것이다. 이들 실증적인 연구는 구조화된 맥락이나 조직 안에서 장르가 구성원의 행동을 어떻게 구조화하고 틀지었는지, 장르가 가진 상호작용 공간으로서의 기능을 보여 준다. 아비바 프리드만Aviva Freedman은 『수사학적 장르 연구를 너머Rhetorical Genre studies and beyond』(Natasha Artemeva 공저)에서 이론과 그 이론을 적용한 실증적 연구 사이의 상호작용 관계에 주목하였다. "데이터를 분석하면 이론이 추출된 맥락에 적합하게 이론을 더 정교화할 수 있다. 데이터는 이론에 살아 있는 육체를 부여한다." 실험 연구는, 장르를 역동적인 사회적 행위로 파악하는 이론적 관점을 가설로 삼아, 텍스트와 사회적 맥락 사이의 복합적인 내적 작용을 조사하여 이론적 가설의 타당성을 검증한다.

　찰스 베이저만은 이론적 논의와 실증적 연구 사이의, 그리고 사회적 행위와 개별 수행 주체actor 사이의 상호작용에 대해 좀 더 세밀히 관찰하였다. 최근 방법론 관련 논문에서 그는 '중간 지대의 이론', 즉 통시적인 연구에 기반하여 실증적인 근거를 제시하는 이론이야말로 "동시대와 미래의 쓰기 실천에 체계적인 원칙을 제시한다"고 주장하였다(「중간 지대의 이론Theories of the Middle Range」, 302). 공시적인 장르 연구가 텍스트의 특정 현상이나 개별 과정만을 검토하는 반면, 통시적인 연구는 보다 넓은 사회 문화 이론에 근거하기 때문에 추상과 구체 사이를 중재할 수 있다. 통시적 연구 대상이 되는 장르는 과학 논문에서부터(Bazerman, 『쓰기 지식 형성Shaping Written knowledge』, 「자연 철학자는 어떻게 협력하는가How Natural Philosophers Can Cooperate」; Selzer; Gross & Harmon & Reidy), 편지(Barton & Hall), 사무용 서신(Yates, 『의사소통을 통한 통제Control through Communication』), 경제학 담론(McCloskey, 『경제학의 수사학The Rhetoric of Economics』), 정치 장르(Campbell & Jamieson, 『형식과 장르Form and Genre』; 『언어 행위의 수행성Deeds Done in Words』)에 이르기까지 다양하다. 베이저만은 독자적인 추론에 근거해 다양한 측면에서 통시적인 조사 연구를 진행하였다. 이러한 연구를 통해 '보편적인' 가설에서 구체적인 가설까지, 이론적인 개념을 실증적인 사례로 뒷받침한 연구가 상이한 차원의 연구 가설을 입증하는 데 얼마나 유용한지를 설명하였다. 또한 현상을 전략적으로 조사하고 자료 수집의 원칙을 세우는 데에도 실증적인 연구가 기여하는 바를 설명했다. 기록보관소에서 연구 자료 말뭉치를 선별하는 방법처럼 개별 장르에 어떤 전략을 적용하고 자료를 어떻게 수집하는지 등에 대해서도 설명하였다. 통시적인 탐구는 이론적인 연구와 실증적인 연구의 상호작용을 기반으로 한다. "이론과 개념은 세계 내 사물을 발견하고 인식하는 데 도움이 된다. 마찬가지로 세계 내 존재에 주목하는 것도 개념의 발견에 도움이 된다."

문어 장르에 대한 통시적 연구는 사회학을 비롯하여 언어학, 심리학, 인지 실험 분야에 이르기까지 다양한 전공 분야의 연구들과 공동으로 전개되어 왔다. 실제로 장르 형성이라는 관점에서 진행된 장르 연구는, 아비바 프리드만의 장르 '직감felt sense'과 같이 장르 습득이나 장르 지식 등 인지 관련 연구에서부터, 실험 논문의 수사학에 관한 스웨일스Swales의 탁월한 분석처럼 언어학에 치우친 연구에까지 이른다(언어학이나 언어 및 담론의 관점에서 진행된 장르 연구를 개괄하고 싶다면 Tardy와 Swales의 연구를 참조하라). 최근에는 장르가 형성되는 사회적 맥락과 장르가 실현되는 사회적 행위에 주목하는 추세이지만, 얼마 전 베이저만은 "사회인지적 연구 절차를 새로이 하여 학습을 위한 쓰기 과정에 주목할 필요가 있다"고 목소리를 높였다(「장르와 인지 발달Genre and Cognitive Development」, 287). 에이미 데빗 Amy Devitt이 『장르 글쓰기Writing Genres』 결론에서 주장한 것처럼 장르 연구는 학제 간에 풍성한 교류의 장을 만들었다. 그녀는 앞으로 장르 연구가 인지 관련 연구나 통시적 연구뿐만 아니라 사회학자와 장르 이론가 사이의 협동 연구까지 포괄해야 할 것이라고 내다보았다. 이에 더하여 베이저만은 장르 연구가 담화 분석이나 문화기술지적 방법론 등 인근 학문 영역에서 새로이 등장하는 다양한 방법론과 연계될 필요를 제기한다. 5장 후반부에 설명된 브라질의 장르 연구는 그러한 학제 간 연구가 구체화된 사례이다. 다수의 방법론을 차용한 연구는 "언어적 작동에 대한 인문학적 이해를, 인간 관계, 행위, 잠재의식에 대한 사회과학적 이해와 관련짓는 데 많은 시사점을 준다(「장르의 일생The Life of Genre」, 23). 이렇듯 장르 연구는 장르가 어떻게 습득, 수행, 위계화되는지 알려주는 데 그치지 않는다. 장르 분석 자체가 연구 방법론으로 사용될 수 있고 "사회적 위계화와 관련된 현대의 조사 연구를 설득적으로 뒷받침하는 데 핵심적인 역할을 할 수도 있다".

텍스트 중심 방법론과 사회 문화적 방법론을 양대 축으로 하여 장르를 분석할 때에는 다양한 장르 연구 방법론과 자료 데이터들을 통합하면서 다수의 방법론을 중층적으로 사용하기도 한다. 장르 분석이 텍스트를 유의미한 사회적 행위로 간주하고 파고드는 유용한 접근 방식이기는 하지만, 베이저만은 "복합성과 불확정성, 그리고 텍스트 맥락의 중층성으로부터 텍스트가 우리에게 현시하고자 하는 의미"를 구성해내야 하는 '방법론적 딜레마'를 인정한다. 독자의 장르 습득 양상이나 장르가 처한 맥락 자체를 직접 관찰하기보다 텍스트에 대한 장르 연구자의 직관에 의지해야만 할 때가 있다. 이때 연구자는 기존의 방법론을 새롭게 적용시킨다. 이러한 방법론의 변화는 한 걸음쯤 떨어져 비판적으로 성찰하기 위해서, "장르에 익숙해진 사용자의 관점이나 활동 체계를 초월해서 장르 지식을 좀 더 주의 깊게 조사하고 관찰하고 분석하기" 위해서 시도된다(「발화 행위」, 321). 기존의 장르 분석은 텍스트의 전형화된 요소에 주목하였으므로 텍스트가 다르게 해석될 수도 있는 복합성과 중층성을 관찰하는 데 한계가 있었다. 베이저만은 이러한 방법론적 딜레마를 해결하려면 장르 분석에 다양한 방법을 사용할 것을 제안한다. 1) 텍스트에서 덜 분명한 패턴이나 특징도 검토하라. 2) 상이한 사회·역사적 맥락의 텍스트 범주까지 포괄하도록 장르 샘플의 수를 늘려

라. 3) 인터뷰나 관찰을 실시해서 다양한 장르 이해 사례를 모아라. 4) 사회구성체 안에서, 특히 장르 집합, 장르 체계, 활동 체계 안에서 텍스트가 어떻게 사용되고 있는지 문화기술지적 방법론으로 연구를 수행하라. 이 장을 비롯하여 이어지는 8장과 9장에 소개된 장르 기반 연구는 완벽하지는 않지만 "텍스트에 국한되지 않고 그 텍스트를 사용하는 사람들의 이해 양상까지 정보로 모으는" 다양한 방법을 보여 줄 것이다. 이 장에서는 학술 맥락의 장르에 대한 연구부터 알아보도록 하자.

학술 맥락의 장르 학습과 습득 연구

1993년에 발간된 『영어 교수법 연구Research in the Teaching of English』 특별호에서 프리드만은 장르에 대한 이론이나 교수법의 측면에서 주장을 펼치고 가설을 뒷받침하는 데 실증적인 연구가 얼마나 중요한지 강조했다. 프리드만은 명시적인 장르 교수와 관련된 주요 이론을 반박하기 위해, 장르는 암묵적으로 습득되기 때문에 명시적으로 가르치는 것은 불필요할 뿐만 아니라 생산적이지도 않다는 자신의 가설을 입증할 사례 연구를 소개한다. 1987년 그녀는 5학년, 8학년, 12학년생 7500명이 작성한 글에 나타난 서사 구조를 검토하는 대규모 연구(「이야기 쓰기 능력 발달Development in Story Writing」)를 수행하였다. 연구 결과, 학생들은 글을 조직하는 절차나 체계에 대해 배우지 않았어도 서사 구조를 갖추어 썼다. 이러한 결과를 바탕으로 프리드만은 학생들이 이야기를 귀로 전해 듣거나 눈으로 읽으면서 서사 장르 구현 방법을 익힌다는 '개연성 있는 해석'을 내렸다. "이 스키마schema는 자연스럽게 내재화된 것이다. 학생 중 아무도 이야기 전개 방식을 명시적으로 배운 적이 없었다. 쓰기 과제에 필요한 배경지식을 구성하면서 자연스럽게 암묵적인 스키마를 끌어 온 것이다"(「보여 주기와 말하기Show and Tell」, 227). 이 가설을 검증하기 위해서, 프리드만은 이어서 법학과 학부생을 대상으로 문화기술지적인 연구를 수행하였다. 추가 연구는 최종적으로 학생 6명에 대한 사례 연구로 수렴되었다. 프리드만 등은 학생들의 교실 내 수행 양상을 관찰하고 학생 및 교수들과 매주 인터뷰를 하였다. 법학과 전공 활동과 노트, 초고 등 쓰기 자료 전부가 분석되었다. 분석 결과 6명의 학부생은 수업 시간에 명시적으로 교육 받지 않았음에도 법학 전공의 학술 과제들에서 어휘, 통사, 구조, 수사적으로 확연히 구분되는 여러 하위 장르를 작성해냈다. 이들이 다른 과목을 들으면서 쓴 학술적인 글과 비교해 보면, 법학 전공 내 텍스트에서는 "논증 양식이 매우 확연히 드러났다"(『다시 배우는 글쓰기Learning to Write Again』, 99). 하지만 이들은 법학 전공에 맞게 글을 쓰는 방법에 대해 명시적으로 교육 받은 적이 없고 모범 예시 글도 본 적이 없으며, 해당 장르에 내재화된 규범에 맞춰 초고를 쓰거나 수정을 해 본 적도 없었다. 그렇다면 학생들은 어떻게 새로운 장르를 습득한 것일까? 프리드만의 연구에서는 다음과 같은 습득 모델이 관찰되었다.

학생들은 '희미한 직감'만으로 낯선 장르에 다가가서 이 장르 안에 구체화시켜야 하는 특정 내용을 중심으로 배경지식을 끌어 모은다. 이러한 구성 과정에서 장르에 대한 '희미한 직감'이 점차 분명해지고, a) '직감'에 따라 b) 작문 과정과 c) 생성 중인 텍스트가 상호 연동하여 정교해지며 감식안도 재설정된다. 이후 학부생은 학점이라는 외재적 피드백에 따라 장르에 대한 자신의 인식 지도를 확정하거나 수정한다.

프리드만의 설명에 따르면 학술 담론에 대한 직감은 필자가 글을 쓰고 피드백을 받고 강의를 듣고 토의를 하고 책을 읽으면서 추론해내고 다듬으면서 일반화시킨 감각이다. 학생들은 외부의 도움 없이 능동적인 수행을 통해 장르를 배우고 직감으로 낯선 장르를 터득해 가는 것이다.

프리드만은 "전문적인 학교 장르school genre라 할지라도 명시적으로 가르쳐야만 하는 것은 확실히 아니"(「보여 주기와 말하기」, 230)라고 결론짓는다. 하지만 "확실한 결론은 도출할 수 없으며 제안에 그칠 따름"임을 인정한다. 그녀는 "특정한 여건에서는 명시적인 교수법이 장르 학습을 강화할지도 모른다"며 단정적인 결론을 회피하였다. 특정한 여건이란 학생이 맥락화된 학습(예를 들어 학생들이 실제로 써 내야 할 장르를 읽어 보는 것)에 몰두하거나, 혹은 장르가 사회적 동기에 결합되어 있음이 분명히 드러나는, 그런 실제적 과제가 있는 환경을 말한다. 하지만 프리드만에 따르면 이러한 교수법의 성패도, 교수자가 장르에 대해 얼마나 명확한 지식을 갖고 있는지, 학생의 학습 스타일은 어떠한지, 학생들 각자가 장르 맥락에 노출된 지 얼마나 지나야 해당 장르 지식을 수용하는지에 따라 달라진다. 따라서 명시적으로 장르를 가르치는 것이 효율적인가는 여전히 확답하기 어려운 문제이다. 프리드만은 이러한 문제를 풀어줄 후속 연구를 촉구하며 글을 마친다.

…… 내가 제안한 두 가설을 입증할 후속 연구가 필요하다. …… 좀 더 관찰 조사를 해 보면 하나 이상의 가설을 입증할 구체적인 증거를 찾을 수 있을 것이다. 하지만 실험 절차를 설계할 때는 특정 상황에 대한 연구 가설의 입증 결과를 어느 정도로 일반화할 수 있을지를 고려해야 한다. 누구를 대상으로 한 연구인가도 중요하다. 학습자마다 배우는 방식도 성숙한 정도도 사회 문화적 경험도 다르기 때문에 동일한 교수 전략을 적용할 수는 없다.

조셉 윌리엄스Joseph Williams와 그레고리 콜롬브Gregory Colomb는 1993 년 『영어 교수법 연구Research in the Teaching of English』 같은 호에서 프리 드만의 주장에 반대한다. 특별히 장르에 국한된 것은 아니지만 특 정 맥락 내 명시적인 교수법의 효율성(Hillocks)과 중등교육에서 명 시적인 교수법의 필요성(Fraser et al.; Walberg)을 밝힌 선행 연구를 근거로 들었다. 그리고 자신들이 시카고 대학교에서 학생들의 쓰기 능력 인지를 관찰한 '명시적 교수법 사례 연구' 자료를 토대로 명시 적 교수법의 유용성을 옹호하였다. 학생들도 명시적 교수법을 선호 한다는 것이다. 연구 대상은 통사, 어휘, 담화, 수사 등 특정 장르 요소를 명시적으로 배우도록 설계된, 학술적 글쓰기 및 직업적 글 쓰기 과정에 등록한 학생 400명이었다. 학생들은 특히 주제 찾기, 도입, 조직, 동사 선정과 명사화 문법에 대한 명시적 교육이 유용했 다고 평가하였다. 이들 전략의 유용성을 인지하는 정도는 학생들의 쓰기 능력 점수와도 상관이 있었다. 이러한 결과를 바탕으로, 윌리 엄스와 콜롬브는 학생들이 장르의 맥락 관련 지식을 얻는 데에 도 움이 될 '전형적인 요소'나 핵심 요인은 명시적으로 가르치자고 주 장하였다.

완전히 사회화되기 전이라도 학생들이 장르의 명시적인 특징에 숙달 한다면, 이후 그러한 공통 요소에 주목하게 될 것이고 관련 지식을 생성 해낼 수도 있을 것이다. 사회적 맥락을 배운다는 것은 형식을 배우는 것이다. 하지만 형식을 배우면서도 사회적 맥락을 배울 수 있다. 장르 형식은 프리드만이 생각하는 것보다 훨씬 더 생성적이다. 아무튼 닭이 먼저냐 달걀이 먼저냐 하는 이 해묵은 문제는 오직 연구로써만 해답을 구할 수 있다.

윌리엄스와 콜롬브는 장르의 공통적인 형식을 명시적으로 가르치는 것이 학생의 장르 지식을 활성화하는 데 도움이 된다며 긍정했지만, 이 연구에는 한계가 있다. 공통된 형식을 명시적으로 가르치는 것이, 특정 상황에 대한 반응이라는 수사적 관점으로 장르를 폭 넓게 이해시키기 위한 목적이 아니라 단지 그 형식을 습득하는 데 어떤 영향을 미치는지에만 초점을 맞추었기 때문이다. 그래서 이들도 명시적 교수법과 암묵적 습득 사이에, 그리고 특정 장르의 일반적 패턴과 사회적 패턴 사이에 일어나는 상호작용을 '해독할' 후속 연구를 촉구하였다. 프리드만도 윌리엄스와 콜롬브가 제안한 내용을 인정하였다. 학생들이 의사소통의 실제적 맥락에 참여하게 되면 장르 지각력을 쉽게 발전시킬 수 있고 또 해당 장르의 고유한 특성도 잘 인식하게 되므로 결과적으로 장르를 습득하게 될 것이다. 후속 연구가 필요하다는 주장에 대해서도 "함께 연구하자Invitation to the Community"고 응수한다. "교수 전략에 반대하기 위한 회의적인 입장의 연구여서는 안 된다. 이론을 명징하게 뒷받침할 실증적 연구를 해야 한다. …… 상관 관계를 연구하거나 이론을 수립하는 연구가 필요하다."

장르 지식 및 장르 학습 연구의 필요성

지난 20년 동안 장르에 대해 프리드만이 제안한 후속 연구가 진행되었다. 학생이 장르 지식을 어떻게 습득하는지, 교수자가 학생의 장르 학습을 어떻게 독려할 수 있는지, 학습이 어떻게 수행으로 전환되는지에 연구자들의 관심이 모아졌다. 아동의 초기 쓰기 발달을 탐구하는 연구자에게는 장르를 배운다는 것이 어떤 의미인가가 문제의 핵심이었다. 장르 습득에 관해 아직 확실한 결론을 도출하지 못한 프리드만의 연구에 맞서, 마릴린 채프만Marilyn Chapman은 "아동의 쓰기를 연구한 결과 장르 학습은 아이들의 문식성 발달과 관계가 있다"고 밝혔다(「상황, 사회, 활동Situated, Social, Active」, 472). 캐롤 도노반Carol Donovan과 로라 스몰킨Laura Smolkin은 아동의 장르 지식 관련 연구를 종합적으로 검토하고 아동의 장르 이해와 관련된 연구 문제 3개를 추려냈다. 1) 아동의 장르 지식과 장르 이해 발달 과정이 지니는 특징은 무엇인가? 2) 상이한 과제나 교수 방법이 아동의 장르 지식에 어떠한 변별적 차이를 초래하는가? 3) 상이한 장르에서 쓰기 능력을 발달시켜 나가는 아이들을 교수자가 도울 수 있는 최선의 방법은 무엇인가? 첫 번째 주제에 대해서는, 아동의 서사 장르 습득, 수행 능력,[1] 서사 장르 지식 등을 정보 전달이나 설득 장르 지식으로 전이시키는 능력에 주목한 연구가 있었다.[2] 도노반과 스몰킨은 두 번째 주제인 아동의 장르 지식 관련 연구를 하려면 아동이 장르를 이해해 가는 과정을 어떤 방법론으로 조사할 것인가에 주의를 기울여야 한다고 보았다. 장르 지식을 해명하는 연구는 거의 모두 질적이고 설명적인 연구이기 때문이다. 세 번째 주제 관련 연구로는, 장르를 반복해서 읽게 하거나(Papas, 「아동 학습 전략Young Children's Strategies in Learning」), 장르를 명시적으로 가르치거나(Duke & Kays; Fitzgerald & Teasley), 장르를 상황 맥락 안에서 가르치는(Chapman, 「상황, 사회, 활동」) 등 장르 습득 교수 방법에 초점을 맞춘 시도들이 있었다.

제반 교육 수준에서 이루어진 장르 지식 관련 조사 연구에는 다양한 방법론이 적용되었는데 모든 연구에서 첫 번째로 수행되는 자

---

1) 이에 관한 연구로는 아래와 같은 것이 있다.
Langer, 『아동의 읽고 쓰기(Children Reading and Writing)』; Donovan, 「아동의 이야기 쓰기(Children's Story Writing)」, 「아동의 발달과 조정(Children's Development and Control)」; Papas, 「서사는 '중요'한가?(Is Narrative 'Primary'?)」; Kamberelis & Bovino.

2) 이에 관한 연구로는 아래와 같은 것이 있다.
Chapman, 「장르의 출현(The Emergence of Genres)」; Donovan, 「아동의 발달과 조정(Children's Development and Control)」; Langer, 「읽기와 쓰기, 장르 발달(Reading, Writing and Genre Development)」; Troia & Graham.

료 수집 절차에는 1) 과거부터 현재까지 읽은 장르 유형 조사 2) 이전의 쓰기 경험 분석 3) 교수자의 수업 과제 수합 4) 쓰기 과정 발화 관찰 5) 교실 토의 분석 등 프리드만의 장르 습득 모형이 대부분 활용되었다. 연구자들은 이렇게 분석할 자료를 수합하면서 프리드만이 설명한 '직감'이나 장르 감각, 장르 인식력 등에 대해 좀 더 명료한 정의를 내리려고 하였다. 장르 인식력이란, 학생이 처음에 "학술 담론에 대해 대략적으로 가지고 있던 스키마", 즉 학술 담론의 형식과 구조, 수사적 맥락, 사고 촉발 전략에 대한 기존의 스키마를, 새로운 장르에 직면하여 특정 과제 규칙에 맞게 수정해야 할 필요를 느끼는 능력을 가리킨다(『다시 배우는 글쓰기』, 104).

우리는 워싱턴 대학교와 테네시 대학교에서 동료 연구자들과 함께 학생들이 어떤 장르 지식을 가지고 대학에 입학하는지, 낯선 학술 담론 관습을 배울 때 선행 지식이 어느 정도나 도움이 되고 또 방해가 되는지를 알아보기 위해 학제 간 연구를 수행하였다. 방법론으로는 학생들의 장르 습득 양상을 탐색한 프리드만의 연구 절차를 따라, 학생의 이전 문식 경험과 교수자의 강의계획서 및 과제를 조사하고 교실에서 작성된 텍스트를 수합했으며 학생 인터뷰도 진행하였다. 학생의 이전 쓰기 장르 경험, 수사적으로 정형화된 맥락에서 수행한 문어적·구어적 디지털 의사소통의 빈도, 그리고 의사소통 상황에 전형적으로 반응하는 데 익숙한 정도를 중점적으로 조사하였다. 연구 문제는 다음과 같다. 신입생 작문 과정을 수강하는 대학생이 이미 알고 있는 문어, 구어, 디지털 장르는 무엇인가? 신입생 작문 수업에서 낯선 장르의 글을 쓸 때 학생은 선행 장르 지식을 어떻게 사용하는가? 새로운 학술 담론에 접근하는 데 이전의 선행 지식은 어느 정도로 도움이 되거나 방해가 되는가? 이전의 장르 지식을 새로운 장르 지식으로 변환시킬 때 어떠한 요소가 어떻게, 왜 유용한가?

이러한 문제를 알아보기 위하여 먼저 학생들을 대상으로 이제까지 학교 안팎에서 경험한 읽기, 쓰기, 디지털 문식성 등 문식 행위에 대한 설문을 실시하였다. 그리고 1학년 작문 수업 초반에 작성한, 쓰기 샘플과 보고서 각 1편씩에 대해 질문하는 인터뷰를 하면서, 학생들이 1학년 작문 수업에서 첫 번째 보고서를 쓸 때 기존의 담론 자료들을 어떻게 이용하는지 조사하였다. 또 신입생 작문 수업에서 써 낸 쓰기 과제 전부를 모아서 분석하였는데 그 이유는, 학생들의 기존 장르 지식이 세분화되어 가는 양상을 살펴보고, 이러한 선행 지식이 학술 담론을 익히는 데 어떻게 도움이 되거나 방해가 되는 지를 알아보기 위함이었다. 최종적으로 이러한 분석 결과를 구체적인 맥락 안에서 살펴보기 위해서, 강의계획서와 쓰기 과제 목록을 수합하였다.

지금도 연구는 진행 중인데, 이제까지의 연구 결과는 앞서 프리드만이 발견한 바, 작문 과정이 장르에 대한 직감을 형성하고 조정하는 데 중요한 영향을 미친다는 가설을 뒷받침한다(이 연구에 대해 자세히 알고 싶다면 http://utuwpriorgenre.blogspot.com/을 보라). 프리드만의 연구에 따르면, 낯선 장르로 글을 쓸 때 학생은 소기의 목적을 달성하기 위해서 여러 하위 과정을 수행한다. "작문 수업에서 어떤 텍스트가 모습을 갖춰 가는 것은, 아직 완성되지 않은 텍스트와 필자의 직감이 수시로 교차하며 서로를 정교하게 수정해 간 결과이다."(『다시 배우는 글쓰기』, 102) 테네시 대학교의 응답자 가운데 절반 가까이는(46%) 낯선 쓰기 과제나 처음 보는 장르에 직면했을 때 아이디어 창안, 브레인스토밍, 자유롭게 써보기, 초고 쓰기, 수정하기 등 자신에게 익숙한 쓰기 과정 기술이나 관습에 의존한다고 응답하였다. 특히 프리드만은 아이디어 창안 방법이 아이디어 생성에 기여할 뿐만 아니라 적용 가능한 수사적 전략을 제안하고 그 범위를 제한함으로써 학생들이 장르 감각을 더 명료하게 형성하도록 돕는다는 점을 강조한다. 또한 프리드만의 습득 모형은 이전 쓰기 경험의 중요성을 강조하는데, 테네시 대학교와 워싱턴 대학교 학생들도 고등학교 쓰기 수업과 AP[3] 수업에서 영향을 받았다고 밝혔다. 이런 반응은 프리드만이 장르 '직감'의 구성 요소라고 설명한, 장르의 복합적인 활동과 장르 간 상호작용의 필요성을 입증하는 것이다. "학생들은 학술 담론에 대한 대략적인 스키마를 가지고 출발한다. 이러한 스키마는 이전에 자신이 그와 유사한 수업 상황에서 수행했던 성과로부터 추론해낸 것이다."(『다시 배우는 글쓰기』, 104) 테네시 대학교와 워싱턴 대학교의 상당수 학생들은 이전의 장르 수행 경험이 중요하다고 밝혔고, 테네시 대학생의 31%와 워싱턴 대학생의 34%가 고등학교 때 조사 및 논증 과제, 비평문, 수필, 보고서 등의 장르를 써 본 경험이 중요했다고 밝혔다. 베이저만은 다음과 같이 정의한다.

장르란 학생이 손에 넣어야 할 자료에 이르는 도구이다. 학생은 사회에서 받은 교육과 경험을 통해 장르를 익힌다. 아직 탐험해 보지 않은, 하지만 납득할 수 없으리만치 다르지는 않은 낯선 영역으로 학생이 첫발을 내디딜 때 그 도전의 틀을 만들어 주는 도구가 바로 장르이다. (「장르의 일생」, 24)

제반 쓰기 과제물과 학업 장르를 연구하면서 보니, 심리적·사회적·제도적으로 다양한 요소들이 교실 안에서 복합적으로 작용하고 있었다. 학습자는 낯선 담론 영역에 진입할 때 사전 장르 지식이 제공하는 전략을 따랐다.

---

3) (옮긴이) Advanced Program, 선이수 프로그램은 대학교 필수 교양 과목 중 일부를 선택하여 고등학생으로서 선 이수할 수 있도록 만든 미국의 교육 제도이다.

테네시 대학교와 워싱턴 대학교에서 진행된 학제 간 연구는, 학생의 사전 장르 지식을 알아보고 이 사전 지식이 낯선 학술 장르를 배우는 데 미치는 영향을 연구한, 에이미 데빗의 캔자스 대학교 연구를 확장한 것이다. 데빗은 신입생 작문 수업에서 장르에 대한 학생의 선험적 지식이 낯선 장르의 글을 작성하는 데 어떠한 영향을 주는지에 대해서 다음의 교수자 설문을 통해 조사하였다. "당신의 신입생 작문 수업에 수강 신청한 1학년 학생이 이미 알고 있는 장르는 무엇이었는가? 당신의 수업에서 낯선 장르의 글을 쓸 때, 학생은 자신이 알고 있는 장르를 어떻게 적용하는가?"(「1학년 글쓰기와 선행 장르First-year Composition and Antecedent Genre」) 설문과 학생 쓰기 자료를 분석한 결과, "학생들은 새로 배우는 장르를 사전에 알고 있었거나 즐겨 사용했는지 여부에 상관없이 이미 알고 있는 장르 지식으로 글을 썼다"(「1학년 글쓰기First-year Composition」). 데빗은 학생이 가진 '학술 담론에 대한 대략적인 스키마'란 "이전에 자신이 그와 유사한 수업 상황에서 수행했던 성과로부터 추론되는 것"으로, 스키마는 특정 과제를 수행할 때 해당 전공 학문에서 기대하는 바를 충족시키면서 수정된다는 프리드만의 주장을 뒷받침한다. 학생들은 새로 익히는 학술 장르를 이전에 경험한 장르와 다른 것으로 여긴다.

> 학생은 이미 알고 있는 장르와 낯선 장르 사이에 수사적으로 유사한 상황이 있는지를 가늠해 보고 나서, 기존의 지식을 새로운 과제 국면에 적용할 방법을 결정한다. 하지만 많은 경우 낯설고 어려운 과제에 직면했을 때 자신이 알고 있는 것을 토대로 거의 무의식적으로 행동한다. (「1학년 글쓰기」)

데빗은, 이전에 학술 장르의 글을 써 본 적이 없지만 대학의 글쓰기 수업에서 학술 장르 관습에 따라 글을 쓴 '나단Nathan'의 사례를 인용한다. 나단은 설문 조사에서 고등학교 때 보고서를 별로 써 보지 않았다고 밝혔다. 하지만 "이 학생은 주제문과 뒷받침 문장이라는 관습적 전략에 의존해서, 일관되게 다섯 단락으로만 글쓰기 수업의 보고서를 썼다. 모른다고 했던 장르를 적용한 것이다"(「1학년 글쓰기」). 이러한 사례는 장르 지식이 무의식적이라는 프리드만의 주장을 입증하는 것으로 여겨질 수 있다. 하지만 데빗은 명시적인 장르 교수의 무용성을 주장한 프리드만의 견해에 이의를 제기하면서, '장르에 대한 인식력'을 명시적으로 가르치자고 제안하였다. 장르 지식이 암묵적으로 습득되는 것이라 하더라도 특정 맥락 내 장르를 명시적으로 가르치는 것이 중요하다는 것이다. 이러한 주장은 『장르 글쓰기』라는 그녀의 저서에서 자세히 개진된다. 명시적인 장르 수업을 통해서 장르가 수사적으로 또 사회적으로 어떻게 기능하는지, 즉 "공통된 형식이 가지는, 수사적인 목적과 이데올로기적인 영향에 대한 비판 의식"을 길러줄 수 있다는 것이다.

메리 솔리데이Mary Soliday는 과학 전공자인 데이비드 이스트저David Eastzer와 함께 암시적 교수법과 명시적 교수법의 중요성을 확인하는 질적 연구를 수행하였다. 암시적 교수법이란 교실 내 토의나 일련의 과제를 수행하면서 자연스럽게 글을 쓰는 데 열중하도록 유도하는 교수 방법이다. 뉴욕 시립 대학교의 이스트저는 자신의 과학 수업을 연구 대상으로 삼았다. 이들은 암시적 교수법과 명시적 교수법 사이의 상호작용을 밝히기 위하여 설문 조사와 학생 인터뷰, 수업 녹화를 실시했고 수업 과제물 자료를 모았으며, 다음과 같은 연구 문제를 수립하였다. 이스트저가 수업에서 학생들에게 요청한 장르는 무엇인가? 이스트저는 학생들에게 장르 지식을 어떻게 전달하였는가? 학생들은 쓰기 장르에 대한 교사의 기대에 어떻게 접근하였는가? 이스트저는 학생의 글이 장르에 대한 자신의 기대를 충족했는지 여부를 어떻게 판단하였는가?

이스트저는 "암시적인 방법과 명시적인 방법을 모두 써서 장르를 지도"하였다. 학생은 교수자가 기획한 대로, 일련의 과제를 수행하고 강의를 듣고 교실 안에서 토론을 하고 할당된 자료를 읽고 토의를 하면서 특정 장르에 노출되었다. 교수자는 과제 안내문이나 강의 계획서, 모범 예시 글 등 수업 자료를 통해서 과제 장르에 대한 자신의 기대를 명시적으로 드러내기도 했다. "이 질적 연구에서 학생 필자가 의식적이거나 무의식적인 두 가지 방법으로 장르 지식을 습득함을 어느 정도 입증"했지만, 이러한 결과는 암시적 교수법과 명시적 교수법의 성패가 개인의 학습 스타일에 달려 있다는 프리드만의 가설을 재확인하는 것이기도 하다. 조나단Jonathan이라는 학생은 두 과학 신문 기자의 과학 지식을 비교 분석하면서 자신의 판단을 덧붙이는 과제를 수행할 때 교수가 명시적으로 정리한 과제 장르의 요구 사항을 재차 확인하면서 해당 장르에 대한 자신의 선험적인 기대치를 가동시키고 수정해 나갔다. 카슨Carson이라는 학생도 낯선 장르를 습득할 때 선행 장르 지식을 사용하였고 법학과 과목을 수강하면서 쓴 에세이와 과학 수업 과제의 유사성을 관련지었다. 하지만 조나단과 카슨처럼 과제 장르를 실행하는 데 유용한 선행 지식이 없었던 다운Dawn은 "이 사례 연구에서 장르에 취약한 학생 유형"을 대표한다. "조나단이나 카슨이 자신의 장르 기호를 자유롭게 따른 것과 달리 다운은 새 장르에 접근할 때 각종 텍스트와 과제 안내문, 수업 시간에 들은 내용에 더 많이 얽매였다." 다운은 새로 배우는 장르로 글을 쓸 때 이전의 장르 지식을 끌어 들이지 못했다. 다운의 사례는, 명시적인 교육이 성공을 거두려면 학생이 필자로서 적절한 발달 단계에 도달해 있어야 한다거나 "학생의 학습 스타일과 맞아야" 한다는 프리드만의 주장에 힘을 실어 준다.

이러한 결과를 토대로 솔리데이는 데빗과 유사한 결론을 내렸다. 즉, 장르는 개인의 장르 지식과 공동의 기대, 양자 모두에 기초하여 습득되므로 명시적인 접근과 암시적인 접근 모두 장르 교육에 유익하다는 것이다. 데빗 등(「장르를 과정으로 가르치기Teaching genre as Process」 참조)이 장르를 '재창조'하거나 대체 장르를 써 보는 연습을 통해 학생들에게 장르 인식력을 가르치자고 제안한 바와 같이, 솔리데이도 필자가 "다른 사람의 목소리나 관용적인 형식을 자기 고유의 언어 및 의도, 세계관 안에 녹여 넣을" 때에야 비로소 장르에 동화되는 것"이라 결론을 내린다.

일찍이 프리드만은 장르를 습득하고, 공통의 기대를 알아보는 인식력을 키우는 핵심은 협력, 즉 그녀의 습득 모형 최종 단계인 피드백 조치를 통해 다루어야 한다고 주장하였다. 동료 필자나 교수로부터 피드백을 받으면서 학생은 초고를 다듬는 한편 수사적인 기호와 장르 감각을 익힌다. 엘리자베스 와들Elizabeth Wardle은 장르 습득 시 피드백의 역할에 대해서 연구하였다. 와들은 학생이 동료와 상호작용하면서 새로운 장르의 관습을 배우고 학술적 문식성을 갖추기 시작한다고 전제하고, 동료 반응이 장르 지식과 저자성authority에 미치는 영향 관계를 조사하였다. 와들은 교실 수업 및 워크숍 발화에서 동료 논평 자료를 모으고 학생 인터뷰를 하면서 참여자 관찰 연구를 했다. 와들은 대학 글쓰기 중급 수업을 수강하는 26명의 학생이 새로운 장르 관습과 어떻게 '씨름하고' '비로소 배우게' 되는지를 관찰하였다. 낯선 장르로 글을 써야 할 때, 학생은 워크숍 자리에서 토론을 하면서 장르에 대한 모호함을 해결하려는 경향이 있었는데, 이러한 과정이 토론 이후에 비판적 사유 내용을 써 내는 데 도움이 되었다. 동료 평가를 하는 학생 중 누구도 장르에 대해 명시적으로 피드백하지 않지만, 수업 중 동료 집단은 "해당 장르에 자연스럽게 노출되어 몰두할" 기회를 가진다. 와들은 다음과 같이 결론짓는다. "장르 지식 가운데 적어도 일부는 우호적인 동료 공동체와 함께 낯선 장르를 창조하는 과제를 수행하면서 얻어진다."(「이게 네 생각

맞니?Is This What Yours Sounds Like?」, 101)

　와들의 연구에서 추가로 밝힌 것은, 교수자가 해당 장르에서 기대하는 바를 명료하게 밝히지 않더라도 그룹별로 보고서를 돌려 보는 과정에서 학생이 장르 지식을 습득한다는 점이다. 솔리데이의 선행 연구에서도 교수자가 가진 장르 지식과 학생에게 명시적으로 교육되는 것 사이에 격차가 있을 때, 개인의 기대와 공동의 기대를 맞춰 가는 협상이 시도된다는 점을 강조하였다. 솔리데이가 조사한 바에 따르면 글을 쓸 때 고생하는 필자들 가운데에는 "해당 장르에 대해 교수자가 요구하는 것을 자신의 언어로 표현하는 방법을 익히지 못한 학생"이 많다. 앤 보퍼트Anne Beaufort와 존 윌리엄스John Williams는 「쓰기 경력: 장르 이론 이해 여부Writing History: Informed or Not by Genre Theory?」에서 장르 형식에 집중하여 이 문제를 다루었다. 이 연구는 학부 신입생이 3학년까지 수강하는 6개 역사 과목에 제출한 에세이를 통시적으로 관찰, 분석한 사례 보고서로서, 작문학 전공자 보퍼트와 역사학 전공자 윌리엄스의 공동 연구였다. 연구 결과 교수자가 장르 지식을 암시적으로 가르칠 때 학생들은 해당 장르에서 기대되는 바가 무엇인지 명료하게 감을 잡지 못했다. 팀Tim이라는 학생은 졸업 학기에 이르기까지 장르 관습을 제대로 익히지 못했고, 역사 전공의 쓰기 장르에서 명시적으로 무엇을 배웠는지 아무 것도 기억해내지 못했다. 보퍼트와 윌리엄스는 팀의 에세이 중 상당수가 장르 관습 지식 부족으로 좋은 점수를 받지 못했음을 확인하였다. 연구자들은 전공 학생 인터뷰를 했고 보고서 12편을 분석했으며 역사학 담당 교수들과 인터뷰도 했다. 그러고 나서 학생들이 해당 장르가 기대하는 바를 잘 알지 못하고 '장르 혼란'을 겪는 데에서 초래된 문제점을 목록화하였다. 가장 심각한 문제는, 명료한 '분석 틀'이 부족하고, 수사적인 목적과 해당 수업의 기대 사이에 어떤 관계가 있는지 자각하지 못하는 점이다. "장르 지식의 핵심이 간과되고 있었다." 팀이라는 학생은 분석 틀을 어떻게 적용해야 하는지, 즉 장르가 수사적, 사회적으로 어떻게 기능하는지에 대해 메타 인지적으로 자각하는 방식을 명시적으로 배우지 못했으므로 과제 맥락에 적합한 구조, 양식, 윤리성, 저자로서의 지위 등을 선택해서 글을 쓰기가 힘들었다고 토로했다.

보퍼트와 공동으로 연구를 수행한 역사학과 교수 존 윌리엄스는 교수이자 연구자로서 역사학 전공의 쓰기 장르를 명시적 교수법으로 가르친 경험을 보고하였다. 윌리엄스는 3학년 역사 수업에 특화된 장르를 과제로 주고 실험하였다. 90편의 보고서를 읽고 나서, 윌리엄스는 장르를 강조하여 과제를 제시하자 설득력 있는 양질의 보고서가 제출되었음을 확인하였고, 이는 "[그가] 역사학 에세이의 특징에 대해 더 생각해 보는 계기가 되었다". 학생Tim의 관점과 교수John의 관점을 토대로 보퍼트와 윌리엄스가 내린 결론은 다음과 같다. "장르 기대 문제의 핵심은 역사학 담론이 암묵적으로 공유하고 있는 관습을 명료하게 가르치기 어렵다는 데 있다." 즉, 장르는 암묵적으로 알게 되기 때문에 교수자가 그 특징을 명시적으로 가르치기가 어렵다. 이 문제는 이미 프리드만이 언급한 것으로, 장르를 맥락과 관련지어 가르치는 것의 성공 여부는 "교수자가 장르에 관한 명시적 지식을 얼마나 명확하게 가지고 있느냐에 달려 있다".

하지만 교수자가 명료하게 해당 장르의 기대를 알려 준다 하더라도, 학생의 암묵적 장르 지식이 교수자의 장르 지식과 상충할 때가 있다. 자넷 길트로우Janet Giltrow와 미셸 배리케트Michele Valiquette는 「장르와 지식: 학생의 전공별 글쓰기Genre and Knowledge: Students Writing in the Discipline」에서 공동체 구성원이 어떻게 장르 지식을 보존하고 새로 진입한 구성원은 어떻게 장르 지식을 습득하는지를 연구하였다. 길트로우와 배리케트는 심리학과 범죄학이라는 상이한 전공의 숙달된 조교 두 명을 대상으로 사고 구술 프로토콜 실험을 하였다.

수업 조교로서 이미 각자가 점수를 매긴, 학생의 글을 소리 내어 읽으면서 간간이 논평을 덧붙이는 작업, 즉 "a) 평가 대상이 된 담론 특징을 구체적으로 밝히고 b) 학생이 준수했거나 지키는 데 실패한 담론 원리를 찾아내는" 실험이었다. 조교들이 학생 글을 읽으면서 그 의미와 관습을 파악하기 위해 멈추곤 하는 과정이 진행될수록, 학생이 가진 장르 기대라든지 공유된 지식으로 간주하고 있는 것들이 수업 조교의 기대와 전혀 다르다는 사실이 속속 드러났다. 길트로우와 배리케트가 예상한 대로, 수업에서 학술 장르의 교실 버전을 작성해내야 했던 학생들은 자신이 추정하고 있는, 공유된 지식에 근거해 작업을 수행하였다. 그러니까 장르 숙달도competence와 장르 수행력performance을 가르는 변인은 전공 지식의 정도만이 아니었다. '전공 지식에 대한 지식', 즉 글을 쓸 때 배경 정보는 얼마나 포함되어야 하고 개념 설명은 얼마나 필요한지 등을 판단하도록 돕는, 공동체 내부자만이 알 수 있는 지식의 유무도 장르 숙달도나 장르 수행력을 가르는 주요 변인이었다.

　길트로우와 배리케트가 학생과 조교의 상충하는 장르 기대에 대해 연구하였다면, 팻 커리Pat Currie는 「좋은 글의 요소What Counts as Good Writing」에서 팀티칭을 하는 교수와 조교가 가진 상이한 장르 기대에 대해 연구하였다. 이 연구에서는 경영학 수업을 수강하는 비영어권 학생들의 쓰기 과제에 대해 교수와 조교가 어떻게 서로 다른 평가를 내리고 있는지, 제출된 과제에 부여된 점수와 지면 피드백 내용을 비교하였다. 서사 장르 과제에서는 학생, 조교, 교수가 가진 장르 기대가 상당히 일치하였다. 그러나 논증적인 글을 쓰는 과제에서는 "비영어권 학생 필자는 물론 조교들도 논증 장르의 기대를 제대로 파악하지 못하고 있었다. 주장과 근거, 뒷받침 내용, 배경 등 논증 장르를 구성하는 모든 요소에서 문제가 심각했으며", 이는 조교와 교수의 학생 글에 대한 평가나 대처가 달라지는 결과를 초래하였다.

커리는 학생들이 진입하고 싶어하는 다양한 공동체의 관습과 기대를 자세히 밝힐 후속 연구를 제안하면서 결론을 맺는다. 더불어 숙달된 학생과 미숙련 학생이 가진 "기술과 전략"을 비교함으로써, 기대와 결과 사이의 관계를 측정하는 장르 수행 연구도 촉구하였다. 이제 장르 지식과 장르 수행 간 관계에 주목한 연구들을 살펴보자.

장르 지식의 수행과 전이 연구

샐리 미첼Sally Mitchell과 리처드 앤드류스Richard Andrews는 앞에서 논의되었던, 숙련된 학생 필자와 미숙련 학생 필자의 쓰기 기술과 전략에 대한 커리의 후속 연구 제안을 수용하여, 「역사 심화반에서 점수 따는 학습법Learning to Operate successfully in Advanced Level History」에서 역사학 전공 학생이 서사 장르에서 논증 장르로 이행하면서 인지적으로 더 복잡하고 수사적인 과제를 수행해 가는 양상을 기록하였다. 베레이터Bereiter와 스카다마리아Scardamalia는 수업 중 논증의 세부 요소를 구현하는 능력이 논증적인 쓰기 능력으로 잘 전이되지 않는다는 점을 보고한 바 있다. 미첼과 앤드류스는 이러한 연구 결과를 재확인하면서, 논증 장르의 특징을 명시적으로 가르치는 것이 성공적인 논증으로 반드시 귀결되는 것은 아니라고 주장한다. 연구 대상은 영국의 중등교육에서 역사 지식과 교과 기술 모두를 제고하고자 기획된, 케임브리지 역사 프로젝트Cambridge History Project였다. 장르를 명시적으로 가르쳐서 성공적으로 습득시키려면 학생의 인지적 성숙도와 기술 수준을 모두 고려해야 한다는 프리드만의 연구 결과를 수용하여, 이 연구에서는 블룸Bloom의 인지 수준 분류4)에 따라

---

4) (옮긴이) '지식-이해-적용-분석-종합-평가' 등 6개 인지 성숙 단계.

점차 복합적인 사고력을 요구하는 역사학 전공의 쓰기 과제를 부여하고 결과물을 검토하였다. 그 결과, 장르를 실제로 구현하는 능력은 교과 장르 지식, 구조나 배열 등의 장르 관습과 밀착되어 있으며, 맥락이나 의미의 문제와 분리하여 가르칠 수 없음을 밝혀냈다. "에세이를 쓰기 위해 계획을 세우는 것은 논증에 참여하는 것과 다르다." 장르 지식이 있다고 해서, 즉 논증 장르의 전형적인 관습을 안다고 해서, 논증 장르를 만들어내는 장르 수행 능력도 있을 거라고 가정할 수는 없다. 교수자와 학습자가 모두 장르 관습이 사유와 논쟁을 촉발시킨다는 점을 이해할 때에만, 학생의 비판적인 장르 참여가 가능하다. 이러한 결론은 '장르를 인식하도록' 가르쳐야 한다는 데빗의 논의를 뒷받침한다. 교수자가 장르 형식과 맥락을 지속적으로 연결시키고, 장르의 형식 요소들이 수사적이고 사회적인 행동과 어떻게 연관되는지를 학생이 탐구하게 함으로써, 학생이 장르를 형식으로만 이해하는 것을 막을 수 있다. 연습과 동일한 맥락이나 연습해 보지 않은 새로운 맥락에서도 학생이 장르 지식을 장르 수행으로 잘 전이시키도록 도와주어야 한다.

데빗은 「전이 가능성과 장르Transferability and Genres」에서 특정 수준의 장르 지식이 필자의 "출발 지점이기는 하지만 그 지점이 바람직한 시작 지점은 아니라"고 말한다. "기존의 장르 지식을 낯선 자리에 적용시키면 부적절한 결과를 초래할 수 있다." 크리스 앤슨Chris Anson, 디에나 다넬스Deanna Dannels, 카렌 세인트 클레어Karen St. Clair도 「심리학 수업의 다중양식 장르 교수 학습Teaching and Learning a Multimodal Genre in a Psychology Course」에서 유사한 논의를 펼쳤다. 학생이 낯선 과제를 할 때 의존하는 선험적 장르 지식이 전통적 틀만을 고수하게 함으로써, 오히려 과제 수행에 부정적인 영향을 미친다는 것이다. 앤슨 등은 200 수준 심리학 수업에서 교수자를 대상으로 조사 연구를 실시하여 학생들의 장르 습득과 장르 수행 양상을 관찰하였다.

글과 조형물, 시각 자료 등을 담아 '화보집studio book'을 제작하라는 다중 장르 과제에 직면한 학생들은, "먼저 개괄적인 배경지식을 가지고 장르를 표상해 보고 가장 잘 어울리는 '메타 장르' 범주, 즉 자신이 이전에, 반복적으로 경험했던 일반적인 담론 유형을 장르 표상과 동일시했다". "하지만 이러한 일반 지식에 근거한 행동이 학생들의 성공적인 장르 수행을 보장하지는 않았다." 쓰기와 말하기를 결합한 다중 문식적 혼종 장르에 직면한 학생들은 다중적인 장르를 각각의 단일 장르로 해석하여, 자신들에게 익숙한 전형적 교실 장르의 관점을 벗어나지 못했다. 앤슨 등은 낯선 장르에 접근할 때 관습적인 장르 경험 범주를 뛰어 넘지 못하는 장르 수행 양상"을 안타까워하면서 학생들에게 소통 전략과 기술 습득의 기회를 보다 충분히 제공할 것을 권장하였다.

데빗도 메이슨Mason이라는 학생의 사례에서 선행 장르 지식이 낯선 장르 수행에 미치는 효과를 조사하였다. 메이슨의 장르 지식은 사적 서사 장르에 국한되어 있어서, 분석적인 보고서도 사적 서사 장르로 썼다. "메이슨은 사적 서사 장르에 대한 집착이 너무 강해서 모두가 분석적인 보고서를 쓰기 위해 애를 쓰고 있을 때에도 과제 요구를 따르지 않았다."(「1학년 글쓰기」) 사적 서사문 작성에 적합한 요소를 분석적인 보고서라는 낯선 장르에 적용시킨 것이다. 데빗과 앤슨 등의 연구는 선험적 장르 지식이 장르 수행에 도움을 줄 수도 있지만 방해가 될 수도 있음을 보여 준다. 데빗은 결론에서 "잘 모르는 장르를 마주한 필자는 자신이 잘 아는 장르들을 사용한다"고 결론 내린다. 선험적 장르 지식이 새로운 상황에 적합하지 않은 경우라도 "선행 장르는 필자가 낯선 장르로 옮아가도록 돕는다. 새로운 장르가 거처할 지점을 익숙한 상황 안에 마련하는 것이다"(「전이 가능성과 장르」, 222).

앞서 언급한 테네시 대학교와 워싱턴 대학교에서 수행된 학제 간 연구에서는, 1학년 작문 수업 수강생에게 선험적인 장르 지식은 어떤 것인지, 자신이 수행한 장르 가운데 어느 것이 가장 성공적이었고 덜 성공적이었는지를 알아볼 안목이 있는지, 이전의 장르 수행 경험이 대학 수준의 글을 쓰는 데 긍정적으로 혹은 부정적으로 영향을 미쳤는지를 알아보았다. "가장 잘 쓴 글이 무엇이었느냐?"는 질문에 대해 테네시 대학교와 워싱턴 대학교 학생들은 연구 보고서와 창의적 장르 범주의 글을 꼽았다. 학생들은 조사 보고서처럼 자신이 선택할 수 있는 주제에 흥미를 느꼈고, 자발적으로 시간을 투자한 프로젝트 과제에 대해 성공적이었다고 평가하였다. 대다수 학생들은 자신이 장르를 성공적으로 수행할 수 있었던 이유로서 수사적으로 효과적인 전략을 알고 있었고 장르 관습에 대한 지식이 있었다는 점을 꼽았다. 이 연구의 첫 번째 성과는 필자가 알고 있는 장르 유형이 장르 수행의 성공을 좌우하지 않음을 밝힌 것이다. 장르 수행의 성패는 장르가 어떻게 적용되는가, 장르가 수사적으로 어떤 사회적 행위를 수행하는가에 달려 있다. 인터뷰 결과에 대해 좀 더 자세히 살펴보면, 장르에 대한 선험적 지식의 유무보다 선험적 장르 지식을 언제 어떻게 적용해야 하는지 판단하는 능력이 장르의 성공적 수행과 더 밀접한 관계에 있었다. 위에서 정리한 데빗의 결론과 마찬가지로, 장르를 성공적으로 수행하려면 선험적 장르 지식을 융통성 있게 사용할 줄 알아야 한다. 선험적 장르로부터 전략을 추려내어 낯선 상황과 과제에 적합하도록 변용하는 능력을 보여 주는 학생이 있는가 하면, 자신에게 부여된 상황이나 과제에 전혀 필요 없는 선험적 장르에 집착하는 학생도 있다.

학습자가 유동적이고 역동적인 장르의 본질을 이해하기만 한다면, 특정 상황의 장르 지식을 다른 상황으로 전이하기가 한층 더 쉬워질 것이다. 위에서 설명한 미첼과 앤드류스의 연구 결과에서와 같이, 장르를 훌륭하게 수행해 내도록 장르 지식을 명시적으로 가르쳐 익히게 하려면 대안적 장르에 대한 비판적 자각을 포함시킬 필요가 있다.

　우리 같은 연구자를 비롯해 많은 교수자들은 자주 딜레마에 봉착한다. 새롭고 대안적인 사고나 쓰기 양식을 탐구하도록 고무하면서도, 또 한편으로는 학생들이 기존의 관습 안에서 가능한 최고의 성취를 거두도록 도우려고도 하기 때문이다. 그 결과 해당 영역 안에서의 반복 연습만이 우리가 바라는 사고 수준이나 참여의 상태로 이끌 것이라고 생각한다. 그러다 보니 관습적인 형식을 지나치게 강조하게 되었다.

피터 메드웨이Peter Medway는 건축학 전공생 6명의 스케치북을 가지고 사례 연구를 하면서, 과제를 성공적으로 수행하려고 할 때, 장르 관습을 지키려는 장르 지식과 장르 관습에 도전하려는 장르 지식 사이에 유발되는 긴장에 대해 조사하였다. 학생들은 공유되는 지식이나 관습을 따르지 않고도, 새로운 장르와 성공적으로 타협할 수 있었다. 학생들의 스케치북에서는 개인적으로 중요하게 생각하는 기준에 따라 바꾼 변형이 많이 발견되었다. 장르의 관점에서 보자면, 스케치북은 논점을 분석하여 전개시키고 행위를 준비하는 복합적인 방법으로 아이디어를 기록하고 보존하는, 매우 느슨하고 '경계가 불분명한' 장르인 셈이다. "각각의 스케치북은 개인이 즉흥적으로 특별하게 구성한 것이다. 가끔은 특정 장르의 특정 전략을 수용하기도 하고, 또 해당 문화 '외곽에' 일반적으로 분포한 장르 범주로부터 '포착된' 리듬과 색조를 참조하기도 한다." 장르 관습을 따르는 한편 관습을 즉흥적으로 만들어내고 관습에 도전할 방법을 고안해낼 수 있는 조합 능력이 있는 학생이라야 스케치북이라는 장르를 성공적으로 수행할 수 있다.

빌 그린Bill Green과 앨리슨 리Alison Lee가 연구한 「글쓰기 지형도: 문식성, 정체성, 학교 교육Writing Geography: Literacy, Identity, and Schooling』은, 장르 내 선택 사항과 제약 조건 사이에서, 그리고 쓰기 주체와 사회적 관습 사이에서 이루어지는 협상의 문제를 다루고 있다. 이 연구에서는 두 가지 사례를 다루었는데, 쓰기 교육의 성 정책 자료를 검토하는 대규모 코퍼스 연구에서 추출한 사례들이다. 쓰기 교육 강의 계획서는 명시적인 장르 교육을 표방하는 호주의 체계 기능 언어학적 장르 교수법에 토대를 두었다. '캐서린Kathryn'과 '로버트Robert'라는 학생의 글을 검토한 결과, 로버트는 기존의 장르 관습을 따른 반면, 캐서린은 관습적인 장르 형식에서 벗어나 있었다. 로버트가 고도로 숙련된 언어를 사용하여 사실적인 논의를 펼친 것과 달리, 캐서린은 호소력 있는 언어로 좀 더 심오한 주제를 다루면서 사실 제시보다 행동 촉구에 논점을 두었다. 로버트의 글은 "세계를 과학 기술적으로 묘사하는 지배적인 태도를 견지하는 데 반해, 페미니스트들은 이러한 묘사 방식을 패권적 마초이즘이라 비판한다". 두 텍스트는 "중대한 성적 차이를 구현하고 있다". "장르는 그 어떤 사회적 차이나 권력 형태 중에서도, 특히 성의 정치적 문제를 회피할 수 없는 범주"이다. 이어지는 절에서는 장르를 형성하고, 형성된 장르에 의해 만들어지는 사회적 차이나 권력 양태를 고찰할 것이다. 이어서 문화 주체와 장르 기대 사이의 협상에 대해서, 그리고 장르 지식이 수행으로 전이될 때 문화적으로 어떻게 중재되는지도 살펴보고자 한다.

학제 내 장르에 관한 상호문화적 고찰

텍스트 장르에 대한 제4회 국제 심포지엄 기념 저작인 『변화하는 세계의 장르Genres in a Changing World』 서문에서 찰스 베이저만Charles

Bazerman, 아데어 보니니Adair Bonini, 데보라 피게이레두Débora Figueiredo
는, 장르가 "많은 국가의 사회사 안에서 탐구되어 왔으며, 국제적으
로 상이한 여러 교육 여건에 창의적으로 적용되어 왔다"고 밝혔다.
브라질의 투바라오Tubaráo에서 열린 이 심포지엄에서 발표자들은 장
르를 기반으로 브라질의 교육 시스템을 분석하였고, 그 연구 결과
물을 학술지 『제1언어: 어문학 교육 연구L1: Educational Studies in Language
and Literature』 특집호에 실었다. 베라 루시아 로페스 크리스토퍼Vera
Lúcia Lopes Cristováo는 회고문memories과 시, 견해 제시의 글 등 다양한
장르를 배우고 글을 쓴 4, 5학년 학생에 대한 연구 결과를 발표하였
다. 그녀는 전체 6500편의 '내가 사는 곳'이란 주제의 회고문 가운데
임의로 230편을 골라 분석하는 한편, 학생들이 수행한 '명시적 교수
학습 절차didactic sequence'를 조사하였다. 학생들은 장르의 특성에 관
해 듣고 장르 사례를 보았으며, 해당 장르를 분석한 후 최종적으로
그 장르를 생산하는 절차를 거쳤다. 관찰 결과 장르에 관한 비판적
분석과 창조적 생산 과정을 통해 학생들은 "자신이 숨 쉬고 있는
문화와 접촉할 기회를 얻었고 자신이 속한 사회 문화적 여건을 존
중"하게 되었다.

　학술지 『제1언어』 특집호에 실린 또 다른 논문에서는 사회적 여
건과 관계없이 장르 교육이 효과적이라고 주장한다. 아나 마리아
드 마토스 귀마래스Ana Maria de Mattos Guimarães는 브라질의 5학년 2개
반에 대해서 연구했는데, 저소득 지역 공립학교와 사회·경제적 지
위가 높은 지역 사립학교에서 각각 한 반씩을 연구 대상으로 선정
하였다. 배경 지식을 기반으로 장르 초고를 쓰라는 과제에서부터
'교수 학습 절차'가 시작되었다. 학생들은 해당 장르를 분석하고 특
징을 찾아낸 뒤, 해당 장르의 소통 국면을 조사하고 최종적으로 그
장르를 생산해 내는 과제를 수행했다. 두 학교에서 작성된 텍스트
를 검토하고 학생 인터뷰까지 마친 귀마래스는 절차에 따라 장르를

배우고 분석한 학생들의 최종 텍스트가 개선되었음을 발견하였다. 특히 주제 관련 내용을 생성하고 자료를 구조화하는 능력이 개선되었다. 귀마래스는 "학교에서 장르를 지속적으로 가르쳐야 할 필요를 보여 준 연구"라고 논문의 의의를 밝히고, 학생들이 처한 사회적 여건에 관계없이 절차에 따른 장르 교수법이 유용함을 주장하였다.

하지만 다른 연구에서는 사회·경제적 계층 수준이 장르 지식을 숙달시키는 데 중요한 변인이 될 수 있다고 지적한다. 아리나 스피넬로Alina Spinello와 크리스 프랫Chris Pratt은 브라질의 초등학교 2개 그룹을 대상으로 장르 지식 연구를 진행하였다. 한 그룹은 중산층, 다른 그룹은 노동자 계층 학생들로, 특히 노동자 계층의 아이들은 최소 1년 이상 길에서 생활한 적이 있었다. 실험 참가자는 모두 인터뷰에 임했고 서사문과 편지 글, 신문기사 장르를 써 내라는 과제를 받았다. 아이들은 텍스트를 읽고 장르의 특징을 알아보았으며 근거를 들어 각자의 반응을 해명하는 절차를 따랐다. 몇 주 후 연구자들은 학생 중 일부를 만나 그들이 학교와 집, 거리에서 접한 이야기 글과 편지, 신문기사에 대해 격의 없는 대화를 나누었다. 중산층 학생은 노동자 계층의 학생보다 더 훌륭하게, 특히 이야기와 편지 장르의 특징을 잘 규명하거나 써 내었다. 이야기와 편지 글의 언어적 관습과 형식 구조에 대해서도 알고 있었으며 '메타 텍스트적 자각 meta-textual awareness'이나 장르 지식도 보여 주었다. 길에서 생활하는 아이들은 '학교' 장르보다 신문기사를 더 친숙하게 여겼다. 상이한 사회 문화적 그룹의 서로 다른 '문식 환경'이 아이들에게 장르 지식의 차이를 유발한 것으로 보인다.

브라질의 아동들에서 영국의 아동들로 대상을 옮겨 보자. 데브라 마이힐Debra Myhill도 사회·문화적 배경이 장르 습득에 미치는 영향을 고찰하였다. 그 결과 중산층 학생이 학술 장르로 사회화되기에 한층 더 유리한 지위에 있음을 밝혔다. 마이힐은 학습자가 이전에 가지고 있던 장르 지식, 즉 구조, 내용, 형식에 관한 사회·문화적 관습 지식이 학교 장르의 생성 능력에 어떤 영향을 미치는지를 연구하였다. 마이힐은 국가고시에 제출된 답안이나, 다양한 연령층과 사회·문화적 그룹을 대표할 방대한 에세이 말뭉치를 양적·질적으로 분석하였다. 프리드만이나 데빗의 연구 결과처럼 마이힐도 아동 필자들이 서사에 대해 쌓아 온 광범위한 문화 경험에 근거하여 서사 장르에 대한 선행 지식을 끌어온다는 것을 확인하였다. 스피넬로와 프랫의 연구 대상이었던 브라질 노동자 계층의 아이들처럼, 선험적인 사회·문화적 지식이 없는 장르를 써 내야 할 때 아이들은 더 많이 힘들어 했다. 장르에 대해 사회·문화적 선행 지식이 있는 학생들은 특정 장르의 형식과 내용, 텍스트와 맥락이 서로 어떻게 연결되는가를 확실히 이해하고, 해당 장르의 역동적이고 문화적인 형식을 완벽하게 이해한 상태에서 장르를 생산할 수 있었다. 마이힐은 "학생들을 지원할 전략을 교수자가 개발하도록 돕는 연구가 필요하다"고 결론 내린다. "쓰기 장르에 대해 학교가 기대하는 것과, 각자의 사회·문화적 경험 사이에서, 어떻게 균형을 잡아야 하는지를 배우고 있는 학생을 돕자"는 것이다.

로쉘 캡Rochelle Kapp과 본기 반게니Bongi Bangeni는 계층과 장르 수행의 문제를 한층 심도 있게 다루었다. 캡과 반게니는 장르에 대한 명시적 교수법과 암시적 교수법을 비교하기 위하여, 남아프리카 케이프타운 대학교의 인문학 전공 1학년 20명을 대상으로 사례 연구를 하였다. 주로 흑인 노동자 계층 1세대에 속하는 이들은, 자신에게는 제2언어인 영어를 매개로 공부한다. "장르에 접근을 해야 담론 관습의 메타 지식을 얻을 수 있는데, 지배 담론 외부에 위치한 학생들이 비판적으로 참여할 쓰기 공간은 마련되지 않았다." 연구의 목적은 사회과학 에세이 장르를 배우는 것이 전공 학문 진입에 어떤 도움을 주는지 알아보는 것이었다. 연구자들은 장르를 명시적으로 가르치면 그대로 무의식적인 '습득' 과정으로 전이되는지, 장르를 배우는 동안 학술 담론의 형식적인 특징도 배우게 되는지를 관찰하였다. 장르 학습의 의지를 가지고 특정 문화와 관련된 장르를 읽고 쓰는 데 집중한 대학생들은, "사회과학 에세이 장르에 대해 메타 수준에서 이해한 바를 세련되게 설명할 수 있었다". 그러나 명시적 교수법으로 장르 형식을 배우기는 하였지만, 장르 지식과 담론 지식을 습득하는 데에는 적지 않은 시간이 걸렸다.

이제까지의 연구들이 명시적 교수법과 암시적 교수법을 모두 옹호한 반면, 써니 하이온Sunny Hyon의 사례 연구에서는 상이한 문화와 언어권에서 온 학생에게는 명시적 교수법이 더 효율적임을 밝혔다. 하이온은 상이한 문화와 언어권에 속한 대학원생 8명, 학부생 3명 등 총 11명을 대상으로 정규 교과 내 장르의 역할에 대해 고찰하였다. 국적은 동아시아 5명, 중동 3명, 라틴 아메리카 1명, 푸에르토리코 1명, 아프리카 1명이었다. 이들은 제2언어 영어 교육기관의 읽기 수업에 등록해 공부하였다. 읽기 수업에서는 정치·경제·국제 문제 같은 딱딱한 뉴스 스토리, 특집 기사, 교과서, 논문 등 4개 장르를 중심으로 내용, 구조, 문체, 목적 등에 대해 토의했다. 하이온은 '명시적인 토론, 모델링, 장르 분석'(「장르와 ESL 읽기Genre and ESL Reading」, 126) 절차로 구성된 교수법을 활용하였다. 학생들이 결국에는 스스로 장르를 알아보는 안목을 기를 것이라는 프리드만의 논점을 인정하면서도, 하이온은 "제2언어로 영어를 배운 대학생은, 영어를 모국어로 사용하는 동료 경쟁자들보다 영어 장르에 암묵적으로 노출되는 빈도가 낮으니만큼, 명시적인 장르 교육을 통해 보다 많은 도움을 받을 수 있는 '소수'에 속한다"고 덧붙였다.

장르와 고급 수준의 학술적 문식성 고찰

앞선 연구에서는 아동이나 대학교 1학년생의 문식성을 주로 다루었다. 하지만 제2언어 학습자 관련 연구에서는 장르가 고급 수준의 학술적 문식성을 구성하는 요소라는 점에 주목해 왔다. 솔랑게 아라냐Solange Aranha는 브라질 상파울로 주립 대학교에서 유전학과 치과학 전공 대학원생을 대상으로 장르 기반 쓰기 수업을 개설하고 스웨일스의 장르 분석 방법론에 따라 연구를 진행하였다. 아라냐는 수업 참여자를 관찰하고 학생 텍스트의 담론을 분석하여, "학술 장르에 대한 인지 행위(읽기)가 생산 행위(쓰기)와는 다르다"는 점을 입증하였다. 필자가 장르를 인식하는 능력이 '성찰적 자각reflexive awareness'과는 다른 것이며, 장르에 대한 소유 감각sense of ownership도 장르에 들인 노력과 구별되어야 한다는 것이다.

앤 비어Ann Beer는 장르를 자각하고 특정 지식을 숙달하는 데 작용하는 문화적 요인에 관심을 가졌다. 「외교학 기초: 공대 대학원생과 국제 교류Diplomats in the Basement: Graduate Engineering Students and International Communication」 연구에서 그녀는 이질적 장르 간 중재에 나타나는 복합적 요인을 조사하기 위하여 상호문화적 의사소통이라는 틀을 사용하였다. 앤 비어는 캐나다 대학교에서 공학을 전공하는 다국적 대학원생을 대상으로, 다양한 모국어와 상이한 수준의 영어 숙달도 및 문화적 배경이 어떻게 그들의 '지위를 바꾸는' 능력에 영향을 미치는지를 문화 장르의 차이라는 관점에서 고찰하였다. 이들을 관찰하고 인터뷰하고 이들의 글을 검토한 끝에 비어는, "대학원생의 성공 여부는 상당 부분 새로운 문화의 언어와 장르를 숙달하는 정도에 달려 있음"을 확인하였다.

크리스틴 타디는 대학원생 2명의 전공 학술적 글쓰기 수업을 2년 동안 지켜보면서 새로운 문화에서 장르 수행 능력이 향상되어 가는 양상을 검토하였다(「이야기처럼It's Like a Story」). 타디는 대학원생 2명의 글을 모으고 인터뷰도 하였다. 폴Paul은 컴퓨터공학을 전공하는 중국 학생이고 차트리Chatri는 기계공학을 전공하는 태국 학생이다. 폴의 석사논문과 차트리의 연구 보고서 작성 과정에서 타디는 장래에 더 큰 영향을 미칠, 즉 부담이 더 큰 쓰기 과제에 몰두할 때, 대학원생의 수사적 지식과 장르 지식이 한층 더 명료하고 정교해지는 것을 발견하였다. 이러한 지식의 일부는 해당 공동체 전문가로부터 받는 피드백이나 멘토링 등 수업에 참여하면서 축적되었다. 타디는 최근 출판한 『장르 지식 구축하기』에서 좀 더 확장된 연구를 보여주었다. 컴퓨터공학과 기계공학을 전공하는, 다중 언어 사용 대학원생 4명을 대상으로 통시적인 연구를 수행하였다. 타디는 장르에 기반한 대학원생 수업을 포함하여 다양한 교수법으로 진행된 수업을 관찰하고 쓰기 텍스트를 분석하고 인터뷰를 했으며, 이들을 가르친 교수들로부터 수업 피드백을 들었다. 학생들이 장르 지식을 발전시키고 전공 장르를 능숙하게 수행하게 되는 양상도 추적하였다. 그 양상은 전공 학술 장르의 형식, 내용, 절차, 수사적 측면에 관한 지식의 정도로 측정되었다.

제2언어로서의 영어와 특수 목적 영어 관련 연구에서는 교육 단계나 '작문, 수사학, 언어학, 제2언어로서의 영어' 등 세부 전공 연구자들 사이의 '횡적인 대화cross-talk'가 필요할 만큼 문화적 배경이 주요 변인이 된다. 앤 존스Ann Johns는 체계 기능 언어학, 특수 목적 영어, 신수사학 등 다방면의 전문가들이 함께 장르 이론에 대해 토의하고 제1언어와 제2언어 쓰기를 넘나드는 연구를 해 보자고 제안하였다. 그 결과물이 『장르 연구의 경계를 넘어서: 전문가 논평Crossing the Boundaries of Genre Studies: Commentaries by Experts』으로 출간되어 학제 간 연구를 진일보시켰다. 이 책에서 크리스틴 타디는 제2언어로 영어를 사용하는 대학원생에 관한 이전 연구 결과를 토대로, 현 교수자나 연구자들의 주요 관심 사항인, 장르의 다국면적 특징, 즉 형식 관련 지식과 수사적 지식, 주제 관련 지식, 절차적 지식 등에 대해 연구하였다. 브라이언 팔트리지Brian Paltridge는 제2언어 대학원 과정과 교·강사 교육 프로그램에서 문화기술지적 방법론이 활용되는 양상을 탐구하였고, 레이프Reiff는 대학교 1학년 글쓰기 교육 과정에서 문화기술지적 방법론이 활용되는 양상을 연구하였다(Reiff,「자료와 담론의 매개Mediating Materiality and Discursivity」참조). 켄 하이랜드Ken Hyland는 8개 전공의 연구 보고서 240편을 검토하여 필자의 입장을 드러내는 언어적 측면을 분석하였고, 바와시Bawarshi는 필자가 장르를 수사적으로 분석하면서 아이디어를 창안하는 과정을 보고하였다. 리처드 코Richard Coe와 앤 존스Ann Johns는 이렇게 다양한 관점을 종합하면서 이 책의 결론을 완성하였다. 존스의 말을 빌자면 집필에 참여한 연구자들은 모두 텍스트나 맥락 등 장르의 상이한 국면을 강조하고, 상이한 전공의 전문 용어로 말하며, 언어학, 수사학, 영어, 교육학처럼 상이한 전통에 기대고 있지만, "텍스트, 맥락, 필자와 그 의도 등 필자와 독자에게 영향을 미치는, 텍스트 이상의 것들이 가진 복합성을 아우르기 위해서는 이론과 실천의 양 측면에서 지속적으로 노력해야 한다고 촉구한다는 점에서는 일치한다". 연구자들의 이러한 관심과 연구사적 노력을 고려한다면, 최근 브라질의 장르 연구자들이 선보인 것처럼 '언어학 진영과 비언어학 진영'(Johns et al., 234)뿐 아니라 다양한 학문적 전통과도 더 많은 대화가 필요하다. 학제 간 대화의 필요성을 바탕으로, 다음 장에서는 기술적이고 전문적인 소통과 관련된 장르 연구를 중점적으로 살펴볼 것이다. 이러한 주제는 학교 내 학술 맥락이나 직장 내 직업적 맥락을 포함하여 그 어떤 사회적 맥락에서도 상호작용하는 장르의 속성에 관심을 기울이는 연구자들 사이에 유의미한 대화를 촉발하게 될 것이다.

8장 업무 현장과 직업 맥락의 장르 연구

학술 맥락에서의 실증적인 장르 연구가 증대되고 있을 뿐만 아니라 직업 장르와 업무 장르workplace genre에 대한 연구도 폭넓어지고 있다. 초보 필자가 어떻게 학술 담론에 접근하여 새로운 장르를 배우는가에 대한 관심과 병행하여,1) 초보자들이 업무 현장에서 조직의 사회적 목표를 달성하기 위해 새로운 장르들을 배우고 사용하는 방식에 대한 연구가 풍부하게 이루어지고 있는 것이다. 캐서린 슈라이어Catherine Schryer는 "몇몇 작문 연구자들이 대학 수업에서 장르 이론을 소개하기는 했지만, 장르를 사회적 맥락과 연계시킨 밀러Miller의 작업을 이어받아 가장 큰 성과를 올리고 가장 많은 발전을 이룬 사람들은 직업적 의사소통 분야를 다룬 실증적 연구자들"(「장르와 권력Genre and Power」, 77)이라는 점에 주목한다. 학술 장르 연구자들과 마찬가지로 업무 현장에서 쓰이는 장르를 연구하는 사람들 역

---

1) 이에 대해서는 앞 장에서 설명하였다.

시 장르를 배워 공동체에 입문할 때 저자들이 밟게 되는 과정, 그들이 지식을 생산하고 전파할 때 사용하는 장르, 그리고 장르가 직업 조직에 속한 사람들의 사회적 행위를 제약하거나 가능하게 하는 방법에 관심을 기울이고 있다.

업무 현장 연구자들은 학술 장르에 대한 암묵적 학습이나 명시적 교수법에 관한 프리드만Freedman의 논의에 기반하여, 장르의 어떤 측면이 명시적으로 교육될 수 있으며 작업 공동체에 '몰입'하거나 참여함으로써 배울 수 있는 것은 무엇인가라는 문제에 주목한다. 최근 연구들은 대체로 학술 장르의 학습과 직업 장르의 습득 간에 연관성이 크다고 보고, 장르 지식이 대학에서 업무 환경으로 어떻게 전이될 수 있는가를 탐구하고 있다. 「별개의 세계: 학술 맥락과 업무 맥락에서 행동하고 글쓰기Worlds Apart: Acting and Writing in Academic and Workplace Contexts」에서 패트릭 디아즈Partrick Dias, 아비바 프리드만Aviva Freedman, 피터 메드웨이Peter Medway, 앤서니 파레Anthony Paré는 서로 다른 대학 과정과 그에 상응하는 업무 현장을 대상으로 7년간 여러 지역에 걸쳐 글쓰기 연구를 비교의 방법을 활용해 진행하였다. 이 연구의 주된 대상은 법과 행정 과정 및 정부 기관, 경영 과정과 재정 기관, 사회 복지 과정과 사회 복지 기관, 건축 과정과 건축 회사 등이었다.

수사학적 장르 연구는 '연구의 중요한 개념틀'을 제시하였고 연구 프로젝트에 큰 영향을 미쳤다. 네 개의 대학과 직업 환경을 택한 후, 연구자들은 각 영역에 따라 장르 목록을 만들고 필요한 서류를 찾아 읽기 프로토콜을 작성하였다. 이어 문화기술지적 관찰과 인터뷰를 진행한 뒤 결과에 대한 참가자들의 평가를 요청했다. 그 결과, 공동체 장르 안에서 이루어지는 글쓰기 학습은 개인이 특정한 목표, 활동, 정체성, 이데올로기를 배우는 사회화 수단이라는 점이 재확인되었고, 그 과정에서 연구자들은 회사와 학교가 매우 다른 장르 체계를 구성한다는 점 또한 발견하였다. 업무 현상에서 사용되는 장르는 학술 장르에 비해 혁신을 위한 유연성이 더 크다. 가령 학교 텍스트school texts와 업무 텍스트는 읽기 관습에서 차이가 난다. 교사가 유일한 독자인 학술 장르에 비해 업무 장르는 독자가 더 많으며 "인식적 동기와 평가의 필요성에서 벗어나 있어" 학교와는 다른 목적이나 기능을 수행한다. '상호텍스트적인 밀도'가 더 높고 '복잡한 다수의 상징적 의사전달망' 안에 놓여 있다는 것 또한 업무 장르가 기능면에서 학술 장르와 다른 점이다. 정보의 기록이나 특정한 행동의 수행이 그 대표적 예이다.

학술 환경과 업무 환경이 '별개의 세계'라는 주장의 근거는 패트릭 디아즈와 앤서니 파레의 『전이: 학술 환경과 업무 환경에서의 글쓰기Transitions: Writing in Academic and Workplace Settings』에 실려 있는 조사 결과에서 찾을 수 있다. 이것은 "대학의 특정한 학과들 및 그와 연관된 업무 환경에서 작성된 글쓰기를 장기간 연구하여 나온 저서"이다. 「네가 있는 곳에서 써라: 대학과 업무 환경에서의 글쓰기 학습Write Where You Are: Situating Learning to Write in the University and Workplace Settings」에서 아비바 프리드만과 크리스틴 아담Christine Adam은 업무 현장에서 글쓰기를 배우는 초보자가 밟는 과정을 대학에서 새로운 장르를 배우는 학생들이 밟는 과정과 구분한다. 그들은 캐나다 대학교의 행정 대학원에서 전일제 인턴사원으로 근무하는 7명의 문학 석사MA 과정 학생들을 대상으로 연구를 진행했다. 학생들은 한 학기 동안 보수를 받으며 전일제로 공적 업무를 수행하였다. 연구자들은 재정 분석 분야의 상위 수준 학부생 3명으로 구성된 두 번째 조와 이들을 비교하였다. 교실 및 업무 현장 방문, 관찰, 인터뷰, 텍스트 수집을 통해 연구자들은 학술적 글쓰기와 업무적 글쓰기의 목표가 매우 다르다는 점을 발견했다. 학술적 글쓰기의 목표가 학습임에 반해 업무적 글쓰기 목표는 행동과 정책 결정이었다. 이를 토대로 프리드만과 아담은 다음과 같이 결론 내렸다. 복잡하고 역동적인 업무 현장의 수사학적 환경이 교실에 그대로 복제될 수 없기 때문에 "학생들은 대학을 떠나 업무 현장에서 일할 때 새로운 담론의 장르들을 배워야 할 뿐만 아니라 그런 장르를 익힐 새로운 방법을 학습할 필요가 있다".

프리드만과 아담이 내린 결론은 제인 레드웰 브라운Jane Ledwell Brown이 의료 회사의 장르 사용자를 대상으로 한 연구를 통해 타당성이 입증되었다. 이 회사는 캐나다에 있는 거대한 다국적 제약회사의 지사 중 하나이다. 브라운은 인터뷰 자료, 서류 검토, 관찰 기록을 이용해 22명의 경영자, 관리자, 직원을 연구했다. 그녀는 팀워크, 질 높은 서비스를 위한 헌신, 판매 수완과 같은 조직적 가치가 필자의 기대와 수사학적 전략을 형성하지만 이런 가치는 종종 직원이 대학 교육을 받는 동안 습득한 가치와 배치된다는 것을 알게 되었다. 브라운에 따르면, 업무 장르에서 기대하는 것은 "학교에서 필자에게 요구하는 것과 판이하게 다르다. 학교에서는 글쓰기가 무엇인가를 변화시킬 것이라 거의 기대하지 않고 학점 이외의 결과는 불확실하며 독자도 글쓰기에 의해 영향을 받거나 바뀔 것이라고 기대하지 않는다". 브라운은 신참자가 느끼는 가치 차이를 고려하여 관리자가 교육을 더 많이 실시해야 하며, 초보자들이 업무에 더 잘 적응할 수 있도록 그들을 사회화할 때 암시적 방법과 명시적 방법 모두를 활용하는 것이 중요하다고 주장한다. 이에 대해서는 다음 장에서 더 깊이 탐구해 본다.

업무 현장의 장르 학습 연구

학술 장르 연구에서 장르 지식의 암묵적인 습득에 관한 연구는 초보자들이 자신의 직업과 관련된 장르를 배우는 방법을 탐구하는 업무 장르 연구로 이어진다. 『실제 세계에서의 글쓰기Writing in the Real World』에 실려 있는 「새로운 장르 학습: 지식과 행동의 수렴Learning New Genres: The Convergence of Knowledge and Action」에서 앤 보퍼트Anne Beaufort는 습득 대 명시적 교육이라는 프리드만의 가정을 검증한다. 비영리 조직인 일자리 지원센터에 근무하는 네 명의 필자에 대한 문화기술지적 연구를 통해, 보퍼트는 언론 발표, 요청 편지, 보조금 제의 장르를 분석한다. 문식성의 상위 수준에 있는 성인 필자가 새로운 장르를 어떻게 능숙하게 다루게 되는가를 검토한 결과, 보퍼트는 "담론 공동체에서 장르가 제시하는 사회적 행위를 이해하는 것이 결정적이다"라고 주장한다. 그녀는 또한 내용과 절차적 지식이란 함께 작용하는 것이며, 장르 지식은 시간이 지날수록 깊어지고, 이 지식은 공동체에 대한 참여 정도에 기초하고 있음을 강조하였다. 프리드만이 학술 맥락에서 발견한 것들을 업무 맥락에서 발견한 것들과 비교한 결과, 보퍼트는 비록 새로운 장르를 배우기 위해 몰입과 '지도'가 필요하다는 점을 인정하기는 했지만 장르 지식은 대개 암묵적임을 알아냈다.

린가드Lingard와 하버Haber는 업무 맥락에서 명시적 교육과 암묵적 습득을 대비하며, 어떻게 장르 교육에서 내과 견습 기간이 명시적/암묵적 토론을 복잡하게 만드는가를 연구하였다. 그들이 얻은 자료는 캘리포니아에 있는 병원에서 160시간 동안 관찰 연구를 수행한 결과물이다. 그들은 의학을 전공하는 학생 12명을 관찰하고 담화 기반 인터뷰를 진행하였다. 그 결과 의학 전공생은 레지던트 및 의사들과 상호작용하면서 견습 기간을 경험하는 방식으로 의료팀에 참여하기 때문에 제대로 된 장르 지도를 제공받는 것 같지만, 실제로는 명시적 장르 지도가 종종 수사학적인 유래, 의도, 상황의 중요성에 대한 설명 없이 이루어진다는 것을 알게 되었다. 예를 들어,

존John이라는 의학 전공생은 레지던트에게서 환자의 증상을 좀 더 간결하게 설명하라는 말을 들었다. 그러나 나중에 내과 의사에게 정보를 전달할 때, 그 의사는 더 자세한 내용을 요구했다. 의사는 '대기중'이지 않을 때가 많아서 환자의 환경에 익숙하지 못하다는 것이 차이가 생긴 이유이지만, 이에 대한 설명은 명확하게 이루어지지 않았다. 앞 장에서 학술 장르 조사와 관련해 인용한 길트로우Giltrow와 배리케트Valiquette의 연구를 보완해주는 이 연구는 조직의 전문가들이 언제나 자신의 경험적 지식을 풍부하게 전달하지는 않음을 보여 준다. 그 결과 "학생들은 그들이 받은 수수께끼 같은 피드백을 맥락과 무관하게 해석할 수 있다". 린가드와 하버가 결론적으로 요구하는 것은 데빗Devitt이 '장르 인식'으로 설명한 것과 유사한 '메타 인식'이다. 이것은 장르를 구체적인 실천의 맥락에서 가르치고 수사학적 전략과 사회적 행동의 상호 관계를 명시적으로 드러내는 것을 가리킨다.

그레이엄 스마트Graham Smart와 니콜 브라운Nicole Brown이 직업적 글쓰기 프로그램을 수강하는 25명의 인턴을 대상으로 참여 행위 연구를 진행시켜 계발하고자 한 것도 그러한 장르 인식 또는 장르에 대한 메타 인식이다. 인턴들은 첨단 기술 회사, 미디어와 홍보 회사, 비영리 조직 등 다양한 조직에서 일하고 있었다. 그들은 조직에서 15주에 걸쳐 주당 10~20시간 동안 다양한 장르들을 익혔다. 행위 연구의 일부로 학생들에게는 글쓰기가 조직에서 어떻게 기능하는가를 조사하고 자신의 경험에 대해 성찰하라는 과제가 주어졌다. 그들은 장르의 텍스트적 특징과 자신이 일하는 곳의 이데올로기를 연결하라는 질문에 답하였다. 이것은 '장르 인식'에 기초한 조사로, "장르 개념은 인턴 학생들에게 글로 표현된 담론이 어떻게 특정한 조직 맥락 안에 놓이는지를 파악하기 위한 도구 및 다른 종류의 업무를 완수하기 위해 작문이 어떻게 기능하는지 이해하기 위한 강력한 이론적 도구를 제공했다". 장르 학습을 조사하기 위해 스마트와 브라운은 맥락을 중시하는 질적 접근법을 활용했는데, 이것은 협동적 행동에 기초한 연구와 짝을 이루었다. 이 연구는 학생들이 "다른 업무 문화에도 유용한 동시에 인턴의 직업적 정체성 형성에도 중요한 수사학적 시야를 발전시키는" 데 도움을 주기 위한 것이다(Artemeva & Freedman, 5). 학생 인턴들은 새로운 업무 현장에서 길을 찾고 다른 종류의 일을 할 때 어떻게 장르가 기능하는가를 이해하기 위해 장르 지식을 이용하는 방법을 학습하였다. 이것은 "문서를 계획, 생산, 이용하는 활동을 통해 중요 사안에 대해 토론하고 결정을 내리고 관계를 발전시키는 방법"이다. 초보자와 전문가의 장르 기대 간에 부조화가 있다고 지적한 린가드와 하버의 이전 연구 결과와 달리, 이 연구는 장르가 동료들의 관심과 전문 지식 수준을 적절하게 맞춤으로써 그들의 노력과 행동을 조정해주는 도구로 간주한다. 이런 의미에서 장르에 능숙해지는 것은 지식의 생산, 조직, 전파에 필수적인 작업이라고 할 수 있다. 이것이 다음 절에서 서술하는 연구의 핵심 내용이다.

업무 장르 연구: 지식의 구성, 분배, 협상

앞 절에서는 새롭게 업무를 시작한 필자들이 어떻게 직업 조직의 장르를 배우는가에 초점을 맞춘 연구를 검토하였다. 여기에서는 장르가 지식을 생성하고 전파하고 협상하는 데 어떻게 사용되는가를 조사한 연구를 살펴본다. 앤서니 파레는 「담론의 규제와 지식 생산 Discourse Regulations and the Production of Knowledge」에서 어떻게 장르가 기대치를 만들고 지식 생산을 제약하는가에 대해 검토하고 있다. 파레는 성향 보고서predisposition report 장르에 초점을 맞추어 사회복지사가 작성한 글을 대상으로 질적 연구를 수행하였다. 여기서 성향 보고서는 청소년의 처벌에 관한 자문 보고서로 대개 사회복지사가 작성한다. 즉, 이 보고서는 경찰, 청소년, 부모, 희생자의 사고 서사를 포함하는 장르로, 이들을 대상으로 한 인터뷰는 모두 사회복지사가 실시한 것이다. 여기에는 이전의 유죄 선고를 상세히 기술하는 부분, 청소년과 가족에 대한 평가, 판결을 위한 요약과 추천 등이 주요 내용으로 들어가 있다. 8명의 사회복지사와 인터뷰하고 그 주제에 관해 4명이 작성한 프로토콜을 모아 분석한 결과, 파레는 성향 보고서 장르가 모두 사회 복지 업무 공동체의 지식, 청소년들이 특정한 경력에 들어맞을 것이라는 믿음, 청소년 비행에 대한 기대를 반영하고 강화한다는 것을 발견했다. 문서의 바로 그 본성에 영향을 받아 사회복지사는 유죄 선고를 권고할 때 청소년의 범죄에 관한 서사를 이전의 유죄 선고와 연결하려는 '성향이 생기게 되었다.' 사회복지사 소피Sophie의 경우, 청소년을 만나기 전부터 성향 보고서의 관점은 남자 청소년을 '나쁜 녀석a bad boy'으로 보는 태도로 일관되어 있었고, 청소년의 이력에 대한 정보가 부족함에도 그녀는 청소년 비행이 여전히 진행되고 있다는 공동체의 기대를 그대로 보여주는 보고서를 써야 한다는 압박을 느꼈다.

기대치를 만드는 데 성향 보고서가 맡는 역할과 비슷하게, 버켄코터Berkenkotter와 라보타스Ravotas는 미국 정신의학회2)의 『정신장애 진단통계 편람』에서 이루어진 장르의 분류가 어떻게 해석과 진단의 틀을 형성하는가라는 주제를 중심으로 연구를 진행하였다. 이 연구자들은 정신 건강 제도를 통해 임상의들이 쓴 글과 치료사들이 쓴 보고서를 모두 조사하였고, 다섯 명의 치료 전문가가 작성한 서면 평가를 언어학적·수사학적으로 분석하고 후속 인터뷰와 참여 관찰 조사를 실시하였다. 그 결과로 환자에 대해 기술하는 서사가 수용

---

2) (옮긴이) APA(American Psychiatric Association)는 미국 정신의학회를 가리킨다.

할 만한 진단 장르로 '재맥락화되어'『정신장애 진단통계 편람』의 체계화된 분류로 이어졌음을 발견하였다. 앞에서 설명한 성향 보고서의 형성 능력shaping power과 유사하게, 『정신장애 진단통계 편람』은 '경계성 인격 장애'나 '성적 학대의 감시자들'같이 집단과 행위에 기초한 범주로 환자를 분류함으로써 해석의 틀을 만들었다. 환자가 치료사에게 "저는 최근에 허물어지고 있는 것 같아요"라고 말할 때, 이것은『정신장애 진단통계 편람』의 범주에서 '주로 불쾌한 기분A predominantly dysphoric mood'으로 재맥락화되었다. 상태가 계속되면서 정신의학 분야 특유의 지식에 기초한 보편적 분류 체계에서 환자의 위치가 정해졌고3) 이것은 환자의 이야기와 환자의 고유한 지식이 배제되는 결과를 초래하였다.

이와 관련된 연구들은 정신 질환자 인터뷰 장르를 탐구해 왔는데, 양극성 장애가 있는 것으로 진단된 환자에 관한 브라질의 질적 연구가 그 대표적인 예라 할 수 있다. 의사와 그가 속한 팀을 인터뷰하고 영상에 담긴 의사/환자 상호작용을 관찰한 타니아 페레이라Tânia Conceição Pereira는 정신 질환자 인터뷰 장르에 나타난 상호작용의 네 가지 형식을 다음과 같이 정리하였다. 1) 시작의 틀frame로 이것은 환자에 관한 정보를 구축하는 도구이다. 2) 협동적으로 경험을 구성해 나가는 틀로 환자가 의사와 더 많이 대화하도록 이끄는 탐구 형식이다. 3) 의사가 듣는 동안 환자가 화자의 역할을 맡는 틀이다. 4) 마무리의 틀로 의사가 환자의 현재 상태와 처방에 대해 되돌아보게 한다. 이 각각의 상호작용 틀은 장르에 의해 구축되며 그에 따라 참여자의 역할이 구조화된다.

공동의 지식 형성에서 장르가 맡은 역할은 아비바 프리드만과 그

---

3) (옮긴이) 정신장애 중 하나인 불쾌기분장애(dysphoric disorder)로 최종 진단이 내려졌음을 의미하는 것으로 보인다.

레이엄 스마트가 수행한 참여 관찰 연구의 주제이기도 하다. 프리드만과 스마트는 금융 정책을 이끄는 중앙 기관인 캐나다 은행에서 만들어진 장르를 연구했다. 그들은 6년간 이 은행을 관찰하였다. 이 과정에서 은행 직원들과 인터뷰하였고 전형적 장르를 대표하는 텍스트를 모았으며 관리자에게서 읽기 프로토콜을 수집하였다. 그 결과 연구자들은 연례 보고서, 금융 정책 보고서, 백서, 정보 꾸러미, 노트, 브리핑과 같은 글로 작성된 장르가 모임과 같이 조직적으로 이루어지는 상호작용이나 상호작용적 장르interactive genres와 연결되어 있다는 것을 알아냈다. 뒤얽힌 장르들은 업무의 상당 부분을 조정했고 정책 결정의 복잡성도 드러냈다. "캐나다 은행은 장르 집합을 통해 생각하고, 그렇게 해서 인식한 것을 유포한다." 예를 들어 직원은 여덟 분기 금리 분석표를 제시하기 위해 매 분기마다 '백서'를 준비했고, 경영진과 직원 간의 예상되는 협상을 반영한 여러 대안적 시나리오와 위험 분석Risk Analyses을 제공했다. 이런 맥락에서 장르는 정보를 반영하면서 지식을 협상하는 장소이자 "결과적으로 새로운 지식을 생성하는 장치인 공동 지식의 저장소"라 할 수 있다.

직업 장르에 대한 역사적 연구

위에서 지적한 대로 장르가 '공동 지식의 저장소'라면, 장르의 말뭉치 구조 연구를 통해 우리는 어떻게 장르가 공동체에서 생겨나고 참여자들은 장르를 어떻게 이용하며 장르는 조직 안에서 어떻게 진화하고 변화하는지를 알 수 있다. 이를 통해 공동체의 관행과 지식 생산에 대한 통찰도 얻을 수 있다. 연구 논문과 같은 '학술적 업무 현장academic workplace'의 장르를 포함하는 전문적 장르에 관한 역사적 조사는 어떻게 그와 같은 장르가 사회적 맥락 및 문화적 이데올로기의 변화와 연관되어 진화했는가를 분명히 보여 주었다. 찰스 베이저만Charles Bazerman은 『쓰기 지식의 형성: 과학에서의 실험 논문 장르와 기능Shaping Written Knowledge: The Genre and Activity of the Experimental Article in Science』이라는 책을 통해 실험 보고서의 역사적 발전에 대한 광범위한 연구를 발표하였다. 그는 영어로 된 최초의 과학 잡지인 ≪철학회보Philosophical Transaction≫에 실려 있는 천 편의 글에서 말뭉치를 수집하였다. 이 말뭉치에서 뽑은 백 편의 논문과 함께 그는 『물리학 논평Physical Review』 및 뉴턴Newton과 콤프턴Compton이 쓴 과학 논문에서 추출한 사십 편의 글을 추가해서 분석했다. 이를 통해 과학 논문의 장르적 특성 및 구조의 변화가 학과의 사교 조직 및 논증의 이론적 구성, 그리고 과학 내에서의 물적 관행의 변화와 관련이 있음을 밝혔다.

앨런 그로스Alan Gross, 조셉 하몬Joseph Harmon, 마이클 라이디Michael Reidy는 17세기에 처음 출현해서 현재에 이르는 과학 논문의 역사적 진화 과정을 더 상세히 추적하여 영어, 프랑스어, 독일어에 공통적인 장르적 특징에서 변화의 측면들을 찾아냈다. 잡지에 실린 과학 논문들을 국가적·학문적 차이의 맥락에서 조사한 후, 다음과 같이 결론 내렸다. "과학 논문은 과학의 개념 체계를 알리는 데 쓰이는 수단이자 논쟁이 벌어졌을 때 그 체계를 창출해내는 데 쓰이는 수단이다." 베이저만의 연구를 잇는 이 과학 논문에 대한 역사적 연구는, 장르가 어떻게 출현하여 동업자들이 공유하는 목표, 가정, 관행에 어떠한 영향을 미치는가를 더 깊이 있게 증명한다.

학술 논문에 대한 역사적 연구는 과학에서만이 아니라 경제학 분야에서도 이루어져 왔다. 도널드 맥클로스키Donald McCloskey는 1920년에서 1990년까지 출간된 경제 잡지를 연구하면서 저자의 과학 정신이 증대되었음을 발견했다. 1920년대에 나온 초기 논문들은 철학적 관점을 취하였지만 이후에 나온 논문들은 수학적 관점을 더 자주

택하였는데, 이것은 '검증 가능한 가설'이 점차 강제되는 상황을 반영한다. 경제학과 장르에 대한 또 다른 역사적 연구는 헨더슨Henderson, 더들리-에반스Dudley-Evans, 백하우스Backhous가 쓴 논문집인 『경제학과 언어Economics and Language』에 실려 있다.[4] 18세기 경제학자 애덤 스미스Adam Smith의 주요 저작 및 논문, 강의록(「돈이 말한다Money Talks」)에 대한 베이저만의 연구도 이와 같은 연구에 포함된다. 스미스의 저서에 대한 그의 코퍼스 분석에 의하면 초기 저작이 경제학에 대한 회의적 견해를 드러내는 반면 후기 저작은 교훈적이다. 이것은 경제적 행위에 대한 공유된 사회적 목적과 목표를 반영한다. 과학 논문의 역사적 연구에서 나온 결과와 유사하게, 베이저만은 경제적 장르가, 공유 경험 및 독자 공동체의 상황과 관련 있는 기획임을 주장하는 방식으로 신념을 공유할 수 있는 호기를 제공하는 '사회·심리학적 범주'로 기능한다는 점을 밝혀냈다(「돈이 말한다」, 181).

사회 제도와 독자 경험 간의 이런 협상은 존 스웨일스John Swales가 20년에 걸쳐 6권의 경제학 교과서에 대한 역사적 연구를 수행하면서 더 깊이 탐구된다. 초기 연구는 경제학 교과서의 양식적·수사학적 특징을 검토한 반면,[5] 후기 연구는 '가치의 역설' 혹은 사용 가치 대 교환 가치의 경제학적 원리에 대한 토론이라는, 주류 경제학 텍스트의 하위 주제를 분석하는 데 집중되었다(「가치의 역설」, 226). 연구를 통해 그는 교과서가 경제 이론과 관련하여 진보적 전망을 제공하며 "이러한 역사주의적 접근은 입문적 성격의 교과서 장르에 더 큰 권위를 부여한다"라는 점을 알아냈다. 경제학은 "경제적 난제와 혼란에 기술적 해결책을 제공하는 데 오랫동안 성공해 온 과목"이다.

---

4) 맥클로스키(McCloskey)의 『만약 당신이 그렇게 똑똑하다면: 경제학의 수사학(If You're So Smart: The Rhetoric of Economics)』도 참조하라.

5) 맥클로스키의 「경제학의 수사학」과 헨더슨·휴잉스(Henderson & Hewings)의 「언어와 모델 정립?(Language and Model Building?)」이 대표적이다.

이와 비슷하게 법적 장르에 대한 역사적 연구는 장르가 참여자의 경험을 직업적 맥락 안에 (특히 사회적·법적 제도 안에) 틀 짓는 방식들을 탐구해 왔다. 「장르와 법 소책자의 사회역사적 구성The Sociohistorical Constitution of the Genre and Legal booklet」에서 레오나르도 모젠스키Leonardo Mozdzenski는 종교 학교 입문서, 계몽주의자들의 정치적 팸플릿, 초기의 법적/교육적 소책자 등에 나타난 법 소책자의 역사적 선례들을 추적했다. 그는 "법 소책자가 사회적 행위의 패턴을 정의함으로써 법의 기본 목적을 지지하고 강화하며, 그 결과 구조적이며 안정된 사회적·법적 제도가 앞으로도 잘 유지될 것임이 보증된다는 점"을 발견하였다.

그러나 아마도 직업 장르 연구에 가장 큰 영향을 미친 역사적 연구는 조앤 예이츠JoAnne Yates의 『의사소통을 통한 통제Control through Communication』일 것이다. 비교 사례 연구를 거친 이 연구는 철도사들과 제조사들의 비즈니스 역사와 비즈니스의 변화에 있어서 의사소통이 담당한 역할을 세밀하게 추적하였다. 예이츠는 1880년에서 1920년까지 나온 인쇄물과 기록 문서에 초점을 맞추어 내부의 의사소통, 공유된 형식적 특징, 보고서·메모와 같은 문서의 기능을 중심으로 장르의 발전에 대해 조사하였다. 그는 "19세기 후반에서 20세기 초반에 등장한 내부의 의사소통 장르들이 성장 및 경영 철학의 변화에 따라 장르에 부과된 새로운 요구에 부응하여 발전했다"는 것을 관찰하여, 의사소통 장르와 경영 효용성 간의 상호 관계를 정립하였다. 경영 철학과 기능이 변함에 따라 편지, 매뉴얼, 형식, 사내 잡지, 모임과 같은 새로운 장르가 변화된 요구에 부응하면서 조직 참여자의 역할을 충족시키기 위해 출현했다. 예이츠는 어떻게 새로운 장르가 새로운 상황 맥락에 반응하면서 발전하는가를 조사하였으며, 이는 직업 장르 연구 및 공동체나 조직 제도 내부의 장르들 간의 관계 연구에 중대한 기여를 했다. 이것은 다음 절의 주제이기도 하다.

업무 현장의 장르 체계 연구

연구자들은 업무 현장에서 장르 체계가 맡는 역할을 조사해 왔고,
지금은 연관이 있는 장르 집단이나 보험회사, 은행, 사회 복지 조직,
토건 회사같이 상호관계가 있는 장르들이 어떻게 조직의 복잡한 의
사소통적 상호작용을 형성하는가에 관심을 기울이고 있다. 「장르
체계와 사회적 의지의 입법화Systems of Genre and the Enactment of Social
Intentions」에서 베이저만은 제도, 장르, 의지의 복잡한 관계를 설명하
기 위해 특허 및 발명가, 특허청 같은 다수의 참여자, 그에 수반되는
법적 문서에 대한 연구를 수행하였다. 연구를 통해 그는 "장르가
목표 달성의 주요 수단을 만들어내는 복잡한 사회적 장치의 체계"
라고 소개하였고, 장르 체계가 "특정한 환경에서 상호작용하는 서
로 관련된 장르"임을 입증하였다.

'장르 체계' 혹은 조직의 '업무를 완수하기 위해 상호작용하는 장
르의 집합'(「세무회계에서의 상호텍스트성」, 340)을 감지할 수 있도록
에이미 데빗Amy Devitt은 세무회계 공동체의 장르를 연구하였다. 데
빗은 회계사와 인터뷰를 진행하면서 그들에게 장르를 확인해 달라
고 요청하였다. 데빗이 '장르 집합'6)이라 부른 것을 구성하는 13개
의 장르가 확인되었는데, 이것들은 세무사의 직업 활동과 사회적
관계를 반영하는 것이었다. 상호 연결된 장르들은 조직의 역할을
정의하였으며 업무에 대한 기대를 반영하고 강화하였다.

---

6) 장르 체계 안에서 특정한 업무를 수행하기 위해 구성원들이 사용하는 특정한 장르의
   집합을 말한다. 장르 집합, 장르 체계, 활동 체계에 대한 더 상세한 논의를 알아보려면
   6장을 보라.

예를 들어 세금 조항의 검토는 항상 회계 감사에 부속되기 때문에 회사의 세금 조항에 대한 검토는 회계 감사 활동의 일부로 간주된다. 국세청에서 보내는 편지는 언제나 세금 환급과 조사 보고서를 동봉하기 때문에, 사적인 관계가 있든 그렇지 않든 회신을 보내는 것은 개인적 접촉이 있음을 인정하는 것이라 할 수 있다. (「세무회계에서의 상호텍스트성」, 341)

장르 체계가 상호작용을 구조화하는 방식을 더욱 상세하게 연구한 캐롤 버켄코터Carol Berkenkotter는 직업 장르의 "상호텍스트적이고 상호담론적인interdiscursive 성격에 대한 관심이 증대되어 가는 상황에" 주목하면서 '작동 중인 장르 체계'에 대한 연구를 시작했다. 그녀는 시골의 정신 보건 진료소에서 생겨난 다양한 장르와 이 상호연결된 장르가 주어진 환경 및 직업적·제도적 환경에서 이루어지는 복잡한 행위를 조정하는 방식을 조사하였다. 정신 보건 지원에 따라 장르 체계의 하나인 그룹홈에서 생활하는 환자들에 대한 사회적·의학적 방문이 이루어지게 되었다. 그에 따라 이들과 상호작용한 내용이 담긴 보고서가 다양하게 작성되었고 저자, 관리자, 정신과 의사들에게 유포되었다. 병원이나 정신 보건 진료소에서 만들어진 다양한 문서 업무 장르는 그 환경에서 생겨나는 허다한 서로 다른 행위를 조정하였다. 치료사들은 환자의 행위 유형이 구두 회의, 문서 평가, 일차 판단, 치료 계획, 진행 보고서, 결과 요약으로 구성되는 장르 체계 또한 반영한다고 지적한다. 과학적 분류의 관점에서 환자의 상태를 재맥락하는 『정신장애 진단통계 편람』 연구의 도움을 받아, 버켄코터는 치료사-개업의, 정신과 의사, 외과 의사, 사회복지사, 보험 회사의 회계 감사관, 변호사의 사회적 세계와 환자의 세계를 연결하기 위해 『정신장애 진단통계 편람』이 어떻게 작동하는가를 탐구하는 데까지 연구의 범위를 확장하였다. 그녀는 장르 체계라는 개념이 복잡하면서도 역사적으로 매개된 텍스트/맥락의 관계를 조사하는 데 유용한 도구라고 역설한다.

도로시 윈저Dorothy Winsor도 버켄코터처럼 장르 체계의 틀 구조를 엔지니어 연구에 적용한다. 그녀는 말단 엔지니어가 쓴 글을 9년에 걸쳐 연구하여 그 중 네 가지 사례를 뽑아 보고하였다. 그녀는 '문서 기록' 장르에 관심이 있었으며, 이 장르를 "행동이 정의되고 인지되는 방식에 합의할 때 사용되는, 과거 혹은 미래 행동의 재현"이라고 정의 내렸다(「장르와 활동체계Genre and Activity Systems」, 207). 문서 기록 장르는 업무를 조정하고 갈등을 처리하는 방법과 합의를 유지하는 방법을 제공한다. 신입 엔지니어들이 학생에서 고용인/직원으로 바뀌면서, 그들은 자신을 보호하기 위해 결정과 지시 사항을 글로 적어 두었고 행동이 필요한 상황들을 기록하였다. 엔지니어 중 한 사람인 알AI은 자신이 몸담고 있는 기관에서 노사 협력 대표자가 되어 조합과 경영진의 '중재자'로 활동하였다. 작업 규정을 위반했다는 이유로 고발된 노동자들을 면담하든, 제출된 불만 사항에 대응하든, 혹은 계약 협상 중에 기록을 하든 알은 "회사 직원 전체가 참여하는 전반적인 행위 체제를 유지하기" 위해 "과거와 미래의 사건 모두에 대한 이해를 통제할" 문서 기록 장르를 활용하였다.

텍스트와 맥락의 상호 구성적 관계에 대한 연구를 발전시킨 올리코우스키Orlikowski와 예이츠Yates는 구조화된 의사소통 관행을 탐색하기 위한 분석 도구로써 '장르 체계' 대신 (Bakhtin의 용어 사용에 따라) '장르 목록'을 사용할 것을 제안한다. 그들은 다음과 같이 역설한다. "공동체의 의사소통 관행을 이해하기 위해 공동체 구성원들에 의해 일상적으로 재연되는 장르 집합을 조사해야 한다. 우리는 그런 일련의 장르들을 공동체의 '장르 목록'이라 부른다." 연구자들은 대학과 미국 전역에 산포되어 있는 회사의 컴퓨터 언어 설계자에 대한 연구를 수행하였고, 이들과의 상호작용은 대부분 전자 서신을 통해 이루어졌다. 수집한 사본 및 주제와 관련된 인터뷰에 기초해, 연구자들은 세 장르로 구성되는 장르 목록을 밝혀냈다. 일반적인 의사소통 목적을 위한 메모, 행동 방침을 권하기 위한 제안, 이전의 상호작용에 답하는 대화가 그것이다. 집단의 장르 목록을 조사하는 것은 절차 구성의 여러 측면을 드러냈다.

메모 장르는 있으나 보고 장르는 없는 것은 참여자들이 은연 중에 자신을 임시 고용 조직으로 구분하였음을 드러낸다. 프로젝트의 과정이 진행되어 갈수록 대화 장르를 더 많이 사용하게 되는 것은 참여자들이 언어 설계에 대해 협의하는 효과적인 수단으로서 계속 진행 중인 대화에 점점 더 의존하게 되었음을 시사한다.

장르 목록 개념은 '공동체의 의사소통 실천을 작동시키고 조사하는' 분석 도구의 역할을 했다. 그것은 시간의 흐름에 따른 변화를 추적하고 구조, 결과, 수행에서 나타나는 차이를 조사하는 데에도 유용했다. 사회적 틀 구조를 이용하는 조사 연구들은 장르가 공동체나 담론 시스템 안에서 어떻게 문화화enculturation를 위한 장소로 기능하는가에 대한 관심을 새롭게 했다. 이것은 다음 절에서 설명하려는 조사 연구의 주제이기도 하다.

업무 장르의 문화기술지적 연구

존 스웨일스는 『다른 층들, 다른 목소리들Other Floors, Other Voice』에 자신이 '텍스토그래피'라고 부른 연구 방법을 적용한다. 그는 이 방법을 "비현실적인 텍스트 분석이나 담론 분석보다는 낫지만 본격적인 문화기술지적 설명보다는 못한 것"으로 정의한다. 스웨일스는 대학의 문자 문화literate culture에 각인되어 있는 텍스트 체계를 연구하면서 텍스트 생산의 지역적·제도적 맥락을 고려했다. 예를 들어 그는 컴퓨터, 분류 생물학, 제2언어로서의 영어 교육이라는 서로 다른 세 전공이 자리 잡은 노스유니버시티North University 건물의 세 층을 조사할 때 이러한 방법을 사용했다. 맥락 의존적인 텍스트에 대한 복합적 분석을 실시하는 동안에도 텍스트 자체는 주요한 분석 도구로 남아 있다. 텍스트가 조직에서 사용되는 방식에 관한 '더 풍부하고 실증적인' 묘사를 요청한 베이저만에 합세한(「화행」, 322), 앤서니 파레와 그레이엄 스마트는 「작동 중인 장르 관찰하기: 조사 방법론의 정립을 위하여Observing Genres in Action: Toward a Research Methodology」에서 사회과학, 특히 문화기술지적 방법론에 뿌리를 둔 대안적 접근 방법을 제안한다. 그들의 주장에 따르면 이와 같은 접근으로 직업 조직과 업무 환경을 연구하는 사람들은 텍스트 관행과 장르 학습 과정만이 아니라 참여자들의 사회적 역할 및 업무 공동체나 조직에의 입회 방식까지 알게 된다. 그들은 "조직에서 반복적으로 사용하는 수사학적 전략이나 장르를 구성하는 사회적 행동을 모두 탐구하는 데 도움을 줄 수 있는" 장르 정의 및 조사 방법을 제안한다. 또한 공동체에 입사해 참여하면서 장르가 어떻게 학습되는지, 장르는 어떻게 공동체에 참여하는 것을 제약하거나 가능하게 하는지를 중심으로 장르 학습 과정의 조사 도구와 관점lens을 명확히 한다.

앤 보퍼트(「거래 학습Learning Trade」)는 비영리 조직에 대한 대규모의 문화기술지적 연구에서 추출한 데이터를 이용하여 업무 조직에서 이루어지는 참여자들의 사회화를 탐구하였다. 이 문화기술지적 연구는 조직에 새로 들어온, 경험 많고 유능한 필자인 팜Pam과 우르술라Ursula에 초점을 맞춘다. 주간 인터뷰, 글 수집, 업무 현장 관찰을 통해 보퍼트는 어떻게 장르가 업무 현장의 공동 목표와 만나게 되는지 그에 따라 어떻게 필자의 목표 및 사회적 도제 모델에서 중요한 역할을 맡게 되는지를 알아낸다. 예를 들어 장르의 위계를 학습하면서, 팜과 우르술라는 사회적 역할의 위계화 또한 배우게 된다. 가령 하사금 제의는 전무이사가 하며 이것은 하위직 직원이 안내장을 발송하거나 신문사에 보도 자료를 보내는 것에 우선한다. 따라서 장르는 업무 조직 안에서 이루어지는 사회화와 정체성 형성의 중요한 열쇠인 것이다.

연구 대상을 비영리 단체 조사에서 금융 기관으로 옮긴 그레이엄 스마트는 사회적 목표 달성에 장르가 맡는 역할을 더 상세히 설명하려고 애쓰면서 연구를 진행한다. 이를 바탕으로 그는 "장르 재해석을 목표 달성에 필수적인 지식 생산을 위해 공동체의 구성원들이 단결하여 수행한 폭넓은 수사학적 전략으로 받아들일 것을 제안한다"(「공동체의 발명으로서의 장르Genre as Community Invention」, 124). 스마트는 캐나다 은행의 사내 글쓰기 교육자로서 참여관찰자 조사를 하면서 경영자 집단과 조사팀에 대한 연구를 진행한다. 조사팀과의 인터뷰, 경영자–독자의 읽기 프로토콜, 현장 관찰 기록, 문어 텍스트 모음을 분석하면서, 그는 캐나다 은행에서 사용되는 일군의 장르들은 공동체의 지적 활동을 생성하고 구조화하는 중요한 공동체의 자산임을 알게 된다.

예컨대 통화 정책 토론에 도움이 되는 장르는 경영 기록도 포함한다. 이 기록은 캐나다나 다른 국가들의 경제적 동향이나 재정적 추세를 기술하고 해석한다. 또한 이 장르는 이론적·계량경제학적 성격의 거시 경제학적 작업을 드러내는 조사 기록과 캐나다와 미국 그리고 세계 경제에 대한 전망 분석을 제공하는 실무진의 경제 전망을 포함한다.

"공동체가 제정하는, 지식 구축의 수사학적 전략"이라는 장르 이해에 기반해, 스마트는 장르 담론이 맥락이 주는 영향에 반응하며,

이 맥락상의 영향이 상호작용하여 공통되면서도 식별되는 장르 특성을 결정한다고 주장한다.

장르와 맥락의 역동적 상호작용을 더 자세히 탐구하기 위해 제프리 크로스Geoffrey Cross는 보험회사에서 생겨난 두 가지 장르인 경영진 편지와 계획 보고서를 분석한다. 크로스는 20시간 동안 현장에서 인턴 사원으로 일하면서 담화 기반 인터뷰를 실시하고, 텍스트와 초안을 모았으며, 브레인스토밍 기록과 편집회의 등을 포함하는 데이터를 수집하였다. 그리고 이를 토대로 특정한 조직 문화 내에서 이루어진 두 가지 서로 다른 장르의 공동체 글쓰기에 대한 문화기술지적 연구를 수행하였다. 크로스는 "장르적·맥락적 차이가 매우 상이한 두 가지 협력 과정을 만들어내는 데 일조했음"을 알아냈다. 또한 편지를 쓰는 과정에서, 그 해의 진행 상황을 상술한다는 장르의 목적을 가장 잘 달성할 수 있는 방법이 무엇인가를 둘러싼 갈등이 생겨났다. 방법 중 하나는 회사의 성공이나 영업 이익에 더 유리하게 설명하는 것이고 다른 하나는 회사를 "노동 강도가 높은 산업에서 투쟁이 일어나는 곳"으로 재현하는 것이다. 맥락 및 장르와 관련하여 볼 때, 보고서 쓰기는 더 수월했고 상당한 목표가 공유되었다. 아마도 이것은 전년도에 대한 기술과 신년 계획, 실행 계획을 포함하는 '다성적multivocal 장르' 때문일 것이다. 다성적 장르라는 속성으로 인해 영업 손실을 알리는 중에도 성공을 강조하는 보고서를 쓸 수 있었고 그에 따라 갈등이 해결된 것이다. 종합해 보면, 크로스는 장르가 사회적 힘과 분리된 것으로 간주될 수 없음을 알아냈다. 사회적 힘이 장르를 형성하며 또 장르에 의해 이 힘이 형성되는 것이다. 그는 "다른 맥락에서 다른 장르로 작성된 공동체 글쓰기라는 실제 세계real-world를 더 많이 연구해야 한다"라고 주장하면서 글을 마무리한다. 여기서 초점을 맞춘 갈등과 장르의 다양성은 다음 절의 주제이기도 하다.

직업·업무 맥락의 갈등과 변화 연구

장르 연구의 초점이 단일 장르 분석에서 연계된 장르 집단 및 활동 체계 내부의 장르 관계 분석으로 옮겨가면서, 연구자들은 사회적 행동과 직업적 정체성을 틀 짓고 장르 집합과 장르 체계, 장르 목록을 정의하는, 의사소통의 복잡한 상호작용을 해명할 수 있었다. 집단과 집단의 행위를 파악하기 위해, 집단의 장르 독해를 가능하게 하는 '장르 목록'의 틀 구조에 기반해 '해석적 문화기술지학'을 수행하면서, 그레이엄 스마트는 「전문 지식 재창조하기: 숙련된 필자들이 업무 현장에서 새로운 장르와 조우하다Reinventing Expertise: Experienced Writers in the Workplace Encounter a New Genre」에서 어떻게 숙련된 필자들이 낯선 장르와 만나는가를 연구하였다. 그는 캐나다 은행에서 일하는 경제 전문가 집단을 관찰했는데 마침 그들은 『캐나다 은행 리뷰Bank of Canada Review』에 실을 글을 처음으로 써보느라 애쓰던 중이었다. 『캐나다 은행 리뷰』는 외부 독자층을 위한 사내 출판물이었다. 스마트는 필자들이 일상적으로 캐나다 은행의 주류 담론 관습에 원활하게 참여하면서 한편으로는 낯설고 수사학적으로도 상이한 장르에 대해 정반대의 경험을 하는 데 흥미를 느꼈다. 『리뷰』에 실린 글과 내부용 조사 메모를 비교하면서, 스마트는 필자가 외부의 『리뷰』 독자에 대해 제대로 알지 못했으며, 제도의 페르소나로 일반 대중에게 은행의 입장을 전달하는 데 어려움을 느꼈음을 알게 되었다. 그는 "장르 이행에 성공한다는 것은 새로운 수사학적 제약, 텍스트 형식, 사회적 관계의 복잡한 배열에 적응하는 것을 포함한다"는 것을, 즉 장르 관습의 복잡한 중재 및 개인적 선택과 장르 제약 간의 협상이 있어야 한다는 점을 알게 된 것이다.

어떻게 필자들이 새롭거나 갈등을 일으키는 장르 기대와 협상하는가에 대한 조사 연구의 한편에는, 업무 현장의 필자들이 어떻게 기존 장르에 도전하고 저항하는가를 탐구하는 연구들이 존재한다. 「말할 시간, 행동할 시간: 초보 엔지니어의 위험 부담 계산에 대한 수사학적 장르 분석A Time to Speak, a Time to Act: A Rhetorical Genre Analysis of a Novice Engineer's Calculated Risk Taking」에서, 나타샤 아르테메바Natasha Artemeva는 업무 장르에 성공적으로 도전하는 법을 익힌 초보 엔지니어 새미Sami에 대한 사례 연구7)를 보고한다. 연구는 다음 두 질문에 초점을 맞추었다. "1) 초심자가 업무 현장의 수사학적 관행에 도전해서 이를 성공적으로 바꾸어낼 수 있게 하는 수사학적 장르 지식은 어떤 요소들로 구성되는가? 2) 초심자가 직업 장르에 대한 수사학적 지식을 축적하는 장소는 어디이며 방법은 무엇인가." "서류가 잘못되었거나 부족한 탓에, 시간, 돈, 기타 다른 자원이 계속 낭비되는 것"을 보고 실망한 새미는 새로운 실행 계획을 담은 제안서를 작성해 경영진에게 제출했고 경영진은 이 제안을 받아들였다.

업무 현장 경험과 더불어 엔지니어 가족 출신이라는 개인적 경험, 공학 의사소통 강좌를 수강한 교육적 경험이 있었던 새미는 특정한 상황적 요구에 맞추어 자신의 공학 분야 장르 지식을 이용할 수 있었다. 초보 엔지니어에다 신입 직원이지만 그는 장르의 유연성을 이해하고 있었다. 이것은 "수사학자가 즉흥성이라는 장르 속성을 이해하는 것이 매우 중요하다는 점을 강조한다".

텍스트와 사회 구조, 텍스트와 문화의 역동적 상호작용을 탐구한 위와 같은 연구에 뒤이어, 최근의 연구는 장르가 어떻게 이데올로기를 반영하고 강화하는가를 조사해 왔다. 「업무 지시: 블루 컬러의 문식성과 장르의 정치적 성격Ordering Work: Blue-collar Literacy and the Political Nature of Genre」에서, 윈저는 사회적 행동의 한 형식으로서 장르의 정

---

7) 이것은 10명의 엔지니어를 대상으로 하여 학문적·직업적 경력이 만들어지는 과정을 6년간 탐구한 추적 연구이다.

치적 측면을 탐구하면서 선행 연구가 이런 측면을 등한시했음을 주장한다. 그녀는 대규모 농업 장비 제조사인 애그리코프AgriCorp에 근무하는 세 명의 엔지니어와 세 명의 기술자가 수행하는 작업을 관찰하였다. 윈저는 연구소 기술자와 엔지니어 간의 갈등을 연구하는데 관심이 있었기 때문에 업무 지시 장르를 분석하는 일을 택하게되었다. 두 집단을 중재하는 업무 지시 장르는 애그리코프에서 "기존 사회 구조에 존재하는 틈을 메우고 구조를 유지하기 위해 사용된다". 기술자들이 할 일을 결정하는 엔지니어들의 업무 지시는 역할 교체를 평가하라는 지시 사항을 포함하는 장르적·텍스트적 도구이다.

윈저는 업무 지시문을 작성하는 엔지니어들과 지시 사항을 이행하는 기술자들을 36시간 동안 관찰한 뒤 엔지니어들과 인터뷰하고 업무 지시문을 분석하였다. 그 결과 업무 지시가 기술자들이 작업을 시작하도록 만드는 동시에 이 기술자들의 작업이 눈에 보이지 않도록 숨겨, 회사의 위계질서를 유지하는 데 영향을 미쳤음을 알아냈다. 위계적 분리는 엔지니어들이 기술자들을 사회적 행동의 주체agent나 참여자로 보는 대신 작업을 지시하면 가동되는 도구에 불과하다고 상상할 때 존재했다. 이렇게 "장르의 정치적 힘은 상당한 것이다".

장르의 정치적 힘과 실제적 결과는 브라질 법 제도의 최종 변론 연구에서 분명하게 드러난다. 크리스티안 퓨저Cristiane Fuzer와 니나 셀리아 바로스Nina Célia Barros는 "진실이 다양하게 재현되는 법원에서 협력을 구하기 위해 검사와 변호인이 최종 변론 장르를 이용할 때 행위자들의 특징을 어떻게 다르게 설명하는가"를 중심으로 언어학적 분석을 수행하였다. 예컨대 행정 절차를 인간화하기 위해 피고 측 최종 변론이 어떻게 피고가 작성한 것처럼 꾸며지는가에 주목하는 것이다. 최종 변론의 근본적 기능은 피고의 유죄 선고나 무죄 선고를 요청하거나 피고에게 형을 선고하는 것이기 때문에, 이 장르는 판결에 강력한 영향을 미치는 중요한 역할을 담당한다고 할 것이다. 직업 환경에서 장르가 맡는 강력한 역할은 사회 복지 업무의 수사학적 행위에 내재되어 있는 권력의 복잡성을 탐구한 앤서니 파레의 연구 주제이기도 하다. 사회복지사와 실습생과의 인터뷰 및 사회 복지 장르(추천 양식, 1차 평가, 진행 보고서, 전근 보고서)의 분석을 통해, 파레(Paré, 「사회 복지를 이해하는 방법으로서의 글쓰기Writing as a Way into Social Work」)는 "병원의 장르 체계에서 만들어지는 사회 복지 업무 텍스트는 의사 집단이 더 큰 명성을 얻을 수 있는 지식을 제공한다는 점에서 매우 중요하다는 것을 알게 되었다. 사회 복지 업무의 신참자들은 공동체의 지식을 형성하는 행위 또는 장르 집합을 통해 협력하는 방법을 배우며, 이 장르 집합은 더 큰 장르 체계 내에서의 권력과 지위의 수준에 따라 구체화된다". 파레는 후속 연구에서 특정한 사회 복지 문화와 기록 관리 장르에 더욱 주목하였다(Paré, 「장르와 정체성Genre and Identity」). 그는 이누이트족의 사회복지사들에 관한 연구를 발표했는데 이들은 모두 퀘백 출신의 여성으로 부족의 기록 관리를 책임지고 있었다. 그가 찾아낸 것은 이들이 이누이트족과 캐나다 문화 사이에 놓여 있었기 때문에, 백인 당국에 제공하기 위해 상세한 기록을 남기는 일을 꺼려하여 노동자로서의 살아 있는 일상적 경험과 직업적 역할 간에 긴장이 발생한다는 점이었다. 이런 방식으로 기록 장르는 자기 삭제와 직업적 정체성으로의 변신을 요구하였다.

기록 장르 및 장르와 권력 간의 관계를 더 상세히 탐구하기 위해 캐서린 슈라이어는 수의학적 맥락에서 나온 기록을 대상으로 연구를 설계하였다. 「실험실 대 병원: 경쟁하는 장르의 현장The Lab vs. the Clinic: Sites of Competing Genres」에서, 그녀는 연구와 실무를 특징으로 하는 두 장르에 초점을 맞추었다. IMRDS로 표현되는 실험 논문과 의학적 기록 관리 체계인 POVMR이 그것이다. 슈라이어에 따르면, "이런 장르들은 의학과 같은 학문 분야 특유의 연구-실무 분리를 반영하고 이를 유지하는 데 도움을 준다. 슈라이어의 문화기술지학적 조사는 학생, 교수진, 의사를 대상으로 한 80회의 인터뷰, 교실, 실험실, 병원을 중심으로 한 200시간의 참여자 관찰, 학생의 보고서를 평가하는 교수진 독자가 구술한 10편의 프로토콜, 광범위하게 모은 문서들로 이루어졌다. 그녀가 알아낸 것은 보고 장르인 IMRDS와 기록 장르인 POVMR가 목적, 독자, 인식론에 있어서 차이가 난다는 점이었다. 집단에 직접 참여하여 거기서 통용되는 장르를 조사한 결과, 슈라이어는 새 기록 관리 체계가 의사들이 복잡한 의학적 문제를 해결하고, 병원 실무진들이 계속 기록을 추가하는 사회적 행동을 조정하는 방식을 반영함을 알게 되었다. 이에 더해, 새 기록 체계를 이전 기록 체계와 비교함으로써, 말하자면 경쟁하는 장르들을 비교함으로써 그녀는 사회적 목적의 변화와 장르에 함축되어 있는 가치를 구별할 수 있었다. 여기 두 장르는 연구자들과 대학 의사들 간의 갈등을 드러내는 분기점에 해당한다. 이런 직업 장르들은 권력 관계를 명확하게 표현함으로써 "자신의 이데올로기를 철저하게 행사한다". 이 연구가 공동체의 작업과 조직을 장르가 관장한다는 것을 시사해 주기 때문이다. 슈라이어는 장르에 내재하여 작동하는, 이데올로기적이면서 사회화하는 힘에 대한 연구가 더 많이 이루어져야 한다고 요청하면서 글을 마무리한다.

슈라이어는 장르 연구자들이 장르와 권력 간의 상호 관계를 연구해야 한다는 자신의 요구에 스스로 응답한다. 즉, "장르 연구자들 중에는 조직과 개인 내부에서 그리고 양자 간의 권력 관계를 재생산하기 위해 장르가 작동하는 방법들을 탐구하는 사람들이 있다. 이들이 이용할 수 있는 방법론적이면서 이론적인 도구를 개발하는 데 도움을 주는 것"이 자신이 진행하는 후속 연구의 목적이다(「장르와 권력」, 74). 그녀는 이런 관점을 대표적인 장르 하나에 적용하였는데 보험회사에서 작성하는 '나쁜 소식' 편지가 그 사례이다. 이것은 맥락적 접근이 어떻게 텍스트적 접근이나 장르를 예시하는 텍스트에 대한 자세히 읽기를 풍부하게 해줄 수 있는가를 보여 준다. 슈라이어는 장르를 연구하기 위해 수사학적 접근과 언어학적 접근이라는 '겹치면서 상호 영향을 미치는' 두 가지 주요한 접근법으로 비평 방법의 틀을 만들었다. 그녀는 보험 회사의 부정적 편지들에 대한 사례 연구를 발표했는데 여기에는 6편의 편지와 3명의 필자 인터뷰에 대한 비판적 담화 분석이 포함되어 있다. 연구를 통해 슈라이어는 필자들 모두 자기는 완충 장치, 설명, 판단, 마무리 구조와 같은 나쁜 소식을 지연시키는 구조를 따르지 않는다고 믿었음에도 불구하고 동일한 지연 구조를 따라갔음을 알아냈다. 언어학적 자료와 전략 분석에 기초하여, 그녀는 편지들이 "독자가 계속 기다려야 하는 세계, 활동이 종종 발화 행위로 제한되는 세계, 반응이 장려되지 않는 세계, 수시로 그들을 가혹하게 판단하는 세계"를 폭로한다는 것을 밝혀냈다. 그녀는 "좀 더 깊이 들여다보면, 이런 장르는 독자를 특정한 시공간에 동결시켜 수동성과 무반응의 상태로 몰아넣으려 한다"라고 결론 내렸다. 텍스트 분석과 더불어 필자 인터뷰를 통해 수집한 전후관계가 분명한 정보는 '권력 관계의 망'을 여지없이 드러냈다. 필자들은, 비록 독자의 삶에 영향을 미치는 결정을 내리는 것이 불편하기는 했지만, 일련의 담론 실천을 행하고 재생산하도록 강제되는 느낌을 받았다. 편지 필자들과 마찬가지로, 모든 필자들은 '언제나 장르적'이다. 즉 장르를 통해 사회화되며 '전적으로 이데올로기적인' 다양한 장르에 노출되어 있다. 이러한 결론은 심화 연구의 필요성을 함축한다. 슈라이어는 조직에서 협상된 장르들을 더 철저히 조사할 것을 요청하고 "특히 장르가 창출하는 이데올로기와 장르가 만들어내고 유지시키는 주제 위치"에 대한 연구를 독려한다.

공적 맥락 및 뉴미디어 맥락에서의 장르 연구에 집중하는 다음 장은 행동이나 동사로서의 장르, '전략 생산적이고 전략 지향적'이며 '전략을 산출하는' 구조로서의 장르에 초점을 맞출 것을 주장한 슈라이어의 요구를 수용하며 진행된다.

9장 공적 맥락과 뉴미디어 맥락의 장르 연구

역동적이고 복잡한 형식들인 장르는 특정한 사회 활동과 언어적 실천을 하거나 대인관계를 맺을 때 사용되며, 이데올로기적 행위의 장으로도 기능한다. 장르는 문화와 공적 영역에서 변화에 접근하고 변화를 비판하며 또한 변화를 가져오는 도구이기도 하다. 기존의 장르 연구들이 대부분 직업·업무 장르 또는 학술·학과 장르에 초점을 맞추었다면, 최근 연구는 공적 장르에 관심을 기울이는 쪽으로 바뀌고 있다. 업무 장르 및 학술 장르 연구에서와 마찬가지로, 공적 장르 연구자들은 어떻게 장르 지식이 생산되고 대중에게 유포되는지, 어떻게 장르가 변화무쌍한 문화 안에 안착하는지, 어떻게 공적 장르가 진화하고 변화하는지에 관심을 둔다. 또한 의사소통 환경의 변화에 따라, 연구자들은 디지털 혹은 전자 커뮤니케이션 형식과 뉴미디어에 의해 변형되는 사회적 관계와 행동에 대한 연구의 잠재력을 깨닫기 시작하고 있다. 「장르와 정체성: 인터넷 시대와 글로벌 자본주의 시대의 시민권Genre and Identity: Citizenship in the Age of the Internet

and the Age of Global Capitalism」에서 찰스 베이저만Charles Bazerman은 수사학
자들이 "인터넷이 촉진한 변화와 뉴미디어에서 방출하는 사회적 창
의력이 어떻게 정치를 바꾸어내기 위한 수사적 반응을 촉진하는지"
에 주목할 것을 권고한다. 이 장에서는 뉴미디어가 야기한 참여의
'형식 변화'뿐만 아니라, "여러 공적 영역이 다양한 형태로 진화하는
데" 기여한 공적 장르에 초점을 맞추게 될 것이다.

공적 장르 연구: 지식의 구성과 유지

지금까지 지식을 구성하고 유지하며, 정보를 유포하는 공적 장르
의 역할에 관심을 기울인 연구는 드물었다. 베이저만은 납세 신고서
가 시민에게 적절한 내용을 서식에 담도록 함으로써, 어떻게 정보와
장르가 상호작용하는지를 규명하고자 했다. 미 국세청의 납세 신고
서는 "특정한 정보를 요구하는 칸이 있고 납세자들은 특수한 형식에
따라 내용을 채우도록 되어 있다"(Bazerman & Little & Chavkin, 458에서
인용). 이러한 서식은 관료적 정체성을 구성하는 동시에, 고용주, 고
객, 금융기관, 자선 단체 혹은 다른 재정 기구들이 작성한 과거의
서류와 최근의 문서로 이루어지는 상호장르적인intergeneric 정보의 영
역을 창출한다. 납세 신고서는 정보와 장르 간의 주요한 상호작용을
증명한다.

매년 납세 신고서가 납세자들의 우편함에 도달했을 때, 이미 그들은
신고서의 빈 칸을 채우지 않으면 후속 조치가 따르리라는 것을 잘 알고
있다. 게다가 납세자들은 납세 신고서의 빈 칸을 채우되, 적절한 형식을
갖춘 정보와 인접해 있는 활동 체계들의 일부인 관련 장르들에서 생산
되는 적당한 내역을 적어야 하는 것이다.

이러한 공적 장르의 장은 정보를 생산하고, 자기 스스로를 대변하며, 정부 기구와 관계를 맺는 시민으로 참여자들을 규정한다.

공적 장르가 지식을 생산하고 유지하는 방법은 자넷 길트로우Janet Giltrow가 「장르와 배경 지식의 실제적 개념Genre and the Pragmatic Concept of Background Knowledge」에서 수행한 연구의 주요 대상이기도 하다. 그녀는 캐나다의 메트로 신문에 실린 1950년대와 1990년대의 범죄 기사들을 비교·분석하였다. 길트로우는 담론 및 장르 분석에 의거하여 다음과 같은 세 가지 특징 즉, 사건의 유형, 직접 화법과 간접 화법의 사용, 범죄자를 다루는 표현의 형식에 주목한다. 그 결과 1950년도 기사와 1990년도 기사에 전제된 배경 지식에 차이가 있다는 사실이 드러났다. 1990년대 기사와 달리 1950년대 기사는 상담과 같은 폭력에 대한 치료 반응의 배경 지식이 결여되어 있는 반면, 폭력적 행동의 저지를 구조적으로 뒷받침하는 가정家庭이라는 배경 지식은 당연시되었다. 이를 통해 길트로우는 뉴스 보도 장르가 폭력적 행동을 규정하기 때문에, 상황이 달라짐에 따라 배경 지식에 대한 가정도 달라진다고 결론지었다. 변화에 대한 이 같은 증거는 "문화적 흔적의 보관소로서의 장르의 다양성을 확인시켜 준다".

아데어 보니니Adair Bonini는 브라질의 언론 맥락에서 뉴스와 르포르타주라는 두 신문 장르의 경계에 관해 조사한다. 그는 《자르날 두 브라질Jarnal do Brasil》[1]에 실린 뉴스와 르포르타주를 포함하는 337편의 텍스트에서 84편을 골라 말뭉치 분석 대상으로 선정했다. 분석을 통해 그는 이러한 신문 장르들이 수사학적인 변화에 있어서도 중첩되며 그 경계가 희미하다는 사실을 발견했다. 신문의 활동 체계는 정보 획득을 중심으로 돌아가지만, 이 공유된 활동 체계는 다

---

1) (옮긴이) 1891년부터 발행된 브라질의 대표적인 신문이다. 일간지를 발행하며, 성향은 자유주의적이다.

양한 장르에서 수집된 데이터와 정보에서 출현하는 결과를 낳는다. 장르 생태(Spinuzzi, 2003) 개념에 의거하여, 보니니는 "장르란 점진적 차이라는 복잡한 생태 안에 존재"하며, 브라질과 미국의 언론 맥락 차이 같은 문화적 차이 때문에 "세상에는 다양한 신문 장르의 생태가 있음을 단언할 수 있었다"라고 주장한다. 이렇듯 '생태' 혹은 문화 보관소로서의 장르의 다양성을 더 확실히 하기 위하여 다음 절에서는 고문서를 대상으로 공적 장르에 대한 역사적 연구를 집중적으로 수행할 것이다.

공적 장르에 대한 역사적 연구

공적 장르에 대한 역사적 연구는 장르가 문화적 이동과 변천을 반영하면서 어떻게 진화하고 변화해 왔는지를 고찰한다. 데이비드 바턴David Barton과 니겔 홀Nigel Hall이 편집한 논문집인 『사회적 관습으로서의 편지 쓰기Letter Writing as a Social Practice』에서는 초기 장르 중 하나인 편지를 연구 주제로 삼고 있다. 이 논문집에서 연구자들은 편지 쓰기가 특정한 역사적·문화적 맥락에서 어떻게 이루어져 왔으며, 인간의 다양한 상호작용을 역사적으로 어떻게 중재해 왔는지를 탐구한다. 이 책에 실린 논문인 「편지 그리고 장르 분화의 사회적 토대 Letters and the Social Grounding of Differentiated Genres」에서, 베이저만은 편지 쓰기의 역사뿐만 아니라 편지 쓰기에서 출현한 장르들의 역사까지 살피면서, 편지야말로 서식, 청구서, 보고서와 같은 비즈니스 장르에서 과학 논문, 특허증, 주주 보고서에 이르기까지 가장 영향력 있는 텍스트 형식 중 일부를 생겨나게 한 선행 장르라고 주장한다.

편지는 다양한 공적 집단과 직업 공동체를 망라하여 장르의 형성에 중요한 역할을 담당해 왔을 뿐만 아니라, 레 페렐만Les Perelman이 연대기 순으로 정리한 「중세의 편지 쓰기 기술The Medieval Art of Letter Writing」2)에서 알 수 있는 것처럼, 구체적인 사회적·제도적 맥락에서 인간 관계를 구축하는 데 특별한 역할을 했다. 중세 시대의 편지 쓰기를 역사적으로 개관한 페렐만은 중세 유럽의 변화가 급속해지면서 교회의 권위도 증대되고 있을 때, 편지 장르, 특히 공식적인 편지나 문서 작성론ars dictaminis3)이 세속적인 거래를 안정화시켰다고 주장한다.

캐슬린 제이미슨Kathleen M. Jamieson은 『수사적 규약으로서의 선행 장르Antecedent Genre as Rhetorical Constraint』에서, 교황청 회칙 혹은 교술 편지didactic letter4)가 연두 교서 및 의회 회신과 더불어 당대의 세 가지 공적 장르 중 하나임을 고찰하였다. 자신의 방법론을 '장르 비평'이라 표현하는 것과 달리 그녀는 여기서 역사적 텍스트의 말뭉치에 대한 체계적인 분석을 수행했다. 제이미슨은 장르가 문화적으로 배태되고 진화하는 과정을 보여 주기 위해, 교황청 회칙을 낳은 로마 제국의 문서나 초창기 미국 대통령 취임 연설의 모태가 되었던 의

---

2) 찰스 베이저만·제임스 파라디스(James Paradis)가 쓴 『텍스트의 역동성(Textual Dynamics of the Professions: Historical and Contemporary Studies of Writing in Professional Communities)』(Madison: U of Wisconsin P, 1991)에 실려 있는 글이다.

3) (옮긴이) 모든 업무와 법적·외교적 과정들이 구두로만 처리되었던 사회가 중세 후기에 이르러 문자 사회로 바뀜에 따라, 서약, 유언, 계약 등은 문서로 증거를 남겨야 효력이 발생하게 된다. 이에 따라 편지와 문서 작성을 위한 특별한 규범을 정하려는 욕구가 점차 커지게 된다. 그리하여 11세기 말 경에 편지와 증서 쓰는 방법을 가르치는 문서 작성론(ars dictaminis)이라는 교과목이 생겨났고 이를 위한 문서 작성법(ars dictandi)이라는 교재가 만들어졌다. 훗날 이것은 쓰기의 기술(ars scribendi)이라 불리게 된다(오토 루트비히, 이기숙 옮김, 『쓰기의 역사: 고대부터 서적 인쇄술의 시대까지』, 연세대학교 대학출판문화원, 2013, 177~178쪽, 257쪽 참조).

4) (옮긴이) 초기 로마 교회는 각 교회에 순회시키는 편지 형식으로 교황청 회칙(papal encyclical)을 작성하였다. 참고로 중세는 전 시기에 걸쳐 편지, 증서, 서류 등을 나누는 경계를 정하기가 어려웠던 시대이다. 교술 편지(didactic letter)는 중세에 쓰인 법학 논문과 의학 논문 등으로 이 논문들은 편지 형식을 취한 것이 특징이다. 참고로 중세의 편지 작성 이론이었던 문서 작성론에서는 편지 쓰기를 공적인 연설문에 준하여 가르쳤다. 편지는 문서 형태의 연설, 곧 "글로 쓴 연설"이었다(위의 책, 281~285쪽 참조).

회를 대상으로 한 왕의 연설문이 선행 장르임을 입증하였다. 그녀는 "장르적 방법에 의지하지 않았다면, 당대의 교황청 회칙뿐만 아니라 초기 연두 교서 및 그에 대한 회신을 설명할 길이 없었을 것이라고 결론 내린다".

칼린 코어스 캠벨Karlyn Kohrs Campbell과 캐슬린 제이미슨은 『언어 행위의 수행성Deeds Done in Words』에서 시민이나 그들의 대표자들 앞에서 이루어지는 공적 의사소통에 관한 논의를 확장하여, 대통령의 취임 연설, 연두 교서 발표, 거부권 메시지, 퇴임 연설, 전쟁 담화문, 탄핵문 및 사과문 등을 포함하는 대통령 연설 장르에 관해 연구했다. 연구자들은 언어 분석 및 장르 분석, 제도 분석을 통해 이러한 공적 장르가 어떻게 맥락의 힘과 개인의 선택 사이, 그리고 안정성과 변화 사이를 중재하는지를 탐구하였다. 그들은 일부 장르들이 조지 워싱턴 시대부터 현재까지 꽤 안정적으로 남아 있는 반면에, 어떤 장르들은 제도의 경계들이 재정립됨에 따라 변화를 겪어 왔다는 점에 주목하면서 장르 중심 연구 방법의 중요성을 다음과 같이 강조했다. "대통령 담화의 주요 유형에 적용된 장르적 관점은 변화 속의 지속성을 강조한다. 또한 이 관점은 어떤 역사적 시기에 수사학이 형성될 때 제도의 상징적 요구들이 사건들의 힘만큼이나 영향력이 크다는 증거로 반복성을 다룬다."

사건을 틀 짓는 장르의 힘은 19세기 캐나다의 브리티시 컬럼비아British Columbia에서 토착민의 땅을 도용하기 위해 사용되었던 땅문서에 관한 연구에서도 살펴볼 수 있다. 1850년대 사용된 땅문서 연구에 집중한 연구자인 수리 막밀렌Shurli Makmillen은 "폭넓게 확산하면서 흡수한다"라는 식민지 조약을 분석하면서 1) 식민지 정책과 법이 허가한 땅에 접근하려는 유럽인 식민지주의자들과 2) 자신들의 운명을 스스로 주재하고자 하는 원주민들 간에 조약 해석을 둘러싼 갈등이 존재했음을 발견했다. 그리고 목적이 상충되어 장르가 반응하는 수사적 상황에 대한 공감대가 전혀 없이 참여하는 상태를 일 컫는 '접촉 장르contact genre' 개념을 도입한다.

장르적 행위 내에서 벌어지는 갈등에 대한 관심은 계속 이어진다. 에이미 데빗Amy Devitt은 「텍스트 변인으로서의 장르Genre as Textual Variable」에서 1520년~1659년의 스코틀랜드 영어 장르와 1640년~1810 년의 미국 영어 장르에서 사용된 언어 용법을 연구한 결과로 나온 두 묶음의 상보적인 데이터를 검토하는 방식으로, 문체의 변이와 언어적 변화에 관한 양적 연구에 장르적 관점을 응용한다. 그녀는 장르와 언어의 상호 관계를 연구하면서, "다양한 장르들이 시간이 흐름에 따라 발생하는 언어 변이에 상이하게 영향 받기 때문에, 장르 는 역사적인 변인으로서 기능한다"라는 점을 알아냈다. 캠벨과 제이 미슨처럼 데빗 역시 데이터 수집 방법에서 장르적 관점의 중요성을 인정하고 궁극적으로 언어 연구에서 장르를 중요한 변인으로 삼아 야 한다고 주장한다. 연구 결과, "텍스트의 장르가 언어적 용법과 왜 그렇게도 유의미한 상관성이 있어야 하는가"라는 질문이 제기되 었고, 이에 대해 그녀는 상황과 장르의 관계를 참조하면서 "각각의 장르는 고유의 반복되는 상황을 반영하며, 그러한 상황과 장르는 시대와 문화가 변함에 따라 달라진다"라고 설명하였다.

공적 장르가 어떻게 진화하고 바뀌었는지를 좀 더 상세히 설명하 기 위해서 베이저만은 특허증 연구를 수행했고 왕과 왕실의 승인을 받기 위해 제출했던 17~18세기의 청원서에서 특허증의 초기 모습 을 검토했다. 특허 장르로 구성된 텍스트들에 대한 말뭉치 연구를 통해 그는 복잡한 사회 시스템들의 상호텍스트적이고 상호장르적 인 본질을 명확하게 밝힌 것이다. 베이저만은 특허와 연관되어 있 는 시스템을 다음처럼 설명한다.

특허증은 헌법 규정을 이행하기 위해 미국 의회가 승인하고 규제하는 법률에 따라 특허청에서 인준하는 합법적인 문서이다. 특허증 신청서는 특허증 감독관이 검토하며, 감독관은 수권법授權法[5])에 따라 제정하고 법정에서 해석을 내린 특정한 기준에 따라 특허증을 승인하거나 승인 불가의 조치를 취한다. 특허증은 권리를 주장하는 발명에 대한 경제적인 소유권을 정해진 기간 동안 보장한다(19세기와 오늘날에는 17년이다). 이렇게 합법적인 수단을 통해 특허증은 새로운 기술 개발을 고무하고 대중에게 전파하여 종국에는 국가 경제를 전반적으로 발전시키기 위해 거래에 관한 임시적인 독점권을 실현한다. (『장르 체계와 사회적 의도의 법제화 Systems of Genres and the Enactment of Social Intentions』, 81)

베이저만은 계속해서 특허증 장르의 역사적 진화와 상호 발전, 특허증의 의도와 특허증을 발급하는 사회 제도에 관한 연구를 진행한다. 장르의 청원 형식과 특징들을 검토하면서 그는 특허증이 발명가와 감독관의 합작품이며, 그 결과로 '다층적 목소리'가 담긴 특허증 텍스트가 만들어졌음을 알아냈다. 또한 그들은 '새로운 가치' 혹은 '새로운 재산권'을 만들어냈는데, 이 재산권은 특정한 기술로 돈을 벌 수 있도록 하는 허가서였다. 결론적으로 특허증이란 상호 관련된 장르와 담론의 순환 시스템이라는 복잡한 망 및 법 제도에 동시에 속해 있는 하나의 장르인 것이다.

공적 영역의 장르 체계 연구

반 노스트란트A. D. Van Nostrand는 미국 정부의 국방 연구 개발military

---

5) (옮긴이) 행정부에 법률을 정립할 수 있는 권한을 위임하는 법률이다. 특히 광범위한 포괄적인 법률을 정립할 수 있는 권한을 위임하는 경우에 이와 같은 명칭이 사용된다.

research and development에 대한 후원 문제를 다루는데, 이것은 거대한 사회 제도 안에서 이루어지는 지식 생산에 관한 연구를 확장시킨다. 이를 위해 그는 국방부의 연구 개발 수행 방법 및 연구실의 상황을 기록하는 공적 장르를 조사했다. 이와 같은 공적 장르는 "문화의 공적 기록을 이룬다". 자금을 대는 국방부 소속 '고객' 혹은 정부 기관, 그리고 연구를 수행하는 대학 연구실이나 비영리 단체 같은 '소매상'이 바로 이 문화의 참여자들이다. 참여자들은 프로젝트 계약 조건에 따라 일하기 때문에 목표가 다르고 우선순위가 상충할 수 있다. 따라서 역할 중재를 위해 여섯 가지 계약 전 장르가 사용되지만, 이 중 세 가지는 고객이, 나머지는 소매상이 개시한다. 스웨일스가 제시한 장르의 다섯 가지 표준적 자질에 의거해, 노스트란드는 여섯 장르 모두 기본적으로 구조적 유사성 및 문제 해결을 위한 수사적 양식을 공유하고 있음을 발견한다. 그런데 이것은 공시적 관점에서 볼 때 장르란 공동의 의사소통 목적을 수행하는 반면, 통시적으로는 목적의 공통성이 장르를 담론 공동체에 연결시킨다는 스웨일스의 견해를 입증한다. 말하자면 "장기간 고찰한 바, 담론 공동체란 연구 개발 프로젝트라는 주요 목적을 달성하기 위해 다양한 조정을 거치면서 형성되었다가 해체되고 재형성되는 독립적인 참여자들[6]의 구성체이다". 이러한 문화에서 참여자들의 역할은 협동에서 경쟁에 이르는 다양한 목적에 따른 수사학적 복합성을 예증한다. 게다가 수사학적 목적은 연구 프로젝트마다 달라서, 결과적으로 담론 공동체의 결연 관계가 바뀌고 그 경계도 희미해진다.

공적 장르 체계 참여자들의 변화와 관계의 복잡성은 라이언 나이튼Ryan Knighton의 「상황 한정짓기: 장르 수사학과 성 상담(En)compassing

---

6) (옮긴이) 원문은 audiences이나 문맥상 자연스러운 연결을 위해 '독자'가 아닌 '참여자들'로 번역한다.

Situations: Sex Advice on the Rhetoric of Genre」에서도 탐구되었다. 그는 동시에 발행되는 성 상담 칼럼에서 두 편을 골라 사례 연구를 실시했다. 하나는 밴쿠버의 신문인 ≪프로방스The Province≫ 주말판에 게재되며 국제적으로 보급되는 칼럼인 「로나에게 물어보세요Ask Rhona」이고, 다른 하나는 밴쿠버의 주간지 ≪조지아 스트레이트The Georgia Straight≫에 게재되는 '대안적' 칼럼인 댄 세비지Dan Savage의 「잔인한 사랑Savage Love」이다. 나이튼은 1997년부터 수집한 칼럼의 말뭉치를 기반으로 해서 사연 편지와 조언 편지를 교환할 때의 수사적 전략을 연구했다. 분석 결과 나이튼은 사연 편지가 응답이나 '이해'를 강제하거나 허용하는 방식으로 문제를 규정지어 상황을 한정한다는 사실을 발견했다. 이어서 조언 편지는 상황을 '재한정하여' 다른 가치 판단을 내리고 그에 따른 행동 방침을 만들어낸다. 장르적 한정이 공동체와 참여자들의 목표를 보존하는 동시에 장르를 재생산하며 그럼으로써 공동체 역시 재생산되고 '외부자'와 '내부자' 사이도 중재된다.

사적 행동과 공적 행동의 중재 연구

성 상담 칼럼처럼 중재의 역할을 맡는 공적 장르에 관한 연구에 뒤이어, 주디 시걸Judy Segal의 유방암 서사 연구처럼 공적 영역과 사적 영역을 중재하는 장르에 대한 연구가 수행되었다. 시걸은 책, 대중 잡지, 웹 사이트, 블로그, 채팅방에 이르기까지 미디어 영역 전반에 걸쳐 유방암에 관한 사적 서사들을 조사한다. 이를 통해 그녀는 유방암에 관한 사적 서사가 공적인 유방암 담론을 지배함으로써, 다른 암 환자들에게 유용할 수도 있는 잠재적인 응답의 범위를 통제한다고 주장한다. 표준화된 관습 및 줄거리가 있는 사적 서사인 이 강력한 장르는 "유방암에 대해 의문을 품거나 조사할 가능성이 있는 다른 장르를 억압하거나 대체하면서" 작동한다(「공적 수사로서의 유방암 서사Breast Cancer Narratives as Public Rhetoric」, 4).

공적 미디어에 나타나는 사적인 발언은 데보라 드 카르발루 피게이레두Debora de Carvalho Figueiredo의 연구 주제이기도 하다. 그녀는 브라질 여성 잡지에서 세 여성이 자신들이 받은 성형 수술에 대해 이야기하는 것을 조사한다. 이 이야기는 모두 자신의 원래 모습에 대한 부정적인 묘사에서 시작하여 성형 수술을 하기로 결심하고 마지막에는 수술 결과에 대해 긍정적인 평가를 내리는 것으로 끝이 난다. 그녀는 사적 서사 구조를 반영하는 이 장르가 여성 정체성의 지배적인 모델을 구축한다고 결론 내린다. 피게이레두에 따르면 "사적 이야기 같은 미디어의 특정한 장르들은 젠더화된 서사를 통해 개개인을 이 서사에 끼워 넣어 동질적으로 만드는 방식으로 이상화된 정체성을 창출하는 사회적 행위를 수행한다"(「내러티브와 정체성의 구성Narrative and Identity Formation」, 261).

위의 연구들이 장르가 어떻게 행동이나 변화를 제한하는가를 논하고 그 결과물을 공유하는 동안, 다른 연구들은 어떻게 장르가 행동이나 공적 정책을 변화시키는지를 증명해 왔다. 베이저만은 1950년대에 시민들을 동원하고 정부의 핵실험 정책에 대한 대중들의 반감을 조장했던 정보 장르informational genre의 역할을 조사한다. 그는 공익에 도움이 되는 정보를 전달하기 위해, '시민 과학citizen science[7]'을 확립한 『정보』라는 활동가 소식지를 중심으로, 1958년에 나온 세 가지 논점에 초점을 두고 시민들이 작성한 텍스트의 말뭉치를 분석한다(「핵 정보Nuclear Information」, 285). 먼저 시민들의 정보가 입증되면

---

7) (옮긴이) '시민 과학'이나 '시민 참여형 과학'으로 번역된다. 미국, 유럽, 일본 등 선진국에서 널리 활용되고 있는 전문가(과학자)-비전문가(시민) 협업 시스템으로(민태원, 「이젠 '시티즌 사이언스'다」, 『국민일보』, 2015.03.27), 과학 기술에 대한 의사 결정을 지배했던 엘리트주의를 극복하고 민주주의를 실현하게 해주는 대표적인 방법이다(시민과학센터, 『시민의 과학』, 사이언스북스, 2011, 9쪽).

소식지는 핵실험 반대 문제에서 환경 문제로 이동하여 정보의 범위를 넓히고, 소식지도 종국에는 ≪환경≫이라는 과학 잡지로 발전해 가면서 환경 운동의 조직에 중요한 역할을 맡게 되는 것이다.

환경 장르 연구를 더 발전시킨 베이저만, 조셉 리틀Joseph Little, 테리 케빈Teri Chavkin은 환경 영향 평가 보고서EIS 장르의 사례 연구를 진행하였다. 그들은 인간의 행위가 환경에 미치는 영향에 대한 정보를 장르가 어떻게 감지하고 그에 반응하는지를 검토했다. 예를 들어 1972년에 제정된 연방 살충제·살균제·쥐약법은 "다른 감독 기관들의 방식처럼 농약의 등록, 자료의 보고, 규제에 대한 평가, 범죄의 기소를 위한 표준 장르를 작동시킨다". 이외에도 국가환경보호법은 환경 영향 평가 보고서 장르를 매개로 개발을 규제하는 목표를 수행한다. 환경 영향 평가 보고서 장르는, 환경에 미치는 부정적인 영향 및 대안, 단기간의 환경 이용 대비 장기간의 생산성, 자원에 대한 철회할 수 없는 공약처럼, 제안된 조치가 초래할 환경적 영향에 관한 모든 정보를 제출하고 발표하도록 요구한다. 이 보고서는 다양한 참가자들 및 수행자들, 그리고 수행자들의 목표와 필요에 따라 만들어지는 정보의 지형informational landscape에 효력을 미치는 고도로 수사학적인 장르이다. 환경 영향 평가 보고서의 장르 체계 연구를 통해, 연구자들은 이 보고서 및 관련 장르가 지식을 생산하고 이용하는 사회 환경을 변화시킨다는 사실을 알게 되었다. 즉, "정보를 생산하고 전망하고 결정을 내리기 위해 장르를 고안하는 것은 집단행동과 그것이 세상에 미치는 영향을 성찰하고 감시하는 데 필수적이다".

이전 연구들이 공적 장르에 대해 체계적인 연구를 수행했지만, 그에 대한 심층 연구는 더 필요한 실정이다. 베이저만은 「장르와 정체성: 인터넷 시대 및 글로벌 자본주의 시대의 시민권」에서 사법적 연설forensic rhetoric, 의회 연설deliberative rhetoric, 과시적 연설epideictic rhetoric[8]이라는 고전적인 장르에서부터 성문법 및 법정 기록 장르, 논쟁술과 선언문, 투표 및 신문 그리고 자신의 주된 관심사인 정치적 웹 사이트에 이르기까지 시민권과 정치적 참여 장르의 역사를 약술한다. 그는 담론이 만들어지는 현장discursive sites인 대중에 관심을 두었으며, 이러한 관심이 공적/사적 대립, 시민의 정체성, 시민 참여의 질 하락에 대한 연구의 길을 연다. 마찬가지로 베이저만은 대중이 어떻게 장르를 통해 "말하면서 실존하게 되는지, 그리고 자신에 대해 말하고 씀으로써 개개인이 어떻게 시민으로 변모하는지"에 관심을 기울인다. 여기서 연구가 더 필요한 것은 공적 장르가 대중을 구성하고 유지하는 수사적 관습을 어떻게 구현하는가와 대중에 도전하는 수사적 관습은 어떻게 구현되는가이다. 행동/변화를 초래하는 사회적 기능이 있는 공적 장르에 대한 연구는 수사학자들이 어떻게 그와 같은 장르가 중재와 사회적 행동을 제약하면서도 공적 과정에 참여할 수 있게 하는지를 분석하면서 중재의 장을 고찰하게 해준다. 공적 장르 연구는 또한 수사학적 장르 연구가 업무 현장이나 학술 영역과 같이 상당히 안정적이고 경계가 뚜렷한 제도화된 맥락 너머를 볼 수 있도록, 그리고 장르가 지금보다 훨씬 널리 확산될 때 발생하는 상황에 대해 탐색하도록 자극제 역할을 할 수 있을 것이다.

---

8) (옮긴이) 아리스토텔레스가 제시한 수사학의 3종류이다. 사법적 연설은 과거 행위의 정당성과 부당성을 입증하는 데 사용되는 수사학이며, 법정 연설(judical rhetoric)이라고도 불린다. 의회 연설은 미래의 행위가 이익이 되거나 해가 될 것임을 주장하는 데 사용되는 수사학이다. 과시적 연설은 개인이나 집단을 칭송하거나 비난하는 데 사용하는 수사학으로, 청중으로 하여금 특정 가치를 수용하거나 거부하도록 부추긴다. 종종 송덕 연설(demonstrative rhetoric)이라 불린다(티모시 보서스, 이희복 외 옮김, 『수사학 이론』, 커뮤니케이션북스, 80쪽).

장르와 뉴미디어 연구

앞에서 언급했듯이 베이저만은 수사학적 장르 연구에서 진척시키고 있는 정치 관련 웹 사이트 같은 공적 전자 장르에 관심이 있다. 장르와 뉴미디어에 관한 최근의 연구는 아직 극히 드물다. 그렇지만 활동 체계와 사회 집단, 그리고 학술 영역, 업무 현장, 공적 영역을 모두 포괄하는 조직들을 통해 장르 및 장르 체계에의 참여가 어떻게 구체화되는지, 미디어에 의해서는 어떻게 구현되는지에 대한 탐색은 지금 시작되고 있다. 연구자들은 의사소통의 실천이 어떻게 모든 상황에서 뉴미디어의 영향을 받는가를 조사하는 수단으로 장르를 이용한다. 이러한 연구는 기존의 인쇄 장르가 새로운 매체로 어떻게 옮겨가는지, 또는 전자 환경에서 장르 변종은 어떻게 나타나며, 나아가 새로운 장르는 어떻게 출현하고 발달하는지를 조사한다.

이메일 템플릿을 메모 헤딩memo heading의 후행 장르라고 생각한 연구자들이나, 잡지나 업무 일지written log에서 웹로그 장르의 선행적 성격을 규명한 연구자들은 새로운 매체로 친숙한 장르가 옮겨가는 장르 재조정의 원리를 주요한 연구 주제로 삼아 왔다. 베이저만의 여행 은유는 뉴미디어 또는 새로운 의사소통 영역에서 장르가 이용되는 과정을 기술하는 데 특히 적합하다. "새로운 의사소통 영역을 여행할 때 우리는 먼저 자신이 잘 아는 형식으로 그 영역에 대해 인식한다. 심지어 새로운 환경에 관여하려는 동기와 욕구도 이전의 환경에서 형성되었던 동기와 욕구에서 출발한다."(「장르의 일생The Life of Genre」, 19) 뉴미디어라는 '새로운 의사소통 영역'은 장르 환경을 변화시켜 왔고 이것은 매체가 장르 지식과 장르 행동genre action을 어떻게 구현해내는가에 대해 연구자들이 새롭게 관심을 기울이도록 자극했다. 예를 들어, 잭 안데르센Jack Andersen은 전자 도서관 연구라는 문헌정보학에서의 새로운 장르 기반 연구가 지식이 조직되고 유통되는 방식에 대한 이해를 넓혔다고 설명한다. 그는 "장르와 연계된 문헌정보학 연구가 디지털 매체의 성장과 밀접하게 관련되어 있다"는 점에 주목하면서, 디지털 문서 장르에 대한 장르 지향적 관점이 전자 문서 관리에서부터 웹 구조화, 정보 검색, 조직 커뮤니케이션, e-민주주의에 이르는 다양한 주제를 망라하는 연구에 어떻게 영향을 미칠 수 있는지 증명한다. 이렇듯 뉴미디어 영역에 대한 장르 접근법은 디지털 시대의 새로운 의사소통 양식에 대한 이해를 증대시킬 수 있다.

마시 바우만Marcy Bauman은 「인터넷 장르의 진화The Evolution of Internet Genre」에서 장르 이론이 "기술과 뉴미디어 문식성이 야기한 변화, 즉 현재 교육적·제도적 환경을 휩쓸고 있는 광범위한 변화"에 대해 우리가 충분히 이해할 수 있도록 도와야 한다고 주장한다. 마찬가지로 군터 크레스Gunther Kress는 『뉴미디어 시대의 문식성Literary in the New Media Age』에서 멀티미디어와 다중 양식이 갈수록 혼성 장르hybrid genres에 이끌리는 이유를 설명했다. 연구자들은 장르가 '재조정되는' 방식뿐만 아니라, 의사소통을 위한 디지털 맥락이 장르에 접근하는 방법을 바꾸고 시간 제약을 포함한 각종 제약들을 조정하며, 새로운 협력의 형식을 만들어내는 방식을 연구하는 데에도 관심을 기울인다. 학술·업무 맥락에서 장르의 기능을 연구하는 학자들은 이러한 장르의 '진화'에 큰 흥미를 느끼고 있다.

학술 맥락의 뉴미디어 장르 연구

앨리스 트루프Alice Trupe는 「네트워크의 세계와 학술적 문식성: 대학 글쓰기 강좌를 위한 장르 재정의Academic Literacies in a Wired World: Redefining Genres for College Writing Courses」에서 "전자 환경으로의 이동이

수업 관습 및 교실 장르를 순식간에 바꾸어버리기 시작했다고 역설한다". 그녀는 인터넷 환경에서 생산된 텍스트들이 단일한 양식의 장르 교육에 도전하고 새로운 문식성 기술을 요구함으로써, 우리를 다중 양식 장르나 혼성 장르로 이끈다고 설득력 있게 주장했다. 다중 양식 장르에 관한 이해를 돕는 데 기여한 크리스 앤슨Chris Anson, 디에나 다넬스Deanna Dannels, 카렌 세인트 클레어Karen St. Clair는 그에 더하여, 의사소통을 위한 구술·발화 맥락 및 그것이 장르에 미치는 영향에 초점을 맞추어 연구를 진행했다. 그들이 실시한 '교사 연구' 혹은 교실 중심 연구는 글쓰기 교사들뿐만 아니라 이른바 '장르 경계 넘기'를 어려워하는 학생들에게는 도전이 될 것이라고 예상한다. 그들은 "갈수록 복잡해지는 담론의 세계에서 학생들이 전략과 기술을 습득할 수 있도록 전폭적으로 지지해 주어야 한다"라고 역설한다. 그리고 이러한 복잡성을 탐구하도록 연구를 심화시킬 것을 요청하면서 주장을 마무리한다.

  교실에서 구어와 문어 장르를 가르치기 위해 실시된 미디어 장르 통합에 대한 연구가 최근에 조금씩 이루어지고 있는 것은, 이러한 요청에 대한 응답이다. 마르코스 발타Marcos Baltar는 브라질의 한 초등학교에서 라디오 장르 생산에 대한 실행 연구action research[9]를 수행했다. 학교에서 라디오 방송을 하기 위해 학생들은 스스로 대본을 작성해 수정한 다음, 학교 뉴스와 행사 그리고 환경, 기술, 음식, 건강과 같이 이슈가 되는 화제거리를 다룬 프로그램을 녹음했다. 회의, 인터뷰, 설문지, 직접적인 교실 관찰과 같은 양적·질적 방법을

---

9) (옮긴이) 액션 리서치라는 영어 이름으로 더 잘 알려져 있다. 교육학에서의 실행 연구(action research)는 교수 학습 과정이나 교수 학습 환경에 대해 기득권이 있는 교사, 행정가, 상담가 등이 학교의 운영 방식과 교육 방식, 학생들의 학습 방식에 대한 정보를 교육 현장에서 얻고 문제점을 개선하기 위해 행하는 체계적 탐구이다(머틀러 크레이그, 노경주 외 옮김, 『실행 연구』, 창지사, 2015, 30~31쪽 참조). 실천 연구, 수행 연구, 현장 연구, 교실 연구, 교사 연구라고 불리기도 한다.

병행하면서 그는 학생들의 라디오 장르 수행이 실제로 비판적 읽기 능력과 구어 및 문어 장르의 생산 능력을 신장시키고, 유의미한 언어 활동에 참여하게 하며, 학교 공동체에서의 사회-담론적 상호작용 능력을 강화한다는 사실을 발견했다. 또한 그는 교내 라디오 방송이 '문어 및 구어 장르의 체계적인 교수/학습 성과'뿐만 아니라 "학생들을 더욱 북돋아 교육적 원동력이 되도록 자극하는 주제들을 제시하여, '일련의 기술을 발전시킬 수 있는 가능성'을 제공한다"는 점도 알아냈다.

라디오 장르 연구 외에도 웹 장르web genres 역시 교육적 기반이 있는 연구 주제이다. 마이크 에드워즈Mike Edwards와 하이디 맥키Heidi McKee는 1학년 글쓰기 강좌를 대상으로 웹 기반 글쓰기 과제에 대한 교실 중심 연구를 진행했고, 이를 위해 학생들이 자신의 웹 사이트에 관해 쓴 글 및 그 웹 사이트의 디지털 복사본을 수집했다. 또한 연구자들은 학생들이 일지를 쓰도록 계속 지도하면서 이들이 웹 사이트를 만든 경험에 대해서도 인터뷰했다. 두 교사 모두 웹 사이트에 링크와 그래픽을 혼합해 멀티페이지를 만들고 거기에 설득적인 에세이를 전개하도록 요청했다. 일부 학생들의 에세이는 선형적으로 전개되는 인쇄물 중심 논증과 매우 유사한 논증 방식을 따르는 경향이 있었던 반면, 다른 학생들의 에세이는 훨씬 '다중 선형적multilinear'이면서 논증과 연결되는 삼단논법적 추론 및 사고의 전개 방식에 대체로 도전적이었다. 또한 교사들은 학생들이 다양한 웹 장르에 친숙했기 때문에 성공하는 경우가 많았으며, 장르에 대한 이 사전 지식이 웹 문서 작성시 수사학적인 선택에 영향을 미쳤음을 알게 되었다. 학생들과의 인터뷰 중에 웹 사이트를 계획할 때 마음에 두고 있는 특정 유형의 사이트가 있었는지를 질문하자, 그들은 장르를 이해하고 분석하는 데 더 집중하게 하는 커플 사이트나 사적 웹페이지인 프로필 사이트 같은 다양한 상업적 사이트를 주로 언급했다. 연구자들은 학생들이 보유한 장르 지식을 수업 시간에 활용하게 하는 데 실패함으로써, "우리는 웹 장르가 어떻게 구성되고 순환하며, 수용되고 변화하는지에 관해 학생들과 비판적으로 토론할 기회를 놓쳤음을 알게 되었다"라고 고백한다. 에드워즈와 맥키는 교사들이 친숙해 하는 웹 장르 및 웹 사이트가 학생들이 친숙한 것들과 항상 일치하지는 않는다는 점 역시 깨달았다. 결론적으로 연구자들은 "장르를 분석 도구로 사용하려면, 우리는 웹 텍스트의 다중 장르적 특질을 분간할 수 있어야 한다. 뿐만 아니라, 학생들과 우리 자신이 종종 웹 장르에 대해 전혀 다르게 생각하는 원인을 찾아 분석할 수 있도록 해주는 전략을 개발해야 한다"라는 사실을 알게 된 것이다. 그 점에서 이 연구는 교실 중심 장르 접근을 뒷받침한다. 학생들이 자주 읽어 보는 웹 사이트에 대한 문화적·수사학적 장르 분석을 수업 시간에 집중적으로 행한다면, 이들은 디지털 텍스트에 대한 비판적인 인식을 지닌 능숙한 필자로서 뉴미디어 장르에 참여할 준비를 충분히 갖추게 될 것이다.

　마이크 팜퀴스트Mike Palmquist는 글쓰기 강좌 및 범교과적 심화 글쓰기 강좌를 수강하는 학생들이 이용하는 웹 사이트를 조사하면서 이들에게는 그와 같은 장르 인식이 결핍되어 있음을 알게 되었다. 이 사례 연구 접근법은 여러 학과의 웹 사이트에 글을 쓴 6명의 학생을 대상으로 하는 인터뷰를 포함한다. 이 중 스피치 의사소통 강좌를 듣는 학생이 2명, 웹 개발 강좌를 신청한 학부생이 2명, 웹 기반 글쓰기 강좌를 수강하는 대학원생이 2명이었다. 그는 "특정한 교수진이 암시해준 장르 관습에 영향을 받지 않은 결과물을 얻음으로써 타당도likelihood를 높이기 위해" 세 강좌에서 학생을 선정했다고 설명한다. 인터뷰를 하면서 팜퀴스트는 학생들이 웹 문서를 읽고 썼던 경험을 반추하면서 문서의 구조, 검색 도구, 디지털 도해, 웹 페이지 디자인 같은 장르 특질들을 떠올릴 수 있도록 질문을 던졌다. 그런데 여섯 명의 학생 모두 개인적·학술적 목적으로 웹 사이트를 이용했음에도 불구하고, 단 두 명의 학생만이 웹 사이트를 직접 개발해 이를 대다수의 학생들을 위한 새로운 장르로 만들었다. 또한 팜퀴스트는 학부생들이 이 장르를 낯설어 했으며 웹 사이트를 매우 획일적인 장르로 생각한다는 점을 알게 되었다. 반면에 대학원생들은 웹이라는 다중 양식의 미묘함을 잘 이해하고 있었고, 검색 사이트, 뉴스와 정보 사이트, 교육 사이트, 상업 사이트, 정부 사이트, 조직 사이트 등과 같은 웹 사이트 유형에 따라 기능이 상이하다는 점도 잘 알고 있었다. 또한 그는 학생들이 새로 출현하고 발전하는 장르를 접하면 구조와 디자인에서 반복되는 패턴을 찾기 위해 다른 장르를 참조하는 경향이 있다는 사실을 발견했다. 이와 더불어, 그들이 학술적 에세이에 기초하여 사이트를 구축하거나 목차를 포함시키거나 친숙한 검색 도구를 끼워 넣는 등 인쇄 장르의 여러 특성을 차용한다는 점을 알게 되었다. 에드워즈와 맥키의 선행 연구와 마찬가지로, 팜퀴스트의 연구 결과도 웹 문서에 대한 안정된 장르 정의는 존재하지 않는다는 점을 확증한다. 결론적으로 볼 때 그는 교사들이 신생 웹 장르의 성격 및 필자에게 달린 선택 범위를 중시하도록 촉구한다. "만일 교사들이 웹 사이트를 다중 장르들의 본원지로 이해할 수 있게 과제 정보를 제공해 준다면, 조직 구조, 페이지 디자인, 검색 도구 그리고 디지털 도해 이용과 관련된 핵심 문제들에 전념하면서 학생들이 과제를 수행할 가능성은 더욱 높아질 것이다." 선행 연구의 결과를 이어받은 팜퀴스트의 연구는 비판적 장르 분석의 영향을 받은 교육학적 접근을 지지한다. 비판적 장르 분석은 10장에서 더 자세하게 살펴볼 것이다.

학술 환경의 웹로그에 대한 장르 중심 연구

위에서 다룬 연구들이 학생들이 만든 웹 장르나 웹 사이트 창작물에 초점을 두었다면, 몇몇 연구들은 '신생' 장르인 웹로그를 지속적으로 고찰하였다. 위의 연구가 비판적 장르 분석의 영향을 받은 디지털 장르 교수법을 주장하였듯이, 이 절은 실증적 연구의 영향을 받은 웹로그 장르 분석으로 시작할 것이다.

「사회적 행동으로서의 블로깅: 웹로그 장르 분석Blogging as Social Action: A Genre Analysis of the Weblog」에서 캐롤린 밀러Carolyn Miller와 돈 셰퍼드Dawn Shepherd는 웹로그 혹은 '블로그'의 본질, 형식, 수사학적 행동을 연구했다. 그들은 문화기술지적 방법론에 따라 블로그의 말뭉치를 조사하고 자신의 블로그에 대한 블로거들의 의견을 모아 분석함으로써, 블로그가 자기표현과 공동체의 발전이라는 전형적인 사회적 행동을 수행한다는 사실을 알아냈다. 블로그의 자기노출 기능을 통해 블로거는 타인과의 관계를 발전시키고 그들과 유대를 쌓거나 링크 걸기와 댓글 달기라는 블로그의 특성을 이용해 자신의 의견을 능숙하게 표현한다. 이 연구의 중요한 측면은 장르의 발전을 조사했다는 데 있다. 결론적으로 보면, 밀러와 셰퍼드는 블로그의 역사와 선행 장르를 조사함으로써, 블로그야말로 일기, 통신사가 제공하는 발췌 기사, 광고용 인쇄물, 비망록 심지어 항해 일지 같은 이전에 존재한 장르의 유전적 흔적을 지닌 복잡한 수사학적 혼합체hybrid라고 강조한다. 결론적으로 그들은 블로그란 수사학적 형식을 통해 사적인 것과 공적인 것을 결합하는 독특한 장르라고 주장하면서, "장르로서의 블로그가 우리 시대의 자아의 기술art of the self에 공헌한다"는 점에 주목하며 블로거들이 자아를 공적인 방법으로 함양하는 것을 블로그가 가능하게 한다고 역설한다.

블로그가 '자아의 기술' 함양에 공헌한다는 밀러와 셰퍼드의 연구 결과를 검증하기 위해, 캐서린 그래프턴Kathryn Grafton과 엘리자베스 마우러Elizabeth Maurer는 공적 행동을 실천하는 두 블로그를 대상으로 사례 연구를 수행한다. 하나는 공동체의 문학 행사에 관심을 두는 '캐나다 읽기Canada Reads'라는 블로그이며, 다른 하나는 노숙 문제에 관심을 기울이는 블로그이다. 블로그의 게시물과 뉴스 기사나 방송 같은 다른 공적 텍스트가 상호작용하는 과정을 분석한 결과, 연구자들은 블로거가 대중 사이에서 '매개적 자아'를 구축하여, "직접 대중의 한 사람이 되어 대중들이 인식할 수 있게 담론을 배열함으로써" 자아를 함양하고 비준한다는 것을 알게 된다.

밀러와 셰퍼드의 또 다른 연구 결과는 "블로그가 서로 다른 수사적 상황에 놓인 사람들의 상이한 상황적 요구를 충족시키면서, 이미 다중 장르로 발전했다"라는 것이다. 케빈 브룩스Kevin Brooks, 신디 니컬스Cindy Nichols와 지빌 프라이베Sybil Priebe로 구성된 연구진은 공적인 것과 사적인 것의 상호작용뿐만 아니라 다중적 웹로그 장르에 대한 논의도 확장한다. 이들은 저널, 공동체, 메모 카드/필터 같은 다른 유형의 웹로그를 연구했고 학생 필자들을 끌어들이거나 이들에게 동기를 부여하는 웹로그를 찾아내려고 애썼다. 조사 데이터와 개방형 질문에 대한 응답에 의거해, 연구자들은 두 학기 내내 대학교와 대학원 과정에 개설되어 있는 다양한 강좌들을 대상으로 웹로그 장르와 학생들의 동기 부여 간의 관계를 조사했다. 이들 강좌에서 학생들은 사적인 블로그를 만들고 운영하면서 수업 시간에 토론한 논쟁적인 사회 문제들에 대한 정보를 입력할 것을 요구받았다. 앞서 밀러와 셰퍼드가 블로그는 공적인 것과 사적인 것을 통합한다는 사실을 발견해 내는 동안, 이 연구자들은 대학 신입생들이 웹로그의 공적 차원이나 학술적 잠재력에 대해서는 별다른 흥미를 느끼지 못하며, 사적인 표현의 차원을 더 선호한다는 것을 알아냈다. 그러한 까닭에 저널 웹로그가 가장 인기 있었지만, 대학원생들은 읽기 자료에 대한 의견을 공유하고 수업에서 문제가 된 논점들을 토론할 수 있는 장소인 저널 웹로그와 공동체 웹로그를 모두 잘 알고 있었고 가치를 인정했다.[10] 연구자들은 저널 웹로그가 친숙한 인쇄 장르인 잡지를 긍정적인 의미로 개선했기 때문에 가장 인기가 있었다고 결론지었다. 하지만 그것은 또한 다른 유형의 웹로그 장르를 학습할 때 장르 충돌을 일으킬 가능성이 있다.

밀러와 셰퍼드는 블로그를 새로운 장르로 정의하며, 브룩스, 니컬스, 프라이베는 다중적 웹로그 장르가 존재한다고 주장한다. 이와 달리, 수잔 헤링Susan Herring, 로이스 앤 샤이Lois Ann Scheidt, 사브리나 보너스Sabrina Bonus, 일라이자 라이트Elijah Wright의 연구는 웹로그를 독특하지도 새롭지도 않으며 개선되지도 재생산되지도 않는 혼성 장르인 '가교 장르bridging genre'로 부를 것을 제안한다. 연구자들은 203개 웹로그에 대한 정량 분석을 실시하여 사진처럼 정확한 실증적 정보를 제공하고자 한다. 이를 통해 기술적 변화가 새로운 장르 생성의 계기가 되고 인터넷의 장르 생태를 바꾸는 것을 이론적으로 이해하는 데 기여하려는 것이다. 그들의 연구는 "컴퓨터를 이용한 의사소통의 반복되는 실천은 장르로서의 유의미한 특징이 될 수 있다"라는 가정에 기초한다. 블로그가 매우 사적인 운영체이며, 주로 개인적 목적을 위해 이용된다는 사실에 주목하면서 그들이 내린 결론은 앞서 논한 연구 결과들을 강화한다. 블로그는 일기를 모사한 장르이자 홈페이지 같은 디지털 장르와 유사성을 공유하는 온라인 저널 같은 다른 온라인 장르와 비슷하다. 헤링 등은 밀러와 셰퍼드가 지적한 선행 장르 목록을 확장하여, 종이 신문의 사설이나 독자 투고 같은 장르 역시 블로그의 오프라인 선행 장르라고 주장한다.

---

10) K-12 교육에 대한 집단 블로그 연구를 하려면 수자(Sousa)와 소아레스(Soares)를 참조하라.

블로그는 하나의 선행 장르를 유일한 근원으로 삼고 있다기보다는, "원천 장르들의 독특한 특징과 특정한 기술적 행동 유도affordances[11] 에 의해 고유성이 생기는 현존하는 장르의 혼합체"인 것이다. 그들 은 "블로그 포맷이 본성상 유연하고 혼성적이라는 것은, 그것이 이 용자들의 의사소통적 요구에 부응하면서 다양한 장르를 표현할 수 있음을 의미한다"라고 결론 내린다. 뉴미디어 맥락에서 글을 쓸 때 의 유연성과 사용자들의 의사소통적 요구를 충족시키는 장르 혹은 다중 장르를 다양하면서도 폭넓게 만들어낼 수 있는 능력은 학술 장르 연구뿐만 아니라 업무·직업 맥락의 장르 연구에도 분명히 함 의가 클 것이다. 다음 절에서는 이를 중점적으로 다룬다.

업무 맥락의 전자 장르 연구

새로운 전자 기술과 더 효율적이고 효과적인 상호작용 형식에 대 한 요구는 조직의 의사소통 연구 못지않게 조직의 의사소통 자체에 도 영향을 끼치고 있다. 의사소통 미디어와 조직 장르를 개관한 「조 직의 의사소통 장르: 구조적 접근Genres of Organizational Communication: A Structural Approach」에서, 조앤 예이츠JoAnne Yates와 완다 올리코우스키 Wanda Orlikowski는 뉴미디어 연구의 두 흐름을 밝히고 있다. 한 연구는 조직의 미디어 사용에 영향을 미치는 요소들에 집중하며, 다른 연 구는 미디어가 의사소통 행위에 끼치는 영향에 주목한다. 그들의 주장에 의하면, 이 선행 연구의 한계는 "오랜 시간에 걸쳐 만들어지

---

11) (옮긴이) '행동 유도(affordance)'는 미국의 심리학자 J. J. 깁슨이 제창한 지각 이론의 핵심 개념이다. 환경이나 사물이 그것에 작용하려고 하는 사람이나 동물에 제공하는 가치 있는 정보를 가리킨다. 컴퓨터 용어로는 디자인의 기능적 속성을 가리킨다. 기능 이나 사용 방법이 대다수의 사람들에게 시각적으로 쉽게 확인되고 이해될 수 있도록 디자인한다는 의미를 담고 있다.

는 미디어와 의사소통 간의 상호적이고 회귀적인 관계"를 이러한 접근으로는 알아내지 못한다는 데 있다. 이들의 또 다른 걱정거리는 '장르'와 '미디어'라는 용어를 융합하는 일이다. 예이츠와 올리코우스키는 의사소통 장르와 의사소통 미디어를 신중하게 구별하면서 장르와 미디어를 결합시키는 관점을 만들어낸다. 이것은 "조직에서 이루어지는 의사소통을 연구하기 위한 유력한 대안적 접근"이다. 여기서 가정되는 것은 "반복적인 상황과 장르 형식 둘 다에서 미디어가 일정한 역할을 수행한다"라는 점이다. 이 연구 방법을 사용하여 그들은 1800년대 중반에 등장한 사업용 서신의 역할에서부터 1970~1990년대의 이메일에 나타난 메모 장르의 정교함에 이르기까지, 시간이 흐르면서 장르가 출현하고 제도화되는 과정을 추적한다. 장르와 미디어의 상호 관계를 조사함으로써, 그들은 역사적·맥락적 방법을 사용하여 기존 메모 장르가 이메일 의사소통에 끼친 영향 및 이메일의 광범위한 사용이 컴퓨터로 매개된 조직의 의사소통 장르가 새로 출현하도록 무대를 마련해준 경위를 연구한다.

　뉴미디어가 현존하는 장르들의 교체를 촉진시킬 수 있다는 점에 주목하는 그들은 다음과 같이 미래의 연구를 전망하면서 글을 마무리한다. "상이한 사회역사적 맥락에서 서로 다른 장르들을 생산하고 재생산하거나 교체하게 하는 다양한 사회적·경제적·기술적 요인들을 조사하기 위해 실증적 연구가 필요하다."

　올리코우스키와 예이츠는 장르가 직업 조직이나 업무 환경에서 이용되는 뉴미디어의 효과를 조사하는 데 유용한 도구라는 주장을 여러 논문에서 되풀이했다. 「장르 체계: 의사소통 규범을 통한 중재의 체계화Genre Systems: Structuring Intervention through Communicative Norms」에서, 그들은 공용 전자 기술collaborative electronic technologies을 기업에서 이용하는 방식을 연구하면서 이 주장을 실증적으로 확인한다. 장르 체계가 조직의 의사소통적 상호작용을 어떻게 구조화하는지 보여 주기 위해, 그들은 미국 동북부에 위치한 첨단 기술 회사인 목스사Mox Corporation에 고용된 사람들로 구성된 세 팀과 이들이 '팀룸Team Room' 기술이라 부르는 회사의 공동 어플을 사용하는 방식에 연구의 초점을 맞추었다. 연구자들은 7개월간 이 어플에 올라온 492편의 글을 추적한 후 장르 분석을 실시했고, 변형된 담화 기반 인터뷰를 이용해 팀 구성원들을 대상으로 인터뷰를 진행했다. 이 연구는 팀이 모두 이용하는 회의, 공동 저술collaborative authoring, 공동 창고collaborative repository라는 세 장르 체계를 규명했다. 회의 장르 체계는 업무logistics 나 안건 게재, 시간 분배 같은 면대 면 회의와 관련된 의사소통 행위로 이루어진다. 공동 저술은 팀 구성원 모두가 상호작용하면서 글을 쓰고 댓글을 다는 순환 과정을 가리킨다. 공동 창고는 스케줄을 조정하고, 브레인스토밍을 하거나 토론을 시작하는 등의 의사소통 행위들을 포함한다. 예를 들어, 어떤 한 팀이 구성원들을 초대하여 '영감이 떠오를 때마다 적도록' 할 때 팀룸은 '의사소통 아이디어를 위한 브레인스토밍 장소'로 활용되는 것이다. 예이츠와 올리코우스키의 연구 결과는 팀룸이라는 뉴미디어의 틀 안에서 세 장르 체계를 실행하는 것이 의사소통적 상호작용을 강화하기는 하지만 때로는 그것을 변화시키기도 한다는 점을 암시해 준다. 또한 이러한 장르 체계가 팀룸의 상호작용을 구조화함에 따라, 장르 기대와 그 조정 역할에 대한 명시적인 인식이 생겨나기도 하였으며, 어떤 경우에는 이러한 인식이 더욱 암묵적이고 습관적으로 나타나기도 하였다. 예이츠와 올리코우스키는 글을 마무리하면서 "그러한 뉴미디어 사용자들을 위하여 우리가 이전에는 암묵적이었던 가정을 명시화하는 것은, 뉴미디어에 대한 오해를 피하게 하고 장르 체계의 변화를 유도하는 실험을 장려해 줄 것이다. 이것이 새로운 미디어에 쉽게 적응하게 해줄 것임을 믿는다"라고 적는다.

인터넷이 매개하는 의사소통 맥락에서 업무 현장 공동체의 장르 목록이 변화하는 양상을 더 심도 깊게 파헤친 논문은 크리스티나 주케르말리오Cristina Zuccchermaglio와 알레산드리아 탈라모Alessandra Talamo 가 쓴 「이메일과 의사소통 장르 사용을 실천하는 인터넷 공동체의 성장The Development of a Virtual Community of Practices Using Electronic Mail and Communicative Genres」이다. 이 연구는 이메일 시스템이 특정한 장르 구축에 기여하는 방식, 공동체의 장르 목록이 시간이 지나면서 바뀌는 방식, 장르 목록의 변화가 공동체 구성원의 관계 변화를 반영하고 이를 강화하는 방식과 관련된 세 가지 연구 질문에 초점을 맞춘다. 연구 목적은 소프트웨어 개발자들로 구성된 조직에서 이메일 의사소통이 이루어지는 방식을 조사하는 것이었다. 이를 위해 연구자들은 말뭉치 자료로 소프트웨어 인터페이스를 만들면서 조직 간interorganizational 집단에서 작성한 이메일 메시지 794개를 3년에 걸쳐 수집한 후 의사소통의 목적과 형식적 특징에 따라 각 메시지를 유형별로 분류했다. 연구 결과, 공동체의 구성원들이 노트, 보고, 대화, 제안, 메모라는 다섯 가지 장르를 자신들이 사용하는 목록의 일부로 받아들이고 있음이 드러났다. 이 목록 중에서 간략하고 비격식적이며 개인적인 의사소통 방식으로 흔히 활용되었던 노트가 사용 빈도가 가장 높은 장르에 해당했으며, 교환된 메시지의 66%를 차지하였다. 메모나 제안 같은 다른 장르들은 이메일 의사소통에서 차지하는 비율이 훨씬 더 낮은 것으로 드러났다. 연구자들에 따르면 아마도 이것은 조직 구성원들 사이에서 "격의 없이 의사소통하는 업무 스타일이 유행했기" 때문이다. 아마도 가장 흥미로운 것은 이 메일 시스템이 대화 장르와 같은 특수한 장르를 구축하는 데 공헌했다는 점일 터이다. 연구자들은 대화 장르를 "구어 대화를 모델로 하며, 새 텍스트를 작성할 때 앞 메시지의 전부나 일부를 글에 끼어 넣을 수 있는12) 이메일의 기능 때문에 가능해진 문어적 상호작용의 형식"이라고 정의한다. 대화 장르는 앞서 받은 메시지에 응답하는 의사소통의 목적 및 이전에 주고받은 메시지에서 복사하는 삽입 텍스트의 고유한 형식적 자질을 공유한다. 그렇다면, 이 하나의 인터넷 공동체를 위해 기술적으로 중재된 의사소통적 실천이 장르 목록의 변화를 야기했으며 동료들 사이의 비격식적인 메시지 교환도 촉진했던 것이다.

컴퓨터가 매개하는 장르들을 공동체의 맥락에서 살펴보는 연구가 진행되는 한편으로, 최근의 한 연구는 휴대용 정보 단말기인 PDA와 같은 새로운 모바일 기술에 의해 본래 맥락에서 떨어져 나오게 된 장르들을 탐구한다. 「응집성 있는 조각들: 이동성과 장르화된 정보의 문제Coherent Fragments: The Problem of Mobility and Genred Information」에서 제이슨 스와르츠Jason Swarts는 PDA를 소지한 수의대 4학년 학생들을 대상으로 관찰식 사례 연구를 실시했다. PDA는 시공간에 구애받지 않고 특정한 사용 맥락을 뛰어넘어 정보를 이용할 수 있기 때문에, 정보의 맥락적 적용이나 정보의 '재맥락화'는 전적으로 사용자에게 달려 있다. 사실 PDA의 경우 사용 맥락의 구애를 받지 않으며 정보를 재맥락화하고 이동시키는 것은 더욱 어렵다. 전형적인 장르 특징이 의미론적으로나 물리적으로나 모두 감소하여 정보 조각들과 정보가 사용되는 맥락 간의 관계가 모호해지기 때문이다. 스와르츠의 사례 연구는 "학생들이 정보에 접근할 수 있는 환경과 PDA로 접근 가능한 정보를 이들이 이용하는 방식을 연계시켜 관찰하고, 이들의 공동 의료 행위를 지원하는 정보물들을 만드는 데" 목적이 있었다. 대학에서는 스와르츠가 연구 대상으로 선택한 수의대 학생들에게 PDA를 제공했다. PDA에는 의료 계산기, 사용 설명서, 수술 비디오, 임상 치료 참고 사항, 관련 데이터베이스가 탑재되어 있었다. 스와르츠는 7명의 학생들을 두 차례 관찰하고 PDA 사용에 관해 인터뷰하여,

---

12) 이는 일반적으로 삽입 텍스트(embedded text)로 정의된다.

이들이 컴퓨터 장르의 생태 환경인 PDA의 정보 조각들을 자기 주변의 이용 가능한 정보들과 어떻게 연결시키는가를 조사했다. 스와르츠의 연구 결과에서 가장 의미 깊은 것은, 정보 이용의 장르화된 맥락을 이해하는 것이 장르의 '삽입'에 대한 이해를 복잡하게 만드는 각 문화의 '정보 감각 양식the modality of information'13)을 이해하는 일임을 알아냈다는 점이다.

'정보의 감각 양식'은 ≪시드니 모닝 헤럴드Sydney Morning Herald≫14)에 실린 900편의 뉴스 기사를 대상으로 말뭉치 분석을 실시한 헬렌 케이플Helen Caple의 연구 주제이기도 하다. 이 분석에 기초해 그녀는 새로 출현한 다중 양식 장르를 '이미지-핵 뉴스 기사image-nuclear news story'로 부르자고 제안한다. 그녀는 자신이 분석한 말뭉치에 나타난 텍스트적인 것과 시각적인 것의 상호작용 요소에 관심이 있으며, 특히 밝고 쾌활한 표제와 이미지의 상호작용에 흥미를 느껴 이를 딱딱한 뉴스 기사와 대조하기 시작한다. 표제와 사진 이미지는 독자와의 연대감을 형성하며, 뒤잇는 뉴스 기사를 읽도록 권하는 관용적 표현과 문화적 암시를 이용해 사람들의 관심을 호소한다. 그렇지만 케이플은 이 새로운 장르가 독자 및 기사 조회수의 증가를 약속하는 한편으로 전통적인 뉴스 장르의 "미래를 위협하는 인터넷과 미디어 플랫폼15)의 잠재력 또한 잘 알고 있음을 확실하게 보여

---

13) (옮긴이) modality는 감각의 유형으로, 서로 비교할 수 없고 또한 그 사이의 이행이 인정되지 않는 것이 특징이다. 예를 들어 시각과 청각은 모달리티(종)가 다르다고 한다. 다른 종류의 감각은 보통 다른 종류의 감각기에 의해서 생긴다(강영희 편, 『생명과학대사전』, 아카데미서적, 2008, 490쪽). 모달리티라고 원음을 살려 쓰기도 하지만 여기서는 감각 양식으로 번역했다.

14) (옮긴이) 1831년 ≪시드니 헤럴드(Sydney Herald)≫로 창간된 ≪시드니 모닝 헤럴드≫는 호주에서 가장 오래된 신문이다. 일간 신문과 온라인 신문을 모두 발간한다.

15) (옮긴이) 플랫폼은 용도에 따라 다양한 형태로 활용될 수 있는 공간을 가리킨다. 초기에는 컴퓨터의 운영 체제를 지시했으나 지금은 하나의 장(場)이라는 광의의 의미로 쓰인다. 애플과 구글 같은 통신사를 플랫폼이라 부르기도 하며 페이스북 같은 소셜 미디어를 플랫폼이라 하기도 한다.

준다"라고 결론 내린다.

멀티미디어와 다중 양식 텍스트는 새로운 장르 생태와 체계 안에서 상호작용하고 있으며, 장르는 맥락과 미디어를 넘나들며 담론 활동을 조정하고 있다. 이에 따라, '재맥락화'의 문제점과 가능성이 향후의 연구 과제가 될 때가 곧 도래할 것이다. 게다가, 올리코우스키와 예이츠의 공용 전자 기술 연구 같은 심화 연구는 새로운 전자 미디어를 채택하는 것이 의사소통적 상호작용의 변화와 관계가 있음을 쉽게 이해하게 해줄 것이다.

> 조직의 업무가 점점 더 컴퓨터 기호 처리와 정보 교환의 문제가 됨에 따라, 신기술에 매개되는 조직의 업무 과정을 이해하는 일이 점차 중요해지고 있다. 보고서, 회계 처리 장부, 회의 또는 원격 화상회의와 같이 특정한 목적에 따라 정보를 만들고 공유하는 장르들은 더 이상 단순히 조직 업무의 한 측면이 아니라, 오히려 조직 업무 그 자체라고 할 수 있다. (「장르 목록Genre Repertorie」, 572)

여러 공동체에서 뉴미디어를 선택해 이용함에 따라, 임시변통으로 기존 장르와 장르 체계를 끌어들여 사용하면서 새로 출현하는 장르를 활용하는 법을 익히는 과정을 탐구하는 심화 연구가 요구된다.

결론

아비바 프리드만이 장르 연구를 활성화할 것을 요청한 이래 15년 동안, 장르 학자들은 점차 우세해지고 있는 공적 맥락 및 인터넷 맥락에서의 장르 연구와 더불어 학술 맥락과 업무 맥락에서의 장르 연구를 다양하게 수행해 왔다. 실제로 최근에 나타샤 아르테메바 Natasha Artemeva와 공동 저술한 『수사학적 장르 연구를 넘어서Rhetorical Genre Studies and Beyond』에서, 프리드만은 작문 연구자들에게 고도로 조직적인 질적 연구의 결과물을 풍부하게 제공해 온 "매우 광범위한 실증적 연구"의 가치를 인정했다. 이 연구는 "업무 현장에서 일하는 전문가들과 대학에 다니는 학생들의 담론 실천을 설명하고 정교화했다". 프리드만은 실증적 연구가 어떻게 장르 이론의 빈틈이나 한계를 드러냈는지를 돌이켜보고, 활동 이론, 상황 학습 이론, 분산적 인지에 대한 관점, 언어학적 접근과 같은 상보적 이론들을 참조하면서 학자들이 이 빈틈을 어떻게 다루었는지를 설명하는 것이 가능하다. 「이론과 연구의 상호작용Interaction Between Theory and Research」에서 그녀는 "때로는 데이터가 이론을 수정하거나 변경하도록, 심지어 사용해 온 이론의 일부나 전체를 거부하도록 연구자들을 강제한다"라는 말로, 이론과 실증 연구 간의 복잡한 상호 관계를 인정한다. 그간 수사학적 장르 연구라는 강력한 개념 틀을 강화하는 연구가 이루어졌고, 이것은 말하자면 교실 접근법을 통해 우리가 이론을 '사용'하도록 방법을 알려주었다. 다음에 이어지는 3부의 두 장은 장르 이론과 연구가 제공하는 교육적 적용 방법에 초점을 맞춘다.

3부 글쓰기 교육을 위한 장르 접근

10장 연구에서 교육까지

: 장르 교수를 위한 교육학적 접근

실증적 연구에 초점을 맞춘 2부에서는 장르가 학습되고 특정한 맥락에서 기능하는 방식, 그리고 장르가 의사소통 목적을 수행하면서 이데올로기를 반영하고 강화하는 방식을 다루었다. 이와 같은 연구는 무엇보다 글쓰기 교사인 우리가 교육을 실천할 때 어떤 정보가 제공되는가를 실례를 들어 설명해준다. 이와 더불어, 장르 학습과 습득에 관한 연구는 교사들에게 학습의 위상을 설정하고, 새로운 지식과 기존 지식을 연결시키는 메타 인지를 활성화하는 유용한 방법을 제공한다. 장르 지식과 실행에 관한 연구는, 1학년 글쓰기 강좌에서 전공 분야의 강좌에 이르기까지, 학술적 글쓰기에서 업무 현장 글쓰기에 이르기까지 다방면에 걸쳐 이루어졌다. 이 연구는 장르 지식과 글쓰기 기술이 하나의 맥락에서 다른 맥락으로 쉽게 전이되도록 교육적으로 적용하는 데 동기를 제공해 왔다. 끝으로, 장르가 어떻게 사회적, 이데올로기적으로 기능하는가를 다룬 최근의 연구는 비판적 교수법 및 장르 차이와 변화에 대한 비판과 인식에 기초한 접근법에 더욱 큰 관심을 기울여 왔다. 상이한 논제를 낳는 서로 다른 목표를 점검하기 위해서, 이 장에서는 장르 연구 및 이와 관련된 학문이 제공하는 여러 교수법에 주안점을 두려 하려 한다. 다음 장에는 수사학적 장르 연구에서 유래한 교수법에 대해 살펴볼 것이다. 이것이 수사학과 작문 연구에 장르 교육 방법을 제공해 왔기 때문이다.

장르에 대한 교육학적 접근

에이미 데빗Amy Devitt은 모든 장르 교수법이 "장르를 언어적·사회적·문화적으로 각인된 것으로 이해하는 시각을 공유하면서도 교수법이 서로 다른 것은, 저마다 다른 이론적 관심사를 강조하기 때문이다"라고 주장한다(「가르치기Teaching」, 346). 이것은 복합적이면서도 서로 겹치는 교수법들을 개념화하고 분류하려는 시도로 이어졌다. 가령 데빗은 케네스 파이크Kenneth Pike의 은유인 입자particle, 파동wave, 영역field이라는 용어를 이용해서 장르 교수법을 설명한다. 요컨대 이 교수법은 특정한 장르를 교육할 때 강조점을 변경하며(입자), 새로운 장르 학습을 위해서는 기존의 장르 지식을 기반으로 삼고(파동), 기존 장르들을 비판하고 변화시킬 수 있도록 학생들에게 방법을 가르친다(영역).[1] 장르 교수법에 대해 데빗이 개괄한 내용은 K-12 교육에 적용된 마릴린 채프만Marilyn Chapman의 장르 학습 개념인 장르 학습, 장르를 통한 학습, 장르에 대한 학습, 말하자면 수사학적 전략으로서, 과정으로서, 문화적 도구나 자원으로서의 장르 교육과 일치한다.

---

1) 아비바 프리드만(Aviva Freedman)도 마찬가지로 장르 연구의 전통을 분류하기 위해 입자와 파동의 은유를 사용하였다(상호작용(Interaction)」을 참조하라).

제2언어 교육에 관심이 있는 연구자들은 장르 교수법을 다룰 때 생기는 갈등과 의견차를 면밀히 탐구해 왔다. 앤 존스Ann Johns는 『교실 장르: 다양한 관점들Genre in the Classroom: Multiple Perspectives』에서, 써니 하이온Sunny Hyon이 예전에 밝혀 놓은 이론적 전통을 근간으로 하여 세 가지 다른 장르 교수법에 대해 규명한다. 장르 교수법의 세 주요 전통은 아래와 같다.2)

1) 시드니학파 접근법은 체계 기능주의 언어학을 기반으로 신중하게 개발된 순차적 교육 과정이다. 교수자들은 장르를 모형화하고 할리데이학파Hallidayan가 체계화한 사회 중심 텍스트 분석 체계를 이용해 장르 특징을 설명하며 수업을 시작한다. 학생들은 장르를 재생산함으로써 장르를 '습득'할 것으로 기대된다.
2) 특수 목적 영어는 주로 학술 장르를 가르치고 이 장르에 속하는 텍스트의 형식적·기능적 특징을 교육하는 데 필요한 접근법이다. "텍스트의 특징을 분석하고 가치 및 담론 공동체의 수사적 목적과 특징을 관련시켜 설명하는" 스웨일스Swales의 텍스트 기반 진행 이론text-based theory of moves이 특수 목적 영어 접근법에서 핵심이다(Johns, 7).
3) 신수사학 또는 우리가 5장과 6장에서 '수사학적 장르 연구'라 칭했던 것으로, 학생들이 장르 및 장르의 수사학적·사회적 목적 그리고 이데올로기를 비판적으로 고찰하도록 가르치는, 장르에 대한 맥락적 접근법이다. 신수사학 이론가들은 장르가 역동적이며 진화하는 것으로 간주한다. 또한 "텍스트의 어휘-문법적 요소들에 대한 구체적 분석보다는 수사적 상황에 대한 토론으로 연구를 시작하고 마무리하는 것을 선호한다"(Johns, 9).

---

2) 이에 대해 우리는 3, 4, 5, 6장에 걸쳐 상세히 점검해 보았다.

이 세 가지 분류에 우리는 네 번째 접근법, 즉 브라질 교육 모형 또는 명시적 교수 학습didactic 접근법을 추가할 수 있을 것이다. 스위스 장르 전통과 '사회적·담론적 상호작용주의' 이론3)에 근거한 이 교육학적 접근법은, 브라질의 교육 과정 결정과 장르 교육에 지속적으로 영향을 미쳤다. 바흐친학파의 의사소통적 상호작용 관점 및 비고츠키의 학습과 행위 이론에 기댄 이 접근법은 a) 장르가 유통되는 영역의 특징 설명, b) 장르 발달의 사회사 연구, c) 생산 맥락의 특징 설명, d) 주제와 관련된 내용 분석, e) 장르의 표현 방식과 작가의 문체 같은 장르의 구성 요소를 분석하는 것이 특징이다(Furlanetto, 371). 시드니학파와 특수 목적 영어 접근법이 맥락에서 텍스트로 이동할 수 있고, 신수사학은 텍스트 분석에서 맥락으로 이동할 수 있는데 비해, 브라질 모형은 필자의 선행 지식과 경험에 기반해 장르를 생산하고, 수사적·사회적 맥락에서의 장르 분석으로 이동한 뒤 장르를 (재)생산하면서 마무리된다. 이러한 과정을 통해 장르 인식에 초점을 맞추고, 언어적 관습을 분석하며, 사회적 맥락을 고려하는 것이 한데 모아진다.

대부분의 장르 교육학이 택하는 이와 같은 관점들은 공통점이 있다. 그렇지만 다음 장에서 다루는 장르 인식을 위한 암묵적 접근법,4) 장르 습득을 위한 명시적 혹은 텍스트 중심 접근법,5) 개인 필자들의 장르 스키마 및 텍스트가 생산되는 복잡한 맥락 간의 역동적 상호작용을 추동하는 상호작용 모형6)은 모형만이 아니라 적용 방법도 서로 이질적이다.

---

3) 이에 대해서는 5장을 참고하라.
4) 프리드만의 모형이 대표적이다.
5) 교수-학습 순환 모형이나 스웨일스의 모형이 대표적이다.
6) 브라질의 상호작용주의 모형들이나 데빗과 코와 같은 수사학적 장르 연구 학자들이 제시하는 모형들이 대표적이다.

암묵적 장르 교육법

초기의 장르 연구는 선행 장르 지식, 특히 어린이들의 학습 발달과 관련된 선행 장르 지식을 인지적 관점으로 연구하는 데 집중하였다. 1980년대 후반에 들어와서는 사회적 관점을 주로 적용해 장르 지식이 집단적, 문화적으로 형성되는 방식을 고찰하는 연구로 대체되었다. 최근에 쓴 논문인 「장르와 인지 발달: 학습을 위한 글쓰기를 넘어서Genre and Cognitive Development: Beyond Writing to Learn」에서 찰스 베이저만Charles Bazerman은, 비고츠키 이론과 '학습을 위한 쓰기' 운동의 관점을 폭넓게 개괄하면서 장르를 인지적 수단으로 보는 관점을 회복시킨다. 그에 따르면, 학습을 위한 쓰기 연구는 "장르 생산과 연관된 인지적 작업과 실천이 다양한 학습 형식을 뒷받침해 줄 수 있는 잠재력이 있음"을 암시해준다.

장르 습득에 관한 아비바 프리드만의 연구는, 새로운 장르를 학습하는 데 미치는 교육적 영향에 대한 자신의 관심사와 관련이 크다(「다시 배우는 글쓰기Learning to Write Again」). 장르 지식을 '암묵적' 지식으로 이해하는 프리드만의 장르 학습 모형은, 새로운 장르를 다루면서 학생들이 느끼는 '어슴푸레한 직감dimly felt sense'에서 출발한다. 이 감각은 텍스트를 펼쳐 놓고 글을 쓰는 과정에서 수정되고 발달한다. 학생 필자들은 예전에 학교에서 글을 쓰고 과제를 수행하면서 얻은 다양한 학술 담론의 스키마로 쓰기 과제를 시작한다. 이 스키마는 새로운 쓰기 과제나 특정한 학과 장르와 마주칠 때 수정된다. 프리드만의 설명에 따르면, 장르에 대한 이러한 감각은 '의식 아래' 존재하고, '언어적이지도 합리적이지도 않은 창의적 능력'에 의존한다. 그러므로 새로운 장르의 특징에 대한 명시적 교수법에, 그 장르에 속하는 특정한 텍스트의 모형화에, 장르 습득을 위한 구체적인 전략에 관심을 기울이는 일은 있을 수 없다. 대신 필자들은 과제, 수업과 토론, 글쓰기 피드백을 통해 수정된 장르 감각의 인도에 따라 장르를 만들어보는 과정에서 '새 장르를 창조'한다. 「다시 배우는 글쓰기」에 서 그녀는, 자신이 '새로운 장르 습득을 위한 모형'이라 부른 암묵적 교육 모형에 대해 기술한다. 이 모형은 프리드만 자신뿐만 아니라 손드라 펄Sondra Perl과 자넷 에미그Janet Emig의 연구를 통해서도 널리 알려졌다. 이 모형은 다음처럼 정의된다.

새로운 장르 습득을 위한 프리드만 모형
1. 학습자들은 자신이 다루고 있는 새로운 장르에 대한 '어슴푸레한 직감'을 이용하여 과제에 접근한다.
2. 장르에 포함되어야 할 구체적인 내용에 집중하면서 글쓰기를 시작한다.
3. 글을 쓰는 과정에서 나타나는 장르에 대한 '어슴푸레한 직감'은 (a) 이러한 '감각', (b) 작문 과정, (c) 공개된 텍스트의 상호 관련, 상호 수정을 통해 형태가 뚜렷해진다. 이것은 재수정 과정을 밟는다.
4. 과제 등급 평가를 포함하는 교수자의 피드백을 바탕으로 학습자들은 자신의 장르 지도map를 확정하거나 수정한다.

그렇다면 장르 학습에 대한 암묵적 이해가 주는 교육적 암시는 무엇일까? 만약 학생들이 '글을 쓰다가, 말하자면 글쓰기 자체를 실행'하다가 그리고 '쓰기를 통해 글 쓰는 방법을 학습'하다가 새로운 장르를 얻게 된다면, 작문 과정과 창안 및 피드백을 강조하는 교수법은 결정적으로 중요해진다. 프리드만은 학생들이 장르 쓰기에 몰입하게 하는 방법으로 장르를 가르쳐야 한다고 주장한다. 성공적인 장르 교수법은 학생들이 어떤 모형을 읽고 해석하도록 하는 대신에, 간접적이고 암시적인 방법을 통해 '적합한 사고 전략을 끌어내도록'

하는 것을 기본으로 한다. 그는 "미묘함과 복잡함을 모두 이해할 수 있을 만큼 장르 지식이 풍부하다 해도 **결국은 글을 써야** 지식이 쓸모 있어진다. 먼저 함축적인 암묵적 지식으로 글쓰기를 완성하거나 수행하면, 성찰력을 의식적으로 활성화시킬 수 있는 메타 인식에 이르게 된다"라고 역설한다(「내가 말한 대로 행하라Do As I Say」, 205).

명시적 장르 교육법

프리드만의 몰입 모형은 체계 기능 언어학자들, 특히 시드니학파가 주창한 모형인,[7] 명시적 장르 교수법에 초점을 맞추는 텍스트 중심 모형이나 언어학적 모형과는 대조된다. 장르 접근에 대한 시드니학파의 이론과 교육적 적용[8]은 마틴J. R. Martin과 데이비드 로즈David Rose가 최근에 발간한 『장르 관계: 문화 배치하기Genre Relations: Mapping Culture』에 요약되어 있다. 이것은 비계가 설정된 교과 과정scaffolded curricula과 '단계화된' 교육 장르[9]에 대해 탐구한 저서이다. 메리 메켄-호라릭Mary Macken-Horarik은 체계 기능 언어학적 접근법을 "교사가 학습자들이 학교 공부를 하고 지역 공동체에 참여할 때 반드시 필요한 장르의 언어학적 요구 사항을 알려주는" '명시적 교수법'이라 설명한다. 또한 그녀는 이 교수법의 가장 두드러지는 특징 중 하나를 기술하는데, 아래의 세 단계를 포함하는 '교수-학습 순환teaching-learning cycle'이 그에 해당한다.

---

7) 이 접근법에 대한 상세한 논의는 3장을 참조하라.
8) 시드니학파는 초·중등교육과 성인 교육을 위한 프로그램을 연구하고 교육적으로 적용한다.
9) 이야기, 서사, 보고서, 단계적 설명이 이에 속한다.

1. **모델링**: 교사는 탐구 분야와 관련된 맥락들을 모아서 학습자들에게 그 맥락을 진원지로 삼는 장르 모형들을 제공한다. 이와 함께 학습자들이 텍스트의 사회적 목적 및 그 구조의 표준적 요소들, 그리고 변별되는 언어적 특징들을 탐구하도록 돕는다.
2. **텍스트에 대한 공동 협상**: 교사는 학습자들이 목표로 하는 장르에 맞는 새로운 텍스트를 공동으로 제작할 수 있도록 준비시킨다. 교사와 학생들은 맥락에 대한 지식 및 장르의 구조와 특징에 대한 공동 지식에 의거해 새 텍스트를 함께 작성한다.
3. **텍스트의 독립적 구조**: 학습자들은 초고 쓰기, 의논하기, 편집하기, 발표하기와 같은 단계들을 밟으며 자기만의 텍스트를 만든다.

메켄-호라릭은 한 교사가 위의 모형을 실제 교육에 적용한 사례를 집중적으로 연구한다. 여기에서 그녀는 교사가 텍스트 교육과 맥락 교육을 오가면서 언어적 패턴과 사회적·학문적 패턴을 연결시키는 행위에 주목한다. 메켄-호라릭은 체계 기능 언어학 중심의 장르 교수법과 같은 명시적 접근법은 학생들의 장르 생산에 도움이 될 뿐만 아니라 다른 글쓰기 환경에 전이되는 수사학적 능력을 계발하는 데에도 이바지하는 메타 언어적 자원을 제공할 수 있다고 결론 내린다.

메켄-호라릭이 호주의 학술적 환경에서 작동하는 체계 기능 언어학을 본위로 하여 장르 교수법에 대해 기술하는 반면, 데지 모타-로스Desiree Motta-Roth는 텍스트와 맥락의 상호 관계를 강조하는 교수법을 제안하면서 이 접근법을 브라질의 교육적 맥락에 적용한다. 그녀는 학생 훈련 모형10)인 담화 분석과 같은 엄선된 체계 기능 언

---

10) 이 모형은 앤 존스(『텍스트, 역할, 맥락(Text, Role, and Contex)』)와 이안 브루스(Ian Bruce)가 제안한 것이다.

어학적 원리를 가르치는 것이 중요하다고 주장한다. 모타-로스는 「학술적 텍스트 생산에서 맥락이 맡는 역할과 글쓰기 교육The Role of Context in Academic Text Production and Writing Pedagogy」에서 자신이 '학술적 글쓰기의 순환 과정academic writing cycle'이라고 부르는 교육 모형에 대해 설명한다. 이 모형은 세 가지 활동으로 구성되어 있다.

1. 맥락 탐구: 언어 학습을 위해 환경과 상호작용하는 방법을 익히며, 조사 행위를 관찰하고 지식 생산의 실천에 언어가 맡는 역할을 이해하는 것이 포함된다.
2. 텍스트 탐구: 장르 체계와 장르 집합을 분석함으로써 언어가 어떻게 맥락을 적절하게 구성하며, 그 반대의 경우는 어떠한가를 중심으로 텍스트와 맥락의 관계를 분석적으로 경험하는 것이 이에 속한다.
3. 텍스트 생산, 수정, 편집: 글을 쓰고 수정하며, 자기와 다른 사람들의 텍스트를 편집하는 활동을 통해 담화 분석가가 되어 보는 과정이 여기에 포함된다. 사회적·담론적 학문 실천에 참여할 때 언어적 자원이 어떻게 활용되는지에 초점을 맞추어 진행한다.

(「맥락의 역할The Role of Context」, 329)

이 순환 모형은 구체적인 과제와 활동으로 세분화된다. 공동체 및 공동체에서 사용하는 장르 체계와 장르 집합 분석하기, 공동체에서 사용하는 장르의 전형과 언어적·수사적 패턴 분석하기, 텍스트의 어휘-문법적 특징 집중 분석하기가 이에 속한다. 모타-로스에 따르면, 학술적 글쓰기의 초심자들에게 담화 분석가가 되는 방법을 가르치는 것은, 그들이 입문하고 싶어 하는 공동체의 사회적·담론적 실천에 대한 인식을 향상시킨다. 이것은 특수 목적 영어 접근법과 같은 텍스트 중심 교수법의 주요 특징이다.

장르가 담론 공동체의 의사소통적 목적을 달성하기 위한 것임을 분석해 낸 존 스웨일스John Swales의 획기적인 연구는 학문 목적 영어와 특수 목적 영어를 위한 교수법에서 핵심적인 역할을 담당해 왔다. 그가 쓴 『장르 분석Genre Analysis』의 한 장에 해당하는 「과제 개념 The Concept of Task」에는 과제 중심 장르 접근법에 대한 교육적 예시가 실려 있다. 이 수사적 접근법은 듣고 있는 수업에 관해 문의하는 짧게 쓴 편지 세 편을 학생들에게 제공하는 것과 같이 한 장르의 예시를 몇 가지 제공하는 데서 시작된다. 그에 이어 학생들은 다음 네 가지 과제를 완수한다.

1) 예시들의 주제와 목적에 드러나는 유사성/차이 분석하기
2) 수사적 효율성을 증대시키기 위해 변경시킬 수 있는 것이 무엇인지 기술하기
3) 문장과 단어 선택 및 이 선택이 수업에 관한 문의 편지를 작성하고 있는 자신의 상황에 적합한지 검토하기
4) 짧은 편지 형식으로 서신을 교환한 사례 수집하기

스웨일스는 과제 중심 교수법에서 제시하는 '과제'는 "분화되며, 순서화가 가능하고, 목표 지향적인 일련의 행위 중 하나"인 것이 특징이라고 설명한다. 이 행위는 "예견되었거나 새로 부상하는 사회 수사학적 상황에 적합한 전 장르pre-genr 및 장르 기술의 습득과 관련되는 인지적이고 의사소통적인 절차들을 이용하면서" 이루어진다. 그는 영어를 모국어로 하지 않는 대학원생이 교재로 사용할 수 있도록 『대학원생들을 위한 학술적 글쓰기Academic Writing for Graduate Students』를 크리스틴 B. 피크Christine B. Feak와 공동 저술하였다. 스웨일스의 목표는 학생들이 교재의 토대가 되는 학술 공동체의 장르를 익히고 사용함으로써 이 공동체의 일원이 되도록 하는 것이다. 게다가 연구 논문 서론의 장르 분석에서 비롯된 그의 텍스트 중심 수사학적 진행

이론11)은 대학 및 대학원 수준의 장르와 글쓰기 교육에 지대한 영향력을 행사했다. 널리 채택되어 광범위하게 사용되고 있는 스웨일스의 CARS 모형은, 장르 분석이 어떻게 쓰기 교육을 위한 발견적 교수법heuristic으로 전환될 수 있는가를 보여주는 사례를 제공한다.

진행 1: 영역 구축하기
    1단계: 중심 차지하기, 그리고/또는
    2단계: 주제 일반화하기, 그리고/또는
    3단계: 선행 연구 논평하기

진행 2: 적소(niche) 확정하기
    1A단계: 반대 주장하기, 또는
    1B단계: 결함 지적하기, 또는
    1C단계: 의문 제기하기, 또는
    1D단계: 관습 따르기

진행 3: 적소 차지하기
    1A단계: 목적 개관하기, 또는
    1B단계: 현 연구 발표하기
    2단계: 주요 결과물 발표하기
    3단계: 연구 논문의 구조 드러내기

연구 논문에 대한 스웨일스의 '진행 분석'은, 전문적 필자들이나 고급 학술적 글쓰기 필자들을 위해 고안되었으며 일학년 필자들에게 연구 보고서 작성법을 가르치기 위해 조정되어 왔다. 수사학적 행동

---

11) 연구 공간의 창출(Creating a Research Space 모형)을 목표로 하는 CARS 모형을 가리킨다.

을 수사학적 구조에 연결시킴으로써, 위 모형은 수사학적 선택의 근본 동기를 탐구하고 수사학적 구조들을 조사하는 데 유용한 발견적 교수법을 제공한다. 더욱이 위 진행들은 학생들이 주장을 내세우고, 주제의 중요성을 입증하며, 주제 및 그와 관련된 대화를 맥락화하고, 주장을 제기하거나 '적소를 차지함'으로써 대화에 참여하도록 유도한다. 「스웨일스의 '진행'과 연구 보고서 과제Swales's 'Moves' and the Research Paper Assignment」에서, 브라이언 서튼Brian Sutton은 1학년 글쓰기 강좌에서 연구 보고서 장르를 가르치기 위해 스웨일스의 CARS 모형을 기반으로 자신이 개발한 점검표를 다음처럼 설명한다.

연구 보고서 서론에 적용된 스웨일스의 진행을 활용한 점검표

1. 자신의 연구 분야가 중요하다는 것을 입증하면서 시작하고 있습니까?
2. 연구 분야의 선행 연구를 요약하였습니까?
3. 국지적 상황에 결론을 적용하는 것 같이 연구에서 간과된 지점을 찾거나 연구 방법 또는 선행 연구의 결과 해석이 신뢰할 만한가 하고 의문을 제기하는 등 선행 연구의 '결함'을 지적하였습니까?
4. 명시적으로 확언하든 그렇지 않든 학생은 3번에서 지적한 '결함'을 메우기 위해 보고서에서 독창적인 연구를 내놓을 수 있다고 확신합니까?

스웨일스의 장르 중심 접근법은 학문 목적 영어와 특수 목적 영어 교수법에 큰 자극을 주었다.[12] 게다가 장르의 언어학적 차원과 사회수사학적 차원을 모두 중시하는 스웨일스의 장르 분석 연구는 신수사학파와 북미수사학파의 접근법에 큰 영향을 미쳤다. 이에 대

---

12) 하이온(Hyon)의 「장르와 제2언어로서의 영어 읽기(Genre and ESL Reading)」, 하이랜드(Hyland)의 「장르와 제2언어로 글쓰기(Genre and Second Language Writing)」, 팔트리지(Paltridge)의 「장르와 언어 학습 교실(Genre and the Language Learning Classroom)」이 그 예이다.

해서는 다음 절에서 논하기로 한다.

상호작용적 장르 교육법

장르 연구가 체계 기능 언어학이나 특수 목적 영어 교육 같은 텍스트 기반 교수법과 연계되든, 학생들에게 장르에 대한 '직감'을 길러주는 암묵적 접근법에 연결되든, 학자들은 "명시적 교육이란 항상 관련된 담론을 포함하는 실제적인 과제 맥락에서 행해져야 한다. 혹은 적어도 그 맥락에 아주 근접해서 이루어져야 한다"라는 데 동의하고 있는 듯하다(Freedman, 「내가 말한 대로 행하라」, 205). 역사 글쓰기 교육에 관한 연구에서 앤 보퍼트Anne Beaufort와 존 A. 윌리엄스John A. Williams는 관습이라는 암묵적 지식을 명료하게 설명해주면 기대치가 높아지는 문제에 직면하는 교수자들의 곤경에 주목하였다. 그들은 "장르 이론이란 만병통치약이 아니다. 교수법과 평가에서 드러나는 이와 같은 문제점들은 학생들이 배워야 할 장르를 더 분명하게 구분하고 장르를 가르치기 위한 교수법을 세심하게 마련함으로써 개선될 수 있다"라고 주장한다. 이 연구자들의 교수법은 공동체의 장르로 글을 쓰기 위해 실천적·명시적 교육을 수용하는 것만이 아니라 학생들이 학술 공동체에 대한 지식과 가정假定 및 공동체의 가치에 대해 논의하고 분석하는 것, 즉 맥락에의 집중을 포함한다. 메리 솔리데이Mary Soliday는 사례 연구에서 얻은 유사한 결과에 기초해, "필자들이 어떻게 의식적인 동시에 무의식적으로 장르 지식을 습득하는지"를 고려하는 교수법을 제안한다. 결과적으로, 그녀는 학생들이 형식적 특징의 목적을 분석할 수 있도록 안내문을 만들거나 텍스트적 특징을 도표화해 제공하고, 장르를 모형화하여 수업 시간에 토론하게 하며, 피드백을 제공하고 연속적인 과제를 제시하는 방법으로 암묵적 지식을 명시적으로 만들도록 권유한다. 린가드Lingard와 하버 Haber는 견습 중인 의대생들을 대상으로 한 연구에 기초해 암묵적인 동시에 명시적인 방법이라는 이중 초점화에 동의하면서 "수사학적 으로 명시적인 장르 교육은 구체적인 상황에서의 실천 맥락에서 일 정한 역할을 맡는다"라고 결론 내린다. 데빗은 암묵적이면서도 명시 적인 교수법을 도입하는 교육 모형을 지지하면서, 장르 인식을 위한 명시적 교육에 기반한 접근법을 제안한다. 이것은 "고정된 특징이라 기보다는 학습 전략으로서의 장르에 대한 메타 인식"을 필요로 한다 (『장르 쓰기Writing Genres』, 197). 데빗은 「비판적 장르 인식 교육Teaching Critical Genre Awareness」에서, 특정한 장르를 가르치기 위해 자신이 만든 입자-파동-영역 접근법에 따라, 그리고 선행 장르 지식에 기초해 기존 장르들을 비판하고 변경시킬 수 있도록 하기 위해, 비판적 장르 인식 교육에 적합한 과제 순서를 제시한다.

- 과제 1: 교실 장르 같은 친숙하고 일상적인 장르를 분석하고, 수사적 분석 기술 학습하기
- 과제 2: 목적이나 청중, 주제, 상황 등을 다루는 방식을 크게 바꾸어 친숙한 장르를 다르게 써보기
- 과제 3: 다른 문화나 시대의 장르 분석하기, 모둠 작업으로 사례를 수 집하고, 장르를 분석하며, 역사적이거나 문화적인 맥락 학습하기
- 과제 4: 잠재적인 선행 장르로 선택한 학술 장르 분석하기, 학급별로 공통 장르 연구하기
- 과제 5: 위에서 다룬 학술 장르로 해당 수업의 특정한 글쓰기 과제 수행하기
- 과제 6: 위 장르를 비판하고, 학생들의 요구를 더욱 충족시킬 수 있는 구체적인 변경 사항 제안하기
- 과제 7: 개인적 필요에 따라 유연성 있게 또 다른 잠재적 선행 장르를

선택하여 분석·비판하고, 글쓰기(모둠에 따라 공적 장르를 선택할 수 있으며, 미래의 전공이나 업무에 맞는 장르를 선택할 수도 있음)

데빗은 맥락이 어떻게 장르 반응을 결정하는지를 이해하도록 가르치기 위해 친숙한 장르와 낯선 장르 사이, 그리고 장르 분석과 생산 사이를 오가는 모형에 대해 기술한다.

이와 비슷하게 리처드 코Richard Coe는 브로슈어나 정치 성명서와 같은 낯선 장르를 분석하고 작성해보는 과제를 개발함으로써, 학생들이 "장르를 텍스트 유형과 수사적 상황 사이에서 동기화되는, 기능적 관계로 이해하도록" 가르치는 접근법에 대해 논한다(「장르의 신수사학The New Rhetoric of Genre」, 197). 코는 3~4주를 한 단위로 하여 학생들에게 전통적인 논증, 로제리안 논법Rogerian argument,[13] 정치 성명서라는 세 가지 설득적 장르를 알려주고, '수사적으로 가장 복잡한 장르'를 골라 글을 쓰도록 하는 수업에 대해 설명한다. 공적인 결정 기구에 영향을 미칠 수 있도록 고안되는 정치 성명서의 경우는, 학생들에게 각계각층의 독자들을 경험할 수 있는 기회를 제공한다. 학생들은 자기가 처해 있는 수사적 상황을 평가하고 주제, 목적, 독자를 설정하는 과정에서 "수사학적 전략으로서의 장르 구조와 사회적 과정으로서의 장르에 대한 이해에 도달하게 된다".

캐시 플라이셔Cathy Fleischer와 사라 앤드류-본Sarah Andrew-Vaughan은 공저인 『안전 지대 바깥에서 글쓰기Writing Outside Your Comfort Zone』에서 생소한 장르를 분석하는 위의 방법을 K-12 교육에 적용한다. 또한 그들은 여기서 자신들이 낯선 장르 프로젝트UGP: Unfamiliar Genre Project라 부르는 과제 순서에 대해 설명한다. 이 방법은 '다양한 수준의

---

13) (옮긴이) 로제리안 논법(Rogerian argument)은 독자가 자신의 입장과 생각을 바꿀 수 있는 가능성을 생각해보도록 설득하는 데 목적이 있다. 이 논법은 필자/화자가 독자/청자의 입장을 충분히 이해하고 있음을 분명하게 보여줄 때 효과가 가장 크다.

영어 교육English language arts14)을 적절하게 통합'시킬 수 있으며, 여러 종류의 글쓰기 및 장르를 이용하는 상이한 과정을 탐구할 수 있는 장르 연구의 가능성을 제공해준다. 플라이셔와 앤드류-본은 다섯 단락 에세이, 개인 서사, 보고서 등의 특정한 장르를 학습하는 데만 집중하는 텍스트 중심 접근법의 한계를 지적하면서, "장르 중심적 태도로 글쓰기를 배우는 것은 결과적으로 학생들이 현실 세계에서 다양한 장르와 마주쳤을 때 도움을 얻을 수 있는 전략들을 획득하는 일이다"라고 역설한다. 요약하자면, 낯선 장르 프로젝트는 다음의 단계를 포함한다.

1) 도전할 장르를 고르고 왜 그것을 골랐는지 설명하기
2) 낯선 장르로 글을 쓴 사례들을 모아 읽어 보기
3) 장르 패턴을 분석하고 낯선 장르로 글쓰기 '입문서' 작성하기
4) 해당 장르의 표준적인 사례들에 주석을 달아 참고문헌 밝히기
5) 낯선 장르로 글 써 보기
6) 그 장르에 대해 연구하고 직접 써 본 경험에 대한 성찰적인 편지 쓰기, 외부의 독자에게 답장을 써달라고 부탁하기

이 접근법은 암묵적 방법이 장르를 읽고 쓰는 활동에 학생들이 몰두할 수 있게 하며, 그 과정에 대한 메타 인지적 성찰 및 피드백을 받을 수 있는 기회를 제공한다고 강조한다. 그와 동시에 이 접근법은 학생들로 하여금 본보기가 되는 장르들을 읽고 그 장르 특징들을 분석하게 함으로써 특징을 설명하는 데서 해당 장르를 생산하는 데로 옮겨가는 명시적 교수법에도 의존한다.

---

14) (옮긴이) '다양한 수준의 영어 교육(English language arts)'은 미국의 K-12 교육에서 실시되는 영어 교육 수업을 가리킨다. 표준 영어의 교육을 목적으로 한다.

암묵적이면서 명시적인 교수법과 인지적·텍스트적·사회적 접근법을 종합한 것이 브라질 모형이다. 사회적·담론적 상호작용 이론15)에 기반한 브라질의 모형은 '명시적 교수 학습 절차didactic sequence'를 강조하는데 이는 수업을 시작하고 마무리할 때 "반드시 글을 쓰는 것을 포함하는, 순차적인 교수-학습 활동으로 이루어진다"(Guimarães, 33). 이 절차의 중요한 단계 중 처음은, 학생들이 선행 지식 그리고/또는 경험에만 의존해서, 학습 중인 장르의 텍스트를 '바로 초고로 써보는' 것이다. 다음으로 학생들은 장르의 텍스트적·수사학적 특징 및 의사소통적 상황을 분석하며, 마지막으로는 장르를 최종 생산한다. 귀마래스Guimarães는 「다른 사회적 환경에서 장르 가르치기A Genre Teaching in Different Social Environments」에서 명시적 교수 학습 절차를 5학년 수업에 적용하여 탐정소설을 가르친 사례를 제시한다. 이것은 상호작용적 접근법의 예시에 해당하며, 아래는 그 요약이다.16)

탐정소설 장르를 위한 귀마래스의 명시적 교수 학습 절차

학생들의 초고 쓰기: 교사는 프로젝트에 대해 간략하게 소개하고, 프로젝트의 목적에 대해 설명한다. 학생들이 공포, 미스터리, 범죄, 탐정소설에 대해 알고 있는지 묻는다. 그런 후 학생들은 바로 탐정소설을 쓴다.

워크숍 1: "혹시 이 중에 탐정소설을 읽어 보았거나, TV나 영화를 통해 접해본 적이 있는 사람?", "책이나, 영화, 이야기를 접해보았거나 유명한 탐정을 알고 있는 사람?"과 같은 질문을 던지며 학생들과 함께 탐정소설 장르의 성격을 파악한다. 어휘, 구조, 인물 분석, 표지 분석 등 탐정소설 장르의 주요 특징에 대해 논한다.

---

15) 5장에서 이에 대해 설명하였다.
16) 워크숍의 구성 요소에 대한 자세한 논의는 귀마래스의 논문을 참조하라.

워크숍 2: 동화, 탐정소설, 공포소설이라는 세 가지 다른 장르의 텍스트를 이용해서 탐정소설의 특징이 드러나는 텍스트를 확인한다.

워크숍 3~7: '독서 일기'에서 사례를 찾아 읽고 분석한다. 이야기의 흐름에 어울리는 광고를 만든다.

워크숍 8~10: 탐정소설을 생산하는 단계를 시작한다. 개요를 작성한 뒤 최종적인 탐정소설을 쓴다.

워크숍 11~12: 교정하고 피드백한다. 학생들은 장르 특성이 드러나는 책을 '간행하기 위해' 모둠별로 5편의 이야기를 고른다.

워크숍 13: 학생들은 자신들이 선정한 최고의 탐정소설 5편이 들어 있는 책을 받는다. 또한 그들은 같은 명시적 교수 학습 절차를 적용한 프로그램을 운영 중인 다른 학교의 같은 학년 학생들이 선정한 최고의 탐정소설 5편이 담긴 책을 받는다.

명시적 교수 학습 모형의 교육 과정 운영에 대한 여러 연구에 기반하여,17) 연구자들은 사회적·의사소통적 활동에 참여하도록 격려받으면서 인지 능력을 계발시키는 교육을 받을 때는 쓰기 전략이 내면화되는 경향이 커진다고 주장한다. 예컨대 학생들이 장르를 읽고 분석한 후 탐정소설을 써서 서로, 그리고 다른 5학년 학생들과 공유하는 활동 자체가 사회적·담론적 상호작용을 가르치는 일이다. 학생들이 실제로 사용되는 텍스트를 배우고 연습하는 동안, 사회적·담론적 행위를 다양한 장르와 관련지어 구체적 상황에 적용시키고 그와 협상할 수 있게 되는 것이다. 이러한 사회적·담론적 접근법은 사회적·인지적 접근법과 유사한 목표를 공유한다. 베이저만

---

17) 크리스토퍼(Cristovão)의 「명시적 교수 학습 절차를 이용한 제1언어 교육(The Use of Didactic Sequences and the Teaching of L1)」, 발타 등(Baltar et al.)의 「학교 라디오: 사회적·담론적 상호작용의 수단(School Radio: Socio-Discursive Interaction Tool in the School)」, 푸를라네토(Furlanetto)의 「산타카타리나 주의 교과 과정 제안(Curricular Proposal of Santa Catarina State)」이 대표적이다.

Bazerman의 설명에 따르면, 이 접근법을 통해 "학생들은 과제로 할당된 장르에 요구되는 담론적 도구와 개념을 이용하여 그 장르에 어울리게 생각하는 법을 배운다. 또한 학문 학습을 위한 공동 프로젝트 내에 분석 및 연구 결과, 자기 견해의 위치를 잡는 방법을 습득한다"(「장르와 인지 발달」, 295). K-12 교육을 받는 필자나 대학 수준의 필자 같은 서로 다른 독자들을 위한 장르 접근법을 변별력 있게 정의내리는 수사학적 장르 연구RGS와 브라질 모형은 복합적이면서 서로 겹치는 교육 방법들을 장려한다. 이를 통해 장르 인식과 관련되는 인지 능력을 계발하고, 언어적 전략이나 텍스트 기반 전략을 습득하도록 교육하는 것이 가능해지기 때문이다. 또한 장르에 대한 인지적·텍스트적 지식이 사회문화적 맥락에 의해 구체화되는 방식역시 입증되기 때문이다. 다음 장에서는 수사학적 장르 연구에서비롯된 상호작용 모형을 중점적으로 다룰 것이다.

11장 글쓰기 교육에 대한 수사학적 장르 연구 접근법

앞서 논한 것처럼, 수사학적 장르 연구는 사회학적 이해를 통해 장르가 학술 연구, 업무 현장 및 공공 환경에 대한 풍부한 분석 도구임을 밝혀냈다. 하지만 수사학적 장르 연구자들은 '장르 사용의 맥락 외부에 있는 교실 환경에서 명시적 장르 교육이 가능한가'라는 문제를 해결해야 했다. 수사학적 장르 연구의 난제는 글쓰기 교육을 위한 장르 기반 접근법을 다음과 같은 측면에서 발전시킬 수 있는가 하는 것이다. 즉 전형적인 수사학적 상황보다 더욱 복잡하고 역동적인 상태를 유지하면서 장르들을 가르칠 수 있는가. 우리가 설명한 것처럼, 수사학적 장르를 연구하는 학자들은 도제 관계에 기반해 장르를 교육하고 배우는 접근법을 강력하게 지지해 왔다. 하지만 이것은 특히 작문을 연구하는 학자들과 교수자들에게 여전히 어려운 문제로 남아 있다. 어떻게 장르 지식을 끌어와 글쓰기 교육에 연결시킬 수 있을 것인가? 다음처럼, 우리는 다양한 교육학적 쟁점에 주의하면서 수사학적 장르 연구의 교육학적 접근에 집중할 것이다. 즉 다른 글쓰기 상황에 전이되는 장르 지식을 어떻게 발전시킬 것인가? 장르에 대한 비판적 인식은 어떻게 가르칠 것인가? 비판에서 대안적 장르의 생산으로 이동하도록 어떻게 학생들을 교육할 것인가? 공적이든, 업무적이든, 학술적이든disciplinary 그 사용 맥락 내에 장르를 어떻게 위치 지을 것인가?

수사학적 장르 교육과 장르 지식의 전이

대학에서 글쓰기 프로그램이 계속 개발되고, 범교과적 글쓰기 강좌가 꾸준히 성장하면서, 수사학과 작문 연구 분야에서는 글쓰기 강좌의 전이 가치에 대한 질문이 새로 등장하였다. 1학년 글쓰기 강좌에서 습득한 기술, 관습, 전략, 지식이 대학생들이 협상해야 하는 다른 학문과 업무 현장의 맥락에 성공적으로 전이될 수 있는가? 글쓰기의 전이에 대한 연구가 학문적·직업적 글쓰기의 맥락과 협상하러 나선 도전적인 학생들에게 빛을 비쳐주기 시작하였다.1) 그런데 1학년 글쓰기의 전이 가치에 대한 연구가 낙관에서 비관에 이르기까지 다양해지면서 1학년 글쓰기 강좌에서 무엇이 전이되는가를 낱낱이 밝혀야 할 필요성이 커졌으며, 이러한 연구 관점에서 강좌에 대한 전제를 어떤 식으로 재설정해야 하는가라는 문제가 제기되

---

1) 예컨대 베이저만(Bazerman), 「문어적 지식의 역할은 무엇인가(What Written Knowledge Does)」; 보퍼트(Beaufort), 『실제 세계에서의 글쓰기(Writing in the Real World)』; 버켄코터(Berkenkotter)·헉킨(Huckin), 『학문적 의사소통과 장르 지식(Genre Knowledge in Disciplinary Communication)』; 캐롤(Carroll), 『새로운 역할 연습(Rehearsing New Roles)』; 디아즈 등(Dias et al.), 『별개의 세계』; 디아스·파레(Paré), 『전이(Transitions)』; 매카시(McCarthy), 「낯선 땅의 이방인(A Stranger in a Strange Land)」; 맥도널드(McDonald), 『전이 가능성에 대한 질문(The Question of Transferability)』; 소머즈(Sommers)·솔츠(Saltz), 「전문가인 신참자(The Novice as Expert)」; 왈보드(Walvoord)·매카시, 『대학에서 사유하며 글쓰기(Thinking and Writing in College)』 등을 보라.

었다. 엘리자베스 와들Elizabeth Wardle이 최근에 주장한 대로 우리는 "전이의 문제에 관여해야 할 책임이 있다"(「1학년 글쓰기에서의 '전이' 이해Understanding 'Transfer' from FYC」, 66). 그것은 『작문 연구의 목적The End of Composition Studies』에서 글쓰기 교육을 위한 우선적 고려 사항으로 '전이 가능성'을 확인해낸 데이비드 스미트David Smit의 뒤를 따르라는 명령이다.

교육학과 심리학 쪽에서 이루어진 연구는 초인지를 지식 전이의 중요한 요소로 확정한다. 학생들은 다양한 학술 분야와 업무 현장에 속해 있기 때문에 맥락이 서로 다른 1학년 글쓰기 강좌들을 접하게 될 것이다. 지식 전이에 대한 저명한 연구자들인 퍼킨스D. N. Perkins와 가브리엘 솔로몬Gavriel Solomon은 자신들이 이름 붙인 '로우 로드low road'와 '하이 로드high road' 전이를 구분한다. 로우 로드 전이는 "본래의 학습 맥락과 상당히 유사하다고 생각되는 환경에서 잘 훈련된 습관이라는 방아쇠를 자동적으로 발사하는 것이다". 가령 차를 모는 방법을 배우는 것은 트럭 운전을 준비하는 일이다. 반면에 하이 로드 전이는 "다른 맥락에 적용할 수 있는 기술이나 지식을 신중하고 주의 깊게 추출해 내는 데 달려 있다". 지식과 기술은 생소한 맥락에 자동적으로 전이되지 않기 때문에 하이 로드 전이는 "하나의 맥락에서 추출한 것이 다른 맥락과 연계되도록 애쓰는 성찰적 사고"를 필요로 한다. 퍼킨스와 솔로몬이 주장하듯이 맥락 간의 연계를 추구하고 성찰하며, 보유하고 있는 기술과 지식에서 필요한 내용을 추출하고, 끌어와야 하는 선행 자료들이 무엇이며 이 자료들을 융통성 있게 활용할 수 있는 방법은 무엇인지 이해하고, 어떤 새 자료들을 찾아야 하는지를 아는 능력은 모두 다른 맥락에 효율적으로 전이되는 글쓰기의 필수 조건이다.

수사학적 장르를 연구하는 학자 몇 사람은 장르 분석과 장르 인식이 초인지를 가능하게 한다고 역설하였다. 「장르와 인지 발달: 학습을 위한 글쓰기를 넘어서Genre and Cognitive Development: Beyond Writing to Learn』에서 베이저만은 새로운 장르를 학습하는 과정을 초인지적 활동을 촉진할 수 있는 '인지적 도제 제도'로 설명한다.

장르는 저자가 찾고 있는 해결의 형식과 해결에 유용한 특정 도구를 제공해 줄 뿐만 아니라 저자가 작업의 능률을 올릴 수 있도록 문제 공간 problem space[2]을 분명히 해 준다. 장르의 도전을 받아들이는 것은 문제 공간 및 유형화된 구조들, 그리고 장르 실천에 자신을 던져 넣는 일이자 자신에게 문제 해결의 수단을 제공하는 일이다. 해결을 위한 도전이 원대할수록 해결 과정의 결과로 생겨나는 인지적 성장 가능성은 더욱 커진다.

전략을 습득하거나 생소한 글쓰기 상황에 접근하기 위한 (또는 '문제 공간'을 해결하기 위한) 수단으로서의 장르 교육에 대한 이 같은 관심은, 앤 보퍼트Anne Beaufort가 오랜 기간 연구한 성과를 모아 최근에 내놓은 『대학 글쓰기를 넘어서: 대학 글쓰기 교육의 새로운 체제 College Writing and Beyond: A New Framework for University Writing Instruction』에서 잘 드러난다. 연구 과정 전반에 걸쳐 보퍼트는 새로운 글쓰기 상황과 협상해야 하는 학생들에게 장르 지식이 어떻게 '생각을 붙잡는 도구mental gripper'로 쓰일 수 있는가를 탐구한다. 또한 전략 학습으로서의 장르 교육이 어떻게 다양한 맥락에 전이되는 수단을 학생들에게 제공할 수 있는가를 모색한다. 그녀는 팀Tim이라는 학생이 1학년 글

---

2) (옮긴이) 문제 공간(problem space)은 문제 해결 교수 학습 이론의 중요 개념 중 하나이다. 진보주의 교육철학자 듀이(J. Dewey)의 영향을 받은 뉴얼(A. Newell)과 사이먼(H. A. Simon)은 문제 해결을 목표를 향해 나아가는 과정으로 생각했다. 학습자는 문제 해결에 적용될 수 있는 가설을 설정하고 해결책을 찾을 때까지 가설을 검증하기 위해 노력한다. 결과보다는 과정을 중시하는 문제 공간의 개념은 탐구 과정 및 이 과정에서 생겨나는 학습자 고유의 문제에 대한 표상을 설명하는 데 유용하다(로버트 가네, 전성연·김수동 옮김, 『교수 학습 이론』, 학지사, 1998, 227~239쪽 참조).

쓰기, 역사, 공학, 대학 졸업 후의 직업 세계post-college jobs 강좌에서 겪은 글쓰기 경험을 추적하면서 장르 지식이 중심적인 역할을 맡는다는 점을 알게 된다. 팀의 사례는 보퍼트가 다른 사회적 맥락과 글쓰기 상황에 학생들이 추상적 관념을 어떻게 적용하는가에 대해 논하는 과정에서 중요한 역할을 한다. 연구 과정에서 그녀는 팀이 장르에 대한 명시적인 교육을 받은 적이 없음에도 불구하고 장르 지식이 늘어난 사실을 알게 되면서 다음과 같은 의문을 제기한다. "만일 장르 지식 분야가 교과 과정에서 더 명시적으로 검토되었더라면 팀의 장르 지식이 증대하는 데 더 좋은 기회가 제공되지 않았을까? 그에게 새로운 담론 공동체의 장르 기대에 맞는 더 효율적이고 효과적인 전이가 가능했을까?" 그녀의 답은 장르가 기능하는 사회적 맥락과 관련해 명시적인 교육을 한다면 미숙한 저자들이 글쓰기 상황 및 장르에 더 쉽게 접근할 수 있다는 것이다.

주장을 뒷받침하기 위해 보퍼트는 학습의 긍정적인 전이에 맞추어 글쓰기 교육에 접근할 것을 제안한다. 이와 같은 교육적 접근은 상당 부분 장르 이론에 의거하고 있으며, 저서의 말미에 제공되어 있는 장르 중심 교육 수단이 이를 입증한다. 학생들에게 신문 기사나 책을 요약하는 방법을 가르치는 것을 교육 사례로 제시하면서 보퍼트는 첫 단계인 장르 분석을 시작한다. 이 첫 단계는 학생 필자에게 주제 문제 및 공동체의 참여자와 수사적 상황에 대해 알려 준다. 이들은 요약이 다양한 공동체의 구성원들 말하자면 연구자, 도서관 사서, 편집자, 그렇지만 일반적인 수사학적 목적으로 보면 신간 서적에 관심이 있는 사람들이 읽는 장르임을 발견하게 될 것이다. 필자는 또한 글쓰기 과정 및 수사학적 선택을 확정하기 위해 자신의 장르 지식을 활용하게 될 터이다. 필요한 장르 내용은, 어떻게 해야 글을 가장 잘 배치할 수 있는가, 채택해야 하는 문체의 형식적 수준은 무엇인가이다. 따라서 장르 분석을 통해 글쓰기 교육에 접근하는 것은 주제 문제, 수사학적 지식, 담론 공동체에 대한 지식, 글쓰기 과정에 대한 지식이 동시에 역동적으로 상호작용하도록 하는 것이다. 보퍼트는 저서에서 "우리는 어떻게 학생들이 전문적인 저자가 되는 평생의 과정으로 나아가게 할 수 있는가"를 마지막 질문으로 제기한다. "그들이 새로운 장르와 새로운 담론 공동체의 방식을 배워서 실천하게 하고 … 모든 새로운 글쓰기 상황에 같은 수단들을 적용하도록 도전하게 만들자"가 그 자신의 답변이다.

장르 분석 교육에 대한 수사학적 장르 연구의 접근법

수사학적 장르를 연구하는 학자들은 다양한 상황과 맥락에 접근하고 그에 대해 이해한 뒤 글을 쓸 수 있도록 학생들의 장르 지식을 여러 방법으로 개발하기 위해 노력했다. 또한 이들은 메타 장르 인지를 발전시키는 풍부한 방법들을 개발해 왔다. 장르 분석 교육에 대한 수사학적 장르 연구의 접근법에서는 학생들이 상황에 대한 수사학적 반응과 성찰로 장르를 이해하는 법을 배운다. 나아가 학생들은 자신이 부닥친 상황에 참여하고 그에 개입하기 위해 장르를 분석하는 방법을 학습한다. 장르에 기반한 이와 같은 교육학을 설명하기 위해 우리3)가 쓴 책에는 장르 분석을 위한 아래의 발견학습이 포함되어 있다. 제목이 『글쓰기의 현장: 장르와 함께하는 글쓰기 전략Scenes of Writing: Strategies for Composing with Genres』인 이 교재의 특징은 보퍼트가 제안한 '대학의 글쓰기 교육을 위한 새로운 틀"에서 탁월하게 드러난다.

---

3) 에이미 데빗(Amy Devitt)도 여기 포함된다.

장르 분석을 위한 지침

1. **장르 샘플을 수집하라.** 만일 학생이 결혼 공표문 같은 상당히 공적인 장르를 조사하고 있다면 다양한 신문에서 샘플들을 찾을 수 있을 것이다. 우리가 교재나 장르 설명서에서 소비자 불만 신고 편지의 샘플들을 찾을 수 있었듯이, 신문에서도 샘플들을 발견할 수 있을 것이다. 만일 환자 진료 기록 같은 공적 장르에 대한 공부가 충분하지 않다면 샘플을 수집하기 위해 다른 의사의 사무실을 방문해야 한다. 장르의 복잡성에 대한 더 정확한 상을 얻으려면, 다른 신문에 실린 결혼 공표문, 다른 의사의 사무실에서 가져온 환자 진료 기록 같이 장르 샘플을 한 곳 이상에서 수집하도록 하라. 장르 샘플을 많이 모을수록 장르의 패턴에 대해 더 많이 알 수 있을 것이다.

2. **현장을 확인하고 장르가 사용되는 상황을 설명하라.** 장르가 사용되는 더 큰 장을 확인하려고 노력하라. 장르 상황에 대한 다음 질문에 답하려고 노력하라.
   - 환경: 장르는 어디서 출현하는가? 그것은 어떻게 그리고 언제 확산되고 이용되는가? 이 장르는 다른 어떤 장르와 상호작용하는가?
   - 주제: 장르가 역점을 두어 다루는 화제, 논제, 아이디어, 질문들은 무엇인가? 사람들은 이 장르를 사용하면서 어떻게 상호작용하는가?
   - 참가자: 누가 장르를 사용하는가? 저자: 누가 이 장르로 글을 쓰는가? 다양한 저자들이 이용할 수 있는가? 그들은 어떤 역할을 수행하는가? 이 장르를 사용하는 저자의 특징은 무엇인가? 저자는 어떤 상황에서 이 장르로 글을 쓰는가? 예를 들면 팀으로 글을 쓰는가, 컴퓨터로 글을 쓰는가, 급하게 글을 쓰는가? 독자: 누가 이 장르로 쓴 글을 읽는가? 이 장르의 독자 유형은 몇인가? 그들은 어떤 역할을 수행하는가? 이 장르를 읽는 독자의 특징은 무엇인가? 독자는

어떤 환경에서 이 장르를 읽는가? 예를 들면 한가할 때 읽는가, 달리기를 하면서 읽는가, 대기실에서 읽는가?

- 목적: 왜 저자는 이 장르로 글을 쓰며 독자는 왜 이 장르의 글을 읽는가? 장르는 이용자들의 어떤 목적을 충족시키는가?

3. 장르의 특징에서 나타나는 패턴들을 확인하고 설명하라. 샘플들은 어떤 반복되는 특성들을 공유하는가? 예를 들면 다음과 같다. 일반적으로 어떤 내용이 포함되는가? 무엇이 배제되는가? 내용은 어떻게 다루어지는가? 어떤 예시들이 이용되는가? 개인적 증언이나 사실 등 무엇이 증거로 포함되는가? 어떤 수사학적 호소가 활용되는가? 로고스, 파토스, 에토스에 호소하는 것은 무엇인가? 장르의 측면에서 텍스트는 어떻게 구성되어 있는가? 그것은 어떤 부분으로 이루어져 있으며, 각 부분들은 어떻게 조직되어 있는가? 이 장르의 텍스트는 체재가 어떠한가? 어떤 배열이 일반적인가? 이 장르의 텍스트 길이는 일반적으로 어떠한가? 이 장르의 텍스트는 일반적으로 어떤 문장 유형을 사용하는가? 문장 길이는 어느 정도인가? 단문인가 복문인가, 수동태인가 능동태인가? 문장은 다양한가? 어떤 용어의 선택이나 단어의 유형이 일반적인가? 은어가 사용되는가? 속어가 사용되는가? 저자의 목소리는 어떻게 설명할 것인가?

4. 이 패턴들이 상황과 장소에 대해 드러내는 것이 무엇인지 분석하라. 이 수사학적 패턴들은 장르와 상황 그리고 장르가 사용되는 장소에 대해 무엇을 밝혀주는가? 이 패턴들은 왜 중요한가? 언어 패턴들을 관찰함으로써 장르를 통해 수행되는 행위에 대해 무엇을 배울 수 있는가? 이 패턴들에 대해 무엇을 논할 수 있는가? 이 질문들에 주목할 때 아래의 내용에 초점을 맞추라.

참여자들이 장르에 대해 알아야 하거나 이해해야 하는 것 혹은 그에 대해 평가해야 하는 것은 무엇인가? 그 장르에 초대된 사람들은 누구이며, 배제된 사람들은 누구인가? 장르를 활성화시키거나 비활성화시키기 위해 저자와 독자가 맡은 역할은 무엇인가? 장르 패턴들을 통해 드러나는 가치, 신념, 목적, 가정은 무엇인가? 장르의 주제는 어떻게 다루어지는가? 어떤 내용이 가장 중요한 것으로 간주되는가? 화제나 세부 내용 중 무엇이 무시되는가? 장르는 어떤 행동을 가능하게 하는가? 장르는 어떤 행동을 하기 어렵게 하는가? 독자에 대한 어떤 태도가 장르에 암시되어 있는가? 세계에 대한 어떤 태도가 암시되어 있는가?

　위의 질문들은 학생들이 상황 분석에서 장르 분석으로, 장르 분석에서 다시 상황 분석으로 이동하도록 이끈다는 점에서 장르와 맥락의 상호작용을 강조한다. 그 경로는 수사학적 장르 연구가 장르 분석에 접근하는 방법을 보여 준다. 학생들은 장르가 출현하는 상황을 확인하면서 활동을 시작한다. 그들은 인터뷰와 관찰을 통해 어디서, 언제 장르가 이용되고, 누구에 의해, 왜 이용되는지 확인하려고 애쓰면서 내용을 조사할 것이다. 그 일이 끝나면 학생들은 장르가 상황에 대해 무슨 말을 해 주는가를 중심으로 이를 분석한다. 분석을 할 때 학생들은 먼저 내용에서 용어 선택에 이르는 장르의 수사적 패턴들에 대해 설명한다. 그리고 나서 패턴들이 장르에 내재되어 있는 태도와 가치, 행위에 대해 무엇을 알려주는지 논증한다. 그렇게 함으로써 학생들은 상황을 반영하고 유지하는 장르를 통해 그 상황을 되돌아보게 된다. 여기 이 아이디어는 일시적으로 장르와 상황 간의 분석 공간을 만들어내기 위한 것이다. 이 공간을 통해 학생들은 내부를 조사하고 수사적 행위와 사회적 행위를 연결시킨다. 목표는 학생들이 특정한 장르를 완전히 익히는 것이 아니라 전이 가능한 장르 학습 기술을 발전시키는 것이다.

다른 수사학적 장르 연구의 교재들은 1학년 글쓰기 저자들이 수사학적 전략을 짜고 다양한 의사소통 상황에 반응하며, 장르 지식의 전이 가치를 증가시킬 수 있는 하나의 틀로서 장르를 효율적으로 이용하게 하는 데 목적을 둔다. 존 트림버John Trimbur가 쓴 『글쓰기의 요청The Call to Write』에는 여러 장르 접근이 통합되어 있으며, 그중 한 장의 모든 단원은 '장르에 대해 생각하기'라는 제목으로 시작된다. 이 장은 편지, 계획서, 회고록, 비평 같은 다양한 장르의 사회적 기능뿐만 아니라 수사학적·텍스트적 특징을 설명하는 데에도 중점을 둔다. '장르에 대해 생각하기'에서 학생들은 장르에 대한 자기 경험과 장르에 구축되어 있는 사회적 관계를 성찰하면서 샘플 글의 장르를 파악하고 장르와 내용의 특징을 분석한 뒤 자기만의 장르 샘플을 만들어 본다.

리처드 블록Richard Bullock이 쓴 『휴대용 글쓰기 안내서Norton Field Guide to Writing』의 접근법도 그와 유사하다. 이 책은 장르가 어떻게 읽기와 쓰기 과제를 틀 짓는가에 주목하면서 장르에 대해 통합적으로 고찰한다. 학생들은 장르를 확인하면서 과제를 시작하도록 조언받는다. 『글쓰기의 요청』처럼 『휴대용 글쓰기 안내서』에도 '장르에 대해 생각하기' 장이 들어 있으며, 다음의 장르 발견학습까지 포함되어 있다. 이를 통해 학생들은 내용, 어조, 언어, 매체, 편집 같은 장르의 수사학적 특징이 어떻게 수사적 행위와 목적, 독자와 연결되는지를 생각하도록 자극 받는다.

- 학생이 선택한 장르는 무엇인가? 그것은 학생이 포함시킬 수 있거나 포함시켜야 하는 내용에 영향을 미치는가? 객관적인 정보인가? 조사 자료인가? 자신의 의견인가? 아니면 개인적 경험인가?
- 학생이 선택한 장르는 어떤 특별한 전략을 요구하는가? 예컨대 프로필은 항상 이야기를 포함한다. 실험 보고서는 대개 과정을 설명한다.

- 학생이 선택한 장르는 특정한 구성을 요구하는가? 예를 들어 대부분의 계획서는 먼저 문제를 확인하고 그 다음에 해결을 제시한다. 어떤 장르는 선택의 여지가 남아 있다. 희소식을 알리는 사업상의 편지는 판촉문과 다르게 구성되어야 할 것이다.
- 학생이 선택한 장르는 어조에 영향을 미치는가? 학술 보고서의 요약은 회고록과는 다른 어조를 요구한다. 학생이 선택한 단어들은 진지하며 학술적인가? 적극적이고 명료한가? 객관적인가? 독단적인가? 학생이 선택한 장르는 때로 학생의 입장을 전달하는 방법에 영향을 미친다.
- 학생이 선택한 장르는 공식적인 혹은 비공식적인 언어를 요구하는가? 친구의 어머니에게 여름 방학 동안 서점에서 일할 수 있도록 부탁하는 편지를 보낼 때는 톱기사를 써주어서 고맙다는 이메일을 친구에게 보낼 때보다도 더욱 공식적인 언어가 요구된다.
- 전달 수단을 선택했는가? 어떤 장르는 인쇄하는 것이 요구된다. 다른 장르는 전자 매체를 이용하는 것이 요구된다. 예를 들어 이력서는 우편으로 보낼 수 있거나(그럴 경우 반드시 인쇄해야 한다) 이메일로 보낼 수 있다. 어떤 교사들은 인쇄한 보고서를 받길 원하며, 다른 교사들은 이메일로 보내거나 수업용 웹 사이트에 올리는 것을 선호한다. 확신이 서지 않는다면 어떻게 전달하면 되는지 문의하라.
- 학생이 선택한 장르는 특정한 방식의 설계design가 필요한가? 어떤 장르는 단락의 나열을 요구하고, 어떤 장르는 목록화를 요구한다. 특정한 활자체를 요구하는 장르도 있을 것이다. 학생은 일신상의 이야기를 쓸 때 진하게 강조된 활자를 사용하지 않을 것이고, 할머니의 65세 생일 파티 초대장을 보낼 때 닥터 수스체[4]를 사용하지도 않을 것이다. 장르가 다르면 설계의 요소도 달라진다.

---

4) (옮긴이) 닥터 수스체(Dr. Seuss font)는 미국에서 사용되는 비격식적인 글꼴이다.

위의 예시들을 통해 설명한 것처럼, 수사학적 장르 접근은 학생들이 장르를 수사적 반응과 상황에 대한 성찰로 인식하고 실행하도록 가르친다. 아비바 프리드만Aviva Freedman과 피터 메드웨이Peter Medway는 『장르 학습과 교육Learning and Teaching Genre』에서 "장르에 대한 최근의 재개념화에 비추어 학교 글쓰기를 분석하는 것은 **탈신비화** 조치에 해당하며, 그렇게 함으로써 애매하고 독단적으로 생겨난 이전의 관습적인 형식들을 설명할 수 있다"라고 지적한다. 즉 학생들은 장르에 숨어 있는 주제 문제 및 저자로서의 자기 역할, 독자의 역할, 글쓰기 목적과 관련하여 장르 가정 및 장르 예상을 분명히 확인함으로써 학술적 상황에 효과적으로 접근하고 참여할 수 있는 것이다. 다시 말해 이와 같은 장르 분석적 접근은 특정한 장르의 습득에만 초점을 맞추는 것이 아니라 전이되어 다양한 장르와 그 사용 맥락에 적용될 수 있는 수사학적 인식을 계발하는 데에도 초점을 맞춘다.

비판적 장르 인식 교육

프리드만과 메드웨이는 장르 접근이 글쓰기 상황을 '탈신비화'할 수 있다고 지적하면서도, 학생들이 "관습은 독단적이거나 고정되어 있는 것이 아니라는 점을 발견하다가도 부지중에 그것은 올바른 것이므로 익혀야 한다는 생각에 빠져들기 쉬우며"(『장르 학습과 교육』, 14) 이는 매우 위험하다고 경고한다. 수사학적 장르 연구의 교육학적 접근 역시 교수자는 자신들이 이용하는 장르에 비판적이어야 하며 학생들에게도 비판적 인식을 가르칠 필요가 있다는 점에 주목해 왔다.

사회적 위치 부여 및 문화적 각인이 있는 것으로 장르를 인식하는 것은 장르가 특정한 공동체와 문화의 신념 및 가치, 이데올로기를 수반한다는 점을 깨닫는 일이다. 이러한 깨달음은, 장르에 대한 비판적 인식을 가르치는 것이 중요하다는 점을 강조하는 교수자가 선정하는 장르들로 확대된다. 리처드 코Richard Coe 등이 장르의 이데올로기적 성격 및 장르 권력에 대해 분석한 논문집인 『장르의 수사학과 이데올로기The Rhetoric and Ideology of Genre』가 그 예이다. 이 책의 서론에서 저자들은 코와 프리드만이 개발했던 비판적 장르 분석을 위한 발견학습을 다룬다. '장르 분석을 위한 지침들'이라고 명명한 이 발견학습은 의사소통 환경 안에서 의미가 통하면서 효율적으로 기능할 수 있는 장르 사용 전략을 설명한다. 반면 다음의 발견학습은 접근을 통제하는 방식 및 특정한 사용자에게 특권을 부여하는 방식을 파악하기 위해 장르를 비판할 것을 저자에게 요구한다.

- 장르는 어떤 의사소통을 촉진시키는가, 어떤 의사소통을 억제시키는가?
- 누가 이 장르를 사용할 수 있는가–사용할 수 없는가? 그것은 어떤 사람에게 권력을 부여하면서 어떤 사람들을 침묵하게 하는가?
- 장르의 효과는 맥락을 이탈했을 때에도 제대로 나타나는가?
- 이러한 일련의 실천을 통해 나타나는 가치와 신념은 어떤 사례로 증명되는가?
- 특정하게 구성된 수사적 상황, 특정하게 구현된 페르소나(예컨대 주체 위치), 특정한 방식으로 환기된 독자, 특정한 상황 맥락 같이 특정한 장르가 가정하는 사항들에 내재되어 있는 정치적·윤리적 함축은 무엇인가? (Coe et al., 6~7)

이데올로기는 학생들에게 배정하는 장르뿐만 아니라 교수자인 우리가 사용하는 장르에도 구현된다. 결론적으로, 교사들이 교실 장르에 대한 비판적 인식을 가르치는 일은 중요하다. 베이저만은 교실 문화와 학생들의 장르 지식을 학술 문화에 진입하는 여권으로 묘사하기 위해 여행의 은유를 적절하게 활용한다.

교사로서 우리의 역할은 이방인들이 우리가 가치를 부여하는 담론 환경에 들어오는 것을 끊임없이 환영하는 것이다. 하지만 우리에게 친숙하고 중요한 장소들이 학생들에게는 이해하기 쉽고 호의적인 것으로 나타나지 않을 것이다. 소통이 가능한 친숙한 장소와 욕구라는 자기만의 도로 지도road maps가 있는 학생들은 새로운 학술 환경에 접하면서 이런 익숙한 것들로 채워진 표지의 도움을 받을 것이다. 하지만 안내판들은 우리가 그렇게 만들었을 때에만 거기에 있을 뿐이며, 다른 사람들이 그것을 읽는 방법을 알고 있을 때에만 유용할 뿐이다. (「교실은 어디에 있는가Where is the Classroom」, 19)

학술 문화의 길을 찾는 데 유용한 안내판들을 만드는 방법 중 하나는, 학생들이 쓴 글에 대한 교사의 마무리 논평, 학생-교사 협의, 정확한 글쓰기 과제, 수업 계획서처럼 교실 장르를 탈신비화함으로써 이루어진다. 서머 스미스Summer Smith는 「마무리 논평 장르: 학생의 글에 대한 교사의 관습적인 반응The Genre of the End Comment: Conventions in Teacher Response to Student Writing」에서 교사가 마무리 논평을 할 때의 전형적인 조치를 보여 준다. 그는 이러한 조치가 여러 면에서 마무리 논평이라는 장르의 효과를 약화시킴으로써 교사와 학생들이 저도 모르게 그에 익숙해져 버려 습관이 되어 버린다고 주장한다. 로렐 블랙Laurel Black 역시 협의가 어떻게 대화와 교육 사이의 어딘가에 존재하게 되는가를 보여 주기 위해 교사-학생의 협의 장르를 분석해 왔다. 블랙은 교사-학생 협의(목적, 사회적 역할, 목적과 사회적 관계를 성취하기 위한 관습)라는 명시적 토론이 더 많이 이루어질 것을 요청한다. 그렇게 함으로써 학생들은 더 비판적이고 더 효과적으로 장르를 자기화할 수 있다. 마찬가지로 우리가 쓴 교재인 『글쓰기의 현장』에서도 학생들에게 강좌의 기본 가정과 (장르) 기대를 밝혀내기 위해 수업 계획서를 분석하도록 요청한다. 모둠별로 수업 계획서 샘플들을 같이 읽고 수사학적 패턴들이 학술 장과 그 참여자들에 대해 무엇을 드러내는지 분석한 뒤, 학생들은 지침으로 제공된 다음의 질문을 활용하여 수업 계획서를 비판한다.

　　대학에 개설된 강좌는 학생들에게 무엇을 기대하는가? 학생들은 수업 계획서의 가정에 따라 어떻게 행동하도록 기대되는가? 수업 계획서 장르에 반영되어 있는 것처럼 교사는 어떠한 역할을 수행하도록 기대되는가? 수업 계획서가 강조하는 듯이 보이는 것은 무엇이며, 그것은 학술 장에서 기대하는 것이 무엇이라고 알려주는가?

　　다음으로 학생들은 아래의 질문에 답하면서 수업 계획서의 장르 비판으로 앞의 분석을 이어간다.

　　장르는 사용자(교사와 학생 둘 다)가 무엇을 할 수 있도록 허용하며, 무엇을 허용하지 않는가? 장르는 누구의 필요를 가장 잘 또는 가장 덜 충족시키는가? 장르는 글쓰기 강좌의 장과 그보다 더 큰 학술 장에 참여하는 데 어떠한 제한을 두는가?

　　위의 활동들은 학술 장에서 이용되며, 참여자들이 학술 장에 접근하는 지도로 사용하는 장르에 숨어 있는 가정들을 학생들이 분석할 것을 요청한다.
　　학생들은 글쓰기 과제나 조언에 숨어 있는 기대를 확인함으로써 학술 장에 효과적으로 접근하고 참여하는 방법을 배울 수 있다. 아이린 클라크Irene Clark는 「글쓰기 과제에 대한 장르 접근A Genre Approach

to Writing Assignments」에서, 글쓰기 과제 안내문에 대해 "장르 중심으로 접근하는 것은 (교사와 학생 모두에게) 그러한 접근을 하지 않았다면 명백히 드러나지 않았을 과제 안내문 장르의 암묵적인 기대 및 가정들을 발견하는 기회를 제공한다"라고 주장했다. 학생들은 저자로서의 자기 역할과 독자의 역할 그리고 과제의 사회적 목표에 대한 단서인 수사학적 전략을 발견할 수 있다. 무대 감독 기술과 비교하면서 클라크는 "글쓰기 과제란 초대를 위한 것이지 특별한 지도를 위한 것이 아니다. 학생들이 초대에 적절하게 반응하기 위해서는 무엇을 포함시켜야 하는지 알도록 돕는 것은 그들이 공연을 수행하는 데 더 성공적으로 참여하도록 할 것"이라고 지적한다.

베이저만과 다른 학자들이 주목한 것처럼, 교실은 "항상 창조되고 구성되며, 장르 문제가 발생하는" 복잡한 장소이다(「교실은 어디에 있는가」, 26). 학생들은 글쓰기 교실의 지적·제도적 맥락에 기반해서 자기 자신의 장르사_史를 끌어오며, 교사들은 특정한 장르 기대를 교실에 붙박아 둔다. 그 결과 교실 장르는 권력과 사회적 차이, 문화적 요인을 피할 수가 없다. 데빗이 "가장 우선적이고 가장 중요한 장르 교육학은 교사의 장르 인식이다"라고 주장하였듯이, 교사는 의식적으로 장르를 결정해야 하며 이러한 결정으로 학생들에게 가르치게 되는 것은 무엇인가를 알고 있어야 한다(「비판적 장르 인식 교육Teaching Critical Genre Awareness」, 343).

대안적 장르 생산 교육

장르에 대한 비판적 인식을 촉진시키기 위한 교육학적 접근은 장르의 이데올로기를 비판하도록 학생들을 가르쳐야 할 뿐만 아니라 대안적 장르 생산에 대해 인식하도록 학습시켜야 한다. 문식성 교육에 대한 수사학적 장르 연구의 접근은 장르 분석과 비판이 대안적 장르를 생산하거나 변화를 유발하기 위해 저자가 장르를 활용하는 데까지 이르지 못했다고 한층 더 강하게 비판받았다. 예컨대 수잔 밀러Susan Miller는 자신이 '장르 권력generic power에 대한 현명한 인식'이라 부른 것과 '장르 조작이라는 실천'을 구별하면서, "방향이 유도된 해석학적 여행은 학생들이 어떻게 글쓰기가 결과적으로 동기화된 행위motivated action가 되는지를 보여 줄 수 없다"고 주장한다. 그렇다면 교사들은 장르의 잠재적인 이데올로기 효과를 저지하고 제약과 선택을 중재할 수 있는 대안적 장르를 생산하도록 학생들의 비판적 인식을 계발하기 위해 어떤 활동을 하는가? 브래드 피터스Brad Peters는 『장르, 반장르, 개념화의 형식 재발명하기Genre, Antigenre, and Reinventing the Forms of Conceptualization』에서 파나마인의 관점에서 미국의 파나마 침략에 대해 쓴 책을 학생들이 읽는 대학의 글쓰기 강좌에 대해 설명한다. 책을 읽은 다음 학생들은 주장을 요약하는 것이 아니라 라틴계 미국인 독자에게 가장 설득력 있는 핵심 세 가지를 잡아내는 특정한 형식의 에세이 시험을 치렀다. 마지막으로는 라틴계 미국인 독자들의 반응과 비교하면서 자기 생각을 서술했다. 아프리카계 미국인 학생인 브렌다Brenda는 파나마의 인종주의와 미국의 인종주의 간의 유사성을 찾아내면서 에세이를 시작했다. 피터스는 브렌다가 반대 의견을 표명하는 틀과 표현 방법에 대한 체재를 잡을 때까지 토론 수업 시간에 침묵을 지켰다고 말한다. 리타Rita는 가까운 친구이자 라틴계 원주민 미국인인 마리아Maria라는 허구적 관점을 택해 에세이 시험을 치렀다. 그리고 시험에서 요구한 수사학적 분석을 완성한 뒤에, 가면persona을 내려놓고 마리아에게 편지를 쓰는 형식을 통해 자신에게 되돌아왔다. 피터스는 이것을 '반장르'로 구분하면서도 리타의 조치는 목소리를 복원하고 장르의 형태를 다양하게 하는 과정에서 장르의 사회적 목적을 충족시켰다고 지적한다. 이것은 글쓰기 과제가 매우 규정적이고 학생들이 상당히 전통적인 장르의 글을 쓸 것을 요청받았을 때조차 장르 제약 내에서 (그리고 제약 때문에) 변경할 수 있는 여지가 있음을 입증한다.

제약과 가능성으로서의 장르 교육에 대한 또 다른 접근은 학생들에게 장르 비판적인 글을 쓰게 하는 것뿐만 아니라 새로운 장르 반응을 해 보도록 하는 것이다. 가령 리처드 코는 어린이를 위한 이야기책, 스키 잡지에 어울리는 특집 기사, 셰익스피어에 대한 페미니즘적 비평글 같은 특정한 글쓰기 유형을 학생들이 선택하도록 한다. 또한 이와 같은 특정한 장르의 글쓰기를 배우고 싶어하는 사람들을 위한 작은 안내 책자를 만들도록 지시한다. 이러한 방법으로 학생들은 특정한 장르의 글쓰기(안내 책자)를 경험하게 될 뿐만 아니라 장르의 특징과 제약을 이해하면서 샘플로 모은 다양한 장르와 자신이 만든 안내 책자를 분석하게 된다(「과정으로서의 장르 교육Teaching Genre as a Process」164). 학생들은 장르에 대한 이 같은 글을 쓰기 전부터 장르를 조사하고 비판적으로 연구할 수 있었던 것이다. 예컨대 브루스 멕코미스키Bruce McComisky는 고등학교 학생들을 위한 대학 안내서를 읽고 교육 비판적인 분석글을 쓰거나 소비자에게 부정적인 영향을 미친다는 점을 알리는 편지를 광고주에게 쓰는, 광고의 문화적 가치 분석하기라는 과제를 수행하도록 학생들을 짝지어준다. 학생들은 장르에 암호화되어 있는encoded 언어적·수사학적 패턴을 식별해내고 문화적·사회적 가치를 비판하면서 장르 분석을 수행하는 한편, 마지막 단계에서 새로운 장르를 생산하거나 중재의 목적에 맞는 대안적 가치를 암호화한다.

상황에 반응하는 법은 하나가 아니라 그 이상임을 학생들이 깨닫도록 같은 장르의 다양한 샘플을 읽게 하는 것도 이와 관련이 있는 접근이다. 위에서 인용한 연구에서 피터스는 자신이 담당한 1학년 글쓰기 강좌에서 자서전 쓰기를 과제로 내주고 학생들에게 이 장르와 몇 편의 '반장르' 샘플을 읽게 한다. 여기서 반장르 샘플은 한 일본인 여성이 자기 관점에 따라 전통적인 방식으로 글을 쓰기보다는 자신에게 영향을 준 사람들의 증언을 모아서 쓴 자서전 같은 것이다. 피터스의 학생 중 한 사람은 자신의 자서전에 '반장르'의 특징을 활용했다. 다른 학생들과 마찬가지로 자서전 쓰기 과제를 부여받고 연극 형식의 전기를 썼던 것이다. 이 형식은 그녀가 드라마식 재현을 통해 자신의 주체적인 삶을 탐구하고 싶어했던 것에 잘 부합하였다. 우리가 학생들에게 다양한 상황을 제공하고 거기에 어떻게 반응해야 가장 적합할지는 스스로 결정하게 한다면, 그들은 장르를 '주어진 형식'이 아니라 '찾아내야 할 형식의 문제'로 받아들이도록 자극 받을 수 있을 것이다. 루스 머츠Ruth Mirtz는 이와 같은 장르 접근을 '의미 구성을 위한 형식 발견의 과정'으로 설명한다. 이러한 장르 분석 방법은 장르 학습이 학술적 형식을 배우는 데서 벗어나 목적의식이 뚜렷한 수사학적 학습으로 이동했음을 보여준다. 또한 이러한 방법은 학생들이 특정한 상황에서 이루어지는 행위에 더욱 비판적으로 관여할 수 있게 한다. 다음 절은 이것을 초점으로 삼는다.

사용 맥락 중심의 장르 교육

앞에서 논의하였듯이 장르 분석 가르치기—대안 장르의 다양성과 생산에 대한 교육을 포함하여—에 대한 교육학적 접근에 도전하는 비평가들은 복잡하고 역동적인 사회문화적 맥락 외부에서 장르를 학습하는 것이 불가능하며, 장르 생산에 대한 이해 역시 어렵다고 주장한다. (예를 들어 장르와 지식 습득에 대해 논한 6장을 보라.) 장르의 명시적 교육과 관련해 앞서 인용한 『영어 교수법 연구Research in the Teaching of English』5)의 저 유명한 논쟁에서, 프리드만은 "장르가 반

응하는 사회적·문화적·수사학적 기능의 복잡한 망이 모두 명시화
될 수 있는가 혹은 그러한 방법이 학습자에게 유용할 수 있는가"라
는 질문을 제기한다(「보여 주고 말하기?Show and Tell?」, 225). 프리드만이
우려하는 것은 장르 연구가 맥락을 벗어나 이루어지는 것이다. 그
것은 맥락을 형성하는 복잡하고 역동적인 사회적·문화적 맥락에서
장르를 분리시켜 추상화하는 기능을 맡기 때문이다. 장르 기반 교
육학적 접근은 장르 이용이라는 '살아있는 상황' 외부에 장르 연구
를 위치시키며(Bleich), 저자가 이미 알고 있는 특징과 관련지어 장르
를 이해하는 것을 제한한다고 비판받아 왔다(Bazerman, 「발화 행위
Speech Act」). 이와 같은 비판에 대응하기 위해 수사학적 장르를 연구
하는 학자들은 현장 연구나 문화기술지적 방법을 택해 사용 맥락에
서 장르를 가르치는 것을 제시해 왔다. 그리고 이러한 방법은 이미
학문 목적 영어에서 활용되었기도 하다.6)

예컨대 브라이언 팔트리지Brian Paltridge는 장르에 기반한 교육학적
접근으로 학문 목적 영어 프로그램을 다룰 때, 영어에 대한 동료
학생들의 태도를 조사하는 문화기술지적 요소들을 포함시킨다. 「장
르, 텍스트 유형, 학문 목적 영어 수업Genre, Text type, and the English for
Academic Purposes(EAP) Classroom」에서 그는 학생들에게 "영어를 공부하
는 이유와 영어의 다양하고 독특한 특성에 대한 견해"를 알아내기
위해 동료 학생들을 인터뷰하는 작업을 강조한다. 이어서 그는 다
음의 사례 연구를 과제로 제시한다. "몇 주 동안 같이 수업을 듣고
있는 동료 학생들을 관찰하라. 또한 그/그녀들이 영어로 말할 때의
의사소통 전략을 확인하라. 관찰한 내용으로 학생들과 토론하라."

---

5) (옮긴이) 전미영어교사협회(National Council of Teachers of English, NCTE)에서 발간하
   는 학술지이다. 보통 줄여서 RTE로 쓴다.
6) (옮긴이) 학문 목적 영어(EAP)는 미 대학에서 토플 대신 채택하고 있는 어학 과정 프로
   그램이다.

팔트리지와 유사하게 앤 존스Ann John도 『텍스트, 역할, 맥락: 학술적 문식성의 개발Text, Role, and Context: Developing Academic Literacies』에서 학생들에게 조사자의 역할을 맡긴다. 학생들이 교수들을 인터뷰하고, 교수들이 글을 쓰는 학술적 환경 및 학과 환경을 조사하며, 교수들이 생산해야 할 장르들의 가치와 기대가 무엇인지 탐문하게 하는 것이다. 더 숙련된 학생들 혹은 교사-연구자들에게 비슷한 접근 방법을 적용한 베이저만은 교실 장르들을 특정한 상황 맥락에 위치 짓기 위해 문화기술지적 방법을 끌어오는 (가령 수업 시간에 모든 학생들이 쓰는 보고서 조사하기, 과제로 제시된 장르에 대한 이해 정도를 알기 위해 학생과 조교 인터뷰하기) 과제를 강조한다. 다음 활동은 학생들이 전문가의 장르 환경을 분석하도록 요구하는 것이다.

어떤 텍스트가 받아들여지며 글로 작성되는가를 결정하기 위해 교수나 다른 전문가들을 인터뷰하라. 가능하다면 샘플들을 수집하라. 어떤 텍스트가 받아들여지고 생산되는지를 깨닫기 위해 그 샘플들을 당분간 덮어두고 싶을 수도 있다. 학생이 발견한 장르를 분석하는 보고서를 쓰라. (「발화 행위」, 337)

현장이나 문화기술지적 접근을 도입하는 장르 접근은7) 장르 분석이 특정한 상황 맥락 안에서 이루어질 수 있게 하고 학생들에게 언어 사용의 실제 맥락에 접근할 수 있게 한다.

수사학적 장르 연구의 실천자들은 학생들이 공동체에서 사회적 행위와 의제들을 실행하기 위해 장르가 어떻게 사용되는가를 조사하고 직접 관찰할 수 있도록 공동체의 참여자/관찰 연구를 통합하

---

7) 집단적 상호작용과 집단에 참여하는 방식 관찰하기, 장르를 읽거나 쓰는 개개인들을 인터뷰하기가 이에 속한다.

기 시작했다. 교재 『글쓰기의 현장: 장르와 함께하는 글쓰기 전략』의 「현장을 관찰하고 설명하기 위한 안내서Guidelines for Observing and Describing Scenes」에 있는 다음의 발견학습은 학생들에게 사용 맥락에서 장르를 분석할 수 있는 수단을 제공한다.

현장을 관찰하고 설명하기 위한 지침

1. **현장을 선택하고 그에 접근하라.** 일단 장르를 선택했으면 장르에 어떻게 접근할지 선택하라. 가능할 때마다 그 현장에 속해 있으면서 접근 승인의 권한이 있는 누군가에게 허락을 구하라. 그/그녀에게 내가 무엇을 하고 있으며 왜 그것을 하고 있는지 설명하라. 또한 현장의 참여자에게 인터뷰할 수 있는 기회를 얻을 수 있는지 질문하라.

2. **현장에 대해 대체적인 관찰을 하라.** 손에 공책을 들고 있으면 나는 이미 관찰을 시작할 준비가 되어 있는 것이다. 일반적 관점에서 현장을 묘사하면서 가능할 때마다 자기 자신에게, 그리고 현장의 참여자에게 질문하라. 이 현장은 어떤 곳인가? 현장에서는 어떤 활동이 벌어지는가? 이 활동에 누가 참여하는가? 현장에 사람들을 한데 모으는 것은 무엇인가? 참여자들이 공유하는 목표는 무엇인가?

3. **현장의 상황을 확인하라.** 현장의 상황을 확인하기 위해 다음의 질문을 활용하라. 나는 현장에서 생겨나는 어떠한 상호작용을 관찰하고 있는가? 다른 환경에서는 다른 상호작용이 일어나고 있는가? 다른 상호작용에는 다른 사람들이 참여하고 있는가? 다른 상호작용 하에서는 다른 주제가 논의되는가?

4. **현장의 상황을 관찰하고 설명하라.** 일단 내가 현장의 상황을 확인했으면, 충분한 설명을 위해 더 면밀하게 상황을 관찰하기 시작할 수 있을 것이다. 관찰 공책에 참여자, 환경, 주제, 각 상황의 상호작용 목적을 설명하도록 힘써라. 이 질문들을 명심하라. 누가 이 상황에 참여하고

있는가? 참여자들은 서로 어떻게 관계 맺고 있는 듯한가? 그 장의 어디에서 상호작용이 가장 확실하게 이루어지는가? 언제 이 상호작용이 보편적으로 발생하는가? 그들은 무엇에 대해 상호작용하는가? 그 상호작용의 본질은 무엇인가? 그들은 어떤 언어를 사용하고 있는가? 어떤 어조를 사용하고 있는가? 왜 그들은 상호작용을 필요로 하거나 원하는가? 상호작용의 목적은 무엇인가?

5. **현장에서 이용되는 장르를 확인하라.** 현장에서 이용되는 장르를 확인하기 위해서는 그 상황에서 일어나는 상호작용의 패턴이나 습관을 관찰해야 한다. 자기 자신에게 질문하라. 나는 그 상황에서 어떤 발화 패턴에 주목하는가? 반복적으로 사용되는 것으로 보이는 전형적인 글들은 무엇인가? 활용되고 있는 장르를 모두 관찰하는 것은 불가능하므로 상황의 참여자들을 중심으로 장르에 대해 인터뷰하라. 그리고 가능하다면 샘플들을 수집하라. 다음의 질문에 답하도록 힘써라. 그 상황에서 참여자들은 일반적으로 어떤 '종류의 텍스트들'을 작성하는가? 이 텍스트들은 무엇이라 불리는가? 이 텍스트들은 무엇과 비슷한가? 누가 언제, 어디서, 왜 이 텍스트들을 사용하는가?

이 질문들은 학생들이 현장에 접근하는 과정을 밟으면서 참여자와 활동에 대해 문화기술지적 관찰을 하고, 현장에서 사용되는 장르를 조사·분석할 수 있도록 인도한다. 학생들은 공동체에서 사용하는 장르 샘플을 수집하는 것 외에도 장르 사용에 대한 참여자 인터뷰를 해야 한다. 뿐만 아니라 한 상황에서 이루어지는 상호작용 패턴과 습관에 대한 관찰 기록을 작성해야 한다. 학생들은 문화기술지적 조사와 장르 분석—실제 맥락에서 이루어지는 의미 있는 담론의 관찰—에 동시에 참여함으로써, 프리드만이 효과적인 글쓰기 교육을 위해 필요한 두 가지 기준으로 정의한 것을 달성하는 데 근접할 수 있을 것이다. 그 두 가지 기준이란 '글쓰기 담론 드러내기

exposure'와 '관련된 맥락에 집중하기'의 조합이다(「보여 주고 말하기?」, 247).

공적 맥락 중심의 장르 교육

헤링톤Herrington과 모런Moran은 『수업 계획서에 대한 장르적 접근 Genres Across the Curriculum』에서, 학생들이 공적 장르에 참여하여 실제 맥락에서 글을 써봄으로써 사고 방법과 문제 해결 방법을 배울 수 있다고 주장한다. 이 관점은 브라질에서 교육에 활용하는 사회-담론적 모형 연구의 뒷받침을 받고 있다. 브라질에서는 라디오 같은 장르를 통해 문식성 기술을 가르치며(Baltar 등의 「학교 라디오School Radio」를 참조하라) 그것은 학술 공동체의 독자보다 더 광범위한 독자를 포괄한다. 더욱이 최근에는 공적 혹은 시민적 수사학에 초점을 맞춘 글쓰기 강좌가 급증하고 있다. 공적 글쓰기를 위한 교육학적 접근의 범위는 공적 담론을 수사학적으로 분석하는 데서부터 공적 공간에 들어가 그것을 직접 경험하거나 중재하는 데까지 이른다. 그러한 접근은 실제 맥락에서 장르를 교육함으로써 장르를 비판하고 대안적인 장르를 생산하는 일을 촉진할 수 있을 뿐만 아니라 장르 지식을 공적인 글쓰기 상황에 전이시키는 것을 활성화시킬 수 있다. 공적 장르는 교사들이 공적 영역에서 중재의 장으로 기능하는 장르를 수업에 도입하면서 분석과 비판이라는 학술적 목적에 초점을 맞추는 것을 허용한다. 가령 리처드 코는 학생들이 공적 결정에 영향을 미치도록 고안된 정치적 신념을 중심으로 글을 쓰는 데 주안점을 두었다(「장르의 신수사학The New Rhetoric of Genre」). 크리스챤 바이저Christian Weisser는 환경 문제를 다루는 자기만의 장르를 만들어 냄으로써 교실을 학생들이 공적 담론에 진입하는 곳으로 설명한다.

존 트림버는 수업이란 학생들이 공중위생 정책에 대한 새로운 기사를 작성하고 모둠별로 자신들의 선택에 적합한 장르8)를 만들어내는 것이라고 설명한다(「작문과 글쓰기의 순환Composition and the Circulation of Writing」). 트림버가 쓴 교재인 『글쓰기의 요청』도 다양한 공적 장르에 초점을 맞춘다.9) 공적 장르를 가르치는 것은 학생들에게 "반드시 관심을 가져야 할 논제들을 독자에게 알려주고 그들에게 영향을 미칠 수 있는 기회"를 제공하는 일이다. 따라서 이것은 글쓰기를 위해서나 저자로서 공적 장르에 참여하기 위해서, 잠재적으로 더 실제적인 맥락을 만들어내게 된다.

교재 『글쓰기의 요청』은 (편집자의 의견이나 편집자에게 보내는 편지를 강조하는) 공적 장르를 다루는 장을 포함한다. 그것은 공적 조직을 선택하고 조직의 목적에 적합한 장르를 수집해서 글을 쓰는 동안 학생들이 공적 장르를 분석하고 비판하는 기회(특히 공개적으로 중재하는 방법으로)를 얻게 한다. 예를 들어 한 학생은 대학에서 이루어지고 있는 최저생활 임금운동을 조사하고, 미국 대학 노조를 위한 전단지를 만들었다. 이것은 학술 장르와는 다른 요구를 상상하여 그에 반응할 수 있도록, 그리고 담론이 중요한 효과를 낳을 수 있는 현장에 개입할 수 있도록 지도했기 때문에 가능한 일이었다. 공적 담론에 대한 장르 분석을 통해 공적 글쓰기를 가르치는 것은 수잔 웰스Susan Wells의 설명처럼 "텍스트 안과 밖에서의 수행performance 을 지향하는 일"을 포함한다. 그것은 학생들에게 텍스트가 세상에서 일정한 역할을 담당하며 수사학적 특성은 사회적 실천과 결부되어 있음을 가르칠 수 있다. 공적 맥락에서 직업 맥락으로 이동하는 다음 절에서는

---

8) 브로슈어, 팸플릿, 게시판 알림글, 포스터, 비디오, 라디오 안내방송, 웹 사이트 등을 예로 들 수 있다.
9) 공적 장르는 연설, 웹 사이트, 칼럼, 메일링, 광고, 게시판 알림글, 소식지에 이르기까지 다양하다.

수사학적 특징을 학과의 실천과 연계시키는 장르 접근에 초점을 맞춘다.

학과 맥락 중심의 장르 교육
: 범교과적 글쓰기(WAC)/학과 글쓰기(WID)에 대한 장르 접근

1970년대에 등장해서 1980년대에 성장한 범교과적 글쓰기 프로그램은 다음의 두 방향에 초점을 맞추어 왔다. 학습을 위한 글쓰기(지식을 발견하고 형성하기 위한 수단으로써의 글쓰기), 학과 글쓰기를 위한 학습(담론 공동체의 특정한 장르와 관습에 대해 학습하기)이 그것이다. 장르가 인지 도구이자 문화적 자원으로 기능하기 때문에 장르 분석은 범교과적 글쓰기에서 활용할 수 있는 유용한 방법이다. (범교과적 글쓰기를 역사적, 이론적으로 개괄하면서 장르와 학과의 특수한 활용을 포함시킨 것으로 베이저만 등이 쓴 『범교과적 글쓰기 안내Reference Guide to Writing across the Curriculum』를 참고하라.) 초기의 수사학적 장르 연구자들은 범교과적 글쓰기를 가르칠 수 있는 장르의 교육적 가능성을 알아챘다. (예를 들어 베이저만의 『지적인 작가The Informed Writer』와 『지적인 독자The Informed Reader』를 보라.) 일레인 메이먼Elaine Maimon이 주목한 것처럼, "장르에 대한 표면적인 정의를 이루는 배열configurations은 발견학습적 가능성을 지닌다. 문과와 이과의 모든 학과에서 이용하는 장르를 연구함으로써 우리는 교육 기관에서, 그리고 직업인들로 구성된 더 큰 사회에서, 또한 공적 행위를 통해 사고의 다양성을 배울 수 있다".

장르가 앎의 방식이자 차이가 있는 각 학습 영역에서의 활동이라면, 장르 접근은 우리에게 학습을 위한 글쓰기와 글쓰기를 위한 학습 간의 관계를 다시 상상하게 해 줄 수 있다. 『의혹을 풀다: 범교과적 글쓰기의 신화와 진실Clearing the Air: WAC Myths and Realities』에서 맥로 드McLeod와 메이먼은 학습을 위한 글쓰기와 글쓰기를 위한 학습이 경쟁 관계에 있는 두 접근법이라는 신화를 추방하려 한다. 그들은 학과에서 필요한 글쓰기를 위한 학습이란 "형식주의적이며 기술적 인 올바름을 터득하기 위한 연습인 것이 아니라 그 반대로 인식론 을 위한 연습"이라고 주장한다. 만일 학과 장르를 배우는 것이 '인지 적 도제살이'일 뿐만 아니라 사회화의 과정이면서 학과 공동체에 진입하는 기능까지 맡는다면(Bazerman, 「장르와 인지 발달」 294), 장르 분석을 통합하는 범교과적 글쓰기나 학과 글쓰기에 대한 접근은 학 습을 위한 글쓰기와 학과 글쓰기 간의 간극을 메우도록 할 수 있을 것이며, 하나의 글쓰기 맥락에서 다른 맥락으로 옮겨가는 지식 전 이를 촉진하는 초인지적 인식의 중요성에 중점을 두게 할 수도 있 을 것이다.

『교과 과정 장르Genre across the Curriculum』에서 앤 해링턴Anne Herrington과 찰스 모런Charles Moran은 "주어진 담론 공동체에서 창안과 사회적 행 위를 위한 융통성 있는 지침"으로 기능할 수 있는 장르의 가능성에 주목하면서 범교과적 글쓰기 연구와 교육이 실제로는 상보적 본성 이 있음을 확인한다. 그들이 쓴 책은 학과의 글쓰기 교육에 대한 장르 접근을 하기 위해 수많은 조사 연구와 교육학적 접근을 했다 는 특징이 있다. 그것은 비교 문학, 역사, 생물학에서 장르가 어떻게 협상되는지 조사하는 데서부터 기독교인의 종교적 자서전, 단평, 이 력서 같은 학과의 특수한 장르를 분석하는 데까지 이른다(학과 장르 의 연구에 대해 논한 7장을 보라). 더욱이 베이저만 등이 쓴 『세계를 변화시키는 장르Genre in a Changing World』10)는 장르 기반 범교과적 글쓰

---

10) (옮긴이) 장르를 주제로 한 제4회 국제 심포지엄(the Fourth International Symposium on Genre Studies)의 성과를 모은 책이다. 2007년 8월에 브라질의 남 산타카타리나 대학 교(UNISUL)에서 개최된 이 심포지엄은 그때까지 가장 많은 장르 연구가들이 참석한

기 접근의 범위를 확장한다. 데이비드 러셀David Russell 등이 쓴 「장르 개념의 탐구Exploring Notions of Genre」에서 이루어진 연구는 아르헨티나와 브라질 대학에서 이루어지는 글쓰기 강좌 연구(브라질의 학과에서 이루어지는 대학원 강좌에 대한 아라나Aranha의 연구를 설명한 7장을 보라)뿐만 아니라 미국의 범교과적 글쓰기 운동과 영국 고등교육기관의 학술적 문식성 운동을 비교한다.

최근에 앤 존스 역시 (「대학 신입생을 위한 학술 장르 인식: 지속되는 탐색Genre Awareness for the Novice Academic Student: An On-going Quest」에서) 범교과적 글쓰기와 학과 글쓰기를 결합시키는 두 가지 유망한 장르 교육을 제안하였다. 학제적 학습 공동체의 구성을 수반하는 첫 번째 접근은 학생들에게 내용의 수준에 맞는 연구자의 역할을 부여한다. 그것은 담론 공동체를 분석하고 학과의 교수들을 인터뷰하면서 이루어진다. 그와 같은 접근은 학생들의 장르 인식을 촉진시키고, 이들이 특정한 상황에서 장르를 학습할 수 있게 한다(그럼으로써 수사적 유연성을 교육한다). 또한 학생들이 장르의 복잡성 및 장르가 실제 세계의 맥락에서 다양하게 실현되는 양상을 고려할 수 있도록 돕는다. 두 번째 학제 간 접근은 범교과적 글쓰기 전문가 마이클 카터Michael Carter의 저서에서 끌어온 것으로, 학과 글쓰기를 문제 해결, 경험적 조사, 참고 자료 조사, 수행이라는 네 가지 '거시 장르'로 정리한다. 존스Johns는 이러한 분류가 학생들에게 여러 가지 앎의 방법을 예시하는 다양한 장르를 가르침으로써 "학과의 지식을 더 넓히도록 교육시킨다"라고 주장한다(「장르 인식Genre Awareness」, 21). 교재 『글쓰기의 현장』에서도 비슷한 접근이 이루어진다. 학생들은 서로 다른 두 학과에서 선택한 두 가지 장르가 분석, 논증 그리고/또는 연구에 어떻게 이용되는지를 비교하고 유사성과 차이가 각 학문 영역에서 드러내는 것

것으로 알려져 있다.

이 무엇인지 분석해야 한다.11) 마지막으로 자넷 길트로우Janet Giltrow 는『학술적 글쓰기: 학과에서의 읽기 쓰기Academic Writing: Writing and Reading in the Disciplines』에서 학생들이 다양한 학술적 글쓰기 영역에서 나타나는 문체 차이를 고려하도록 훈련시킨다.

장르 접근을 통합하는 범교과적 글쓰기의 교육학은 장르를 특정한 상황에 놓여 있는 행위로 상상한다. 여기서 장르는 사회적 환경 안에서 이루어지는 물리적 상호작용의 장소이자 이 상호작용의 이해와 해석 수단이라는 점에서 실제적이면서 인식론적인 것으로 기능한다. 저자에게 위치를 부여하고 수사학적 이동을 안내하는 장소이자 전략인 장르는 저자가 학과에 들어와 그 문화를 탐색하는 가치 있는 수단이다. 저자가 학과 장르에 참여하는 것은 학과 공동체에 접근하여 거기에서 이루어지는 특정한 방식의 앎과 행위를 촉진시키는 일이다.

결론

앞의 마지막 두 장에서 우리가 살펴본 것처럼 장르 기반 교육학은 갖가지 다양한 제도적 맥락에서 채택이 가능하다. 이 교육학이 제2언어로서의 영어 프로그램, 유학생들을 위한 대학원 수준의 글쓰기 프로그램, 초등학교와 중등학교 글쓰기 교과 과정, 1학년 작문 프로그램, 학과 글쓰기writing in the disciplines, 범교과적 글쓰기 프로그램에 사용되는 것이 그 증거이다. 교육 수단으로서의 장르의 범위는 전통 및 30년에 걸친 연구에 활기를 불어넣은 지적 자산들을 반

---

11)『글쓰기의 현장』8장「낯선 학술 장에서의 장르 글쓰기(Writing in Unfamiliar Academic Scenes and Genres)」를 보라.

영한다. 또한 장르는 거기서 생겨나고 그에 응답한 교육적 목표와 조건들을 반영한다. 그렇다면 우리는 이와 같은 심화된 이해에 기초해 어떻게 장르 접근법을 활용할 것인가?

우리는 역사적·이론적·경험적·교육적 맥락에서 장르에 대한 전체상을 제공한 이 책이 독자들의 장르 이해를 넓고 깊게 하였기를 바란다. 이러한 장르 이해는 학자, 연구자, 글쓰기 교수자, 글쓰기 프로그램 관계자처럼 다양한 맥락에서 이루어지는 작업에 활력을 불어넣을 것이다.

용어 해설

멜라니 킬Melanie Kill

교수법: 교수 학습의 원리와 방법이 되는 교육 방침이다. 장르 기반 교수법에서는 담론을 생성하고 분석하는 방법을 가르치는 데 필요한 교실에서의 전략들을 알려 준다.

담론: 공동체가 사용하고 있는 언어이며, 사회 제도에 참여함으로써 사회적 삶을 결정하는 효과를 낳는다고 간주된다.

담론 공동체: 특정한 공동체에 의해 정의 내려지고 거기에서 유래하는 맥락을 개념화하는 방법이다. 담론 공동체는 의사소통을 위한 공동 목표, 특정한 장르, 공통 용어, 물적 메커니즘(예를 들면 회의실과 사보)으로 특징지어진다. 공동체의 목표 및 의사소통 목적은 기존 구성원을 통해 새 구성원에게 전달된다(Swales, 『장르 분석Genre Analysis』, 24~27). 담론 공동체와 관련지어 정의한다면, 장르는 공동체 구성원이 공동의 의사소통 목표를 성취하기 위해 유형화하는 상대적으로 안정된 언어적·수사적 사건들의 집합이다. 특수 목적 영어를 참조하라.

말뭉치 언어학: 대규모의 전자 텍스트들을 데이터베이스화하는 언어 연구 방법론이다. 연구자들은 구축된 말뭉치 자료로 구어 및 문어 텍스트에 나타나는 언어적 특성, 패턴, 변이에 대한 체계적인 연구를 수행한다.

매개 도구: 사회적 행위의 수단으로 이용 가능한 사회적·문화적·역사적 형식 및 대상을 가리킨다. 매개 도구는 (언어적, 시각적 등) 재현의 기호학적

체계 및 가능성과 제약을 동시에 부여하는 세계의 물적 대상을 모두 포함한다.

맥락: 담론이 생겨나는 상황에 대한 폭넓은 표지이다. 맥락은 장르와 행위가 발생하는 배경이나 틀로만 존재하는 것이 아니라 구체적 상황에 놓여 있는 장르 체계 안에서 역동적·상호 의존적·상호 구성적 관계를 형성한다. 의사소통 참여자들은 장르 및 다른 매개 도구를 이용하여 맥락을 만들어낸다. 매개 도구를 참조하라.

메타 장르: 특정한 장르 집합 및 체계 내에서 장르를 생산하고 협상하는 데 필요한 공통 배경 지식을 제공하는 장르이다. 메타 장르는 장르나 장르에 대한 공유 담론의 형태를 띠기도 하고, 장르를 이용하는 방법을 알려주기 위해 지침서나 안내서 형식을 취하기도 한다. 일부 공동체는 장르 체계를 조정하는 메타 장르를 명시적으로 규정해 드러내는 반면 다른 공동체들은 메타 장르에 암묵적으로 동의한다. 자넷 길트로우Janet Giltrow는 메타 장르를 "장르를 둘러싼 대기"(「메타 장르meta-genre」, 195)로 정의한다. 메타 장르는 활동 체계 간의 경계에서 작동하며, 모순과 충돌을 합리적으로 다루는 방식으로 활동 체계 내에서 그리고 활동 체계 사이에서 개별 경험 간의 긴장을 완화시킨다.

명시적 장르 교육: 장르의 표준적인 특성을 명시적으로 교육하는 데 집중하는 교육학적 접근이다. 장르의 표준적 특성은 구문적·통어적, 어휘적·담론적·수사적 특징을 포함한다. 특수 목적 영어와 체계 기능 언어학의 장르 교육은 둘 다 관련 장르에 대한 명시적 교육이 초보자들에게 학습의 통로를 제공해준다는 입장에 서 있다. 장르 교수 학습 과정에서 명시적 교육과 암묵적 습득이 맡는 역할 및 그것이 갖는 상대적 중요성에 대한 논쟁은 계속되고 있다. 특수 목적 영어, 암묵적 장르 교육, 체계 기능 언어학을 참조하라.

문학적 장르 이론: 전적인 미적 대상이거나 예술 정신의 제약이라는, 장르에 대한 가장 잘 알려진 대중적인 신념을 품은 전통적인 장르 연구이다.

최근의 문학적 장르 연구는 이 양극적 태도에 도전하면서 장르 행위에 대한 연구 전망을 확대한다. 장르에 대한 문화 연구의 접근, 장르에 대한 신고전주의적 접근, 장르에 대한 낭만주의적 접근 및 후기 낭만주의적 접근, 장르에 대한 구조주의적 접근을 참조하라.

문화기술지: 인간의 행위를 사회적 맥락에서 포괄적으로 이해하는 것을 목표로 한 연구 방법론이다. 장르에 대한 문화기술지적 접근은 언어적·수사적 행위가 사회적 행위와 관계 맺는 방식을 중시한다. 문화기술지적 특징을 지닌 장르 교육학은 학생들이 사용 맥락에 주의하면서 글쓰기 장르와 만나고 이를 분석해서 실제로 적용하는 것이 중요하다고 강조한다.

범교과적 쓰기: 대학의 교과과정 전반에 쓰기를 결합시킨 교수법이다. 1970년대에 시작하여 1980년대에 성장한 범교과적 쓰기 프로그램은 크게 두 학문 분야로 발전해 왔다. 학습을 위한 쓰기writing to learn, 즉 지식을 발견하고 정련하기 위한 도구로서의 쓰기와, 쓰기를 위한 학습learning to write, 즉 특정 담론 공동체의 관습과 전문 장르의 문식성에 대한 학습이 그 두 흐름이다. 장르에 대해 통합적으로 접근하는 범교과적 쓰기 교수법에서는 장르를 실용적인 동시에 인식론적으로 기능하는, 맥락적 행위로 여긴다. 즉, 사회적 여건 안에서 물리적인 상호작용이 일어나는 처소이자, 이러한 상호작용을 이해하고 해석하는 수단인 것이다.

북미 장르 이론: 수사학적 장르 이론을 참조하라.

분산 인지: "타자와 연계하거나 협력하여 사고하는 능력"이며, 활동 체계에 속해 있는 장르 체계 및 장르 집합의 중재로 가능해진다(Salomon, xiii). 인지는 장르 체계와 장르 집합의 조정 효과로 시공간을 가로질러 참여자들 간에 분산된다. 활동 체계와 장르 집합, 장르 체계, 상황 인지를 참조하라.

브라질 교육 모형: 사회적·담론적 상호작용주의 이론과 스위스 장르 전통이 스며 있는 교육학적 접근이다. 브라질 모형은 장르 인식하기, 언어적 관습 분석하기, 사회적 맥락에 주목하기에 중점을 둔다. 교육 절차는 기존

장르 지식과 경험에 의존하여 저자가 글을 쓰는 데에서 시작해서, 수사
학적·사회적 맥락에서 장르를 분석한 뒤, 장르를 (재)생산하면서 마무리
되는 것이 일반적이다. 장르 인식과 사회적·담론적 상호작용주의를 참
조하라.

사회적·담론적 상호작용주의: "언어를 인간이 갖는 사회적 활동의 주요 특질
로 간주하면서, 인간의 행위를 사회적 담화의 차원에서 다룰 것을 전
제"(Baltar et al., 53)하는 담화 이론이다. 사회적·담론적 상호작용주의에
서 장르는 "사회적 활동의 산물로, … 발화 행위를 실현하고 다양한 사회
적 활동에 참여하는 수단으로"(Araújo, 46) 간주된다. 사회적·담론적 상호
작용주의가 실제 사용되는 언어에 주목하고, 장르를 전형화된 발화로
여기는 점 등은 바흐친Bakhtin으로부터 받은 영향이다. 비고츠키Vygotsky로
부터 받은 영향은 행동acting, 활동activity, 행위action를 구분하는 데에서
나타난다. '행동acting'은 "직접적인 참여의 모든 형식"을 가리키고, '활동
activity'은 특정한 상황에서 수행하도록 사회적으로 공감을 얻어 합의된
개념이며, '행위action'는 "행동acting"의 개인적 수행 개념이다(Baltar et al.,
53). 장르의 역할은 언어가 가진, 사회적 차원과 수행적 차원, 즉 활동과
행위를 매개하는 것이다. 사회적·담론적 상호작용주의는 이러한 틀을
적용하여 주체에게 동기를 부여한 목적, 즉 행동하는 이유와, 주체가 지
향하는 목적, 즉 행동의 궁극적인 목적, 쓸모 있는 자원과 도구, 즉 관습
화된 전략과 익숙한 도구에 관심을 기울인다.

상황적 요구: 수사적 상황의 한 요소로 긴급함을 특징으로 한다. 이 긴급함은
필요, 의무 또는 반응을 재촉하는 자극에 의해 생겨난다. 전통적으로 상
황적 요구는 그 상황에 내재된 특성에 근거해 객관적으로 인지 가능하다
고 생각된다(Bitzer). 반면에 캐롤린 밀러Carolyn Miller는 이것을 "대상, 사
건, 관심사, 목적을 서로 연계시켜 구성해내며, 이를 구체적인 사회적
요구로 만드는 사회적 지식의 한 형식"으로 재개념화한다(「사회적 행위
로서의 장르Genre as Social Action」, 30). 우리가 상황적 요구를 어떻게 정의

하고 행동하는가는 상황적 요구가 드러내는 것을 우리가 어떻게 인식하
는가에 달려 있다. 이 인식 과정은 사회적으로 학습되고 유지된다.

수사적 상황: 수사적 행위가 일어나는 맥락이다. 로이드 비처Lloyd Bitzer는 수사
적 상황을 "실제적이거나 잠재적인 상황적 요구를 드러내기 위해 사람,
사건, 대상, 관계가 복합적으로 맞물려 있는 것"이라 정의한다. "해당 상
황에 도입된 담론이 긴박한 사태를 질적으로 변경시킬 만큼 인간의 결정
이나 행동에 제약을 가할 수 있다면 긴박함은 완전히 또는 부분적으로
사라진다."(「수사적 상황The Rhetorical Situation」, 304) 비처는, 모든 담화가
특정한 맥락 안에서 발생하지만, 어떤 행위를 추동하는 수사적 담화는
그 수사적 상황의 변별적 자질에 의해 구성됨을 강조한다. 수사적 상황이
수사적 행위를 추동하는 요인이라고 전제한 비처는, "적합한 대응을 강제
하는 상황의 구속력"(「수사적 상황」, 307)을 부각시켰다. 캐롤린 밀러
Carolyn Miller는 이러한 논의를 심화시켜 어떤 상황에 직면하여 특정 대응
의 필요를 인지하는 것은 우리가 이미 그 상황을 특정한 대응의 요구로
규정하였기 때문이라 주장한다. "상황이란 …… '지각perception'이 아니라
'규정definition'의 결과"(Miller, 「사회적 행위로서의 장르Genre as Social Action」,
29)이다. 따라서 수사적 상황이란 사회적으로 구성된 개념이고 이 상황에
어떤 행위가 필요한가에 대해서 우리가 함께 구성하거나 규정한 것이
장르이다. 상황적 요구를 참조하라.

수사학적 장르 연구: 북미 장르 이론으로도 알려져 있다. 장르에 대해 수사학
적으로 접근하는 이들은 상황 인지, 사회적 행위, 사회적 재생산 등의
형식으로서 장르가 가진 속성을 강조한다. 수사학적 장르 연구에서는
장르를 특정 장르 체계 안에서 전형화된, 특정 상황의 반복적 출현을
구성하는 수사적 행위로 본다. 수사학적 장르 연구는 개인이 사회적으로
어떻게 자기 동일성을 구성하고 협력하는지 장르가 가진 상징적 도구로
서의 기능을 검토함으로써 신수사학 연구에 기여하였다. 수사학적 장르
연구에서 장르 분석은 사회에서 일어나는 특정한 사건과 실천, 즉 사건

을 촉발하는 이데올로기, 권력 관계, 인식론 등에 주목하고, 개인이 다양한 행위 국면에 부합하는 실천을 하는 데 장르가 어떤 역할을 하는지를 탐구한다. 수사학적 장르 연구자들은 장르가 처한 맥락을 벗어난 교실 환경에서 장르를 인위적으로 가르칠 수 있다는 교수법적 전제에 반대한다. 그래서 수사학적 장르 연구에 기반한 교수법에서는 장르 고유의 전형화된 수사적 자질을 가르치는 데에서 나아가 장르가 실제로 사용되는 맥락의 복합성이나 현 상태를 유지한 채로 가르칠 수 있는 방안을 찾고자 했다. 수사학적 장르 연구자 대부분은 다음과 같은 도제식 장르 교수 학습 방법을 옹호한다. 쓰기 상황 전반에 전용할 수 있는 장르 지식을 어떻게 가르칠 것인가, 장르에 대한 비판적 인식을 어떻게 가르칠 것인가, 새로 부상하는 대체 장르를 거부감 없이 생성해 내도록 어떻게 가르칠 것인가, 장르들을 그 공적, 직업적, 학술적 사용 맥락 안에 어떻게 배치할 것인가.

시드니학파의 접근: 교수법의 측면에서 장르에 접근한다. 호주 정부가 유치원부터 12학년까지 학생을 대상으로 수립한 공교육과정에 대한 반동으로 생겨났다. 체계 기능 언어학에 기반을 두고 있는 이 교수 학습 모형은 할리데이학파가 텍스트를 분석할 때 적용했던 사회적 체계에 기반을 둔 것으로, 장르 모델을 만들고 장르 특질을 명시적으로 가르친 교사들에게서 비롯되었다. 이들은 학생들이 특정 장르를 재생산하는 과제를 수행하면서 장르를 습득하게 된다고 본다. 체계 기능 언어학을 참조하라.

신고전주의적 장르 접근: 장르에 대한 문학적인 접근이다. 문학 작품을 주제와 형식의 내적인 관계망에 따라 분류하기 위해 이 입장은 역사를 초월하는 이론적 범주를 적용한다. 이론적 분류를 옹호하는 주류 비평가들은, 장르가 사회·역사적인 상황적 요구exigencies에 대한 대응으로 출현한다고 여기지 않고 장르 고유의 관념성을 일반화한다.

신수사학: 전통 수사학이 20세기에 들어 변화한 것이다. 신수사학에서는 수사적인 대화 국면에서 고전적으로 중시되던 설득 대신에 동일시의 역할을

강조한다. 신수사학자들은 사회적으로 실재하는 공통의 경험을 구성하기 위해서 사람들이 단순히 설득하는 것이 아니라 서로 관계를 맺는 데 어떤 수사법을 이용하는지에 관심을 갖는다. 케네스 버크Kenneth Burke는 신수사학이 상징 행위의 모든 담론과 형식을 수사학의 관점에서 접근한다고 보았다.

암묵적 장르 교육: 모형의 제공이나 장르의 특성에 대한 설명 없이 글쓰기 상황에 적합한 인지 전략을 끌어내기 위해 상황에 집중할 것을 강조하는 장르 기반 교육학적 접근이다. 이 모형에서는 장르 교육을 위한 간접적이거나 암묵적인 방법이 학생들이 복잡한 장르 지식을 얻는 유일한 방법으로 여긴다. 이 장르 지식에는 표준화된 특성에 대한 인식을 넘어서는 암묵적 지식이 포함된다. 명시적 장르 교육을 참조하라.

업테이크(Uptake): 오스틴J. L. Austin의 발화 행위 이론에서 비롯된 개념이다. 특정한 조건 하에서 (예를 들면 누군가를 시켜 방을 시원하게 하려는 의도로 "여긴 참 덥군" 하고 말하는) 언표 내적 행위가 어떻게 (이어서 누군가 창문을 여는) 발화 매개 행동을 초래하는가를 설명하기 위해 고안되었다. 앤 프리드만Anne Freadman은, 장르에도 처한 조건에 따라 일정하게 업테이크되는 행동에 의해 규정되는 속성이 있다면서 업테이크 개념을 장르 이론에 적용시켰다. 업테이크 개념은 장르들 사이의 체계적이고 표준화된 관계가 사회 내의 복잡한 행위 양식들과 어떻게 조응하는가를 이해하는 데 도움이 된다. 하지만 프리드만은 업테이크가 인과가 아니라 선택에 의해 발생함을 강조한다. 특정 맥락이 무엇을 의미하는가에 대한 지속적인 학습의 결과로 우리는 특정 맥락에 처했을 때 이어서 무엇을, 어떻게 할지 선택하는 것이고, 이러한 일련의 선택이 생활양식으로 고정된다. 업테이크 관련 지식이란 [어떤 상황에] 업테이크되는 행동을 전략적으로 어떻게 할 것인가, 기대되는 업테이크 행동에 언제 저항할 것인가, 무엇을 어떻게 언제 해야 하는가 등에 대해 아는 것이다.

원형 이론: 엘리너 로쉬Eleasnor Rosch의 원형 이론에 기반을 둔 단계별 범주화

이론이다. 원형 이론은 장르 구성 요인을 밝히는 데 쓰였다. 이 이론에 따르면 장르는 해당 텍스트가 공유하는 핵심 자질이 아니라 원형 텍스트에 유사한 정도 차이로 구분된다. 장르는 유사성의 정도 차이에 따라 역사적으로나 말뭉치 언어학적으로 유효하게 분류된다.

의사소통의 목적: 담론 공동체가 공유하는 의사소통의 목표와 관련되어 정의된다. 의사소통의 목적은 대개 특수 목적 영어의 장르 분석에서 출발점으로 기능한다.

이데올로기: 목표 및 기대, 행위를 이끌어내는 신념, 가치, 사상의 추상적 체계이다. 구체적인 맥락하에서 문화적으로 각인된 것으로 장르를 인식하게 해 준다는 점에서 이데올로기와 장르는 연관되어 있다. 이것은 특정한 공동체의 이데올로기와 문화가 장르에 동반된다는 점을 알게 해 준다. 장르는 텍스트와 이용자가 활동하고, 다른 장르 및 텍스트가 연결되며, 사회적 가치가 획득되는 이데올로기적 맥락을 제공한다.

1차 장르와 2차 장르: 장르의 복합성과 맥락에 대한 관계의 정도를 나타내는 말로 미하일 바흐친Mikhail Bakhtin이 정립한 개념이다. 2차 장르란 소설과 같은 상징계 안에 특정한 1차 장르들이 다른 1차 장르들과 관계를 맺으며 재구조화된 것을 말한다.

장르: 그 안에서 인지하고 반응하며 의미 있고 필연적이게 행위함으로써 상황을 재현하고 재생산하는 데 참여하는 전형적인 수사학적 방법이다. 장르는 복합적·역동적 상호관계에 있는 텍스트와 사회적 행위를 모두 조직하고 창출한다. 장르에 대한 전통적 관점은 이것을 분류 수단으로 사용하는 것을 강조하는 반면, 오늘날의 장르에 대한 수사학적·언어학적·문학적 관점은 이것을 텍스트, 의미, 사회적 행위의 생산과 수용에 가해지는 힘으로 이해한다. 이 힘은 이데올로기적으로 활성화되어 있으며 역사적으로 달라진다. 장르에 대한 이 역동적인 관점은 형식적 특성들이 사회적 목적들과 어떻게 연계되며, 장르의 형식적 특성들이 왜 그와 같은 방식으로 작동하는지, 어떻게 그리고 왜 이러한 특성들이 바로

그 사회적 행위/관계를 가능하게 하는지를 연구하고 가르칠 것을 요구한다.

장르 연구에서의 언어학적 전통: 말뭉치 언어학, 특수 목적 영어, 체계 기능 언어학을 참조하라.

장르 인식: 장르 지식이라는 암묵적 요소들을 인정하고 장르를 구체적인 상황에 있는 실천 맥락에서, 그리고 수사학적 전략과 사회적 행위의 상호 관계를 분명하게 연결시키면서 가르치는 장르 기반 교육학적 접근이다. 장르 인식 교육의 목표는 학생들이 "장르 형식의 수사학적 목적 및 이데올로기 효과에 대한 비판적 인식"을 획득하는 것이다(Devitt, 『장르 글쓰기Writing Genres』, 192). 장르 지식을 참조하라.

장르 지식: 장르의 형식적 특성뿐만이 아니라 장르가 어떤 목적, 그리고 누구의 목적에 이바지하는가, 또한 장르에 대한 사회적 기대 및 목적과 관련하였을 때 장르는 누구의 의도와 어떻게 협상하는가. 장르는 어떤 독자/저자 관계를 유지하며, 사회적 삶을 조정할 때 다른 장르들과 어떻게 관계 맺는가에 관한 지식이다.

장르 집합: 작업을 수행하기 위해 특정한 공동체가 사용하는 장르군群이다. 하나로 묶이는 장르들은 "집단적인 행위와 기능을 통해 결합되지만, 행위의 범위는 한정되어 있다"(Devitt, 『장르 글쓰기』, 192). 장르 체계를 참조하라.

장르 체계: 활동 체계 안에서 여러 집단의 작업을 조정하고 실행하는 장르 집합들을 하나로 묶어서 가리키는 용어이다. 장르 체계에서 이용자들은 여러 유형의 전문 지식과 다양한 권한 수준으로 상호작용한다. 적당한 시기와 업테이크를 통해 조정되는 장르의 상호관계는 시간이 지날수록 이용자들이 복잡한 사회적 행위를 더 잘 수행할 수 있게 한다. 장르 집합과 업테이크를 참조하라.

장르에 대한 구조주의적 접근: 장르에 대해 문학적으로 접근하는 방식이다. 장르가 문학 작품과 그 작품 세계에서 일어나는 활동들을 내적으로 구성하고 외적으로 틀 지운다고 본다. 문학사 연구자를 비롯해 구조주의자들은 텍스트를 해석하고 생산하는 틀을 얻기 위해 장르의 힘을 빌린다. 이들은 사회·역사적으로 지엽적인 장르가 어떻게 특정한 문학 행위와 정체성을 형성하고 재현을 양식화하는지 검토한다. 하지만 장르에 대해 구조주의적으로 접근한 이들은 장르를 작품 내적 현실을 구조화하는 문학적 소산으로 국한시킴으로써, 제반 장르가 문학 이외의 국면에서는 어떻게 사회적인 실재와 실천을 조직하고 추동하는가를 간과하였다.

장르에 대한 낭만주의적·후기 낭만주의적 접근: 장르의 구성력constitutive power 을 부정하는 문학적인 접근 방식이다. 문학 작품들은 규범적인 분류 체계와 텍스트 자체의 구속력 같은 장르 관습을 초월해야만 온당한 지위를 획득한다는 것이다.

장르에 대한 문화 연구의 접근: 장르에 대한 문학적 접근이며, 장르, 문학 텍스트, 사회-문화 간의 역동적 상호작용을 조사한다. 문화 연구의 접근법은 문학뿐만 아니라 역동적이고, 진행 중에 있으며, 문화적으로 한정 받는 비문학적인 사회적 행위를 조직하고 생성하며, 보편화하고 재생산하는 데 장르가 기여한다는 점을 강조한다.

전공별 글쓰기: 전공 학문 맥락에 적합한 글쓰기 지도를 강조하는 쪽으로 교수법이 변화한 것이다. 범교과적 쓰기를 참조하라.

전형(Typications): 사회적으로 공감대를 형성한 유사성에 대한 인식이다. 전형이란 생활양식적인 지식의 일부(Schutz, 108)로서, 낯익은 상황을 인식하고 수행하는 데 필요한 전략이나 형식에 대해 사회적으로 통용되는 범주가 정례화된 것이다. 따라서 전형 개념은 사회적 행위로서의 장르 연구에서 핵심적이라 할 수 있다.

체계 기능 언어학: 장르에 대한 언어학적 접근법으로, 언어 구조는 본질적으로 사회 기능이나 맥락과 관련이 있다는 할리데이M. A. K. Halliday의 연구에 기초하고 있다. 체계 기능 언어학에서는 언어가 문화에 따라 특정한 방식으로 구성된다는 관점을 고수한다. 언어는 문화권의 사회적인 목적

에 기여하는 방식으로 구성된다고 보기 때문이다. '기능적'이라는 용어
는 언어의 특정 맥락 속 작동을 함의한다. '체계적'이라는 용어는 언어로
의미를 실현하고자 할 때 언어를 조직하거나 구조화하는 데 적용할 '선
택항의 체계'를 지칭한다(Christie, 「장르 이론Genre Theory」, 759). 체계 기
능 언어학에서는 실현realization 개념에 특별히 주목해야 한다. 언어가 특
정 기표들을 서로 작동시켜서 사회적인 목적과 맥락을 실현하는 바로
그때, 사회적인 목적과 맥락 역시 언어가 특정한 사회적 행위로서 의미
를 띠도록 실현시키는 역동성을 나타내는 개념이기 때문이다. 장르에
대한 체계 기능주의적 접근 방식 중 일부는 학습자 중심, 과정 중심 문식
성 교육의 효율성에 맞서며, "직접 해 보면서 배우는 [과제 중심 학습]"을
강조하면서 생겨났다.

초인지: 개별 인간의 사고 과정, 특히 문제 해결을 위한 특정한 인지 전략의
선택과 적용에 대한 인식과 이해를 말한다. 초인지는 장르 인식이 다른
맥락으로 전이되는 중요한 요소이다.

특수 목적 영어: 장르에 대한 언어학적 접근으로, 담론 공동체의 가치 및 수사
적 목적과 관련해 텍스트의 특성을 분석한다는 점이 특징이다. 특수 목
적 영어 교육에서 장르는 담론 공동체의 구성원들이 공동의 담론적 목표
를 성취하기 위해 유형화한, 언어적·수사적 사건들의 상대적으로 안정
된 집합으로 간주된다. 특수 목적 영어 교육에 대한 연구는 보통 실제로
적용된 결과를 알기 위해서 장르 분석에 주력한다. 특수 목적 영어의
장르 교육학은 고등교육을 받는 사람들 특히 영국과 미국 대학에 재학
중인 대학원생 수준의 유학생들을 대상으로 하며 특정한 학과에서 사용
되는 장르, 즉 공동체가 인증한 장르에 관심을 기울인다. 담론 공동체를
참조하라.

하위 장르: 지배적인 장르의 하위 국면에서 작동하는 장르로서 해당 담론 공동
체 안에서만 제한적으로 접근할 수 있다. 이러한 장르의 예로는 진술서,
심사서, 초록 등이 있다(Swales, 「하위 장르Occluded Genres」, 46).

현상학: 20세기 초에 에드문트 후설Edmund Husserl이 터를 닦고 뒤이어 마틴 하이데거Martin Heidegger가 영역을 넓힌 철학의 한 전통이다. 현상학은 정신과 세계를 구분하는 데카르트식 이분법에 대한 반발로 생겨났다. 의식이 그 자체로서 자기충족적이고 개별적으로 발현한다는 개념에 반대하는 한편, 세계 내의 객체가 어떻게 자신을 부각시켜 인간 의식에 도달하는지 그 과정을 설명한다. 의식과 경험에 대해 현상학이 가장 적극적으로 관심을 가지는 것은, 인지적인 의미 구성 행동, 즉 지향성intentionality 개념이다. 장르 이론은, 대상을 우리 의식에 현전시키는 방식으로서 의도에 주목한 현상학과 유사한 측면이 있다. 우리는 의도된 장르로 특정 텍스트와 상황을 파악하고 또 그 장르로 우리의 의도를 드러낸다.

활동 체계: 중재되고 공유되며, 상호작용하고 동기 부여하는 체계이자 때로는 경쟁 활동을 자극하는 체계이다. 행위 주체나 대상, 매개 도구는 활동 체계 안에서 서로 밀접히 연결되어 작동한다(Engerström, 「발달 연구 Developmental Studies」, 67). 활동 체계에 초점을 맞추어 고찰해 볼 때, 맥락은 "글쓰기를 공동의 도구로 삼아 사람들이 이루어내는 지속적이고 역동적인 성취(Russell, 「장르 다시 생각하기Rethinking Genre」, 508~509)라고 할 수 있다. 활동 체계의 담론적 상호작용은 주체가 행동하고 상호작용하는 표준화된 방식들을 안정되게 유지시켜 주는 장르 체계에 의해 중재된다. 이를 통해 주체는 일관성 있으면서 인지 가능한 결과를 생성해 낼 수 있게 된다.

주석에 쓰인 참고문헌

멜라니 킬Melanie Kill

Bakhtin, Mikhail M. "The Problem of Speech Genres." *Speech Genres and Other Late Essays.* Trans. Vern W. McGee. Eds. Caryl Emerson and Michael Holquist. Austin: U of Texas P, 1986. 60~102.

1952~53년에 쓰인 이 글은, 장르는 사회 맥락을 떠나 생각할 수 없으며 모든 담론 활동 범주와 관련이 있다는 시각을 일찍이 열어 주었다. 바흐친은 장르를 특정한 의사소통의 기능과 조건 아래 출현하는 것으로, "주제, 구성, 양식 면에서 상대적으로 안정된 발화 유형"(Bakhtin, 64)이라 설명한다. 그는 일상적인 의사소통 중에 형성되는 단순한 1차 장르와, 복합적인 2차 장르를 구분하였다. 소설과 같은 2차 장르를 보면, 상징계 내의 상호 관계에 따라 1차 장르들의 집합은 재맥락화된다. 이 글에서는 전반적으로 담론이 갖는 대응과 대화의 속성이 강조되고 있다.

Bazerman, Charles. *Shaping Written Knowledge: The Genre and Activity of the Experimental Article in Science.* Madison: U of Wisconsin P, 1988.

런던왕립협회장에서 낭독된 서한에서 비롯된, 과학 분야 실험 연구 보고서의 진화에 관한 통시적 연구이다. 베이저만Bazerman은 영어로 간행된 첫 번째 과학 학술지 ≪철학회보Philosophical Transactions≫에 실린 논문 1,000편으로 말뭉치를 구축하였다. 그리고 이 말뭉치에 더하여 『물리학 논평Physical Review』에 실린 논문 40편과 뉴턴Newton과 콤프턴Compton의 과학 저술을 분석하여, 1665년부터 1800년에 이르기까지 과학 논문의 장르적 특징과 구조에 일어나는 변화가 대학 사회의 학제 구조 변화와 어떻게 맞물려 있는가, 이론적인 논증 구조에는 어떤 변화가 있었는가, 과학 분야에 사용된 재료는 어떻게 달라졌는가를 연구하였다.

Bazerman, Charles, Adair Bonini, and Débora Figueiredo, eds. *Genre in a Changing World*. Fort Collins, CO: The WAC Clearinghouse and Parlor Press, 2009.

2007년 브라질의 산타 카타리나Santa Catarina주 투바라오Tubaráo에서 열린 제4차 세계 장르 연구 심포지엄SIGET IV, the Fourth International Symposium on Genre Studies에 발표된 글을 선별하여 모은 책이다. 여러 장르 전통들을 종합하는 입장에서 각국 연구(북미 장르 이론, 특수 목적 영어, 체계 기능 언어학, 사회적·담론적 상호작용주의) 성과를 담았으며, 장르 연구의 진전 양상, 장르와 직업, 장르와 매체, 교수 학습 국면의 장르, 범교과적 장르 등의 내용도 포괄적으로 다루고 있다.

Beebee, Thomas O. *The Ideology of Genre: A Comparative Study of Generic Instability*, University Park: Pennsylvania State UP, 1994.

비비Beebee는 문학 장르가 일상적인 장르와 그 사용 가치 사이의 관계를 변형시키고 낯설게 함으로써 문화 이데올로기들을 드러낸다고 주장한다. 텍스트와 사용자가 작동하고, 다른 장르 및 텍스트와 관계를 맺으며, 문화적인 가치를 실현하는, 이데올로기적인 맥락을 장르가 제공하기 때문이다. "장르는 우리에게 추상적이고 수동적인 감각에 대한 지식을 공급하는 것이 아니라, 실용적이고 능동적인 감각을 사용할 줄 알게 만든다."(Beebee, 14) 이러한 수사적인 사회 경제 체제 안에서 장르는, 문화를 실어 나르고 명료화하고 재생산하면서 장르로서의 사용 가치, 즉 이데올로기를 획득하는 것이다. 그러니까 장르는 텍스트에 사회적 사용 가치를 부여함으로써 이데올로기를 띠게 만든다.

Berkenkotter, Carol, and Thomas N. Huckin. "Rethinking Genre from a Sociocognitive Perspective." *Written Communication* 10. 4(1993): 475~509.

장르가 전공 학문 맥락에서 수행하는 사회·인지적인 작동을 검토한 글이다. 버켄코터Berkenkotter와 혹킨Huckin은, 장르가 공동체의 사고 방식과 존재 방식 및 행동 방식에 역동적으로 관여하며, "상황 인지 양식 중에 가장 잘 개념화된 것"(Berkenkotter & Huckin, 477)이 장르라는 해석을 연구의 출발점으로 삼았다. 장르는 공동체 구성원이라면 누구나 예상하는 낯익은 방식으로 일이 진행되도록 유도함으로써 활동과 실천을 표준화한다. 하지만 장르는 역동적이기도 하다. 장르가 적용되는 조건이 변화함에 따라 장르도 변하기 때문이다. 베켄코터와 혹킨은 장르가 계속해서 효과적으로 작동하려면 "안정성과 변화를 모두 고려해야 할 것"(Berkenkotter & Huckin, 481)이라고 본다.

Bhatia, Vijay. *Analysing Genre: Language Use in Professional Settings.* London: Longman, 1993.

바티아Bhatia는 특수 목적 영어 분야에서 장르에 접근할 때 일반적으로 따르고 있는, 텍스트와 담론을 분석하는 방법론으로부터 장르 분석 방법을 찾았다. 이 접근법은 맥락에 주의를 집중하는 데에서 시작해서 텍스트 분석에 이르는 7단계 절차를 따른다. 책에서는 자기 직업 맥락에서 통용되는 장르 텍스트부터 검토하라고 말한다. 먼저 어휘·문법 요소, 어구 패턴, 구조 패턴에 주의를 기울이고 이어서, 담론 공동체, 의사소통 목적, 물리적 여건, 교수 맥락 등을 분석해 보라는 것이다. 책의 마지막 부분에서 바티아는 이 7단계 모델을 다시 특수 목적의 언어 및 영어 교육에 적용해 본다.

Bitzer, Lloyd F. "The Rhetorical Situation." *Philosophy & Rhetoric* 1.1 (1968): 1~14.

비처Bitzer는 수사학 이론을 "화자나 필자에 의해 창안되는 수사적 담론 맥락의 속성"(Bitzer, 1)에 대한 학문이라 정의 내린다. 이 글은 담론에 대한 화자나 청자, 주제의 결정력보다, 수사적 상황의 긴급 사태에 대해 되풀이해서 응답하는 귀납적 방식을 중심으로 담론에 주목하는 시발점이 되었다. 비처는 반복하여 발생하는 상황에 대한 대응으로 담론이 형성된다는 점을 인지해야만, 해당 상황에 대한 일련의 제약 조건들을 만드는 데 참여할 수 있다고 결론 내린다. 그는 수사학적 장르 이론의 기반이 되는, 사회적으로 반복되는 조건의 전형화에 대해 관심을 가졌다.

Campbell, Karlyn Kohrs, and Kathleen Hall Jamieson, eds. *Form and Genre: Shaping Rhetorical Action*. Falls Church, VA: Speech Communication Association, 1978.

캠벨Campbell과 제이미슨Jamieson은 장르를 "상황이 요구하는 바를 파악하여 실재하는 양식으로 대응"(Campbell & Jamieson, 19)하는 것이라 설명하면서, 장르의 구분에는 이론적이거나 선험적인 범주가 아닌, 상황의 요구가 우선적으로 고려되어야 한다고 주장한다. 장르는 반복적인 상황에

대응하기 위해 출현한, 실재하는 양식들의 '결합fusion'과 '배열constellation'
의 결과로서 특정 자질들을 얻게 된다. 반복되는 상황에서 특정한 수사적
효과를 만들 수 있는 것은, 장르 안에서 "양식들을 역동적으로 배열"
(Campbell & Jamieson, 24)하는 기능이 수행되기 때문이다.

Coe, Richard, Lorelei Lingard, and Tatiana Teslenko, eds. *The Rhetoric
and Ideology of Genre: Strategies for Stability and Change.* New Jersey:
Hampton Press, 2002.

장르 이론, 직업 담론, 교육 담론, 사회정치 담론을 통해 장르의 이데올
로기적 본질과 권력을 탐구한 논문집이다. 찰스 베이저만Charles Bazerman,
앤 프리드만Anne Freadman, 앤서니 파레Anthony Paré, 캐서린 슈라이어Catherine
Schryer, 조앤 예이츠JoAnne Yates와 완다 올리코우스키Wanda Orlikowski, 피터
메드웨이Peter Medway, 로렐라이 린가드Lorelei Lingard, 자넷 길트로우Janet
Giltrow, 데이비드 러셀David Russell, 라이언 나이튼Ryan Knighton이 글을 썼다.

Devitt, Amy J. *Writing Genres.* Carbondale: Southern Illinois UP, 2004.

데빗Devitt은 "장르를 사람들이 날마다 자신들이 속한 세계에서 상호작
용하며 수행하는 수사적 행위 유형들로 간주하는" 수사학적 장르 이론을
평가하고 확장한다. 장르 이론과 교육 및 연구를 자유롭게 오가면서 그는
장르와 권력, 장르 변화, 장르와 언어학적 표준화, 문학 장르, 장르 인식
교육에 대한 다양한 시각을 제공한다. 인지적 연구, 역사적 연구, 사회학
자들과 장르 이론가들의 협력적 연구를 포함하는 이 저서는 장르 연구의
확장을 요청하면서 끝을 맺는다.

Freedman, Aviva and Peter Medway, eds. *Genre and the New Rhetoric.*

Bristol: Taylor and Francis, 1994.

북미와 호주에서 활동하는 장르 연구가들이 쓴 논문들을 수록한 책으로, 장르 이론, 공적 장르 및 업무 장르 연구, 장르의 교육적 적용을 둘러싼 논점들을 다룬다. 서론(프리드만Freedman과 메드웨이Medway)은 수사학적 장르 연구를 구체적인 맥락에서 다루는 주요 이론 및 이론가를 역사적으로 개괄한다. 캐롤린 밀러Carolyn Miller의 「사회적 행위로서의 장르Genre as Social action」(중판)와 앤 프리드만의 「테니스 칠 사람?Anyone for Tennis?」(중판)이 실려 있다. 각 장은 찰스 베이저만, 캐서린 슈라이어, 반 노스트란트A. D. Van Nostrand, 앤서니 파레, 그레이엄 스마트Graham Smart, 자넷 길트로우, 리처드 코Richard Coe, 아비바 프리드만Aviva Freedman이 썼다.

Frye, Northrop. *Anatomy of Criticism: Four Essays*. Princeton: Princeton UP, 1957.

프라이Frye는 문학 텍스트들의 관계를 설명하기 위해 양식, 원형, 장르라는 초역사적인 범주 체계를 제안한다. 또한 그는 서사, 소설, 극, 서정이라는 서로 뚜렷하게 구별되는 네 장르를 제시한다. 이 네 장르는 주제나 형식이 아닌 독자와 청자 관계에 기초해 정의된다. 그는 신고전주의적 접근을 다음처럼 설명한다. "장르 비평의 목적은 전통과 유사성을 분명히 하기 위한 것이 아니라, 그렇게 함으로써 맥락 없이는 이해할 수 없는 문학적 관계를 드러내기 위한 것이다."

Genette, Gérard. *The Architext: An Introduction*. Berkeley: U of California P, 1992.

주네트Genette는 서정, 서사, 극이라는 익숙한 문학적 삼분법의 토대가 된 신고전주의적인 문학 분류법이 실제로는 낭만주의와 후기낭만주의 시인들의 산물이며, 이러한 잘못은 아리스토텔레스 덕분에 생겨났다는 점을 설명한다. 그는 "지나치게 매혹적인" 이 삼분법이 일관성 있는 문학의 분류와 장르 이론의 발전을 왜곡시키고 압박했다고 주장한다.

Halliday, Michael. *Language as Social Semiotic: The Social Interpretation of Language and Meaning*. London: Edward Arnold, 1978.

문화의 "사회기호학"이 문화의 "잠재적 의미"를 재현해내는 담론—기호학적 시스템에 의해 어떻게 코드화되고 유지되는가를 설명한다. 할리데이Halliday는 언어가 사회화의 한 형식이라고 주장한다. 그는 "상황 유형에 따른 기호론적 특성 함께 묶기"를 설명하기 위해 언어 사용역(域)register이라는 용어를 도입한다. 언어 사용역은 특정한 의미론적·어휘문법적 패턴들을 상황 유형과 연결시킴으로써 실제로 무엇이 일어났는지(담화 영역field), 참여자들이 서로 어떻게 관련되며(담화 방법tenor) 언어는 어떠한 역할을 수행하는지(담화 경향mode)를 설명한다. 상황 맥락의 수준에서 담화 영역, 담화 방법, 담화 경향mode에 무엇이 발생하는가, 무슨 일이 일어났는가는 할리데이가 언어적 수준에서 관념적·대인관계적·텍스트적이라는 세 언어의 "초기능metafunctions"으로 가리키고자 한 것에 무슨 일이 일어났는가와 조응한다. 할리데이의 작업은 장르에 대한 체계 기능주의적 접근의 토대로 작용했다.

Miller, Carolyn R. "Genre as Social Action." *Genre and the New Rhetoric*. Ed. Aviva Freedman and Peter Medways. Bristol: Taylor and Francis, 1994, 23~42.

장르는 형식이나 내용의 관습적 특성보다는 오히려 전형적인 수사적

행위의 측면에서 가장 유용하게 정의된다고 주장한다. "상황이란 … '인
식'이 아닌 '정의(定義)'의 결과"임을 고찰하면서 밀러는 수사학적 장르
개념을 제안한다. 이것은 반복적 상황에 놓여 있는 장르에 의해 사회적
동기가 중재된다는 관점에 입각해 있다. 그러므로 수사적 상황은 사회적
으로 구성되며 상황적 요구는 사회적 지식의 한 형식으로 재개념화된다.
장르와 같은 이용 가능한 전형화를 통해서 상황을 반복적인 것으로 인식
하고, 또 거기에 의미와 가치를 부여할 수 있는 것은 상황에 대한 우리의
공유된 해석 덕분이다.

Russell, David. "Rethinking Genre in School and Society: An Activity Theory
Analysis." *Written Communication*. 14.4(1997): 504~554.

장르와 사용 맥락 간의 역동적·생태학적 상호작용을 설명하는 방법으
로 활동 체계에 중점을 둔다. 러셀Russell은 교실에서의 글쓰기와 그보다
폭넓은 사회적 실천 간의 관계를 알아내기 위해 엥게스트롬의 활동 이론
과 베이저만의 장르 체계 이론을 끌어온다. 그는 활동 체계를 "진행 중에
있으며, 대상 지시적이고, 역사적으로 규정되며, 변증법적으로 구성되고,
도구로 매개되는 인간의 상호작용"으로 정의한다. 활동 체계는 규칙/규
범, 공동체, 역할 배분에 의해 유지되며, 주체, 매개 도구, 목적/동기 간
상호작용을 뒷받침한다.

Swales, John M. *Genre Analysis: English in Academic and Research Settings*.
Cambridge: Cambridge UP, 1990.

이 책에서는 특수 목적 영어의 장르 접근에 나타나는 두 가지 주요
특징을 제시한다. 첫 번째는 학문과 연구를 위한 영어에 초점을 맞추는
것이고, 두 번째는 실제로 적용된 결과를 파악하기 위해 장르 분석을 이

용하는 것이다. 스웨일스는 이 책에서 담론 공동체, 장르, 언어 학습 과제라는 상호 연관되는 세 가지 핵심 개념에 대해 자세히 설명한다. "장르를 공유되는 일련의 의사소통 목적"에 따라 함께 묶이는 "의사소통적 사건들"로 볼 것을 제안하면서, 그는 장르가 개인보다는 공동체에 속하는 언어적·수사적 행위라고 정의한다. 이 책은 연구 보고서 장르에 대한 특수 목적 영어의 분석과 장르 기반 교육에 대한 의견을 제시한다.

Todorov, Tzvetan. "The Origin of Genres." *Modern Genre Theory*. Ed. David Duff. London: Longman, 2000. 193~209.

토도로프Todorov는 텍스트와 장르 및 오래된 장르와 새로 형성된 장르의 관계 그리고 문학 장르와 다른 발화 행위의 관계를 중심으로 해서 논점들을 다룬다. 그는 추상적 분석과 경험적 관찰의 관점에서 제공되는 장르 서술을 식별해내기 위해, 장르를 "담론 자산의 코드화"로 정의한다. 토도로프는 장르 담론이 증명해 주는 역사적 기반이 있는 장르들만 '장르'로 지칭하자고 제안한다.

참고문헌

Altman, Rick. *Film/Genre*. London: BFI, 1999. Print.

Andersen, Jack. "The Concept of Genre in Information Studies." *Annual Review of Information Science and Technology* 42 (2008): 339~367. Print.

Anson, Chris, Deanna P. Dannels, and Karen St. Clair. "Teaching and Learning a Multimodal Genre in a Psychology Course." *Genre across the Curriculum*. Ed. Anne Herrington and Charles Moran. Logan: Utah State UP, 2005. 171~195. Print.

Aranha, Solange. "The Development of a Genre-Based Writing Course for Graduate Students in Two Fields." *Genre in a Changing World*. Ed. Charles Bazerman, Adair Bonini, and Débora Figueiredo. Fort Collins, CO: The WAC Clearinghouse and Parlor Press, 2009. 473~490. Print.

Araújo, Antonia Dilamar. "Mapping Genre Research in Brazil: An Exploratory Study." *Traditions of Writing Research*. Ed. Charles Bazerman et al. New York: Routledge, 2010. 44~57. Print.

Aristotle. *Poetics. Critical Theory Since Plato*. Ed. Hazard Adams. Rev. ed. Fort Worth: Harcourt Brace Jovanovich, 1994. 50~66. Print.

Artemeva, Natasha. "A Time to Speak, a Time to Act: A Rhetorical Genre Analysis of a Novice Engineer's Calculated Risk Taking." *Rhetorical Genre Studies and Beyond*. Ed. Natasha Artemeva and Aviva Freedman. Winnipeg: Inkshed, 2006. 188~239. Print.

Artemeva, Natasha, and Aviva Freedman, eds. *Rhetorical Genre Studies and Beyond*. Winnipeg: Inkshed, 2006. Print.

Askehave, Inger, and John M. Swales. "Genre Identification and Communicative

Purpose: A Problem and a Possible Solution." *Applied Linguistics* 22 (2001): 195~212. Print.

Bakhtin, Mikhail M. *The Dialogic Imagination*. Trans. Caryl Emerson and Michael Holquist. Austin: U of Texas P, 1981. Print.

Bakhtin, Mikhail M. "The Problem of Speech Genres." In *Speech Genres and Other Late Essays*. Trans. Vern W. McGee. Ed. Caryl Emerson and Michael Holquist. Austin: U of Texas P, 1986. 60~102. Print.

Baltar, Marcos, Maria Eugênia T. Gastaldello, and Marina A. Camelo. "School Radio: Socio-Discursive Interaction Tool in the School." *L1— Educational Studies in Language and Literature* 9.2 (2009): 49~70. Print.

Barton, David, and Nigel Hall. *Letter Writing as a Social Practice*. Amsterdam: John Benjamins Publishing, 1999. Print.

Bauman, Marcy L. "The Evolution of Internet Genres." *Computers and Composition* 16.2 (1999): 269~282. Print.

Bawarshi, Anis. *Genre and the Invention of the Writer: Reconsidering the Place of Invention in Composition*. Logan: Utah State UP, 2003. Print.

Bawarshi, Anis. "Genres as Forms of In[ter]vention." *Originality, Imitation, Plagiarism: Teaching Writing in the Digital Age*. Ed. Caroline Eisner and Martha Vicinus. Ann Arbor, MI: U of Michigan P, 2008. 79~89. Print.

Bazerman, Charles. *Constructing Experience*. Carbondale: Southern Illinois UP, 1994. Print.

Bazerman, Charles. "Genre and Cognitive Development: Beyond Writing to Learn." *Genre in a Changing World*. Ed. Charles Bazerman, A. Bonini, and Débora Figueiredo. Fort Collins, CO: The WAC Clearinghouse and Parlor Press, 2009. 283~298. Print.

Bazerman, Charles. "Genre and Identity: Citizenship in the Age of the Internet and the Age of Global Capitalism." *The Rhetoric and Ideology of Genre: Strategies for Stability and Change*. Ed. Richard Coe, Lorelei Lingard, and Tatiana Teslenko. Creskill, NJ: Hampton, 2002. 13~37. Print.

Bazerman, Charles. "How Natural Philosophers Can Cooperate." *Textual*

Dynamics of the Professions. Ed. Charles Bazerman and James Paradis. Madison, WI: U of Wisconsin P, 1991. 13~44. Print.

Bazerman, Charles. *The Informed Reader: Contemporary Issues in the Disciplines.* New York: Houghton Mifflin Harcourt, 1989. Print.

Bazerman, Charles. *The Informed Writer: Using Sources in the Disciplines.* 5th edition. New York: Houghton Mifflin, 1994. Print.

Bazerman, Charles. *The Languages of Edison's Light.* Cambridge: MIT Press, 1999. Print.

Bazerman, Charles. "Letters and the Social Grounding of Differentiated Genres." *Letter Writing as a Social Practice.* Ed. David Barton and Nigel Hall. Amsterdam: John Benjamins Publishing, 1999. 15~30. Print.

Bazerman, Charles. "The Life of Genre, the Life in the Classroom." *Genre and Writing: Issues, Arguments, Alternatives.* Ed. Wendy Bishop and Hans Ostrom. Portsmouth: Boynton/Cook, 1997. 19~26. Print.

Bazerman, Charles. "Money Talks: The Rhetorical Project of Adam Smith's Wealth of Nations." *Economics and Language.* Ed. Willie Henderson et al. New York: Routledge, 1993: 173~199. Print.

Bazerman, Charles. "Nuclear Information: One Rhetorical Moment in the Construction of the Information Age." *Written Communication* 18.3 (2001): 259~295. Print.

Bazerman, Charles. *Shaping Written Knowledge: The Genre and Activity of the Experimental Article in Science.* Madison: U of Wisconsin P, 1988. Print.

Bazerman, Charles. "Singular Utterances: Realizing Local Activities through Typified Forms in Typified Circumstances." *Analysing Professional Genres.* Ed. Anna Trosborg. Philadelphia: John Benjamins, 2000. 25~40. Print.

Bazerman, Charles. "Speech Acts, Genres, and Activity Systems: How Texts Organize Activity and People." *What Writing Does and How It Does It.* Ed. Charles Bazerman and Paul Prior. Mahwah, NJ: Lawrence Erlbaum, 2004. 309~339. Print.

Bazerman, Charles. "Systems of Genres and the Enactment of Social Intentions."

Genre and the New Rhetoric. Ed. Aviva Freedman and Peter Medway. Bristol: Taylor and Francis, 1994. 79~101. Print.

Bazerman, Charles. "Textual Performance: Where the Action at a Distance Is." *JAC: Journal of Advanced Composition* 23.2 (2003): 379~396. Print.

Bazerman, Charles. "Theories of the Middle Range in Historical Studies of Writing Practice." *Written Communication* 25.3 (2008): 298~318. Print.

Bazerman, Charles. "What Written Knowledge Does: Three Examples of Academic Discourse." *Philosophy of the Social Sciences* 2 (1981): 361~387. Print.

Bazerman, Charles. "Where is the Classroom?" *Learning and Teaching Genre.* Ed. Aviva Freedman and Peter Medway. Portsmouth: Boynton/Cook, 1994. 25~30. Print.

Bazerman, Charles. "The Writing of Social Organization and the Literate Situating of Cognition: Extending Goody's Social Implications of Writing." *Technology, Literacy, and the Evolution of Society: Implications of the Work of Jack Goody.* Ed. David R. Olson and Michael Cole. Hillsdale, NJ: Lawrence Erlbaum and Associates, 2006. 215~240. Print.

Bazerman, Charles, Adair Bonini, and Débora Figueiredo. "Editor's Introduction." *Genre in a Changing World.* Ed. Charles Bazerman, Adair Bonini, and Débora Figueiredo. Fort Collins, CO: The WAC Clearinghouse and Parlor Press, 2009. ix~xiv. Print.

Bazerman, Charles, Adair Bonini, and Débora Figueiredo, eds. *Genre in a Changing World.* Fort Collins, CO: The WAC Clearinghouse and Parlor Press, 2009. Print.

Bazerman, Charles, and James Paradis. *Textual Dynamics of the Professions: Historical and Contemporary Studies of Writing in Professional Communities.* Madison: U of Wisconsin P, 1991. Print.

Bazerman, Charles, Joseph Little, and Teri Chavkin. "The Production of Information for Genred Activity Spaces: Informational Motives and Consequences of the Environmental Impact Statement." *Written Communication* 20.4 (2003): 455~477. Print.

Bazerman, Charles, Joseph Little, Lisa Bethel et al. *Reference Guide to Writing Across the Curriculum*. Fort Collins, CO: The WAC Clearinghouse and Parlor Press, 2005. Print.

Beaufort, Anne. *College Writing and Beyond: A New Framework for University Writing Instruction*. Logan, UT: Utah State UP, 2007. Print.

Beaufort, Anne. "Learning the Trade: A Social Apprenticeship Model for Gaining Writing Expertise." *Written Communication* 17.2 (2000): 185~223. Print.

Beaufort, Anne. *Writing in the Real World: Making the Transition from School to Work*. New York: Teachers College Press, 1999. Print.

Beaufort, Anne, and John A. Williams. "Writing History: Informed or Not by Genre Theory?" *Genre across the Curriculum*. Ed. Anne Herrington and Charles Moran. Logan, UT: Utah State UP, 2005. 44~64. Print.

Beebee, Thomas O. *The Ideology of Genre: A Comparative Study of Generic Instability*. University Park: Pennsylvania State UP, 1994. Print.

Beer, Ann. "Diplomats in the Basement: Graduate Engineering Students and Intercultural Communication." *Transitions: Writing in Academic and Workplace Settings*. Ed. Patrick Dias and Anthony Paré. Creskill, NJ: Hampton, 2000. 61~88. Print.

Belcher, Diane D. "Trends in Teaching English for Specific Purposes." *Annual Review of Applied Linguistics* 24 (2004): 165~186. Print.

Benesch, Sarah. *Critical English for Academic Purposes: Theory, Politics, and Practice*. Mahwah, NJ: Lawrence Erlbaum, 2001. Print.

Benesch, Sarah. "ESL, Ideology, and the Politics of Pragmatism." *TESOL Quarterly* 27.4 (1993): 705~717. Print.

Bereiter, Carl and Marlene Scardamalia. *The Psychology of Written Composition*. Hillsdale, NJ: Lawrence Erlbaum, 1987. Print.

Berkenkotter, Carol. "Genre Systems at Work: DSM-IV and Rhetorical Recontextualization in Psychotherapy Paperwork." *Written Communication* 18.3 (2001): 326~349. Print.

Berkenkotter, Carol, and Thomas Huckin. *Genre Knowledge in Disciplinary Communication*. Hillsdale, NJ: Lawrence Erlbaum, 1995. Print.

Berkenkotter, Carol, and Thomas Huckin. "Rethinking Genre from a Sociocognitive Perspective." *Written Communication* 10.4 (1993): 475~509. Print.

Berkenkotter, Carol, and Doris Ravotas. "Genre as Tool in the Transmission of Practice Over Time and Across Professional Boundaries." *Mind, Culture, and Activity* 4 (1997): 256~274. Print.

Bhatia, Vijay. *Analysing Genre: Language Use in Professional Settings.* London: Longman, 1993. Print.

Biber, Douglas. "An Analytical Framework for Register Studies." *Sociolinguistic Perspectives on Register.* Ed. Douglas Biber and Edward Finegan. Oxford: Oxford UP, 1994. 31~56. Print.

Biber, Douglas. *Dimensions of Register Variation: A Cross-Linguistic Comparison.* Cambridge: Cambridge UP, 1995. Print.

Biber, Douglas. *Discourse on the Move: Using Corpus Analysis to Describe Discourse Structure.* Philadelphia: John Benjamins, 2007. Print.

Biber, Douglas. *Variation Across Speech and Writing.* Cambridge: Cambridge UP, 1988. Print.

Biber, Douglas and Edward Finegan, eds. *Sociolinguistic Perspectives on Register.* Oxford: Oxford UP, 1994. Print.

Bishop, Wendy, and Hans Ostrom, eds. *Genre and Writing: Issues, Arguments, Alternatives.* Portsmouth, NH: Boynton/Cook, 1997. Print.

Bitzer, Lloyd F. "The Rhetorical Situation." *Philosophy and Rhetoric* 1.1 (1968): 1~14. Print.

Black, Edwin. *Rhetorical Criticism: A Study in Method.* New York: Macmillan, 1965. Print.

Black, Laurel. *Between Talk and Teaching.* Logan: Utah State UP, 1998. Print.

Bleich, David. "The Materiality of Language and the Pedagogy of Exchange." *Pedagogy: Critical Approaches to Teaching Literature, Language, Composition, and Culture* 1.1 (Winter 2001): 117~141. Print.

Bonini, Adair. "The Distinction Between News and Reportage in the Brazilian Journalistic Context: A Matter of Degree." *Genre in a Changing World.* Ed. Charles Bazerman, Adair Bonini, and Débora Figueiredo. Fort Collins, CO: The WAC Clearinghouse and Parlor Press, 2009.

199~225. Print.

Bourdieu, Pierre. *The Logic of Practice*. Trans. Richard Nice. Stanford: Stanford UP, 1990. Print.

Bronckart, J. P. *Activité langagière, textes et discours: Pour um interactionisme socio-discursif.* [*Language activity, texts and discourse: Toward a socio-dicoursive interactionism*]. Paris: Delachaux et Niestlé, 1997. Print.

Bronckart, J. P., Bain, D., Schneuwly, B., Davaud, C., & Pasquier, A. *Le fonctionnement des discours: Un modèle psychologique et une méthode d'analyse.* [*The functioning of discourses: A psychological model and an analytical method*]. Paris: Delachaux et Niestlé, 1985. Print.

Brooks, Kevin, Cindy Nichols, and Sybil Priebe. "Remediation, Genre, and Motivation: Key Concepts for Teaching with Weblogs." *Into the Blogosphere: Rhetoric, Community and Culture of Weblogs*. Ed. Laura J. Gurak, Smiljana Antonijevic, Laurie Johnson, Clancy Ratliff, and Jessica Reyman. June 2004. Web. 10 April 2007.

Bruce, Ian. *Academic Writing and Genre: A Systematic Analysis*. London: Continuum, 2008. Print.

Bullock, Richard. *The Norton Field Guide to Writing*. Ed. Maureen Daly Goggin. New York: W.W. Norton & Co., 2005. Print.

Burke, Kenneth. "Rhetoric—Old and New." *The Journal of General Education* 5 (April 1951): 202~209. Print.

Burke, Kenneth. *Rhetoric of Motives*. Berkeley: U of California P, 1951. Print.

Campbell, Karlyn Kohrs, and Kathleen Hall Jamieson. *Deeds Done in Words: Presidential Rhetoric and the Genres of Governance*. Chicago: U of Chicago P, 1990. Print.

Campbell, Karlyn Kohrs, and Kathleen Hall Jamieson, eds. *Form and Genre: Shaping Rhetorical Action*. Falls Church, VA: Speech Communication Association, 1978.

Caple, Helen. "Multi-semiotic Communication in an Australian Broadsheet: A New News Story Genre." *Genre in a Changing World*. Ed. Charles Bazerman, Adair Bonini, and Débora Figueiredo. Fort Collins, CO: The WAC Clearinghouse and Parlor Press, 2009. 247~258. Print.

Carroll, Lee Ann. *Rehearsing New Roles: How College Students Develop as Writers.* Carbondale: Southern Illinois UP, 2002. Print.

Carter, Michael. "Ways of Knowing, Doing, and Writing in the Disciplines." *College Composition and Communication* 58 (2007): 385~418. Print.

Casanave, Christine. *Controversies in L2 Writing: Dilemmas and Decisions in Research and Instruction.* Ann Arbor: U of Michigan P, 2003. Print.

Chapman, Marilyn. "The Emergence of Genres: Some Findings from an Examination of First Grade Writing." *Written Communication* 11 (1994): 348~380. Print.

Chapman, Marilyn. "Situated, Social, Active: Rewriting Genre in the Elementary Classroom." *Written Communication* 16.4 (1999): 469~490. Print.

Cheng, An. "Understanding Learners and Learning in ESP Genre-Based Writing Instruction." *English for Specific Purposes* 25 (2006): 76~89. Print.

Christie, Frances. "Genres as Choice." *The Place of Genre in Learning: Current Debates.* Ed. Ian Reid. Geelong, Victoria: Deakin University, 1987. 22~34. Print.

Christie, Frances. "Genre Theory and ESL Teaching: A Systemic Functional Perspective." *TESOL Quarterly* 33.4 (1999): 759~763. Print.

Christie, Frances, and J. R. Martin, eds. *Genres and Institutions: Social Processes in the Workplace and School.* London: Cassell, 1997. Print.

Clark, Irene. "A Genre Approach to Writing Assignments." *Composition Forum* 14.2 (2005): n. pag. Web. 15 June 2008.

Coe, Richard. "The New Rhetoric of Genre: Writing Political Briefs." *Genre in the Classroom: Multiple Perspectives.* Ed. Ann Johns. New Jersey: Lawrence Erlbaum, 2002. 197~210. Print.

Coe, Richard. "Teaching Genre as a Process." *Learning and Teaching Genre.* Ed. Aviva Freedman and Peter Medway. Portsmouth, NH: Boynton/ Cook, 1994. 157~169. Print.

Coe, Richard, Lorelei Lingard, and Tatiana Teslenko, eds. *The Rhetoric and Ideology of Genre: Strategies for Stability and Change.* New Jersey: Hampton, 2002. Print.

Cole, Michael, and Yrjo Engeström. "A Cultural-Historical Approach to

Distributed Cognition." *Distributed Cognitions: Psychological and Educational Considerations*. Ed. Gavriel Salomon. Cambridge: Cambridge UP, 1993. 1~46. Print.

Cope, Bill, and Mary Kalantzis. *The Powers of Literacy: A Genre Approach to Teaching Writing*. Pittsburgh: U of Pittsburgh P, 1993. Print.

Cristovão, Vera Lucia Lopes. "The Use of Didactic Sequences and the Teaching of L1: An Analysis of an Institutional Program of Teaching Writing at School." *L1 —Educational Studies in Language and Literature* 9.2 (2009): 5~25. Print.

Croce, Benedetto. *Aesthetic*. Trans. Douglas Ainslie. New York: Noonday, 1968. Print.

Cross, Geoffrey. "The Interrelation of Genre, Context, and Process in the Collaborative Writing of Two Corporate Documents." *Writing in the Workplace: New Research Perspectives*. Ed. Rachel Spilka. Carbondale: Southern Illinois UP, 1993. 141~152. Print.

Culler, Jonathan. *Structuralist Poetics*. Ithaca: Cornell UP, 1975. Print.

Currie, Pat. "What Counts as Good Writing? Enculturation and Writing Assessment." *Learning and Teaching Genre*. Ed. Aviva Freedman and Peter Medway. Portsmouth, NH: Boynton/Cook, 1994. 63~80. Print.

Dean, Deborah. *Genre Theory: Teaching, Writing, and Being*. Urbana, IL: NCTE, 2008. Print.

Derrida, Jacques. "The Law of Genre." *Modern Genre Theory*. Ed. David Duff. London: Longman, 2000. 219~231. Print.

Devitt, Amy J. "First-Year Composition and Antecedent Genres." *Conference on College Composition and Communication*. Chicago, 24 March 2006. Conference Presentation.

Devitt, Amy J. "Generalizing about Genre: New Conceptions of an Old Concept." *College Composition and Communication* 44.4 (1993): 573~586. Print.

Devitt, Amy J. "Genre as Textual Variable: Some Historical Evidence from Scots and American English." *American Speech* 64 (1989): 291~303. Print.

Devitt, Amy J. "Integrating Rhetorical and Literary Theories of Genre." *College English* 62 (2000): 696~718. Print.

Devitt, Amy J. "Intertextuality in Tax Accounting: Generic, Referential, and Functional." *Textual Dynamics of the Professions: Historical and Contemporary Studies of Writing in Professional Communities*. Ed. Charles Bazerman and James Paradis. Madison: U of Wisconsin P, 1991. 335~357. Print.

Devitt, Amy J. "Teaching Critical Genre Awareness." *Genre in a Changing World*. Ed. Charles Bazerman, Adair Bonini, and Débora Figueiredo. Fort Collins, CO: The WAC Clearinghouse and Parlor Press, 2009. 342~355. Print.

Devitt, Amy J. "Transferability and Genres." *The Locations of Composition*. Ed. Christopher J. Keller and Christian R. Weisser. New York: State U of New York P, 2007. 215~228. Print.

Devitt, Amy J. *Writing Genres*. Carbondale: Southern Illinois UP, 2004. Print.

Devitt, Amy, Mary Jo Reiff, and Anis Bawarshi. *Scenes of Writing: Strategies for Composing with Genres*. New York: Longman, 2004. Print.

Dias, Patrick, Aviva Freedman, Peter Medway, and Anthony Paré. *Worlds Apart: Acting and Writing in Academic and Workplace Contexts*. Mahwah, NJ: Lawrence Erlbaum Associates, 1999. Print.

Dias, Patrick, and Anthony Paré, eds. *Transitions: Writing in Academic and Workplace Settings*. Creskill, NJ: Hampton, 2000. Print.

Diller, Hans-Jürgen. "Genre in Linguistics and Related Discourses." *Towards a History of English as a History of Genres*. Ed. Hans-Jürgen Diller and Manfred Görlach. Heidelberg: Universitätsverlag, 2001. 3~43. Print.

Dolz, J., M. Noverraz, and B. Schneuwly. "Seqüências didáticas para o oral e a escrita: Apresentação de um procedimento [Didactic sequences for speech and writing: Presenting a procedure]." *Gêneros orais e escritos na escola [Oral and written genres in the school]*. Ed. B. Schneuwly & J. Dolz. Campinas, S.P.: Mercado de Letras, 2004. 95~128. Print.

Dolz, J., and B. Schneuwly. *Pour un enseignement de l'oral. Initiation aux genres formels à l' école*. Paris: ESF, 1998. Print.

Donovan, Carol A. "Children's Development and Control of Written Story and

Informational Genres: Insights from One Elementary School." *Research in the Teaching of English* 35 (2001): 394~447. Print.

Donovan, Carol A. "Children's Story Writing, Information Writing and Genre Knowledge across the Elementary Grades." *National Reading Conference*. Scottsdale, AZ, 3~6 December 1997. Conference Presentation.

Donovan, Carol A., and Laura B. Smolkin. "Children's Understanding of Genre and Writing Development." *Handbook of Writing Research*. Ed. Charles A. MacArthur et al. New York: Guilford, 2008. 131~143. Print.

Dubrow, Heather. *Genre*. London: Methune, 1982. Print.

Duke, Nell K., and J. Kays. "Can I Say 'Once Upon a Time'?: Kindergarten Children Developing Knowledge of Information Book Language." *Early Childhood Research Quarterly* 13 (1998): 295~318. Print.

Edwards, Mike, and Heidi McKee. "The Teaching and Learning of Web Genres in First-Year Composition." *Genre across the Curriculum*. Ed. Anne Herrington and Charles Moran. Logan: Utah State UP, 2005. 196~218. Print.

Eggins, Suzanne, and J.R. Martin. "Genres and Registers of Discourse." *Discourse as Structure and Process*. Ed. Teun Van Dijk. London: Sage, 1997. 230~256. Print.

Engeström, Yrjo. "Activity Theory and Individual Social Transformation." *Perspectives on Activity Theory*. Ed. Y. Engeström, R. Miettinen, and R-L Punamaki. Cambridge: Cambridge University Press, 1999. 19~38. Print.

Engeström, Yrjo. "Developmental Studies of Work as a Testbench of Activity Theory: The Case of Primary Care Medical Practice." *Understanding Practice: Perspectives on Activity and Practice*. Ed. S. Chaiklin and Jean Lave. New York: Cambridge UP. 1993. 64~103. Print.

Engeström, Yrjo. *Learning by Expanding: An Activity Theoretical Approach to Developmental Research*. Helsinki: Orienta-Konsultit Oy, 1987. Print.

Fairclough, Norman. *Discourse and Social Change*. Cambridge: Polity Press, 1992. Print.

Feez, Susan, "Heritage and Innovation in Second Language Education." *Genre in the Classroom: Multiple Perspectives*. Ed. Ann Johns. Mahwah, NJ: Lawrence Erlbaum, 2002. 43~69. Print.

Feez, Susan, and H. Joyce. *Text-Based Syllabus Design*. Sydney: National Center for English Language Teaching and Research, 1998. Print.

Figueiredo, Débora de Carvalho. "Narrative and Identity Formation: An Analysis of Media Personal Accounts from Patients of Cosmetic Plastic Surgery." *Genre in a Changing World*. Ed. Charles Bazerman, Adair Bonini, and Débora Figueiredo. Fort Collins, CO: The WAC Clearinghouse and Parlor Press, 2009. 259~280. Print.

Fishelov, David. *Metaphors of Genre: The Role of Analogies in Genre Theory*. University Park, PA: Pennsylvania State UP, 1993. Print.

Fitzgerald, Jill, and Alan Teasley. "Effects of Instruction in Narrative Structure on Children's Writing." *Journal of Educational Psychology* 78 (1986): 424~432. Print.

Fleischer, Cathy, and Sarah Andrew-Vaughan. *Writing Outside Your Comfort Zone: Helping Students Navigate Unfamiliar Genres*. Portsmouth, NH: Heinemann, 2009. Print.

Fleming, David. "Rhetoric as a Course of Study." *College English* 61.2 (1998): 169~191. Print.

Flowerdew, John. "Genre in the Classroom: A Linguistic Approach." *Genre in the Classroom: Multiple Perspectives*. Ed. Ann Johns. Mahwah: Lawrence Erlbaum Associates, 2002. 91~102. Print.

Fraser, B. J., et al. "Synthesis of Educational Productivity Research." *International Journal of Educational Research* 11 (1987): 73~145. Print.

Freadman, Anne. "Anyone for Tennis?" *Genre and the New Rhetoric*. Ed. Aviva Freedman and Peter Medway. Bristol: Taylor and Francis, 1994. 43~66. Print.

Freadman, Anne. "Uptake." *The Rhetoric and Ideology of Genre: Strategies for Stability and Change*. Ed. Richard Coe, Lorelei Lingard, and Tatiana Teslenko. Cresskill, NJ: Hampton UP, 2002. 39-53. Print.

Freedman, Aviva. "Development in Story Writing." *Applied Psycholinguistics* 8 (1987): 153~165. Print.

Freedman, Aviva. "'Do as I Say': The Relationship between Teaching and Learning New Genres." *Genre and the New Rhetoric*. Ed. Aviva Freedman and Peter Medway. Bristol: Taylor and Francis, 1994. 191–210. Print.

Freedman, Aviva. "Interaction between Theory and Research: RGS and a Study of Students and Professionals Working 'in Computers.'" *Rhetorical Genre Studies and Beyond*. Ed. Natasha Artemeva and Aviva Freedman. Winnipeg: Inkshed, 2006. 101~120. Print.

Freedman, Aviva. "Learning to Write Again: Discipline-Specific Writing at University." *Carleton Papers in Applied Language Studies* 4 (1987): 95–116. Print.

Freedman, Aviva. "Show and Tell? The Role of Explicit Teaching in the Learning of New Genres." *Research in the Teaching of English* 27.3 (Oct. 1993): 222~251. Print.

Freedman, Aviva. "Situating Genre: A Rejoinder." *Research in the Teaching of English* 27.3 (Oct. 1993): 272~281. Print.

Freedman, Aviva, and Christine Adam. "Write Where You Are: Situating Learning to Write in the University and Workplace Settings." *Transitions: Writing in Academic and Workplace Settings*. Ed. Patrick Dias and Anthony Paré. Creskill, NJ: Hampton, 2000. 31~60. Print.

Freedman, Aviva, and Peter Medway, eds. *Genre and the New Rhetoric*. Bristol: Taylor and Francis, 1994. Print.

Freedman, Aviva, and Peter Medway, eds. *Learning and Teaching Genre*. Portsmouth, NH: Boynton/Cook, 1994. Print.

Freedman, Aviva, and Graham Smart. "Navigating the Current of Economic Policy: Written Genres and the Distribution of Cognitive Work at a Financial Institution." *Mind, Culture, and Activity* 4.4 (1997): 238~255. Print.

Frow, John. *Genre*. London: Routledge, 2006. Print.

Frye, Northrop. *Anatomy of Criticism: Four Essays*. Princeton: Princeton UP, 1957. Print.

Fulkerson, Richard. "Composition at the Turn of the Twenty-First Century."

College Composition and Communication 56.4 (2005): 654~687. Print.

Furlanetto, Maria Marta. "Curricular Proposal of Santa Catarina State: Assessing the Route, Opening Paths." *Genre in a Changing World*. Ed. Charles Bazerman, Adair Bonini, and Débora Figueiredo. Fort Collins, CO: The WAC Clearinghouse and Parlor Press, 2009. 357~379. Print.

Fuzer, Cristiane, and Nina Célia Barros. "Accusation and Defense: The Ideational Metafunction of Language in the Genre Closing Argument." *Genre in a Changing World*. Ed. Charles Bazerman, Adair Bonini, and Débora Figueiredo. Fort Collins, CO: The WAC Clearinghouse and Parlor Press, 2009. 79~97. Print.

Genette, Gérard. *The Architext: An Introduction*. Berkeley: U of California P, 1992. Print.

Giddens, Anthony. *The Constitution of Society: Outline of the Theory of Structuration*. Berkeley: U of California P, 1984. Print.

Giltrow, Janet. *Academic Writing: Writing and Reading in the Disciplines*. Ontario, Canada: Broadview, 1995. Print.

Giltrow, Janet. "Genre and the Pragmatic Concept of Background Knowledge." *Genre and the New Rhetoric*. Ed. Aviva Freedman and Peter Medway. Bristol: Taylor and Francis, 1994. 155~178. Print.

Giltrow, Janet. "Meta-Genre." *The Rhetoric and Ideology of Genre: Strategies for Stability and Change*. Ed. Richard Coe, Lorelei Lingard, and Tatiana Teslenko. Cresskill, NJ: Hampton, 2002. 187~205. Print.

Giltrow, Janet, and Michele Valiquette. "Genres and Knowledge: Students Writing in the Disciplines." *Learning and Teaching Genre*. Ed. Aviva Freedman and Peter Medway. Portsmouth, NH: Boynton/Cook, 1994. 47~62. Print.

Grabe, William. "Narrative and Expository Macro-Genres." *Genre in the Classroom: Multiple Perspectives*. Ed. Ann M Johns. Mahwah, NJ: Lawrence Erlbaum, 2002. 249~267. Print.

Grafton, Kathryn, and Elizabeth Mauer. "Engaging With and Arranging for Publics in Blog Genres." *Linguistics and the Human Sciences* 3.1 (2007): 47~66. Print.

Green, Bill, and Alison Lee. "Writing Geography: Literacy, Identity, and Schooling." *Learning and Teaching Genre*. Ed. Aviva Freedman and Peter Medway. Portsmouth, NH: Boynton/Cook, 1994. 207~226. Print.

Gross, Alan G., Joseph E. Harmon, and Michael Reidy. *Communicating Science: The Scientific Article from the 17th Century to the Present*. New York: Oxford UP, 2002. Print.

Guimarães, Ana Maria de Mattos. "Genre Teaching in Different Social Environments: An Experiment with the Genre Detective Story." *L1 — Educational Studies in Language and Literature* 9.2 (2009): 27~47. Print.

Gurwitsch, Aron. "Problems of the Life–World." *Phenomenology and Social Reality: Essays in Memory of Alfred Schutz*. Ed. Maurice Natanson. The Hague: Martinus Nijhoff, 1970. 35~61. Print.

Halliday, M. A. K. *Language as Social Semiotic: The Social Interpretation of Language and Meaning*. London: Edward Arnold, 1978. Print.

Halliday, M. A. K., and Ruqaiya Hasan. *Cohesion in English*. London: Longman, 1976. Print.

Hammond, J., et al. *English for Social Purposes: A Handbook for Teachers of Adult Literacy*. Sydney: National Centre for English Language Teaching and Research, 1992. Print.

Henderson, Willie, and Ann Hewings. "Language and Model Building?" *The Language of Economics: The Analysis of Economics Discourse*. Ed. Anthony Dudley–Evans and Willie Henderson. London: Modern English Publications, 1990. 43~54. Print.

Henderson, Willie, Tony Dudley–Evans, and Roger Backhouse. *Economics and Language*. London: Routledge, 1993. Print.

Herring, Susan. C., Lois Ann Scheidt, Sabrina Bonus, and Elijah Wright. "Weblogs as a Bridging Genre." *Information, Technology & People* 18.2 (2005): 142~171. Print.

Herrington, Anne, and Charles Moran, eds. *Genre across the Curriculum*. Logan: Utah State UP, 2005. Print.

Hillocks, George, Jr. *Research on Written Composition: New Directions for Teaching*. Urbana, IL: NCTE, 1986. Print.

Hirsch, E. D. *Validity in Interpretation*. New Haven: Yale UP, 1967. Print.

Hitchcock, Peter. "The Genre of Postcoloniality." *New Literary History* 34.2 (2003): 299~330. Print.

Hyland, Ken. "Genre-Based Pedagogies: A Social Response to Process." *Journal of Second Language Writing* 12 (2003): 17~29. Print.

Hyland, Ken. *Genre and Second Language Writing*. Ann Arbor: U of Michigan P, 2004. Print.

Hyland, Ken. "Stance and Engagement: A Model of Interaction in Academic Discourse." *Discourse Studies* 7 (2005): 173~219. Print.

Hyon, Sunny. "Convention and Inventiveness in an Occluded Academic Genre: A Case Study of Retention-Promotion-Tenure Reports." *English for Specific Purposes* 27.2 (2008): 175~192. Print.

Hyon, Sunny. "Genre and ESL Reading: A Classroom Study." *Genre in the Classroom: Multiple Perspectives*. Ed. Ann M. Johns. Mahwah, NJ: Lawrence Erlbaum, 2002. 121~141. Print.

Hyon, Sunny. "Genre in Three Traditions: Implications for ESL." *TESOL Quarterly* 30 (1996): 693~722. Print.

Jameson, Fredric. *The Political Unconscious: Narrative as a Socially Symbolic Act*. Ithaca: Cornell UP, 1981. Print.

Jamieson, Kathleen M. "Antecedent Genre as Rhetorical Constraint." *Quarterly Journal of Speech* 61 (Dec. 1975): 406~415. Print.

Johns, Ann M. "Destabilizing and Enriching Novice Students' Genre Theories." *Genre in the Classroom: Multiple Perspectives*. Ed. Ann M. Johns. Mahwah, NJ: Lawrence Erlbaum, 2002. 237~248. Print.

Johns, Ann M. "Genre and ESL/EFL Composition Instruction." *Exploring the Dynamics of Second Language Writing*. Ed. Barbara Kroll. Cambridge: Cambridge UP, 2003. 195~217. Print.

Johns, Ann M. "Genre Awareness for the Novice Academic Student: An On-going Quest." Plenary Address. American Association of Applied Linguistics Conference. Costa Mesa, CA. 25 April, 2007.

Johns, Ann M. "Teaching Classroom and Authentic Genres: Initiating Students into Academic Cultures and Discourses." *Academic Writing in a Second Language*. Ed. Diane Belcher and G. Braine. Norwood, NJ: Ablex, 1995. 277~292. Print.

Johns, Ann M. *Text, Role, and Context: Developing Academic Literacies*. New York: Cambridge UP, 1997. Print.

Johns, Ann M., ed. *Genre in the Classroom: Multiple Perspectives*. Mahwah, NJ: Lawrence Erlbaum, 2002. Print.

Johns, Ann M., Anis Bawarshi, Richard M. Coe, Ken Hyland, Brian Paltridge, Mary Jo Reiff, and Christine Tardy. "Crossing the Boundaries of Genre Studies: Commentaries by Experts." *Journal of Second Language Writing* 15 (2006): 234~249. Print.

Kamberelis, G., and T. Bovino. "Cultural Artifacts as Scaffolds for Genre Development." *Reading Research Quarterly* 34 (1999): 138-170. Print.

Kapp, Rochelle, and Bongi Bangeni. "'I Was Just Never Exposed to This Argument Thing': Using a Genre Approach to Teach Academic Writing to ESL Students in the Humanities." *Genre across the Curriculum*. Ed. Anne Herrington and Charles Moran. Logan: Utah State UP, 2005. 109~127. Print.

Kay, H., and Tony Dudley-Evans. "Genre: What Teachers Think?" *ELT Journal* 52 (1998): 308~314. Print.

Knighton, Ryan. "(En)Compassing Situations: Sex Advice on the Rhetoric of Genre." *The Rhetoric and Ideology of Genre: Strategies for Stability and Change*. Ed. Richard Coe, Lorelei Lingard, and Tatiana Teslenko. Creskill, NJ: Hampton, 2002. 355~371. Print.

Kohnen, Thomas. "Text Types as Catalysts for Language Change: The Example of the Adverbial First Participle Construction." *Towards a History of English as a History of Genres*. Ed. Hans-Jürgen Diller and Manfred Görlach. Heidelberg: Universitätsverlag, 2001. 111~124. Print.

Koustouli, Triantafillia, ed. *Writing in Context(s): Textual Practices and Learning Processes in Sociocultural Settings*. New York: Springer, 2005.

Kress, Gunther. *Literacy in the New Media Age*. London: Routledge, 2003. Print.

Langer, Judith. *Children Reading and Writing: Structures and Strategies.* Norwood, NJ: Ablex, 1986. Print.

Langer, Judith. "Reading, Writing, and Genre Development: Making Connections." *Reading/Writing Connections: Learning from Research.* Ed. Mary Anne Doyle and Judith Irwin. Newark, DE: International Reading Association, 1992. Print.

Latour, Bruno, and Steve Woolgar. *Laboratory Life: The Social Construction of Scientific Facts.* Princeton: Princeton UP, 1986. Print.

Lattimer, Heather. *Thinking Through Genre: Units of Study in Reading and Writing Workshops* 4-12. Portland, ME: Stenhouse, 2003. Print.

Lave, Jean, and Etienne Wenger. *Situated Learning: Legitimate Peripheral Participation.* New York: Cambridge UP, 1991. Print.

Ledwell-Brown, Jane. "Organizational Cultures as Contexts for Learning to Write." *Transitions: Writing in Academic and Workplace Settings.* Ed. Patrick Dias and Anthony Paré. Creskill, NJ: Hampton, 2000. 199~222. Print.

Lemke, Jay. *Textual Politics: Discourse and Social Dynamics.* London: Taylor and Francis, 1995. Print.

Lingard, Lorelei, and Richard Haber. "Learning Medical Talk: How the Apprenticeship Complicates Current Explicit/Tacit Debates in Genre Instruction." *The Rhetoric and Ideology of Genre: Strategies for Stability and Change.* Ed. Richard Coe, Lorelei Lingard, and Tatiana Teslenko. New Jersey: Hampton, 2002. 155~170. Print.

Liu, Barbara Little. "More than the Latest PC Buzzword for Modes: What Genre Theory Means to Composition." *The Outcomes Book: Debates and Consensus after the WPA Outcomes Statement.* Ed. Susanmarie Harrington et al. Logan: Utah State UP, 2005. 72~84. Print.

Longacre, Robert. *The Grammar of Discourse.* 2nd ed. New York: Plenum Press, 1996. Print.

Luke, Alan. "Genres of Power? Literacy Education and the Production of Capital." *Literacy in Society.* Ed. R. Hasan and A. G. Williams. London: Longman, 1996. 308~338. Print.

Macken-Horarik, Mary. "'Something to Shoot For': A Systemic Functional Approach to Teaching Genre in Secondary School Science." *Genre in the Classroom: Multiple Perspectives*. Ed. Ann Johns. New Jersey: Lawrence Erlbaum, 2002. 17~42. Print.

Macken, M. R. et al. *An Approach to Writing K-12: The Theory and Practice of Genre-based Writing, Years* 3-6. Sydney: Literacy and Education Research Network in Conjunction with NSW Department of Education, Directorate of Studies, 1989. Print.

Maimon, Elaine. "Maps and Genres: Exploring Connections in the Arts and Sciences." *Composition and Literature: Bridging the Gap*. Ed. W. Bryan Horner. Illinois: U. of Chicago P, 1983. 110~125. Print.

Makmillen, Shurli. "Colonial Texts in Postcolonial Contexts: A Genre in the Contact Zone." *Linguistics and the Human Sciences* 3.1 (2007): 87~103. Print.

Martin, J. R. "Analysing Genre: Functional Parameters." *Genre and Institutions: Social Processes in the Workplace and School*. Ed. Frances Christie and J.R. Martin. London: Cassell, 1997. 3~39. Print.

Martin, J. R. "A Contextual Theory of Language." *The Powers of Literacy: A Genre Approach to Teaching Writing*. Ed. Bill Cope and Mary Kalantzis. Pittsburgh: U of Pittsburgh P, 1993. 116~136. Print.

Martin, J. R., and David Rose. *Genre Relations: Mapping Culture*. London: Equinox, 2008. Print.

Martin, J. R., Frances Christie, and Joan Rothery. "Social Processes in Education: A Reply to Sawyer and Watson." *The Place of Genre in Learning: Current Debates*. Ed. Ian Reid. Geelong, Victoria: Deakin University, 1987. 58~82. Print.

Master, Peter. "Positive and Negative Aspects of the Dominance of English." *TESOL Quarterly* 32 (1998): 716~725. Print.

McCarthy, Lucille. "A Stranger in a Strange Land: A College Student Writing Across the Curriculum." *Research in the Teaching of English* 21.3 (1987): 233~265.

McCloskey, Deirdre N. *The Rhetoric of Economics*. Madison: U of Wisconsin

P, 1985. Print.

McCloskey, Deirdre N. *If You're So Smart: The Narrative of Economic Expertise.* Chicago: U of Chicago P, 1990. Print.

McCloskey, Donald N. "Mere Style in Economics Journals, 1920 to the Present." *Economic Notes* 20.1 (1991): 135~158. Print.

McComiskey, Bruce. *Teaching Composition as a Social Process.* Logan: Utah State UP, 2000. Print.

McDonald, Catherine. *The Question of Transferability: What Students Take Away from Writing Instruction.* Diss. University of Washington, 2006. Print.

McLeod, Susan, and Elaine Maimon. "Clearing the Air: WAC Myths and Realities." *College English* 62 (2000): 573~583. Print.

Medway, Peter. "Fuzzy Genres and Community Identities: The Case of Architecture Students' Sketchbooks." *The Rhetoric and Ideology of Genre: Strategies for Stability and Change.* Ed. Richard Coe, Lorelei Lingard, and Tatiana Teslenko. Creskill, NJ: Hampton, 2002. 123~153. Print.

Miller, Carolyn R. "Genre as Social Action." *Genre and the New Rhetoric.* Ed. Aviva Freedman and Peter Medway. Bristol: Taylor and Francis, 1994. 23~42. Print.

Miller, Carolyn R. "Rhetorical Community: The Cultural Basis of Genre." *Genre and the New Rhetoric.* Ed. Aviva Freedman and Peter Medway. Bristol: Taylor and Francis, 1994. 67~77. Print.

Miller, Carolyn R., and Dawn Shepherd, "Blogging as Social Action: A Genre Analysis of the Weblog." *Into the Blogosphere: Rhetoric, Community and Culture of Weblogs.* Ed. Laura J. Gurak, Smiljana Antonijevic, Laurie Johnson, Clancy Ratliff, and Jessica Reyman. June 2004. Web. 10 April 2007.

Miller, Susan. "How I Teach Writing: How to Teach Writing? To Teach Writing?" *Pedagogy: Critical Approaches to Teaching, Literature, Language, Composition, and Culture* 1.3 (Fall 2001): 479~488. Print.

Mirtz, Ruth M. "The Territorial Demands of Form and Process: The Case for Student Writing as Genre." *Genre and Writing: Issues, Arguments,*

Alternatives. Ed. Wendy Bishop and Hans Ostrom. Portsmouth, NH: Boynton Cook, 1997. 190~198. Print.

Mitchell, Sally, and Richard Andrews. "Learning to Operate Successfully in Advanced Level History." *Learning and Teaching Genre*. Ed. Aviva Freedman and Peter Medway. Portsmouth, NH: Boynton/Cook, 1994. 81~104. Print.

Motta-Roth, Désirée. "The Role of Context in Academic Text Production and Writing Pedagogy." *Genre in a Changing World*. Ed. Charles Bazerman, Adair Bonini, and Débora Figueiredo. Fort Collins, CO: The WAC Clearinghouse and Parlor Press, 2009. 321~340. Print.

Mozdzenski, Leonardo. "The Sociohistorical Constitution of the Genre Legal Booklet: A Critical Approach." *Genre in a Changing World*. Ed. Charles Bazerman, Adair Bonini, and Débora Figueiredo. Fort Collins, CO: The WAC Clearinghouse and Parlor Press, 2009. 99~135. Print.

Myhill, Debra. "Prior Knowledge and the (Re)Production of School Written Genres." *Writing in Context(s): Textual Practices and Learning Processes in Sociocultural Settings*. Ed. Triantafillia Koustouli. New York: Springer, 2005. 117~136. Print.

Natanson, Maurice. "Alfred Schutz on Social Reality and Social Science." *Phenomenology and Social Reality: Essays in Memory of Alfred Schutz*. Ed. Maurice Natanson. The Hague: Martinus Nijhoff, 1970. 101~121. Print.

Neale, Steve. *Genre and Hollywood*. London: Routledge, 2000. Print.

Orlikowski, Wanda J., and JoAnne Yates. "Genre Repertoire: The Structuring of Communicative Practices in Organizations." *Administrative Science Quarterly* 39.4 (1994): 541~574. Print.

Palmquist, Mike. "Writing in Emerging Genres: Student Web Sites in Writing and Writing-Intensive Classes." *Genre across the Curriculum*. Ed. Anne Herrington and Charles Moran. Logan: Utah State UP, 2005. 219~244. Print.

Paltridge, Brian. *Genre and the Language Learning Classroom*. Ann Arbor: U of Michigan P, 2001. Print.

Paltridge, Brian. *Genre, Frames and Writing in Research Settings*. Amsterdam:
John Benjamins, 1997. Print.

Paltridge, Brian. "Genre, Text Type, and the English for Academic Purposes
(EAP) Classroom." *Genre in the Classroom: Multiple Perspectives*. Ed.
Ann M. Johns. Mahwah, NJ: Lawrence Erlbaum, 2002. 73~90. Print.

Pappas, Christine C. "Is Narrative 'Primary'? Some Insights from Kindergarteners'
Pretend Reading of Stories and Information Books." *Journal of Reading
Behavior* 25 (1993): 97~129. Print.

Pappas, Christine C. "Young Children's Strategies in Learning the 'Book
Language' of Information Books." *Discourse Processes* 14 (1991): 203–
225. Print.

Paré, Anthony. "Discourse Regulations and the Production of Knowledge."
Writing in the Workplace: New Research Perspectives. Ed. Rachel Spilka.
Carbondale: Southern Illinois UP, 1993. 111~123. Print.

Paré, Anthony. "Genre and Identity: Individuals, Institutions, and Ideology." *The
Rhetoric and Ideology of Genre: Strategies for Stability and Change*. Ed.
Richard Coe, Lorelei Lingard, and Tatiana Teslenko. Creskill, NJ:
Hampton, 2002. 57~71. Print.

Paré, Anthony. "Writing as a Way into Social Work: Genre Sets, Genre Systems,
and Distributed Cognition." *Transitions: Writing in Academic and
Workplace Settings*. Ed. Patrick Dias and Anthony Paré. Creskill, NJ:
Hampton, 2000. 145~166. Print.

Paré, Anthony, and Graham Smart. "Observing Genres in Action: Toward a
Research Methodology." *Genre and the New Rhetoric*. Ed. Aviva
Freedman and Peter Medway. Bristol: Taylor and Francis, 1994.
146~154. Print.

Pennycook, Alastair. "Vulgar Pragmatism, Critical Pragmatism, and EAP."
English for Specific Purposes 16 (1997): 253~269. Print.

Pereira, Tânia Conceição. "The Psychiatric Interview: Practice in/of the Clinic."
Linguistics and the Human Sciences 3.1 (2007): 25~46. Print.

Perelman, Les. "The Medieval Art of Letter Writing: Rhetoric as Institutional
Expression." *Textual Dynamics of the Professions: Historical and Contemporary*

Studies of Writing in Professional Communities. Ed. Charles Bazerman and James Paradis. Madison: U of Wisconsin P, 1991. 97~119. Print.

Perkins, D. N., and Gavriel Salomon. "Teaching for Transfer." *Educational Leadership* 46.1 (1988): 22~32. Print.

Perloff, Marjorie, ed. *Postmodern Genres*. Norman, OK: U of Oklahoma P, 1989. Print.

Peters, Brad. "Genre, Antigenre, and Reinventing the Forms of Conceptualization." *Genre and Writing: Issues, Arguments, Alternatives*. Ed. Wendy Bishop and Hans Ostrom. Portsmouth: Boynton/Cook, 1997. 199~214. Print.

Quint, David. *Epic and Empire: Politics and Generic Form from Virgil to Milton*. Princeton: Princeton UP, 1993. Print.

Reiff, Mary Jo. "Mediating Materiality and Discursivity: Critical Ethnography as Meta-Generic Learning." *Ethnography Unbound: From Theory Shock to Critical Praxis*. Ed. Stephen G. Brown and Sidney I. Dobrin. New York: SUNY P, 2004. 35~51. Print.

Romano, Tony. *Blending Genre, Altering Style: Writing Multigenre Papers*. Portsmouth, NH: Boynton/Cook, 2000. Print.

Rosmarin, Adena. *The Power of Genre*. Minneapolis: U of Minnesota P, 1985. Print.

Rothary, Joan. "Making Changes: Developing an Educational Linguistics." *Literacy in Society*. Ed. R. Hasan and G. Williams. London: Longman, 1996. 86~123. Print.

Russell, David. "Rethinking Genre in School and Society: An Activity Theory Analysis." *Written Communication* 14.4 (1997): 504~554. Print.

Russell, David. "Writing in Multiple Contexts: Vygotskian CHAT Meets the Phenomenology of Genre." *Traditions of Writing Research*. Ed. Charles Bazerman et al. New York: Routledge, 2010. 353~364. Print.

Russell, David, Mary Lea, Jan Parker, Brian Street, Tiane Donahue. "Exploring Notions of Genre in 'Academic Literacies' and 'Writing Across the Curriculum': Approaches Across Countries and Contexts." *Genre in a Changing World*. Ed. Charles Bazerman, Adair Bonini, and Débora Figueiredo. Fort Collins, CO: The WAC Clearinghouse and Parlor

Press, 2009. 395~423. Print.

Salomon, Gavriel, ed. "Editor's Introduction." *Distributed Cognitions: Psychological and Educational Considerations*. Cambridge: Cambridge UP, 1993. xi~xxi. Print.

Schryer, Catherine. "Genre and Power: A Chronotopic Analysis." *The Rhetoric and Ideology of Genre: Strategies for Stability and Change*. Ed. Richard Coe, Lorelei Lingard, and Tatiana Teslenko. Cresskill, NJ: Hampton, 2002. 73~102. Print.

Schryer, Catherine. "The Lab vs. the Clinic: Sites of Competing Genres." *Genre and the New Rhetoric*. Ed. Aviva Freedman and Peter Medway. London: Taylor and Francis, 1994. 105~124. Print.

Schutz, Alfred. *The Phenomenology of the Social World*. Trans. George Walsh and Frederick Lehnert. Evanston: Northwestern UP, 1967. Print.

Schutz, Alfred, and Thomas Luckmann. *The Structure of the Life-World*. Trans. Richard M. Zaner and H. Tristram Engelhardt, Jr. Evanston: Northwestern UP, 1973. Print.

Segal, Judy Z. "Breast Cancer Narratives as Public Rhetoric: Genre Itself and the Maintenance of Ignorance." *Linguistics and the Human Sciences* 3.1 (2007): 3~23. Print.

Selzer, Jack, ed. *Understanding Scientific Prose*. Madison: U of Wisconsin P, 1993. Print.

Smart, Graham. "Genre as Community Invention: A Central Bank's Response to Its Executives' Expectations as Readers." *Writing in the Workplace: New Research Perspectives*. Ed. Rachel Spilka. Carbondale: Southern Illinois UP, 1993. 124~140. Print.

Smart, Graham. "Reinventing Expertise: Experienced Writers in the Workplace Encounter a New Genre." *Transitions: Writing in Academic and Workplace Settings*. Ed. Patrick Dias and Anthony Paré. Cresskill, NJ: Hampton, 2000. 167~182. Print.

Smart, Graham, and Nicole Brown. "Developing a 'Discursive Gaze': Participatory Action Research with Student Interns Encountering New Genres in the Activity of the Workplace." *Rhetorical Genre Studies and Beyond*.

Ed. Natasha Artemeva and Aviva Freedman. Winnipeg: Inkshed, 2006. 240~279. Print.

Smit, David. *The End of Composition Studies*. Carbondale: Southern Illinois UP, 2004. Print.

Smith, Frank. *Understanding Reading*. 5th Ed. Hillsdale: Lawrence Erlbaum, 1994. Print.

Smith, Summer. "The Genre of the End Comment: Conventions in Teacher Responses to Student Writing." *College Composition and Communication* 48.2 (1997): 249~268. Print.

So, Bronia P.C. "From Analysis to Pedagogic Applications: Using Newspaper Genres to Write School Genres." *Journal of English for Academic Purposes* 4 (2005): 67~82. Print.

Sokolowski, Robert. *Introduction to Phenomenology*. Cambridge: Cambridge UP, 2000. Print.

Soliday, Mary. "Mapping Classroom Genres in a Science in Society Course." *Genre across the Curriculum*. Ed. Anne Herrington and Charles Moran. Logan: Utah State UP, 2005. 65~82. Print.

Sommers, Nancy, and Laura Saltz. "The Novice as Expert: Writing the Freshman Year." *College Composition and Communication* 65.1 (2004): 124~149. Print.

Sousa S.C.T., and Soares M.E. "Developing Writing Skills through the Use of Blogs." *L1—Educational Studies in Language and Literature* 9.2 (2009): 71~90. Print.

Spilka, Rachel, ed. *Writing in the Workplace: New Research Perspectives*. Carbondale: Southern Illinois UP, 1993. Print.

Spinillo, Alina G., and Chris Pratt. "Sociocultural Differences in Children's Genre Knowledge." *Writing in Context(s): Textual Practices and Learning Processes in Sociocultural Settings*. Ed. Triantafillia Koustouli. New York: Springer, 2005. 27~48. Print.

Spinuzzi, Clay. *Tracing Genres Through Organizations: A Sociocultural Approach to Information Design*. Cambridge, MA: MIT Press, 2003. Print.

Spinuzzi, Clay, and Mark M. Zachry. "Genre Ecologies: An Open-system

Approach to Understanding and Constructing Documentation." *Journal of Computer Documentation* 24.3 (2000): 169~181. Print.

Sutton, Brian. "Swales's 'Moves' and the Research Paper Assignment." *Teaching English in the Two-Year College* 27.4 (May 2000): 446~451. Print.

Swales, John M. *Genre Analysis: English in Academic and Research Settings.* Cambridge: Cambridge UP, 1990. Print.

Swales, John M. "Occluded Genres in the Academy: The Case of the Submission Letter." *Academic Writing: Intercultural and Textual Issues.* Ed. E. Ventola and A. Mauranen. Amsterdam: John Benjamins, 1996. 45~58. Print.

Swales, John M. *Other Floors, Other Voices: A Textography of a Small University Building.* Mahwah, NJ: Lawrence Erlbaum, 1998. Print.

Swales, John M. "The Paradox of Value: Six Treatments in Search of the Reader." *Economics and Language.* Ed. Willie Henderson et al. New York: Routledge, 1993: 223~239. Print.

Swales, John M. *Research Genres: Explorations and Applications.* Cambridge: Cambridge UP, 2004. Print.

Swales, John M., and Christine B. Feak. *Academic Writing for Graduate Students: Essential Tasks and Skills.* Ann Arbor: U of Michigan P, 1994. Print.

Swarts, Jason. "Coherent Fragments: The Problem of Mobility and Genred Information." *Written Communication* 23.2 (2006): 176~201. Print.

Tardy, Christine. *Building Genre Knowledge.* West Lafayette, IN: Parlor Press, 2009. Print.

Tardy, Christine. "'It's Like a Story:' Rhetorical Knowledge Development in Advanced Academic Literacy." *Journal of English for Academic Purposes* 4 (2005): 325~338. Print.

Tardy, Christine M., and John M. Swales. "Form, Text Organization, Genre, Coherence, and Cohesion." *Handbook of Research on Writing: History, Society, School, Individual, Text.* Ed. Charles Bazerman. New York: Lawrence Erlbaum, 2008. 565~581. Print.

Threadgold, Terry. "Talking about Genre: Ideologies and Incompatible Discourses." *Cultural Studies* 3.1 (1989): 101~127. Print.

Todorov, Tzvetan. *The Fantastic*. Trans. Richard Howard. Ithaca: Cornell UP, 1975. Print.

Todorov, Tzvetan. *Genres in Discourse*. Trans. Catherine Porter. Cambridge: Cambridge UP, 1990. Print.

Todorov, Tzvetan. "The Origin of Genres." *Modern Genre Theory*. Ed. David Duff. London: Longman, 2000. 193~209. Print.

Trimbur, John. *The Call to Write*. 2nd ed. New York: Longman, 2002. Print.

Trimbur, John. "Composition and the Circulation of Writing." *College Composition and Communication* 52.2 (2000): 188~219. Print.

Troia, Gary A., and Steve Graham. "The Effectiveness of a Highly Explicit, Teacher-Directed Strategy Instruction Routine." *Journal of Learning Disabilities* 35.4 (2002): 290~305. Print.

Trupe, Alice L. "Academic Literacy in a Wired World: Redefining Genres for College Writing Courses." *Kairos* 7.2. (2002): n. pag. Web. 10 April 2007.

Van Nostrand, A. D. "A Genre Map of R&D Knowledge Production for the US Department of Defense." *Genre and the New Rhetoric*. Ed. Aviva Freedman and Peter Medway. Bristol: Taylor and Francis, 1994. 133~145. Print.

Walberg, H. J. "Productive Teaching and Instruction: Assessing the Knowledge Base." *Phi Delta Kappan* 71 (1990): 470~478. Print.

Walvoord, Barbara, and Lucille McCarthy. *Thinking and Writing in College: A Naturalistic Study of Students in Four Disciplines*. Urbana: NCTE, 1990. Print.

Wardle, Elizabeth. "'Is This What Yours Sounds Like?': The Relationship of Peer Response to Genre Knowledge and Authority." *Multiple Literacies for the 21st Century*. Ed. Brian Huot, Beth Stroble, Charles Bazerman. Cresskill, NJ: Hampton, 2004. 93~114. Print.

Wardle, Elizabeth. "Understanding 'Transfer' from FYC: Preliminary Results from a Longitudinal Study." *WPA: Writing Program Administration* 31.1-2 (2007): 65~85. Print.

Weisser, Christian. *Moving Beyond Academic Discourse: Composition Studies and the Public Sphere*. Carbondale, IL: Southern Illinois UP, 2002. Print.

Williams, Joseph, and Gregory Colomb. "The Case for Explicit Teaching: Why What You Don't Know Won't Help You." *Research in the Teaching of English* 27.3 (1993): 252~264. Print.

Winsor, Dorothy. "Genre and Activity Systems: The Role of Documentation in Maintaining and Changing Engineering Activity Systems." *Written Communication* 16.2 (1999): 200~224. Print.

Winsor, Dorothy. "Ordering Work: Blue-collar Literacy and the Political Nature of Genre." *Written Communication* 17.2 (2000): 155~184. Print.

"WPA Outcomes Statement for First-Year Composition." Council of Writing Program Administrators, April 2000. Web. 15 July 2007.

"Writing Now." *Council Chronicle* 18.1 (2008): 15~22. Print.

Yates, JoAnne. *Control through Communication: The Rise of System in American Management*. Baltimore: Johns Hopkins UP, 1989. Print.

Yates, JoAnne, and Wanda Orlikowski. "Genres of Organizational Communication: A Structural Approach." *Academy of Management Review* 17 (1992): 299~326. Print.

Yates, JoAnne, and Wanda Orlikowski. "Genre Systems: Chronos and Kairos in Communicative Interaction." *The Rhetoric and Ideology of Genre: Strategies for Stability and Change*. Ed. Richard Coe, Lorelei Lingard, and Tatiana Teslenko. Cresskill, NJ: Hampton, 2002. 103~121. Print.

Yates, JoAnne, and Wanda Orlikowski. "Genre Systems: Structuring Interaction through Communicative Norms." *The Journal of Business Communication* 39.1 (2002): 13~35. Print.

Zucchermaglio, Cristina, and Alessandra Talamo. "The Development of a Virtual Community of Practices Using Electronic Mail and Communicative Genres." *Journal of Business and Technical Communication* 17.3 (2003): 259~284. Print.

찾아보기

356

지은이

아니스 바와시Anis Bawarshi는 현재 워싱턴 대학교 영문과 조교수이면서 글쓰기 프로그램 책임자로 있다. 그는 이곳에서 글쓰기 이론과 글쓰기 교수법, 수사학적 장르 이론, 담화 분석 및 언어 정책 등을 가르치고 있다. 또한 그는 작문과 수사학 연구 분야의 편집위원회 일원으로 일하고 있는데, 특히 메리 요 레이프Mary Jo Reiff와 함께 인터넷 학술지인 『작문 포럼Composition Forum』에서 공동 편집위원을 맡고 있다. 그가 출간한 책으로는 『장르와 필자의 창안: 작문에서 창안의 위치에 대한 재숙고Genre and the Invention of the Writer : Reconsidering the Place of Invention in Composition』(2003), 『글쓰기의 현장: 장르와 함께 하는 글쓰기 전략Scenes of Writing: Strategies for Composing with Genres』(2004; 에이미 데빗Amy Devitt, 메리 요 레이프와 공저), 『들여다 보기: 필자의 독자A Closer Look: A Writer's Reader』(2003, 시드니 도브린Sidney Dobrin과 공저)가 있으며, 장르, 업테이크, 창안, 작문에서의 지식 전이에 관한 논문들을 발표했다. 최근에는 이스라엘-팔레스타인 분쟁 과정에서 발생한 다양한 진술들을 수사적 기억과 업테이크 관점에서 연구하고 있다.

메리 요 레이프Mary Jo Reiff는 테네시 녹스빌 대학교의 영문과 조교수로서 학부생과 대학원생들에게 수사학과 작문 이론을 가르치고 있다. 그녀는 독자 이론, 수사학적 장르 연구, 비판적 문화기술지학critical ethnography에 관심을 가지고 있으며, 『대학 영어College English』, 『JAC』,

『WAC Journal』 등에 이에 관한 논문들을 발표하고 있다. 독자 이론에 관한 저술로는 『독자에의 접근: 주요 관점에 관한 조망Approaches to Audience: An Overview of the Major Perspectives』(2004)을 출간했으며, 에이미 데밋Amy Devitt, 아니스 바와시Anis Bawarshi와 함께 『글쓰기의 현장: 장르와 함께 하는 글쓰기 전략Scenes of Writing: Strategies for Composing with Genres』(2004)란 교재를 발간했다. 또 그녀는 커스텐 벤슨Kirsten Benson과 함께 『연구의 수사학Rhetoric of Inquiry』(2009)이란 교재를 편집했다. 최근에는 수사적 중재와 사회적 행동이 장르로 구체화된 공동 탄원서 public petition 양식을 집중적으로 연구하고 있다.

옮긴이

정희모　연세대학교 교수
김성숙　한양대학교 교수
김미란　성균관대학교 교수
박정하　성균관대학교 교수
유혜령　연세대학교 강사
김기란　홍익대학교 겸임교수
한래희　숭실대학교 교수
이윤빈　동국대학교 교수
오현지　연세대학교 대학원
전성우　연세대학교 대학원
강지은　연세대학교 대학원
이세라　연세대학교 대학원

장르: 역사·이론·연구·교육

Genre: An Introduction to History, Theory, Research, and Pedagogy

© (주)글로벌콘텐츠출판그룹, 2015

1판 1쇄 인쇄__2015년 11월 20일
1판 1쇄 발행__2015년 11월 30일

지은이__아니스 바와시(Anis Bawarshi)·메리 요 레이프(Mary Jo Reiff)
옮긴이__정희모·김성숙·김미란 외 8명
펴낸이__양정섭
펴낸곳__도서출판 경진
     등록__제2010-000004호
     블로그__http://kyungjinmunhwa.tistory.com
     이메일__mykorea01@naver.com

공급처__(주)글로벌콘텐츠출판그룹
     대표__홍정표
     편집__송은주 디자인__김미미 기획·마케팅__노경민 경영지원__안선영
     주소__서울특별시 강동구 천중로 196 정일빌딩 401호
     전화__02) 488-3280 팩스__02) 488-3281
     홈페이지__http://www.gcbook.co.kr

값 16,000원
ISBN 978-89-5996-499-4 93370